Beltz Taschenbuch 113

Prof. Dr. Dr. hc. mult. Hans Thomae, der national und international hoch geehrte deutsche Biographie- und Persönlichkeitsforscher, Entwicklungspsychologe und Gerontologe, musste mit dem Abschluss des vorliegenden Sammelbandes seine ebenso umfassende wie erfolgreiche publikatorische Tätigkeit für immer beenden. Er starb im Alter von 86 Jahren am 16. 11. 2001 in Bonn, kurz nachdem ihm am 17. 7. 2001 – als weitere Ehrung – in einer in Bonn ausgerichteten Feierstunde der neugeschaffene Preis »life-time-awards« durch den Präsidenten der Deutschen Gesellschaft für Psychologie, Rainer K. Silbereisen, verliehen worden war.

Über dieses Buch:
Der vorliegende Band zeigt anhand von 10 Beiträgen namhafter Psychologen die Möglichkeit auf, Entwicklungspsychologie und Persönlichkeitspsychologie einander wieder näherzubringen. Denn generell ist zu berücksichtigen, dass im Hinblick auf die psychologische Erforschung von Phänomenen der Lebens- und Selbstgestaltung, die ja den Prozess der Persönlichkeitsbildung bis ins hohe Alter kennzeichnen, ein wichtiges Überschneidungsverhältnis der Teildisziplinen Entwicklungspsychologie und Persönlichkeitspsychologie vorliegt.
In dem Buch geht es darum, sowohl die Fixierung der Persönlichkeitspsychologie auf den Nachweis von fünf, sieben oder mehr »Grundfaktoren« und deren Stabilität zu lockern wie auch dem Umstand vorzubeugen, dass die Entwicklungspsychologie bei ihrer Konzentration auf Entwicklungsmodelle die Beachtung interindividueller Unterschiede vernachlässigt. Vor allem soll das Buch dazu beitragen, dass eine dynamische Interpretation der Person in den Mittelpunkt der Aufmerksamkeit gerückt wird.
Die Herausgeber:
Prof. Dr. Gerd Jüttemann vertritt das Fach Persönlichkeitspsychologie an der TU Berlin.
Prof. Dr. Dr. h.c. Hans Thomae war von 1954 bis 1960 Professor und Direktor des Seminars für Psychologie in Erlangen und bis zu seiner Emeritierung 1983 o. Professor am Psychologischen Institut der Universität Bonn.

Gerd Jüttemann
Hans Thomae
(Hrsg.)

Persönlichkeit und Entwicklung

BELTZ
Taschenbuch

Besuchen Sie uns im Internet:
www.beltz.de

Beltz Taschenbuch 113

1 2 3 4 5 06 05 04 03 02

Umschlaggestaltung: Federico Luci, Köln
Umschlagillustration: photonica, Hamburg
Satz: MediaPartner Satz und Repro GmbH, 69502 Hemsbach
Druck und Bindung: Druckhaus Beltz, 69502 Hemsbach
Printed in Germany

ISBN 3 407 22113 4

Inhalt

Vorwort

Vor mehr als einem Vierteljahrhundert gaben Ursula M. Lehr und Franz E. Weinert zum Thema »Entwicklung und Persönlichkeit« einen Sammelband heraus. Die Editoren diagnostizierten damals, es habe das lang geforderte Gespräch zwischen Entwicklungs- und Persönlichkeitsforschern begonnen. Betrachtet man jedoch bestimmte Tendenzen in diesen Fächern um die Jahrtausendwende, so könnte man den Eindruck gewinnen, die von Lehr und Weinert vorhergesagte Entwicklung habe sich bald wieder umgekehrt. Die Fixierung der Persönlichkeitspsychologie auf den Nachweis von fünf, sieben oder mehr Grundfaktoren und deren Stabilität klammerte Veränderungen, wie sie die Entwicklung kennzeichnen, aus dem Themenkreis der Persönlichkeitspsychologie aus. Außerdem vernachlässigte die Konzentrierung der Entwicklungspsychologie auf bestimmte Modelle die Beachtung interindividueller Unterschiede.

Der vorliegende Band zeigt, dass bedeutsame Trends doch die seinerzeit vorhergesagte Entwicklung fortsetzen. In allen zehn Beiträgen, die er enthält, wird der Prozess einer lebenslangen Veränderung der Persönlichkeit deutlich. Franz Weinert steuerte vor seinem plötzlichen Tod, unter Mitarbeit von E. Hany, noch einen wertvollen Beitrag bei, welcher die Erfahrungen aus zwei Längsschnittuntersuchungen aus dem Max-Planck-Institut für Psychologische Forschung zusammenfasst.

Generell ist zu berücksichtigen, dass im Hinblick auf die psychologische Erforschung von Phänomenen der Lebens- und Selbstgestaltung, die den Prozess der Persönlichkeit kennzeichnen, ein wichtiges Überschneidungsverhältnis der Teildisziplinen »Entwicklungspsychologie« und »Persönlichkeitspsychologie« vorliegt, das außerhalb der Biografieforschung kaum beachtet worden ist aber für die Entstehung der *Psychologischen Biografik* grundlegend war.

Der hier zusammengestellte Band soll in erster Linie dazu beitragen, dass die in dieser Tradition verankerte *dynamische Interpreta-*

tion der Person in den Mittelpunkt der wissenschaftlichen Aufmerksamkeit gerückt wird. Das Programm der zu intensivierenden Untersuchungstätigkeit sollte vor allem darauf ausgerichtet sein, allmählich zu einer komplexen Entwicklungstheorie der Persönlichkeit vorzudringen und zu einem neuen, genetisch fundierten Verständnis der Persönlichkeitspsychologie zu gelangen.

Die Diskussion wird dann zeigen, inwieweit vielleicht langfristig sogar eine *integrative* Annäherung der Fächer Entwicklungspsychologie und Persönlichkeitspsychologie in Betracht gezogen werden muss.

In diesem Zusammenhang ist das Buch nicht nur für Psychologinnen und Psychologen von Belang, die in der Lehre oder in der Forschung tätig sind, sondern vor allem auch für die Studierenden, die sich im Hinblick auf die Fächer Entwicklungspsychologie und Persönlichkeitspsychologie über zentrale Themen informieren möchten und dabei gerade auch die grenzüberschreitenden Fragestellungen kennen lernen sollen, die diese Teildisziplinen eng miteinander verbinden.

Darüber hinaus wendet sich das Buch an alle, welche sich für die Entwicklung des Menschen während der gesamten Lebensspanne und für seine Persönlichkeit interessieren.

Die Herausgeber danken Herrn Dr. Claus Koch für die hervorragende verlegerische Betreuung des Projekts und Frau Isa Ottmers für ihre unermüdliche technisch-organisatorische Hilfe.

Berlin und Bonn im Herbst 2001

Die Herausgeber

1 Psychologische Modelle und Theorien des Lebenslaufs

Hans Thomae

1. Zum Entwicklungsbegriff

Die Veränderungen menschlichen Verhaltens und Erlebens von der Geburt bis zum Tode sind eine Geschichte und haben eine Geschichte. Die Geschichte, die sie darstellen, wurde seit langem in Mythen, Romanen und Biografien erzählt. Psychologie, Soziologie und andere Disziplinen haben diese Erzählungen durch zahlreiche Modelle und Theorien ersetzt. Die Geschichte, welche die gegenwärtig beobachteten Veränderungen menschlichen Verhaltens im Lebenslauf haben, wurde in verschiedenen evolutionstheoretischen Annahmen evident zu machen versucht.

Beides, die individuelle und die sie ermöglichende universelle Geschichte der Menschwerdung, ist Teil der Geschichte der Menschheit. Deren philosophische Deuter haben sich deshalb seit langem um eine Klärung des Entwicklungsbegriffs bemüht. Heinrich Rickert (1929), für den ebenso wie für Erich Rothacker Geschichte mit menschlicher Entwicklung identisch war, unterschied schon sieben Verwendungsformen des Begriffs »Entwicklung«. Einmal ist Entwicklung danach Werden oder Geschehen schlechthin im Gegensatz zum ruhenden und beharrenden Sein, zum anderen eine Veränderungsreihe, die jede Wiederholung ausschließt, oder eine teleologische, auf einen wertvollen Endpunkt zielende Veränderungsreihe. Von ihr werden fortschrittsorientierte Veränderungstheorien oder metaphysische Veränderungskonzeptionen unterschieden. Historische Entwicklungsbegriffe betrachten Veränderungsreihen entweder wertfrei oder ausdrücklich wertend, indem »dunkle« und »helle« Epochen der Menschheitsgeschichte unterschieden werden.

Die verschiedenen Bedeutungen des Entwicklungsbegriffs sind danach Varianten der Veränderung menschlichen Verhaltens und Erlebens. In gleicher Weise unterstreicht Lerner (1998), dass Entwicklungspsychologie das Studium von Veränderungen sei, genauer dasjenige von Prozessen, durch welche Veränderungen stattfinden. Menschliche Entwicklung ist danach zu verstehen als eine Mannigfaltigkeit von ständigen Veränderungen auf den unterschiedlichsten Organisationsebenen – von der Biologie bis zur Kultur und Geschichte.

Innerhalb von Entwicklungspsychologie und angrenzenden Gebieten sind viele Theorien und Modelle erarbeitet worden, um den Verlauf der Veränderungen im Erleben und Verhalten während der Lebensspanne zu konzeptualisieren. Aufgrund einer Diskussion dieser Modelle ist die lebenslange psychische Entwicklung als Serie von Veränderungen im Erleben und Verhalten, betrachtet im Kontext individueller Biografien, zu definieren.

2. Verlaufsmodelle der Entwicklung

2.1 Das Modell der »geordneten Veränderung«

Während die Deutung der historischen Veränderungen viele Varianten kennt, wurde jene der Veränderungen während des individuellen menschlichen Lebens früh durch das Bild einer auf- und abwärts führenden Treppe dargestellt. An mehreren Stufen des Aufstiegs bis zu einem Höhepunkt in einer wie immer zu definierenden Lebensmitte schließt sich eine Folge von abwärts führenden Stufen an, die schließlich mit dem Tod endet. Zahlreiche Künstler haben diese Deutung menschlichen Lebens in schönen wie abschreckenden Bildern dargestellt (Schenda, 1983). Ähnliche Bilder haben das vorwissenschaftliche Denken über den Verlauf menschlichen Lebens geprägt.

In unterschiedlicher Form sind sie auch in das wissenschaftliche Denken über den menschlichen Bios eingedrungen. Charlotte Bühlers ursprüngliche, aus dem Jahr 1933 stammende Darstellung des »menschlichen Lebenslaufs als psychologisches Problem« folgt diesem Denkmuster in gleicher Weise wie frühe Darstellungen der geistigen Entwicklung während der Lebensspanne (Miles/Miles, 1932; Jones/Conrad, 1960). Während aber die Deutung des Bios durch Bühler die ursprüngliche »Architektur« mit einem um das sechste Lebensjahrzehnt liegenden Höhepunkt bewahrte, postulieren die Autoren testpsychologischer Untersuchungen der Intelligenz einen weit früheren Wendepunkt. Danach werde der Höhepunkt der geistigen Entwicklung irgendwann zwischen dem 20. und 30. Lebensjahr erreicht. Danach wird ein zunächst sehr langsames, später rascheres Sinken der geistigen Leistungsfähigkeit angenommen.

Noch größer als der Unterschied zwischen Bühlers Entwicklungstheorie von 1933 und den testpsychologisch orientierten Annahmen über den durch das Lebensalter geordneten Verlauf der geistigen Entwicklung ist der Unterschied zwischen diesen und den Theorien der Persönlichkeitsentwicklung von Erikson (1981), Havighurst (1963) und anderen. Hier wird dem späten Erwachsenenalter eine neue Aufgabe zugewiesen, nämlich »die Einmaligkeit und Endlichkeit des Daseins zu akzeptieren und dem eigenen Lebensweg eine Abrundung zu geben« (Conzen, 1990, S. 268). Diese letzte Stufe der Entwicklung kann einen krönenden Abschluss der von Erikson durch acht Stufen angenommenen »geordneten Veränderung« menschlichen Lebens bringen. Werde die Lösung dieser neuen Aufgabe nicht gefunden, dann versinke das Dasein in Verzweiflung und Ekel.

Ähnlich schrieb auch Havighurst (1963) in seinem durch für bestimmte Altersstufen postulierten Modell der »Entwicklungsaufgaben« dem höheren Erwachsenenalter neue Kompetenzen zu, so, mit dem Berufsende einen neuen Lebensstil zu schaffen, zu entscheiden, ob man sich weiter sozial engagieren solle oder ob man das Beste aus einem »Disengagement« heraushole. Diese Theorien folgen zwar dem Denkmodell, das Entwicklung als »geordnete Veränderung« begreift, der Verlauf der Entwicklung zeigt aber nicht jene Tendenz zum Abbau und Verlust wie die testpsychologisch fundierten Theorien der Intelligenzentwicklung aus der ersten Hälfte des 20. Jahrhunderts.

Innerhalb der psychologischen Gerontologie wurden diese Annahmen über die geistige Entwicklung in der zweiten Hälfte des 20. Jahrhunderts weitgehend korrigiert (Lehr, 1972, 2000; Schaie, 1993). Dabei verwies man einmal auf den verfälschenden Effekt von Querschnittsuntersuchungen. Die Stichproben, auf die sich die »Post-Adoleszenz-Maximum-Hypothese der Intelligenzentwicklung« (Löwe, 1970) stützte, waren u.a. hinsichtlich ihrer Schulbildung nicht vergleichbar; während die höheren Altersgruppen oft überhaupt keine formelle Schulbildung besaßen, wurden die jüngeren durch Fortschritte in der Bildungspolitik begünstigt, welche eine möglichst breite Bevölkerungsschicht in den Genuss irgendeiner Form schulischer Bildung zu bringen trachtete. Da die Tests, mit welchen die Intelligenz Jüngerer und Älterer untersucht wurden, ursprünglich zum Nachweis schulischer Fähigkeiten entwickelt worden waren, ist es kein Wunder, wenn die jüngeren Altersgruppen in den früheren Studien über Altersunterschiede der Intelligenz begünstigt wurden, während die Älteren viele Leistungsausfälle aufzuweisen schienen. Verglich man dagegen Personen verschiedenen Alters, aber mit übereinstimmender Bildungsbiografie, dann traten diese Leistungsunterschiede zurück.

Aber nicht nur hinsichtlich der kognitiven Entwicklung im höheren Alter, sondern auch hinsichtlich jener im Kindesalter sind wesentliche Korrekturen an »klassischen« Modellen der geordneten Veränderung vorgenommen worden. So stellten Wellman/Gelman (1992) fest, dass die Theorie von Piaget durch die Forschungen der neueren Zeit ebenso problematisch geworden seien wie informationstheoretische Annahmen über die allgemeinen Prozesse und »Architekturen«, die man der Entwicklung im Kindesalter zuschrieb. Auch die Theorie von Jerome Bruner, welcher die kognitive Entwicklung im Kindesalter als Übergang von enaktiven über ikonische zu symbolischen Formen des Vorstellens charakterisierte, sei in ihrer allgemeinen Gültigkeit relativiert worden. Insbesondere habe die Forschung in den letzten Jahrzehnten des 20. Jahrhunderts gezeigt, dass die Vorstellung, die kognitive Entwicklung geschehe unabhängig von den jeweils zu verarbeitenden Erlebnisinhalten, revidiert werden müsse. Wenigstens einige, wenn nicht die meisten kognitiven Fähigkeiten sind auf die Aufnahme und Verarbeitung spezifischer Inhalte spezialisiert und entwickeln sich für spezifische Inhalte.

Dies gilt unter anderem vor allem für die Entwicklung des Gedächtnisses. In den allgemeinen memorischen Fähigkeiten würden ältere Kinder kaum Fortschritte gegenüber jüngeren aufweisen. Dagegen weisen z.B. Kinder, die Schachexperten sind, bei Gedächtnisaufgaben, die sich auf bestimmte Stellungen der Figuren im Schachspiel beziehen, sogar bessere Leistungen auf als Erwachsene, die auf diesem Gebiet Novizen sind.

Auch Studien über die moralische Entwicklung von Kindern betonen die Bedeutung alltäglicher Erfahrungen. Nach Kochanska et.al. (1994) verstießen Kinder, welche erste Anzeichen einer Gewissensbildung im Sinne von Kohlberg/Kramer (1969) aufwiesen, weniger gegen gegebene Verbote als solche, die keinerlei Anzeichen einer Gewissensbildung erkennen ließen. Die Bildung dieser Anzeichen aber werde durch ein elterliches Verhalten begünstigt, das den Kindern in kritischen Situationen jeweils erkläre, warum ihr Verhalten nicht nett sei, z.B. in der Art »Du hast Elfi zum Weinen gebracht«, »Es ist nicht nett, zu beißen« oder aber »You are a good boy« oder »Das war aber sehr nett von dir«. Solche in konkreten Lebensläufen zugänglich werdende Erfahrungen führen die entscheidenden Veränderungen im Denken und Verhalten herbei, nicht eine allgemeine »Gesetzlichkeit«, welche das Denken in moralischen Begriffen von Stufe zu Stufe hebe.

Entscheidend für die Entwicklung ist also die Summe der Erfahrungen, wie sie in konkreten Biografien zugänglich werden bzw. sich aufdrängen. Entwicklung ist kein abstrakter Begriff, der durch die Zu- oder Abnahme dieser oder jener Fähigkeiten oder durch den Übergang von einem zum anderen hypostasierten Entwicklungsstadium zu definieren wäre. Entwicklung ist eine Veränderungssequenz, welche ihre Struktur im Kontext konkreter Biografien erhält.

2.2 Das »Stabilitätsmodell«

Eine weitere Quelle von Informationen, welche das »Defizitmodell der geistigen Entwicklung« korrigierten, waren Längsschnittuntersuchungen. Untersucht man die gleiche Personengruppe über einen längeren Zeitraum hinweg mit vergleichbaren Methoden, dann wird erkennbar, dass ihre Leistungen bis ins achte Lebensjahrzehnt und darüber hinaus konstant bleiben (Schaie, 1993; Rudinger, 1987). Annahmen, die geistige Entwicklung folge einem ausschließlich durch das Lebensalter geordneten Veränderungsmodell, wurden damit durch Stabilitätsmodelle ersetzt (Gergen, 1977). Hinter diesem Modell stehe die Überzeugung, dass alles, was existiert, danach tendiere, zu überdauern. Dazu gehören Einstellungen, Eigenschaften und Gewohnheiten. Gestützt wird ein solches Stabilitätsmodell nicht nur durch Längsschnittdaten über Leistungen in kognitiven Tests, sondern auch durch solche über Eigenschaften wie Extraversion, Neurotizismus, »Gewissenhaftigkeit« oder »Offenheit« (Costa/McCrae, 1994). Wenn es auch andere Hinweise auf Stabilität der Persönlichkeit gibt, so werden die Ergebnisse der beiden genannten Autoren aus der Baltimore Longitudinal Study of Normal Aging (BLSA) als die validesten angesehen. Deshalb ist darauf hinzuweisen, dass die Stichprobe dieser Studie fast ausschließlich aus Vollakademikern besteht, bei denen nicht auszuschließen ist, dass sie ihre Antworten auf die in den angewandten Persönlichkeitsinventaren gestellten Items gut im Gedächtnis bewahren können. Außerdem ist bei dieser Personengruppe, die nur aus Männern besteht, die von Atchley (1989) für das höhere Erwachsenenalter postulierte Sehnsucht nach Kontinuität, d.h. Stabilität, zu bedenken.

Schließlich ist an die Feststellung von Mischel (1973) zu erinnern, dass Test- und Fragebogen-Untersuchungen dem ihnen zugrunde liegenden Trait-Konzept entsprechend von vornherein eher

Stabilitäten produzieren und Veränderungen als Messfehler eliminieren. Im Übrigen ist in diesem Zusammenhang zu bemerken, dass bei den 60- bis 63-jährigen Teilnehmer/-innen der Interdisziplinären Studie über das Erwachsenenalter (ILSE) schon nach 3 Jahren eine signifikante Veränderung in einer so grundlegenden Eigenschaft wie Extraversion zu verzeichnen war (Martin et al., 2000).

Im Kindesalter findet sich Stabilität des antisozialen Verhaltens bei sehr aggressiven Jungen (Stattin/Magnusson, 1991), die schon früh in dieser Hinsicht auffielen. Scheu und Gehemmtheit zeigen in Extremfällen Stabilität während der ersten drei Jahre (Kagan et al., 1988). Prosoziales Verhalten findet sich zuerst im zweiten Lebensjahr und weist eine mäßige Stabilität auf (Zahn-Waxler et al., 1992). Generell zeigt eine Sichtung der einschlägigen Literatur, dass eine Stabilität von Persönlichkeitszügen bei Kindern sehr mäßig ausgebildet ist (Hartup et al., 1995).

Für die Jugendzeit hat man sich vor allem mit dem Problem der Stabilität von »riskantem«, d.h. zum Drogengebrauch, zur Delinquenz und zu anderen Formen von Unangepasstheit tendierendem Verhalten beschäftigt. Man hebt hervor, dass die überwiegende Mehrzahl von Jugendlichen irgendwann einmal riskantes Verhalten zeigt, dass aber nur eine kleine Minderheit dabei bleibt (Lerner/Galambos, 1998). Ein komplexes soziales Milieu ist entscheidend, in welche Richtung die weitere Entwicklung verläuft. Zahlreiche Hinweise auf Persönlichkeitsänderungen in der Jugendzeit finden sich in dem Beitrag von Pinquart/Silbereisen (vgl. S. 99 dieses Bandes).

Die Tatsache, dass in Kindheit und Jugend ein relativ geringes Maß an Stabilität des Verhaltens gezeigt wird, könnte als Argument dafür gebraucht werden, dass offensichtlich Entwicklung nur in diesem Lebensabschnitt stattfinde. Doch gibt es genügend Hinweise darauf, dass das Stabilitätsmodell der Entwicklung im Erwachsenenalter eher einem immer deutlicher hervortretenden Bedürfnis älter werdender Menschen entspricht als der Realität. Zwar fand Block (1971) bei der Analyse von weiterführenden Untersuchungen der Berkeley-Längsschnittstudie an Kindern und Jugendlichen (Jones, 1958) viele Konsistenzen im Verhalten beim Übergang von der Jugend ins jüngere Erwachsenenalter. Auf der anderen Seite konstatierte Datan (1977) ein komplexes Gefüge von Konstanz und Veränderung bei den Teilnehmern der gleichen Studie im Erwachsenenalter. Das Gleiche trifft auf die Analyse der Daten der Fels-Längsschnittstudie aus dem Jugend- und jüngeren Erwachsenenalter durch Kagan/Moss (1962) zu.

Der Lebensmitte vor allem der Männer schrieb man einige Zeit krisenhafte Veränderungen zu, welche mit dem Label »Midlifecrisis« umschrieben wurden. So fanden Lehr/Thomae (1958), »dass besonders im fünften Jahrzehnt ein immer intensiveres Innewerden der Unvollkommenheiten des Daseins im Allgemeinen und der menschlichen Verhältnisse im Besonderen einsetzt« (S. 108). Darüber hinaus konstatierte Lehr (1961), dass bei Frauen in der Lebensmitte häufig Konflikte berichtet wurden zwischen den Gefühlen ihrer Verpflichtung gegenüber ihren alten Eltern oder Schwiegereltern, die aus gesundheitlichen Gründen der Fürsorge und Pflege bedurften, einerseits und der Fürsorge, Liebe und Verantwortung für Kinder und Ehepartner andererseits. Kraus (1986) fand in einer Wiederholungsuntersuchung, dass dieser Konflikt auch bei Frauen dieses Alters 25–30 Jahre später bestand, ja sogar noch deutlicher in Erscheinung trat. Auch Brody (1981) wies auf dies Phänomen der »woman in the middle« hin.

Diese und andere Befunde (Thomae, 1996, S. 88ff.) hätten uns veranlassen können, die Veränderungen im Erleben und Verhalten in der Lebensmitte mit dem Ausdruck »Midlifecrisis« zu umschreiben. Die Vermutung, dass es sich hier eher um deutliche Veränderungen im Gefolge vieler Auseinandersetzungen, aber auch im Kontext vieler positiver Erfahrungen handelt, hat uns davon abgehalten und uns die Kritik erspart, welche die Autoren des Buches von Hunter/Sündel (1989) gegen die Konzeption der »Midlifecrisis« vorbrachten.

Auf jeden Fall zeigen Studien wie die von Levinson (1978), Robrecht (1995), Sheehy (1976), Lehr/Thomae (1965) und Lehr (1969), dass das Stabilitätsmodell der Entwicklung im Erwachsenenalter teils eine unzulässige Verallgemeinerung mithilfe von Fragebogen durchgeführter Studien, teils den Reflex eines Wunsches von Menschen im Übergang vom mittleren zum höheren Lebensalter darstellt, noch zu dem in jeder Hinsicht aktiven und als kompetent angesehenen Bevölkerungsteil zu gehören.

Darüber hinaus wurden in anderen Langzeitstudien durchaus Veränderungen der Persönlichkeit konstatiert, insbesondere bei verschiedenen Auswertungen der Berkeley Older Generation Study (Field/Millsap, 1991). In der BLSA, in der das Verhalten der Untersuchungsteilnehmer/-innen von geübten Beurteilern mittels Rating-Skalen beurteilt wurde, ergab sich bei etwa der Hälfte der Personen in einem Zeitraum von 12 Jahren eine Abnahme der Werte (vgl. Lehr, 1987), während bei der anderen Hälfte Konstanz bzw. Zunahme der Werte zu verzeichnen war.

Zusammenfassend ist somit festzustellen, dass das »Stabilitätsmodell« der Entwicklung Wesentliches zu einer Korrektur eines Defizit-Modells des höheren Lebensalters beitrug. Auf der anderen Seite verdecken die von den Anhängern dieses Modells verwendeten Methoden der Datenerhebung und -auswertung wichtige Einsichten in Veränderungen im Erleben und Verhalten, wie sie nicht nur in Kindheit und Jugend, sondern auch im Erwachsenenalter von den Autoren unterschiedlichster Studien beobachtet wurden.

2.3 Das »aleatorische« Veränderungsmodell

Dem Stabilitätsmodell am entschiedendsten entgegengerichtet ist das »zufallsgeleitete« Veränderungsmodell, dem zufolge Entwicklung gleichsam Ergebnis eines Würfelspiels ist. In der Entwicklung existiere wenig, was vorprogrammiert sei (Gergen, 1977). Unser biologisches System bestimmt zwar die Grenzen unserer Aktivitäten, aber nicht den präzisen Charakter dieser Aktivitäten selbst. Neben vielen sozialen Einflüssen können persönliche Erfahrungen zu der konkreten Richtung der Entwicklung beitragen. Da man diese oft nicht identifizieren kann, ergibt sich das Bild einer zufallsbestimmten Veränderungsstruktur. Settersten (1999) zufolge sei dieses Modell heute für die Forschung wichtiger als jenes der »geordneten Veränderung« oder der Stabilität. Dies zeigt sich einmal in der Zunahme von Forschungen über die »Mehrdirektionalität« der

Entwicklung und von solchen über interindividuelle Varianten der Entwicklung.

2.4 Hinweise auf eine Mehrdirektionalität der Entwicklung

Das Konzept der »Mehrdirektionalität« ergab sich vor allem in experimentellen Studien über die Beeinflussbarkeit von Intelligenzleistungen im höheren Lebensalter durch Interventionsmaßnahmen. In diesen Studien zeigte sich, dass die geistige Entwicklung des Menschen nicht nur einen Abwärtstrend aufweisen müsse. Es ließen sich Änderungen des Entwicklungsgeschehens erzielen, die sich in einer Zunahme der intellektuellen Leistung und der Gedächtnisleistung, zum mindesten aber in ihrer Konstanz äußerten (Baltes et al., 1998; Lindenberger, 2000).

Die damit (wieder-)entdeckte »Plastizität« (vgl. Kay, 1959, S. 631 f.) in der Altersentwicklung der Intelligenz wird allerdings als auf mehr oder minder beschränkte Bereiche begrenzt angesehen: auf die »pragmatischen« Aspekte der Kognition (Lindenberger) bzw. auf deren »mechanischen« Bereich (Baltes et al., 1998). Eine Auswirkung solcher Trainingseffekte auf das alltägliche Funktionieren wird allerdings bezweifelt.

Eine neue Richtung geistiger Entwicklung im Alter sehen Baltes/Staudinger (1993) in der zunehmenden Bedeutung von Erfahrung in den fundamentalen Regeln des Lebens gegeben. Das Ergebnis solcher Erfahrungen wird als »Weisheit« umschrieben. Die Entwicklung dieser geistigen Struktur stellt einen über die speziellen Verbesserungen von kognitiven und memorischen Fähigkeiten hinausgehenden positiven Trend dar und stehe den negativen Altersgradienten der kognitiven Mechanik deutlich entgegen. Hinweise auf einen derartigen Trend lassen sich – Baltes/Staudinger (1993) zufolge – nur bei einer kleinen Gruppe von Personen nachweisen. Insofern ist »Altersweisheit als eine spezielle und nicht häufige Form der geistigen Entwicklung anzusehen«. Als unglücklich muss freilich der Gebrauch des vieldeutigen Begriffs »Weisheit« (wisdom) angesehen werden.

In der Persönlichkeitsforschung bemühte man sich vor dem gegenwärtigen Boom der Trait-Psychologie in vielfältiger Hinsicht um die Herausarbeitung der Richtungen, in welche sich Menschen entwickeln können. In dieser Hinsicht ist etwa an Allports (1969) Konzept der Persönlichkeit als eines »offenen Systems« zu erinnern. Kennzeichen der Persönlichkeit ist danach ihre »Offenheit für Veränderungen«, die sich vor allem in Richtung auf Veränderungen der thematischen Struktur äußern kann.

Eine Systematik der Lehre von den möglichen Veränderungen der Persönlichkeitsstruktur legte H. A. Murray (1938) vor. Die Systematik der Persönlichkeitsprozesse (von »proceedings« über »serials«) zu Änderungen der motivationalen Struktur wurde von einigen seiner Schüler aufgenommen (White, 1959), gehört aber zu den zu hebenden Pretiosen, wenn die Zeit einer nicht durch Trait-Konzepte verdunkelten Sicht auf personale Prozesse gekommen ist.

Hilfreich wird dann vielleicht auch ein Blick auf die »primären« und »sekundären« Persönlichkeitsprozesse sein, um die sich eine »dynamische« Interpretation der Persönlichkeit bemühte (Thomae, 1951, 1955). Die Veränderungsreihe an Emotionen, Motivationen, Wahrnehmungsinterpretationen und Überzeugungen, die mit dem Vorgang der »Versachlichung« des Verhaltens in vielen Heil- und Pflegeberufen verbunden ist, wurde von Lytton Strachey in seiner Biografie von Florence Nightingale in klassischer Weise dargestellt. Für den Aufweis dieser und anderer Richtungen der Persönlichkeitsentwicklung bedarf es noch vieler Anstrengungen. Hoffnungsvolle Ansätze wurden von den Autoren des Bandes von Al Rabin et al. (1990) vorgelegt.

3. Interindividuelle Differenzen

Die Diskussion verschiedener Modelle über den Verlauf der Entwicklung hat gezeigt, dass sich die Festlegung von Theorie und Forschung auf eines dieser Modelle verbietet. Solche Überlegungen finden ihre Bestätigung und Ergänzung durch den systematischen Aufweis interindividueller Unterschiede in der Entwicklung innerhalb spezifischer Lebensabschnitte wie Kindheit, Jugend und Erwachsenenalter. Als Fundament einer Theorie der Entwicklung während der Lebensspanne sollte man die Konzentriertheit auf einen einzigen Entwicklungsabschnitt – wie etwa das hohe Alter (Baltes et al., 1998) – meiden. Am wenigsten sollte man dabei die Entwicklung im Kindesalter übersehen, da hier der Ausgangspunkt vieler interindividueller Unterschiede zu finden ist.

3.1 Kindheit

Am Anfang der Kinderpsychologie stand die Beobachtung einzelner Kinder durch ihre Eltern (Kessen et al., 1970; Preyer, 1882; Scupin, 1907). Auch in Kinder-Längsschnittstudien – wie etwa jener von Denver /Col. (Hilden, 1949) – wurden Analysen der Entwicklung der Intelligenz einzelner Kinder einschließlich des jeweiligen biografischen Hintergrundes vorgenommen. Mit Rücksicht auf die geforderte Generalisierbarkeit von Aussagen traten später Vergleiche des Verlaufs in verschiedenen sozialen Gruppen wie Geschlecht, soziale Schicht, ethnische Zugehörigkeit und dgl. in den Vordergrund. So hat man trotz großer Ähnlichkeit der intellektuellen Entwicklung bei Jungen und Mädchen gefunden, dass diese in sprachlichen Fähigkeiten eine positivere Entwicklung aufwiesen, während die Jungen bei mathematischen Aufgaben bessere Leistungen zeigten (Hedges/Nowell, 1995). Das in den USA seit Jahrzehnten heftig diskutierte Problem der intellektuellen Entwicklung verschiedener ethnischer Gruppen scheint auf eine Hierarchie zu verweisen. Danach erreichen die Afroamerikaner die niedrigsten Werte in kognitiven Tests, gefolgt von den Hispanoamerikanern; höhere Werte erreichen die Weißen, noch höhere die Angehörige jüdischen Glaubens und Asiaten (Gottfredson, 1997). Zum Teil werden diese Unterschiede auf genetische Faktoren zurückgeführt, zum Teil auf soziale und auf Unterschiede in der Motivation.

Deutliche Hinweise auf Umgebungseinflüsse glaubte die Psychoanalyse zu finden, im Wesentlichen aber durch die Analyse von Träumen, Handlungen und sprachlichen Mitteilungen Erwachsener. Unmittelbare Zusammenhänge zwischen den Umgebungseinflüssen und der Entwicklung zeigen Untersuchungen über die Folgen von Kindesmisshandlungen. So wies man Unterschiede in der Entwicklung misshandelter und nicht misshandelter Kinder in kognitiven Leistungen wie dem Sprachverständnis und der Auffassungsgabe nach (Trickett, 1993; Leiter/Johnson, 1994).

Bedeutsame Argumente gegen die Annahme allgemeiner Entwicklungsverläufe liefern Längsschnittstudien über die Entwicklung von Kindern mit einem Down-Syndrom. Die in der Jugendpsychiatrie lange Zeit gültigen Vorstellungen über ein notwendiges Verharren solcher Kinder auf einem untersten Niveau (Homburger, 1926) wurden u.a. durch Rau (2000) widerlegt. Die längere Beobachtung der gleichen behinderten Kinder lässt auch hier bedeutsame interindividuelle Unterschiede erkennen, die durch eine Interaktion genetischer Faktoren und Umwelteinflüsse, zu denen vor allem Maßnahmen der Frühförderung gehören, zustande kommen dürfte.

3.2 Jugend

Die hohe Prävalenz interindividueller Unterschiede im Erleben und Verhalten Jugendlicher wurde durch Magnusson (1988) aufgrund seiner Längsschnittuntersuchung hervorgehoben. Die Rolle biografischer Faktoren für die Entwicklung in der Jugendzeit wurde in der Feststellung zusammengefasst, dass sowohl die Chancen, welche die Umgebung einem jungen Menschen biete, wie die Restriktionen, die sie ihm auferlege, wichtig sind für die Art und Weise, wie sich die weitere Entwicklung vollziehe.

Auch Lerner/Galambos (1998) betonen die Bedeutung interindividueller Differenzen für die Entwicklung in der Jugendzeit. Normale Entwicklung in der Adoleszenz sei mit zunehmender Ausprägung interindividueller Unterschiede gleichbedeutend. Individuelle Temperamentseigenschaften wie Stimmung und Aktivität, Lebensstil wie z.B. Drogengebrauch, ethnische sowie soziale Faktoren (wie etwa die Zugehörigkeit zu einer Minderheit) tragen gleichfalls zur Ausprägung solcher Unterschiede bei.

Aufgrund der Daten der 12. Shell-Jugendstudie identifizierte Münchmeier (1997) fünf »Orientierungsmuster« bei den deutschen Jugendlichen (Alter 14–30 Jahre) der Neunzigerjahre. Eine erste Gruppe, die »Kids«, umfasste vor allem Schüler (Durchschnittsalter 14,3 Jahre). Sie waren wenig pessimistisch in Bezug auf ihre Zukunft, wenig politisch interessiert und gegenüber gesellschaftlichen Institutionen wenig kritisch. Eine zweite Gruppe, die in erster Linie Jugendliche umfasste, waren die (Noch-)Nicht-Integrierten. Hier handelte es sich um Einstellungen, welche die Position dieser im Durchschnitt 16 1/2 Jahre alten Jungen und Mädchen zwischen Jugend und Noch-nicht-erwachsen-Sein kennzeichnen. Ein Gefühl, übergangen zu werden, ist ein Hauptmerkmal dieser Gruppe von Schülern und Azubis. Die übrigen von Münchmeier (1997) unterschiedenen Orientierungsmuster bezogen sich auf das junge Erwachsenenalter.

Auch die Shell-Studie von 2000 war von dem Bemühen geleitet, ein möglichst differenziertes Bild »mit aller Vielfalt und Unterschiedlichkeit« zu gewinnen (Fischer et al., 2000). So wurde ein Wandel geschlechtsspezifischer Unterschiede konstatiert. Auf der einen Seite gebe es keine »typisch männlichen« und »typisch weiblichen« Eigenschaften mehr; auf der anderen Seite hätten sich neue Unterschiede aufgetan, die sich z.B. in sehr unterschiedlichen Tagesabläufen bei Jungen und Mädchen äußern. Die Bereiche Technik, Computer bestimmen stärker den Alltag der Jungen, Sich-um-andere-Kümmern, Einkaufsbummel, Spazierengehen und Umweltschutz den Alltag von Mädchen (Fritzsche et al., 2000). Bei den in dieser Studie stark betonten Vergleichen deutscher Jugendlicher und italienischer und türkischer, die in Deutschland leben, erlebten die deutschen und türkischen Jungen die Zukunft zu mehr als einem Drittel als »düster«; noch mehr war dies bei den deutschen Mädchen der Fall. Bei den italienischen Jugendlichen und den türkischen Mädchen betrug dieser Anteil nur etwas mehr als ein Viertel. Sicherlich sind diese Befunde Momentaufnahmen einer Stimmung. Da die Zukunftsorientierung aber zu den wichtigsten

Determinanten des Verhaltens zählt, verweist dieser Befund auf psychische Unterschiede, die aus den objektiven Lebensverhältnissen nicht ohne weiteres ableitbar sind. Sie sind vielmehr Niederschlag des Zeitgeistes um 1999, der von vielen Befürchtungen um die ökonomische und ökologische Zukunft bestimmt war. Eindringen in die Welt der Überzeugungen konnte *dieser* Zeitgeist aber nur unter spezifischen biografischen Bedingungen wie etwa tatsächlicher oder zu befürchtender Arbeitslosigkeit.

3.3 Frühes Erwachsenenalter

Im Gegensatz zu den Autoren der Shell-Studie werden die Altersgruppen zwischen 20 und 30 Jahren in der einschlägigen Literatur dem frühen Erwachsenenalter zugerechnet, was ja auch ihrem gesetzlichen Status entspricht. In der Shell-Studie von 1997 ließen sich die Einstellungen und Überzeugungen der »jungen Erwachsenen« den Gruppen der »Gesellschaftskritik-Loyalen«, der »Traditionellen« und der »Konventionellen« zuordnen (Münchmeier, 1997). Die erstgenannte Gruppe bestand vor allem aus Frauen mit einem relativ hohen Bildungsniveau. Trotz ihrer gehobenen sozialen Situation äußersten 68,6% von ihnen, dass die Zukunft düster sei. Befürchtungen um Gentechnologie, Auswirkungen der Atomkraft, verletzte Menschenrechte usf. waren Beispiele für diese negative Zukunftssicht. Unter anderem wirkte sich diese Sicht in einer negativen Haltung gegenüber der Politik aus – ein deutlicher Hinweis auf die Rolle des Zeitgeistes für die Konturierung dieser Gruppe.

Eine weitere Gruppe mit weiterführender Schulbildung wurde als »traditionell« gekennzeichnet. Die Zukunft wurde von diesen jungen Erwachsenen am wenigsten düster gesehen; ihre Einstellung gegenüber Älteren war ebenso positiv wie jene zur Politik. In der Gruppe der »Konventionellen« waren mehr junge Erwachsene mit relativ niedrigen Bildungsabschlüssen vertreten. Bei ihnen entsprach die oft vorhandene düstere Zukunftsperspektive eher der eigenen Situation. Ihre Reserviertheit gegenüber der Politik führte sie vielfach zum Rückzug in die private Welt.

Diese Befunde zeigen, wie wenig hilfreich es ist, Angehörige dieser Altersgruppe *einer* Haltung oder Einstellung zuzuordnen. Die vielfältigen Erfahrungen der Vergangenheit und Gegenwart kristallisieren sich in unterschiedlicher Weise zu Einstellungs- und Verhaltensmustern, deren Rückführung auf einen einzigen Erlebnistrend dieser Altersgruppe zweifelhaft erscheint.

Von hier aus ist zu bezweifeln, ob die Kennzeichnung dieser Epoche durch eine »Partikularisierung des Selbst« oder durch eine »erste stabile Lebensstruktur des Erwachsenen« (Faltermaier et al., 1992) allgemein zutrifft.

3.4 Mittleres und höheres Erwachsenenalter

Das mittlere Erwachsenenalter war durch den Einfluss wissenschaftlichen Journalismus lange Zeit mit dem Label der »Midlife-crisis« versehen worden (Sheehy, 1976; Mitscherlich, 1977; Schreiber, 1977). Empirische Studien unterschiedlichster Art haben die Berechtigung dieser Kennzeichnung auf eine Minderheit eingeschränkt. Da soziale Beziehungen sowohl Ausdruck bestimmter Persönlichkeitsmerkmale wie wichtige Einflussfaktoren für Erleben und Verhalten sind, dürften Ergebnisse des Alterssurvey interessieren, soweit sie sich auf die Gruppe der 45- bis 59-Jährigen beziehen (Kohli/Künemund, 2000). Die Beziehungen zu Eltern und Kindern ließen sich danach zehn Beziehungstypen zuordnen, die von »eng-helfend« über »autonom unabhängig« bis zu »entfremdet-unabhängig« reichten. Wenn sich bei den befragten Altersgruppen auch gewisse Häufungen bei den genannten Beziehungstypen ergaben, zeigen die Ergebnisse doch eine große Vielfalt des sozialen Engagements, die ihrerseits auf eine Vielfalt sozialer Entwicklungen in diesem Lebensabschnitt verweist. Würde man die Ergebnisse mit einer entsprechenden Befragung bei Populationen vergleichen, bei denen soziale Normen zu größter Solidarität veranlassen, so würde diese Vielfalt reduziert – ein deutlicher Hinweis auf die wichtige Rolle biografischer Bedingungen auch in diesem Lebensbereich.

Am deutlichsten ausgeprägt war die Theorie von einem generellen Abbau physischer und psychischer Fähigkeiten in der Altersforschung. Intensive Forschungen, wie sie bei vielen Längsschnittstudien die Regel sind, führten demgegenüber zu der Feststellung von der »Individualität des Alters« (Shock et al., 1984, S. 207). Auch in den Daten der gerontologischen Längsschnittstudie der Duke-Universität kam man zu der Einsicht: »Das Wissen, dass ein Erwachsener 65, 70 oder 75 Jahre alt ist, erwies sich als ein dürftiger Indikator des gesundheitlichen und funktionalen Status, der intellektuellen Leistungen, der sozialen Integration und der erfolgreichen Anpassung an Veränderungen in der sozialen Umwelt« (Busse et al., 1985, S. 138).

Mit Rücksicht auf diese abnehmende Einschätzung der Bedeutung des Lebensalters für die Entwicklung im Alter haben sich Psychologie wie Soziologie in den letzten Jahrzehnten zunehmend mit der Konzeptualisierung »typischer« Verläufe der psychischen und sozialen Altersprozesse beschäftigt. Von Susanne Reichards et al. (1962) Typologie alter Männer (vom »rocking arm-chair man« bis zu den »angry old men«, über Maas/Kuypers 11 Stile der Entwicklung von 30- bis 70-Jährigen, bis zu der Identifikation von zehn »Profilen« in der Entwicklung vom 70. bis 100. Lebensjahr durch Smith/Baltes (1996) wurden 170 verschiedene Alternsformen beschrieben, wobei diese Vielzahl durch jene der untersuchten Aspekte, Bereiche und Altersabschnitte sowie durch methodische und theoretische Fakten bedingt sein dürfte (Thomae, 1998).

4. Annahmen über die Ursachen interindividueller Variabilität

Die Entstehung der teilweise großen Differenzen im Verlauf der Entwicklung in allen Abschnitten des menschlichen Lebens wird unterschiedlich begründet. Sozialisationstheoretische, ökologische und erbbiologische Erklärungen stehen neben solchen, welche Entwicklung als Ergebnis einer Serie von Entscheidungen betrachten.

Da dieser Erklärungsansatz erstaunlich viele Anhänger findet, sei er zuerst behandelt.

4.1 Eine dezisionistische Theorie

Besonders unter gerontologisch interessierten Vertretern der Lebenslaufpsychologie hat im letzten Jahrzehnt das SOK-Modell der Entwicklung von Baltes/Baltes (1990) viele Anhänger gefunden (vgl. auch Baltes et al., 1998). Es wird als Anwendung der Handlungstheorie auf die Entwicklungspsychologie eingeführt, sieht Entwicklung dabei nicht als Ergebnis spontaner Aktivitäten, sondern als Folge von Wahl (Selektion), Optimierung und Kompensation.

Die Wahl von unterschiedlichen Verhaltenstendenzen zeige sich in der neuropsychologischen Informationsverarbeitung und in vielen motivations- oder verlustbegründeten Verhaltenssequenzen. Auf der anderen Seite heißt es in Baltes et al. (1998): »There is no selection without loss.«

Dieser Widerspruch ist aus der gerontologischen Fundierung des auf die ganzen Lebensspanne angewandten SOK-Modells und die defizitorientierte Sicht des Alters durch einige seiner Autoren begründet. Die empirische Basis für die verlustorientierte Sicht des Altersbildes ist eine Studie von Heckhausen (1990), der zufolge Befragte verschiedener Altersstufen bestimmte, auf Verlust bezogene Items, vor allem höheren Altersstufen zuordneten. Dass dieser Befund im Grunde genommen nur ein negatives Altersstereotyp widerspiegelt, wird von den Autoren weder gesehen noch akzeptiert. Die Anwendung dieses verlustorientierten Verhaltensmodells auf das ganze Entwicklungsgeschehen aber bedeutet im Grunde eine Rückkehr zu den seit der Mitte des 20.Jahrhunderts weitgehend aufgegebenen »Defizitmodellen der Motivation« (Berlyne, 1963; White, 1959; Maslow, 1962). Entwicklung wie Verhalten generell erwachsen nach solchen Auffassungen aus der Wahrnehmung von Mangel und Verlust. Unabhängig davon aber bedeutet die Zuordnung alles Entwicklungsgeschehens zu »kompensatorischen Ereignissen« eine problematische Einordnung. Dies trifft noch mehr auf die Annahme zu, Entwicklung generell sei das Ergebnis von Wahlen (Selektion).

Ob alles Verhalten auf eine Wahl (Selektion) zurückzuführen ist, muss angesichts kinder- und jugendpsychologischer Studien bezweifelt werden. Voraussetzung solcher Studien ist, dass man den Kindern bzw. Jugendlichen eine Wahl lässt. Dies ist z.B. im freien Spiel der Fall. Hier werden meist Verhaltenssequenzen erkennbar, in denen zwischen 3, 4 oder mehreren Spielarten – oder Spielorten – gewechselt wird (Thomae et al., 1957; Lehr, 1959). Man mag die Optimierung bestimmter Fertigkeiten in ein solches Geschehen hineininterpretieren; näher liegt jedoch die Deutung, dass verschiedene ähnlich attraktive Betätigungsarten, da sie nicht gleichzeitig ausgeübt, in rhythmischem Wechsel nacheinander ausgeübt werden. Auch bei Schülern bis zum 10. Lebensjahr wurde im freien Spiel eine periodische Wiederkehr ähnlicher Tätigkeiten beobachtet. Weder eine Wahl noch eine Orientierung am Ziel der Optimierung ist dabei erkennbar.

Der entscheidende Einwand gegen das SOK-Modell geht aber von der Tatsache aus, dass menschliches Verhalten ja von Kindheit an in den Takt der Leistungsgesellschaft eingefügt und von ihm bestimmt wird. Was zu bestimmten Tageszeiten zu tun ist, wie etwa Sichwaschen, Sichanziehen, Frühstücken, Zur-Schule- oder Zur-Arbeit-Gehen usf., wird durch den Zeitplan der Gesellschaft bestimmt. Der Verlust dieser vorgegebenen Strukturierung der Tätigkeiten nach dem Berufsende wurde als eines der »Probleme« des Rentenalters angesehen (Havighurst, 1963).

Die Erlebens-Verhaltens-Sequenz »Verlust – Erfahrung – Wahl – Optimierung – Kompensation« ist eine nicht allzu häufige Erscheinung insbesondere in den Jahrzehnten vor größeren psychischen Einbrüchen. Beim Verlust des Arbeitsplatzes sieht man sich zwar vor manche Wahl gestellt. Weit häufiger wird man die angebotenen Stellen nicht als Mittel der Optimierung ansehen und deshalb auch die dadurch in Aussicht gestellte Kompensierung nicht nutzen.

Noch problematischer aber erscheint mir die Anwendung des SOK-Modells auf Verlusterfahrungen im zwischenmenschlichen Bereich. Trauerreaktionen werden weder »gewählt«, noch spielt dabei der Gesichtspunkt der »Optimierung« eine Rolle. In etwas späteren Phasen werden manche Schritte vielleicht als Kompensation dienen. Doch auch hier erscheint die Anwendung eines Modells, das trotz der von Baltes et al. (1998) vorgebrachten Kautelen letztlich doch eine äußerst rationalistische Interpretation menschlichen Verhaltens darstellt, äußerst fragwürdig.

4.2 Erbbiologische Erklärungsansätze

Entsprechend dem Vordringen erbbiologischen Denkens in vielen Bereichen der Wissenschaft räumt Lerner (1998) den Genen eine große Bedeutung ein. Nach den Erkenntnissen der Genforschung sei es geradezu unmöglich, dass jemals zwei Individuen mit der gleichen Kombination von Genen existierten. In der Auseinandersetzung mit Ereignissen der eigenen Biografie aber erhöht sich diese Chance zur interindividuellen Variabilität, da selbst bei eineiigen Zwillingen kaum zwei Personen eine identische Serie biografischer Erfahrungen habe (Lerner, 1998, S. 15). Insofern kann nur eine interaktionistische Sicht der Beziehungen zwischen genetischer Ausstattung, Umgebungseinflüssen und Entwicklung den wichtigsten Einflussfaktoren auf die Gene der interindividuellen Variabilität gerecht werden (Weinert, 2000).

4.3 Interaktionistische Entwicklungsmodelle

Diese interaktionistische Sicht liegt verschiedenen Entwicklungsmodellen zugrunde, welche die Beziehungen zwischen Individuen und Umwelt für den Verlauf von Konstanz und Veränderung im Lebenslauf zu klären suchen. Das »Abstimmungsmodell der Entwicklung« (developmental attunement model) von Kindermann/Skinner (1992) nimmt an, dass Veränderungen im Individuum einerseits und der Umgebung andererseits nicht unabhängig voneinander geschehen. Vielmehr seien Veränderungen der Umgebung mit der Entwicklung der Individuen abgestimmt. Beispiele hierfür sind etwa der Übergang vom Kindergarten in die Schule oder jener von der Schule in den Beruf oder – im höheren Alter – aus dem eigenen Haushalt ins Altenheim. Die Einflüsse der jeweils neuen Umgebung sind an den Entwicklungsstand des Individuums angepasst, insofern könne man von einem dynamischen Charakter der Umgebung sprechen.

Auf die Beziehungen zwischen Veränderungen in der Umgebung und jenen in der individuellen Entwicklung bezieht sich das »Developmental co-adaptation-model« (Settersten, 1999). Es postuliert, dass Veränderungen in der Umgebung und in der Person einander beeinflussen. Darüber hinaus wird die Reziprozität der Beziehungen zwischen der sich entwickelnden Person und der sich verändernden Umgebung hervorgehoben. Annahmen dieser Art gehen von gesellschaftlichen Verhältnissen aus, in denen die Umgebungseinflüsse langfristig programmiert sind wie in der Abfolge Kindergarten, Schule, Beruf etc. Dort, wo Krieg, Revolution und wirtschaftliche Depression diese Abfolge verändern, wird der Anpassungsdruck einseitig auf das Individuum verlegt.

4.4 Entwicklung im Kontext der Biografie

Der Einfluss spezifischer individueller Lebensumstände auf die psychische Entwicklung wurde in verschiedenen theoretischen Ansätzen in unterschiedlicher Weise herausgestellt. Nach Freud (XVII, S. 67) stehe am Beginn psychoanalytischer Bemühungen um eine Persönlichkeitstheorie »das Studium der individuellen Entwicklung des menschlichen Wesens«. Freilich bestehe dieses Studium nicht in der systematischen Beobachtung von Individuen während ihres Lebens, sondern in der Rekonstruktion dieser Entwicklung im frühen Kindesalter aus bestimmten psychischen Störungen, die im frühen oder mittleren Erwachsenenalter analysiert wurden. Als Ergebnis dieser Rekonstruktion erscheint Entwicklung als das Resultat einer fortwährenden Auseinandersetzung zwischen mehreren miteinander konkurrierenden Systemen: dem »Es«, das Lustgewinn unmittelbar auf möglichst direkte Weise zu erlangen sucht, und verschiedenen um Kontrolle und soziale Anpassung bemühten »Sekundärsystemen«, die als »Ich« bzw. »Überich« bezeichnet werden. Aus der Auseinandersetzung dieser Systeme ergeben sich verschiedene »Triebschicksale«, die je nach der jeweilig gegebenen Dominanz einer spezifischen Zielorientierung dem »Es«, d.h. mit einem erweiterten Begriff von Sexualität, gleichgesetzt werden und die die Entwicklung in eine »orale«, »anale«, »phallische« und »Latenz«-Phase vor dem Erreichen der eigentlich »genitalen« Phase gliedern, falls nicht Fixierungen und Regressionen den normalen Ablauf behindern, verzerren, umlenken. Ergebnis solcher Fehlentwicklungen sind Neurosen unterschiedlichster Art, die zur Ausprägung von Persönlichkeitsformen wie dem »oralen« oder »analen« Charakter führen.

Die verschiedenen Varianten der Psychoanalyse bzw. Tiefenpsychologie beziehen sich vor allem auf die Eigenart und Zielrichtung der »Triebe« oder Bedürfnisse. Am weitesten ist die Entsexualisierung der entscheidenden Grundbedürfnisse bei Erikson. Es bleibt zwar die Orientierung an den Stufen der psychosexuellen Entwicklung in der frühen Kindheit, diese werden aber durch jeweils spezifische, für diese Phase charakteristische »Aufgaben« umschrieben: So besteht die »Aufgabe« in der auf oralen Lustgewinn bezogenen Phase in der Gewinnung und Erhaltung eines »Urvertrauens«. Wird dieses durch das Verhalten der Mutter nicht gewährleistet, dann kann sich ein »Ur-Misstrauen« herausbilden, das sich bis in die spätesten Lebensjahre erhält.

Am eingehendsten hat Erikson Bedingungen und Varianten der Identitätsfindung analysiert. Wie Conzen (1990) hervorhebt, steht dieser Begriff »für eine Fülle von höchst unterschiedlichen Entwicklungsverläufen. Kein Weg der Identitätsbildung gleicht dem anderen« (Conzen, 1990, S. 237). Zwar wird der Beginn dieses Prozesses in die Jugendzeit verlegt; seine Dauer aber kann sich auf weitere Strecken des weiteren Lebens ausdehnen. Würde man sich von der biologischen Orientierung trennen, welche Erikson wie viele andere veranlasst, die körperliche Reifung der Jugendzeit als Kriterium für den Anfang dieser Vorgänge zu wählen, dann würde man schon im Kindesalter entscheidende Vorgänge des Identitätskonfliktes und der Versuche zu einer Identitätsfindung entdecken. Diese sind etwa bei jungen Mädchen aus Ländern anzutreffen, in denen die Väter die Kontrolle über alle Beziehungen zum anderen Geschlecht beanspruchen, obwohl sie mit ihren Familien in eine westliche Kultur fliehen mussten, welche etwas größere Freizügigkeit gewährt. Der Zwiespalt zwischen der Identifikation mit der Kultur des Gastlandes und der durch die Familie geforderten Bindung an traditionelle Normen der Heimat kann die Entwicklung durchs ganze Leben bestimmen und trotz scheinbar äußerer Anpassung doch sehr zwiespältige Naturen schaffen.

Die Analyse von Biografien war Eriksons Methode der Wahl von Anfang an. Die Heranziehung von historischen Quellen über den jungen Mann »Luther« und die Ursprünge der Idee der Gewaltlosigkeit bei Gandhi befähigte ihn, die Rolle von kulturellen und religiösen Überzeugungen für die Gewinnung von persönlicher und sozialer Identität aufzuweisen.

Für eine Theorie des Lebenslaufs muss man jedoch noch stärker als bisher die soziale Strukturierung von Bedürfnissen, Erwartungen und Anforderungen berücksichtigen, wie sie in bestimmten Gesellschaften bestehen. Erst die Integration des soziologischen und psychologisch-biografischen Ansatzes wird eine befriedigende Theorie des Lebenslaufs liefern. Hierzu liegen schon viele Beiträge vor (vgl. z.B. Jüttemann, 2002; Fooken, 2000; Lehr, 2000a und 2000b; Kruse/Schmitt, 1999; Thomae, 1996).

Die Konzeptualisierung der Umgebung in diesen Modellen übersieht allerdings die Tatsache, dass für die persönliche Entwicklung nicht nur der Wechsel der Institutionen, in denen sie geschieht, sondern vielfältige mitmenschliche Beziehungen von großer Bedeutung sind. Sie markieren Anfangs- und Endphasen von Entwicklungsabschnitten, welche beim Einzelnen nach den Befunden von Lehr (1976) höchst individuell und fern von allen globalen Phasentheorien das Verständnis des eigenen Lebenslaufs strukturieren.

4.5 Biografie und psychische Entwicklung

Die Sicht der eigenen Entwicklung

Im Rahmen der Bonner und später der Heidelberger Lebenslaufforschung wurden über 7.000 Autobiographien von Frauen und Männern der Geburtsjahrgänge 1895 bis 1950/52 erhoben. Einige davon waren – aus Zeitgründen – von vornherein auf bestimmte Lebensabschnitte zentriert (Berufswahl, Berufseintritt, berufliche Veränderungen, Beendigung der Berufstätigkeit/ Pensionierung, aber auch Familiengründung, Partnerschaftskonflikte, Trennungen und Scheidungen, Partnerverlust/ Verwitwung, Auszug des letzten Kindes aus dem Elternhaus, Krankheitsdiagnosen etc.), andere haben versucht, die gesamte Lebensentwicklung so ausführlich wie möglich (oft in 3- bis 4-stündigen Interviews an drei aufeinander folgenden Tagen) zu erfassen. Die Analyse der letzteren Gesamtbiographien von 741 Frauen und 570 Männern der Geburtsjahrgänge 1895 bis 1939, die in den Jahren 1955 bis 1968 erhoben worden sind (Lehr/Thomae, 1958; Lehr/Thomae, 1965; Lehr, 1969, 1980) geben besonders detailliert Aufschluss über die Persönlichkeitsentwicklung im Erleben Erwachsener.

Erlebte Einschnitte und Markierungspunkte im Lebenslauf

Zunächst einmal ist festzustellen, dass der Spontanbericht über die Lebensentwicklung von nahezu jedem Befragten »gegliedert« gegeben wurde, d.h., dass der Einzelne von sich aus bestimmte Lebensabschnitte voneinander abgehoben sah und entsprechend berichtete. Dabei stimmten die Zäsuren, die in der Schilderung für den Einzelnen markant heraustreten, nur zu einem geringen Teil mit dem aufgrund der biologischen Entwicklung oder des Rollenwechsels oder auch dem durch den Lebenszyklus gegebenen Raster überein.

Die bei dieser Auswertung erfassten 1.311 Personen berichteten in ihren Biografien von durchschnittlich 17,5 markanten Einschnitten, die als »Wendepunkte« erlebt wurden, die ihr Erleben und Verhalten in der Folgezeit prägten. Diese Markierungspunkte wurden in zwei Dritteln der Fälle als mehr oder minder negativ (von der

Belastung bis hin zur Krise) erlebt, in etwa einem Drittel der Fälle jedoch als positiv, als Erweiterung des Lebensraumes, als Gewinn erfahren – und dies auch im höheren Alter.

Von den erlebten Markierungspunkten sind nur 7,5% biologisch/körperlich bedingt zu sehen; Krankheit, gesundheitliche Beschwerden machen 5,1% aus, hingegen die Erwähnung von wiedererlangter Gesundheit, Wiederherstellung der Funktionsfähigkeit 2,4%.

Weitere *36,4% sind den allgemein erwarteten Stufen des Lebenszyklus zuzuordnen.* Davon entfallen 21% auf den privaten, familiären Bereich (Geburt eines Geschwisters, Krankheiten der Eltern, Abwesenheit des Vaters, Rückkunft des Vaters aus dem Krieg, Kennenlernen des Freundes, Verlobung, Heirat, Geburt der eigenen Kinder, Auszug der Kinder aus dem Elternhaus etc.). Frauen sehen durch solche private/familiäre Ereignisse ihr Leben sehr signifikant stärker gegliedert als Männer. Anders ist es bezüglich des beruflichen Bereiches, auf den 15,4% der hervorgehobenen Einschnitte fallen (Berufsanfang, Stellen- oder Berufswechsel, Beförderung, Berufsunterbrechung, Wiederaufnahme der Berufstätigkeit, Pensionierung). Diese geschlechtsspezifischen Unterschiede findet man verstärkt in der Gruppe der vor 1920 Geborenen.

Immerhin werden 17,8% der erlebten markanten Einschnitte, die das weitere Leben stark bestimmten, primär im Zusammenhang mit zeitgeschichtlichen Ereignissen gesehen (Kriegsbeginn, Besatzung, Gefangenschaft, Wirtschaftskrise, Verlust des Vermögens, Bankenkrach/Inflation, 1933, Ausbombung, Flucht, politische Verfolgung, Kriegsende und dgl. mehr).

Besonders hervorzuheben ist, dass 38,5% der erlebten Zäsuren ganz persönliche Ereignisse und Erfahrungen betreffen, die nach außen hin kaum deutlich werden und weder biologische noch zeitgeschichtliche noch am normativen Lebenszyklus orientierte Zusammenhänge erkennen lassen. Hierbei handelt es sich um spontan genannte Begegnungen mit anderen Menschen, beeindruckende Gespräche, konkret erinnerbare Auseinandersetzungen mit Vater oder Mutter, die häufig als Beginn einer »inneren Wende« erlebt werden, Beobachtungen von Schicksalen bei Bekannten und Freunden, Bindungen und Lösungen von Freundschaften. Auch Streitigkeiten zwischen den Eltern werden oft spontan genannt als Auslösung von Einstellungsänderungen. Aber auch die Anschaffung des ersten eigenen Autos – und die damit erreichte »größere Freiheit« – sind für manch einen markante, das weitere Leben stark beeinflussende Entwicklungserfahrungen. Im Berufsleben sind es spezifische Erfahrungen mit Vorgesetzten, Mitarbeitern oder Untergebenen oder auch die Erfahrung eigener Leistungsfähigkeit oder -unfähigkeit, die für das weitere Verhalten als richtungsweisend erlebt werden.

Zusammenfassend lässt sich hierzu feststellen, dass die die Persönlichkeitsentwicklung beeinflussenden Erlebnisse und Erfahrungen – negativer wie auch positiver Art – weder einseitig an der biologischen Entwicklung orientiert sind (wie es manche stufentheoretischen Ansätze nahe legen) noch auf den beobachtbaren Rollenwechsel im Rahmen des Lebenszyklus gesehen werden dürfen. Gehen wir vom inneren Erleben aus, dann beeinflussen zeitgeschichtliche, epochale Gegebenheiten die Persönlichkeitsentwicklung in jedem Lebensalter. In sehr hohem Ausmaß jedoch werden ureigenste, persönliche Erlebnisse und Erfahrungen wirksam, die zu jedem Zeitpunkt der Entwicklung auftreten können und sich den üblichen Rastern nicht zuordnen lassen. Erwähnt sei, dass Sticker (2000) auch bei biografischen Analysen bei 19- bis 52-jährigen Frauen und Männern, die zwischen 1995 und 1999 befragt wurden, einen Anteil von 38,5% subjektiver Gliederungen des eigenen Lebenslaufs fand, die sich an rein persönlichen Erlebnissen und Erfahrungen orientierten. Außerdem wurde deutlich, dass positive Erfahrungen, »Gewinne«, keinesfalls auf die jüngeren Lebensalter beschränkt gesehen werden dürfen – im Gegenteil, hier werden Einschränkungen und Verluste weit häufiger genannt, als dies in höherem Alter der Fall ist.

Erwartung und Erleben von positiven und negativen Ereignissen in den einzelnen Lebensaltern

Der Schwerpunkt bisheriger Entwicklungsforschung liegt zweifellos auf den Phasen negativen Erlebens, auf der Untersuchung krisenhafter Einschnitte, während die positiv erlebten Übergänge, die so genannten »glücklichen« Phasen, weniger das Forschungsinteresse erweckten. Die relativ wenigen vorliegenden Untersuchungen lassen jedoch das frühe Erwachsenenalter als besonders begünstigte Zeit erscheinen, das spätere Erwachsenenalter jedoch als Zeit zunehmender Belastungen.

Eine der ersten zu dieser Thematik durchgeführten Untersuchungen Anfang der Sechzigerjahre (Lehr, 1964), in der 500 Männer und Frauen erfasst wurden, ging von einer doppelten Fragestellung aus: Es wurde einmal gefragt, welches Lebensalter man »ganz allgemein« für besonders glücklich und erfreulich halte, und ebenso, welches Lebensalter ganz allgemein für weniger glücklich, für eher belastend (und wie dies zu begründen sei). Sodann aber wurde gefragt: »Und wenn Sie jetzt an ihr eigenes Leben denken, welche Lebensjahre waren für Sie besonders glücklich, welche haben Sie als besonders positiv erlebt?« Ebenso wurde gefragt: »Wenn Sie an ihr eigenes Leben zurückdenken, welche Zeiten waren da für Sie besonders schwierig, unerfreulich, unglücklich?«

In der allgemeinen Erwartung erschienen die Jugendzeit und das frühe Erwachsenenalter als besonders begünstigte Zeit, das 5.–7. Jahrzehnt bei Frauen, bei Männern das 6.–8. Jahrzehnt hingegen als besonders negativ belastete Zeit. *Bei einem Rückblick auf das eigene Erleben* jedoch erschien das Jugendalter und frühe Erwachsenenalter als extrem negativ getönt und das bei allen Jahrgängen – wofür man allerdings gerne epochale Momente oder ganz individuelle familiäre Erfahrungen verantwortlich machte.

Die *Analyse der Biografien* zeigt nun, dass Heirat und Familiengründung keineswegs vorwiegend mit positiven Gefühlen einhergehen, wie oft angenommen wird. Im Gegenteil, die Geburt des ersten Kindes wurde gerade von Frauen sehr oft als Restriktion des Lebensraumes erlebt und als besonders kritische Phase in der eigenen Entwicklung dargestellt.

Das mittlere und höhere Erwachsenenalter, die so genannten »Wechseljahre« wie auch die Jahre des Berufsendes, wurde von den zu Anfang des letzten Jahrhunderts geborenen Männern und Frauen gefürchtet, erschien jedoch im eigenen Erleben weit positiver als in der allgemeinen Erwartung. Begründet wurde dieses positive Erleben mit einer gewissen Abgeklärtheit, inneren Ausgeglichenheit, weiterhin mit dem »großen Vorzug, frei über seine Zeit verfügen zu können«, »seinen eigenen Interessen nachgehen zu können, keine Verpflichtungen mehr zu haben« – aber auch mit dem Hinweis auf ein »gelungenes Lebenswerk«, ein »Ausruhen auf den eigenen Erfolgen«, auf den »Berufserfolgen der Kinder«, zum Teil auch auf die »zunehmende Harmonisierung des Ehe- und Familienlebens« (»Es gibt nicht mehr so viel Aufregung und Kummer wie früher«). Freilich, es gab – allerdings nur in 25% der Fälle – auch Hinweise auf negatives Erleben im Sinne eines »Nicht-mehr-gebraucht-Werdens«, auf zunehmende Langeweile oder sogar Einsamkeit oder auf gesundheitliche Einschränkungen. *Doch insgesamt überwiegen bei weitem im Erleben der eigenen Situation die Gewinnerfahrungen – in der allgemeinen Erwartung hingegen die Verlusterfahrungen.*

Diese positiven und negativen Erfahrungen sind unterschiedlich in die durch biologische Faktoren oder soziale Einflüsse markierten Lebensabschnitte integriert. Sehr oft erweist sich die persönliche Bedeutsamkeit sogar als wichtiger als die von »objektiven« Umständen bestimmten Markierungen des Lebenslaufs. Da »persönliche Bedeutsamkeit« eng mit dem zusammenhängt, was wir »Persönlichkeit« nennen, könnte man einerseits folgern, *die Persönlichkeit bestimme die Entwicklung.* Insoweit andererseits aber die Abfolge von Ereignissen und Erfahrungen, welche unter dem Begriff »Entwicklung« zusammengefasst werden, Einfluss auf das nimmt, was persönlich bedeutsam wird, muss man feststellen, dass die *Entwicklung die Persönlichkeit bestimmt.* Es ergeben sich also deutliche Hinweise auf eine enge *Verschränkung von Persönlichkeit und Entwicklung.*

Literatur

Allport, G.W. (1969). The open system in personality theory. *Journal of Normal and Social Psychology, 61,* 301–310.

Al Rabin, R.A., Zucker, R.A., Emmons, R.A./Frank, S. (Hrsg.) (1990). *Studying persons and lives.* New York: Springer.

Atchley, R.C. (1989). Continuity theory of normal aging. *The Gerontologist 29,* 183–190.

Baltes, P.B./Baltes, M.M. (1990). Psychological perspectives on successful aging: The model of selective optimization with compensation. In P.B. Baltes und M.M. Baltes (Hrsg.). *Successful aging: Perspectives from the behavioral sciences* (S. 1–34). New York: Cambridge Univ. Press.

Baltes, P.B., Lindenberger, U./Staudinger, U.M. (1998). Life span theory in Developmental Psychology. In R.M. Lerner (Hrsg.). *Theoretical models of human development* (Vol. 1, Handbook of Child Psychology, 5th Ed.). New York: Wiley.

Baltes, P.B./Staudinger, U.M. (1993). The search for a psychology of wisdom. *Current directions in Psychological Sciences 2,* 1–6.

Berlyne, D.E. (1963). Motivational problems raised by exploratory and epistemic behavior. In S. Koch (Hrsg.). *Psychology,* Vol. 5 (S. 284–364) New York: Mc Graw Hill.

Block, J. (1971). *Lives through time.* Berkeley, CA: Bancroft.

Brody, E. (1981). The »woman in the middle« and family help to older people. *The Gerontologist 21,* 471–480.

Bühler, Ch. (1933). *Der menschliche Lebenslauf als psychologisches Problem.* Leipzig: Hirzel.

Busse, E.W./Maddox, G.L. (Hrsg.) (1985). *The Duke longitudinal studies on normal aging: 1955–1980.* New York: Springer Publ.

Conzen, P. (1990). *Erik H. Erikson und die Psychoanalyse.* Heidelberg: Asanger.

Costa, P.T. jr./McCrae, R.R. (1994). Setlike plaster. Evidence for stability of adult personality. In T.C. Hetherton/J.L. Weinberger (Hrsg.). *Can personality change?* (S. 21–40). Washington, D.C.: APA Press.

Datan, N. (1977). *Coping and defending.* New York: Academic Press.

Deutsche Shell (Hrsg.) (2000). *Jugend 2000.* Opladen: Leske/Budrich.

Erikson, E.H. (1981). *The life cycle completed.* New York: Norton.

Faltermaier, T., Mayring, P., Saup, W./Strehmel, P. (1992). *Psychologie des Erwachsenenalters.* Stuttgart: Kohlhammer.

Field, D.& Millsap, R.E. (1991). Personality in advanced old age. *Journal of Gerontology, B. 46,* pp. 299–308.

Fischer, A. (2000). Jugend und Politik. In Deutsche Shell (Hrsg.). Jugend *2000* (S. 261–282). Opladen: Leske/Budrich.
Fischer, A. (2000). Jugendliche im Osten – Jugendliche im Westen. In Deutsche Shell (Hrsg.). *Jugend 2000* (S. 283–304). Opladen: Leske/Budrich.
Fooken, I. (2000). Aktualisierung von »Kindheit« in biographischen Umbruchsituationen. In I. Behnken/J. Zinnecker (Hrsg.). *Handbuch Kinder – Kindheit – Lebensgeschichte.* Seelze: Kallmeyersche Verlagsbuchhandlung (zz. i. Druck).
Fritzsche,Y./Münchmeier, R. (2000). Mädchen und Jungen. In Deutsche Shell (Hrsg.). *Jugend 2000* (S. 343–348). Opladen: Leske/Budrich.
Freud, S. (1948ff.). Gesammelte Werke, Bd. I–XVI. London: Imago Publ.
Gergen, K. (1977). Stability, change and chance in human development. In H. Reese (Hrsg.). *Life span developmental psychology* (S. 136–158). New York: Academic Press.
Gottfredson, L.S. (1997). Intelligence and social policy. *Intelligence 24, L-320;* Special Issue.
Hartup, W.W./van Lieshout, C.F.M. (1995). Personality development in social context. *Annual Review Psychology 46,* 655–687.
Havighurst, R.J. (1963). Dominant Concerns in the life cycle. In L. Schenk-Danzinger/H. Thomae (Hrsg.). *Gegenwartstendenzen der Entwicklungspsychologie* (S. 27–37). Göttingen: Hogrefe.
Heckhausen, J. (1990). Erwerb und Funktion normativer Vorstellungen über den Lebenslauf. *Kölner Zeitschrift für Soziologie und Sozialpsychologie 31,* 351–373.
Hedges, L.V./Nowell, A. (1995). Sex differences in mental test scores, variability, and number of high scoring individuals. *Science 269,* 41–45.
Hilden, A.H. (1949). A longitudinal study of intellectual development. *Journal of Psychology 28,* 187–214.
Homburger, A. (1926). *Psychopathologie des Kindesalters.* Berlin: Springer.
Hunter, S./Sündel, M (1989). *Midlife myths.* Newbury Park: Sage.
Jones, H.E. (1958). Problems of method in longitudinal research. *Vita Humana 1,* 93–99.
Jones, E./Conrad, H.S. (1933). The growth and decline of intelligence. *Genet. Psychol. Monographs 13,* 223–298.
Jüttemann. G. (2002). *Autogenese als lebenslanger Prozess. Ansätze zu einer Entwicklungstheorie der individuellen Persönlichkeit.* In diesem Band.
Kagan, J./Moss, H.A. (1962). *From birth to maturity: a study in psychological development.* New York: Wiley.
Kagan, J., Reznik, J.S., Snidman, N., Gibbons, J./Johnson, M.O. (1988).

Childhood desirates of inhibition and lack of inhibition to the unfamiliar. *Child Development 59*, 1580–1589.

Kay, H. (1959). Theories of learning and aging. In J.E. Birren (Hrsg.). *Handbook of aging and the individual* (S. 614–654). Chicago: University of Chicago Press.

Kessen, W., Heath M.M./Salapatek, P.H. (1970). Human infancy: a bibliography and guide. In P. Mussen (Hrsg.). *Carmichael's Handbook of Child Psychology*, 3rd Ed. (S. 287–445). New York: Wiley.

Kindermann, T.A./Skinner. E.A. (1992). Modeling environmental development: individual and contextual trajectories. In J.B. Asendorpf/J. Vallner (Hrsg.). *Stability and change in development* (S. 155–190). Newburg Park: Sage.

Kochanska, G., De Vet, K., Goldman, M., Murray, K./Putnam, S.P. (1994). Maternal reports of conscience development and temperament in young children. *Child Development 65*, 852–868.

Kohlberg, L./Kramer, R. (1969). Continuities and discontinuities in childhood and adult moral development. *Human Development 12*, 93–120.

Kohli, M./Künemund, H. (Hrsg.) (2000). *Die zweite Lebenshälfte.* Opladen: Leske/Budrich.

Kraus, J. (1986). *Daseinsthemen junger Frauen.* Diplomarbeit Universität Bonn, Psychologisches Institut.

Kruse, A./Schmitt, E. (1999). *Wir haben uns als Deutsche gefühlt.* Darmstadt: Steinkopff.

Lehr, U. (1959). Entwicklung und Periodizität. In H. Thomae (Hrsg.). *Handbuch der Psychologie, Bd. III., Entwicklungspsychologie* (S. 196–219). Göttingen: Hogrefe.

Lehr, U. (1961). Veränderungen der Daseinsthematik der Frau im Erwachsenenalter. *Vita Humana 4*, 193–228.

Lehr, U. (1964). Positive und negative Einstellungen zu einzelnen Lebensaltern. *Vita Humana 7*, 201–227.

Lehr, U. (1969). *Die Frau im Beruf – eine psychologische Analyse der weiblichen Berufsrolle.* Frankfurt: Athenäum.

Lehr, U. (1972). *Psychologie des Alterns.* Heidelberg: Quelle/Meyer (2000).

Lehr, U. (1976). Zur Frage der Gliederung des menschlichen Lebenslaufs. *aktuelle gerontologie 6*, 337–345.

Lehr, U. (1980). Die Bedeutung der Lebenslaufpsychologie für die Gerontologie. *aktuelle gerontologie 10*, 257–269.

Lehr, U. (1987). Persönlichkeitsentwicklung im höheren Lebensalter – differentielle Aspekte. In U. Lehr/H. Thomae (Hrsg.). *Formen seelischen Alterns* (S. 39–44). Stuttgart: Enke.

Lehr, U. (2000a). Responsibilities of the individual and society: Political responsibilities in the revolution in longevity. In R. N. Butler & C. Jasmin (Hrsg.) *Longevity and quality of life: Opportunities and challenges.* New York: Kluwer Academic.

Lehr, U. (2000b). Altern aus psychologischer Sicht. In: F. Böhmer (Hrsg.) *Was ist Altern? Eine Analyse aus interdisziplinärer Perspektive.* Frankfurt/Main: Peter Lang.

Lehr, U./Thomae, H. (1958). Eine Längsschnittuntersuchung bei 30–50jährigen Angestellten. *Vita Humana 1,* 100–110.

Lehr, U./Thomae, H. (1965). *Konflikt, seelische Belastung und Lebensalter.* Opladen: Westdeutscher Verlag.

Leiter, J./Johnson, M.C. (1994). Maltreatment and school performance. *American Journal of Education 102,* 154–189.

Lerner, R. M. (1998). Theories of human development: current perspectives. In R.M. Lerner (Hrsg.). *Handbook of Child Psychology,* 5th Ed., Vol. 1, 1–24. New York: Wiley.

Lerner, R.M./Galambos, N.L. (1998). Adolescent development: challenges and opportunities for research, programs, and policies. *Annual Review Psychology,* 413–446.

Levinson, D.J. (1978). *The season's of a man's life.* New York: Knopf.

Lindenberger, U. (2000). Intellektuelle Entwicklung über die Lebensspanne. *Psychologische Rundschau 51,* 123–134.

Löwe, H. (1970). *Einführung in die Lernpsychologie des Erwachsenenalters.* Berlin: Volk und Wissen.

Lubinski, D. (2000). Scientific and social significance of assessing individual differences. *Annual Review of Psychology 51,* 405–444.

Maas, H. S./Kuypers, J. A. (1974). *From thirty to seventy.* San Francisco: Bass.

Magnusson, D. (1988). Individual development from an interactional perspective. In D. Magnusson (Hrsg.). *Paths through life* (pp. 3–31). Hillsdale, NJ: Erlbaum.

Martin, P., Ettrich, K.U., Lehr, U., Roether, D., Martin, M./Fischer-Cyrulies, A. (Hrsg.) (2000). *Aspekte der Entwicklung im mittleren und höheren Lebensalter.* Darmstadt: Steinkopff.

Maslow, A. (1962). *Toward a psychology of being.* New York: Van Nostrand.

Miles, C.C./Miles, W. R. (1932). The correlation of intelligence scores and chronological age from early to late maturity. *American Journal of Psychology 44,* 44–78.

Mischel, W. (1973). Toward a cognitive learning reconceptualization of personality. *Psychol. Review 80,* 252–283.

Mitscherlich, A. (1977). Die Unfähigkeit, erwachsen zu werden. In H. Schreiber (Hrsg.). *Midlife Crisis* (S. 60–71). München: Bertelsmann.

Münchmeier, R. (1997). Jung – und ansonsten ganz verschieden. In Jugendwerk der Deutschen Shell (Hrsg). *Jugend 97* (S. 379–390). Opladen: Leske/Budrich.

Murray, H.A. et al. (1938). *Explorations in Personality.* New York; Oxford Univ. Press.

Preyer, W. (1882). *Die Seele des Kindes.* Leipzig: Grieben.

Rau, H. (2000). Kognitives Entwicklungstempo und Verhalten bei Kindern mit Down-Syndrom. *Frühförderung interdisziplinär 19,* 130–139.

Reichard, S., Livson, F. & Peterson, P.G. (1962). *Aging and personality.* New York: Wiley.

Rickert, H. (1929). *Die Grenzen der naturwissenschaftlichen Begriffsbildung.* 5. A., Tübingen: Mohr.

Robrecht, J. (1995). *Konflikte im Lebenslauf – ein empirischer Beitrag zur Psychologie der Lebensspanne.* Regensburg: Roderer.

Rothacker, E. (1926). *Logik und Systematik der Geisteswissenschaften.* München.

Rothacker, E. (1948). *Probleme der Kulturanthropologie.* Bonn: Bouvier.

Rudinger, G. (1987). Intelligenzentwicklung unter verschiedenen sozialen Bedingungen. In U. Lehr/H. Thomae (Hrsg). *Formen seelischen Alterns* (S. 57–65). Stuttgart: Enke.

Schaie, K.W. (1993). Die Seattle-Längsschnittstudien zum Altern. *Zeitschrift für Gerontologie 26,* 129–137.

Schenda, R. (1983). Die Alterstreppe – Geschichte einer Popularisierung. In Landschaftsverband Rheinland (Hrsg). *Die Lebenstreppe* (S. 11–24). Köln: Rheinland Verlag.

Schneider, W. (1989). *Zukunftsbezogene Zeitperspektive von Hochbetagten.* Regensburg: Roderer.

Schreiber, H. (1977). *Midlife crisis. Mitte des Lebens.* München: Bertelsmann.

Scupin, E./Scupin, G. (1907). *Bubi's erste Kindheit.* Leipzig.

Settersten, R.A. jr. (1999). *Lives in time and place.* Amityville, N.Y.: Baywood.

Sheehy, G. (1976). *In der Mitte des Lebens.* München: Kindler.

Shock, N.W, Gräulich, R.C., Andres, R., Arenberg, D., Costa, P.T., Lakatta, E.G./Tobin, J.D. (1984). *Normal human aging: The Baltimore longitudinal Study of aging.* Washington, D.C.: U.S. Government Printing Office, NIH Publication No. 84–2450.

Smith, J./Baltes, P. B. (1996). Altern aus psychologischer Perspektive. In K.U. Mayer/P.B. Baltes (Hrsg.). *Die Berliner Altersstudie* (S. 497–524). Berlin: Akademie Verlag.

Stattin, H./Magnusson, D. (1991). Stability and change in criminal behavior up to age 30. *British Journal of Criminology 31,* 327–346.

Strachey, L. (1948). Florence Nightingale. In *Eminent Victorians.* London: Penguin Books.

Sticker, E. (2000). *Persönliche Mitteilung.*

Thomae, H. (1951). *Persönlichkeit. Eine dynamische Interpretation.* Bonn: Bouvier.

Thomae, H. (1957). *Die Periodik im kindlichen Verhalten.* Göttingen: Hogrefe.

Thomae, H. (1996). *Das Individuum und seine Welt.* 3. A., Göttingen: Hogrefe.

Thomae, H. (1998). Probleme der Konzeptualisierung von Altersformen. In A. Kruse (Hrsg.). *Psychosoziale Gerontologie Bd. 1,* (S. 35-50). Göttingen: Hogrefe.

Trikett, P.K. (1993). Maladaptive development of school-aged, physically abused children: relationship with the child rearing context. *Journal of Family Psychology 7,* 134–147.

Weinert, F.E. (2000). *Begabung und Lernen: Zur Entwicklung geistiger Leistungsunterschiede.* Vortrag bei der Jahresversammlung der Max-Planck-Gesellschaft.

Wellman, H.M./Gelman, S.A. (1992). Cognitive Development: foundational theories or cove domains. *Annual Review of Psychology 43,* 337–375.

White, R.W. (1959). Motivation reconsidered: The concept of competence. *Psychological Review 66,* 297–333.

Zahn-Waxler, C., Robinson J.L./Ende, R.N. (1992). The development of empathy in twins. *Developmental Psychology 28,* 1038–1047.

2 Die Persönlichkeit als Lawine: Wann und warum sich Persönlichkeitsunterschiede stabilisieren

Jens B. Asendorpf

In diesem Kapitel werden einige Hauptergebnisse der empirischen Forschung zur Stabilität und Vorhersagbarkeit der Persönlichkeit im Verlauf des Lebens skizziert und diskutiert. Zunächst wird ein scheinbarer Widerspruch zwischen stabiler Persönlichkeit und Veränderungen in der Entwicklung geklärt. Dann wird relativ ausführlich der Unterschied zwischen absoluter und differenzieller Messung von Persönlichkeitsmerkmalen erklärt und das zentrale Ergebnis beschrieben und erläutert, dass für viele sozial-emotionale Persönlichkeitsmerkmale die Stabilisierung von Persönlichkeitsunterschieden bis zum mittleren Erwachsenenalter anhält und das dann erreichte hohe Stabilitätsniveau bis zum Alter von 80 Jahren nicht absinkt. Nach einer Skizzierung der dynamisch-interaktionistischen Sicht der Persönlichkeit-Umwelt-Wechselwirkung im Verlauf des Lebens werden drei mögliche Ursachen der zunehmenden Persönlichkeitsstabilisierung (systemische, genetische und umweltbedingte) diskutiert. Hierbei wird die Metapher von der Persönlichkeit als Lawine eingeführt, um einige zentrale Punkte der Diskussion möglichst plastisch zu machen. Abschließend wird die Frage nach Zufall und Notwendigkeit in der Persönlichkeitsentwicklung erörtert: Welche Rolle spielt der Zufall bei der Entstehung von Individualität und inwiefern ist vielleicht auch dieser Zufall zumindest zum Teil notwendig für die Evolution des Lebens?

1. Persönlichkeit und Entwicklung: ein Widerspruch?

Unter der Persönlichkeit wird in der Psychologie die Gesamtheit aller individuellen Besonderheiten eines Menschen verstanden, die sein Erleben oder Verhalten betreffen. Hierzu zählt z.B. sein Temperament, sein Wissen und seine Fähigkeiten, seine Einstellungen und Werthaltungen, sein Selbstbild und Selbstwert, aber auch individualtypische Ausprägungen seiner körperlichen Gestalt, seiner Physiologie und seiner Gene, sofern sie erlebens- oder verhaltensrelevant sind. Die Persönlichkeit ist also all das, was ein Individuum von anderen unterscheidet. Dabei geht es nicht um vorübergehende Zustände, sondern um überdauernde Merkmale. Wer z.B. generell nasal spricht, hebt sich damit von den meisten Menschen ab; in diesem Fall ist nasales Sprechen ein Persönlichkeitsmerkmal. Nasales Sprechen bei einem Schnupfen dagegen ist kein Persönlichkeitsmerkmal. Aus dem aktuellen Erleben oder Verhalten eines Menschen kann deshalb noch nicht auf seine Persönlichkeit geschlossen werden; Persönlichkeitsdiagnostik erfordert Wissen über Persönlichkeitseigenschaften – individualtypische Regelmäßigkeiten des Erlebens oder Verhaltens.

Wenn also mit »Persönlichkeit« stabile Persönlichkeitseigenschaften gemeint sind, ist der Persönlichkeitsbegriff auf den ersten Blick statisch und scheint mit Entwicklung unvereinbar zu sein. Persönlichkeit und Entwicklung: ein Widerspruch? Auf den zweiten Blick lässt sich dieser scheinbare Widerspruch aber leicht auflösen. Persönlichkeitseigenschaften sollen Wochen und wenige Monate überdauern, nicht aber viele Jahre. Wer ein lebhaftes Kind ist, mag im Jugendalter zurückhaltender sein und als Erwachsener durch Schweigsamkeit auffallen; in jedem Lebensalter kann trotzdem der Grad der Lebhaftigkeit ausgesprochen stabil sein. Oft vollziehen sich Persönlichkeitsveränderungen langsam und nahezu unmerklich; in diesem Fall ist erst nach Jahren eine Änderung überhaupt feststellbar.

Es gibt aber auch abrupte psychische Veränderungen innerhalb weniger Wochen. Ist die Änderung dauerhaft, handelt es sich um eine Persönlichkeitsveränderung.

Letztendlich ist die Stabilität einzelner Persönlichkeitseigenschaften, aber auch der gesamten Persönlichkeit, keine Frage der Qualität, sondern eine Frage der Quantität: Wie stark ändert sich etwas dauerhaft innerhalb welchen Zeitraums? Aus dieser quantitativen Sichtweise ist auch die Entstehung stabiler Persönlichkeitseigenschaften kein Problem: Aus fluktuierenden Zuständen mit anfangs unvorhersagbarem Verlauf, z.B. im Säuglingsalter, kann sich durch Einschränkung der Variabilität des Erlebens oder Verhaltens eine feste, vorhersagbare Tendenz entwickeln. Aber auch umgekehrt können sich fest gefügte Persönlichkeitseigenschaften in desorganisierte Fluktuationen auflösen, z.B. im hohen Alter. So betrachtet ist Persönlichkeit ein kurz- bis mittelfristig stabiler Zustand eines dynamischen Systems, das von der Zeugung bis zum Tod in ständiger Veränderung begriffen ist.

Damit stellen sich zwei Grundfragen an die Persönlichkeitsentwicklung. Erstens, wie stabil ist die Persönlichkeit in verschiedenen Lebensaltern? Gibt es eine zunehmende Stabilisierung der Persönlichkeit mit wachsendem Alter, wann ist der Zeitpunkt der maximalen Stabilität erreicht, gibt es Phasen der Destabilisierung der Persönlichkeit? Zweitens, warum bilden sich überhaupt stabile Tendenzen im Erleben oder Verhalten eines Individuums heraus, in denen es sich von anderen unterscheidet? Welche Faktoren fördern die Stabilität und welche anderen Faktoren sind für die Destabilisierung verantwortlich?

2. Absolute und differenzielle Persönlichkeitsmessung

Die Frage nach der Stabilisierung und Destabilisierung der Persönlichkeit lässt sich empirisch beantworten, indem die Persönlichkeit vieler Menschen des gleichen Geburtsjahrgangs von ihrer Geburt (besser: Zeugung) an über viele Jahre hinweg immer wieder gemessen wird (im Idealfall: bis zum Tod); Veränderungen in den individuellen Messergebnissen geben dann Aufschluss über das Ausmaß der Instabilität der Persönlichkeit. Inzwischen gibt es ausreichend viele derartige Längsschnittstudien, um einigermaßen solide Aussagen über die Stabilität der Persönlichkeit machen zu können. Bevor diese Ergebnisse im nächsten Abschnitt skizziert werden, muss aber erst einmal erläutert werden, wie in der empirischen Persönlichkeitsforschung die Persönlichkeit eines Menschen und ihre Veränderung gemessen werden.

Lässt sich die Persönlichkeit eines Individuums überhaupt messen? Ist sie nicht letztlich einzigartig, mit keinem anderen Individuum vergleichbar und entzieht sich deshalb jeder Messung? Nein, denn Einzigartigkeit bedeutet nicht Unvergleichbarkeit. Kein Stein gleicht dem anderen, trotzdem gibt es eine Geologie. Keiner wie der andere auch in der Persönlichkeit, und trotzdem gibt es eine empirische Persönlichkeitspsychologie. Der Zugang der empirischen Wissenschaften zur Vergleichbarkeit besteht darin, einzelne Merkmale der verglichenen Objekte zu isolieren und die Objekte dann hinsichtlich ihrer Ähnlichkeit in möglichst vielen Merkmalen zu vergleichen. Je mehr Merkmale einbezogen werden, umso detaillierter ist die Beschreibung und umso deutlicher wird die Einzigartigkeit des einzelnen Objekts. Zehn unabhängige Merkmale mit jeweils 10 Ausprägungsstufen ergeben 10^{10} (10 Milliarden) mögliche unterschiedliche Objekte.

Der Punkt, an dem sich die Geister scheiden, ist die Isolierung der einzelnen Merkmale, in denen verglichen wird. Sinnvollerweise sind dies Merkmale, in denen sich die Objekte ähneln können. Einzigartige Merkmale werden deshalb gerade nicht erfasst, und damit bleibt die Einzigartigkeit auf der Strecke, sagen die Kritiker der empirischen Persönlichkeitsforschung. Irrtum, sagen die Befürworter, zu denen auch ich gehöre, die Einzigartigkeit liegt in der Konfiguration der Merkmale, also ihrer Kombination im individuellen Fall, nicht in den Merkmalen selbst. Die Befürworter würden zugeben, dass die Einzigartigkeit der Persönlichkeit mit ihrer Methode nicht vollständig erfasst, sondern nur beliebig genau approximiert werden kann (vgl. schon Stern, 1911), gleichzeitig aber darauf hinweisen, dass dies kein spezielles Problem der Persönlichkeitspsychologie ist, sondern auch für alle anderen empirischen Wissenschaften gilt und von ihnen nicht als Problem empfunden wird. Dass z.B. der Mond der Erde einzigartig unter allen Monden ist, wird von Astrophysikern nicht als Problem empfunden; warum sollte dann die Einzigartigkeit meiner Person ein Problem für die Psychologie sein?

Möglicherweise beruht die immer wieder vorgebrachte Grundsatzkritik an der Verfehlung der Individualität durch die empirische Psychologie auf Angst vor Kontrolle durch die Wissenschaft oder auch auf gekränkter Eitelkeit; in individualistischen Kulturen wie der unseren, in dem das Individuum als Nabel der Welt gilt, wird seine gute Vergleichbarkeit mit anderen möglicherweise von vielen als so entwürdigend empfunden, wie viele Menschen im Mittelalter es als entwürdigend empfanden, dass sich die Sonne nicht um die Erde dreht, sondern die Erde um die Sonne.

Eine sinnvolle Persönlichkeitsmessung setzt ein ausreichend großes Repertoire an Merkmalen voraus, um die individuelle Persönlichkeit ausreichend differenziert beschreiben zu können. Wird dieses Repertoire zur Messung vieler Individuen angewandt, entsteht eine Datenmatrix Merkmale mal Personen; die Persönlichkeit wird dann durch ein Merkmalsprofil beschrieben (vgl. schon Stern, 1911). Zusätzlich kann das Alter als dritte Dimension hinzugenommen werden; dadurch entsteht ein dreidimensionales Modell (MAP: Merkmale mal Alter mal Personen), durch das sich die Persönlichkeitsentwicklung von vielen Individuen eines Geburtsjahrgangs beschreiben lässt (Abb. 1; vgl. Buss, 1979).

Die Vorderseite des Würfels zeigt die Persönlichkeitsprofile von 5 Personen A,…,E in 5 Merkmalen a,…,e zum Alterszeitpunkt 1. Z.B. hat Person A zum Zeitpunkt 1 den Wert 5 in Merkmal a und den Wert 3 in Merkmal b. Die Profile von A und B sind bis auf eine Konstante gleich (B hat in allen Merkmalen konstant niedrigere Werte), C hat gleich hohe Werte in allen Merkmalen. Die rechte Seite des Würfels zeigt die Entwicklungsverläufe aller Personen im Merkmal e. A und B entwickeln sich identisch (Abnahme in Merk-

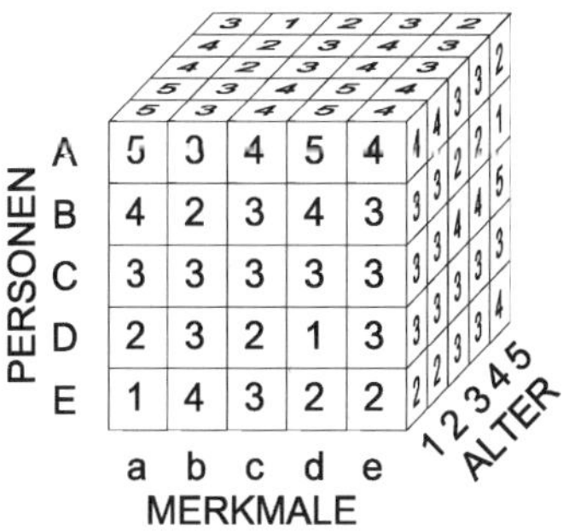

Abb. 1: MAP-Modell der Persönlichkeitsentwicklung. Angegeben sind fiktive Daten von 5 Personen in 5 Persönlichkeitsmerkmalen zu 5 verschiedenen Alterszeitpunkten.

mal e), B und C zeigen eine gegenläufige Entwicklung, während D konstant bleibt. Die obere Seite des Würfels zeigt die gesamte Persönlichkeitsentwicklung von Person A. Obwohl sich alle Merkmale verändern, bleibt die Profilform von A identisch. Natürlich können auch die anderen Personen Messwerte zu den Zeitpunkten 2–5 haben, sie sind nur in der Grafik nicht gut darstellbar.

Die Messwerte in Abb. 1 können auf ganz unterschiedliche Weise zustande gekommen sein. Entweder sind sie das Ergebnis absoluter Messungen, bei denen Erleben, Verhalten oder körperliche Merkmale der betreffenden Person unabhängig von anderen Personen eingeschätzt werden, z.B. Lebenszufriedenheit, selbst eingeschätzt auf einer Skala von ganz unzufrieden bis völlig zufrieden, Anzahl verbaler Aggressionen pro Stunde Interaktion oder Dauer sozialer Interaktionen pro Tag (in Stunden gemessen). In diesem Fall sind die Messwerte für unterschiedliche Merkmale meist nicht vergleichbar (z.B. gibt es keinen gemeinsamen Maßstab für die Zahl verbaler Aggressionen und die Dauer der sozialen Interaktion). Deshalb ist die Form des Persönlichkeitsprofils nicht sinnvoll interpretierbar (z.B. sind 3 verbale Aggressionen pro Stunde nicht »weniger« oder »mehr« als 3 Stunden Interaktion). Dafür entspricht jeder Veränderung eines Merkmals zwischen zwei Zeitpunkten auch eine Veränderung der Messwerte und umgekehrt.

Die Messwerte können aber auch auf differenziellen Messungen beruhen, die die individuelle Abweichung vom Mittelwert einer Bezugspopulation (meist die eigene Altersgruppe) messen. Differenzielle Messungen haben den Vorteil, dass sich unterschiedliche Merkmale in einem einheitlichen Maßstab ausdrücken und damit vergleichen lassen. Z.B. kann man jedes Merkmal durch eine Skala messen, die von 1 bis 5 reicht, wobei 3 dem Mittelwert der Altersgruppe entspricht; höhere/niedrigere Werte bedeuten dann Abweichungen vom Mittelwert nach oben/unten. Tatsächlich ist das Beispiel in Abb. 1 so konstruiert, dass es sich auch um differenzielle Messwerte handeln könnte, denn für jedes Merkmal und jeden Alterszeitpunkt ist der Mittelwert über alle Personen 3.

In diesem Fall lassen sich die Profile sinnvoll interpretieren; z.B. hat Person A in Merkmal a einen besonders hohen Wert relativ zu ihrer Altersgruppe, in Merkmal b aber einen durchschnittlichen. Wäre a die Abweichung in der Zahl verbaler Aggressionen pro Stunde und b die Abweichung in der Dauer der sozialen Interaktion pro Tag, wäre die Aussage gerechtfertigt, dass A aggressiver als gesellig ist. Dieser Vorteil in der Interpretierbarkeit der Persönlichkeitsprofile wird aber durch den Nachteil erkauft, dass nunmehr Veränderungen in den Messwerten nur noch Veränderungen relativ zum Geburtsjahrgang bedeuten; allen Personen gemeinsame Entwicklungstrends werden ignoriert, da der Mittelwert über alle Personen in jedem Alter per Definition 3 beträgt. Differenzielle Messwerte einer Person können z.B. deshalb zunehmen, weil die absoluten Messwerte de facto abnehmen, aber nicht so stark wie bei den meisten anderen Menschen des eigenen Geburtsjahrgangs.

Hier wird ein Dilemma deutlich, das nicht lösbar ist. Entweder wird die Persönlichkeit in gut interpretierbarer Weise durch ein Merkmalsprofil beschrieben, das auf differenziellen Messungen aufbaut; dafür geht die Information über mittlere Entwicklungstrends verloren. Oder die Entwicklungsveränderungen werden vollständig beschrieben; darunter leidet die Interpretierbarkeit der Persönlichkeitsprofile. Naturgemäß bevorzugen Persönlichkeitspsychologen die erste Variante und Entwicklungspsychologen die zweite.

Im Folgenden wird dem Thema dieses Buches entsprechend die

differenzielle Sichtweise eingenommen; Stabilität der Persönlichkeit bedeutet damit nicht Konstanz der Merkmale über die Zeit, sondern Konstanz des differenziellen Merkmalsprofils. Oder anders ausgedrückt: Persönlichkeitsentwicklung findet überhaupt nur dann statt, wenn sich Personen relativ zu ihrem Geburtsjahrgang ändern.

3. Stabilisierung von Persönlichkeitsunterschieden im Verlauf des Lebens

Aus differenzieller Sicht ist die Persönlichkeit dann stabil, wenn die differenziell gemessenen Merkmalsprofile sich nicht ändern. Instabilität der Merkmalsprofile kann auf zwei unterschiedliche Entwicklungsveränderungen zurückgehen. Zum einen kann sich das Profilniveau ändern (der Mittelwert der Merkmalsausprägungen der Person), ohne dass sich die Profilform ändert. Dies trifft in Abb. 1 auf Person A zu: Die intraindividuellen Unterschiede zwischen Merkmalen bleiben konstant, das Profilniveau sinkt aber von 4.2 zum Zeitpunkt 1 auf 2.2 zum Zeitpunkt 5. Wären die Merkmale a–e z.B. Testergebnisse für spezielle Intelligenzleistungen (z.B. a=räumliches Vorstellungsvermögen, b=Wortschatz, c=Rechenaufgaben usw.), so würde dies bedeuten, dass der IQ insgesamt sinkt, wobei aber die charakteristische individuelle Intelligenzstruktur (besser im räumlichen Vorstellungsvermögen als im Wortschatz usw.) erhalten bleibt.

Zum anderen kann sich das Merkmalsprofil ändern, ohne dass sich das Profilniveau ändert. Z.B. kann bei konstantem IQ das räumliche Vorstellungsvermögen schlechter und dafür der Wortschatz besser werden. Natürlich können sich auch Profilniveau und Profilform gleichzeitig ändern. Interessieren Änderungen in Profilniveau und Profilform gleichermaßen, so ist die intraindividuelle Intraklassen-Korrelation des Profils zwischen zwei Zeitpunkten ein geeigneter Stabilitätskoeffizient; interessiert nur die Stabilität der

Profilform unabhängig vom Profilniveau, ist die intraindividuelle Produkt-Moment-Korrelation geeignet (vgl. hierzu Bortz/Döring, 1995). Letzteres trifft vor allem auf Verfahren der Persönlichkeitsbeurteilung zu, bei denen alle Personen das gleiche Profilniveau haben (Q-Sort-Verfahren mit erzwungener Verteilung; vgl. hierzu Asendorpf, 1999a, S. 46–47).

Da die wiederholte Erhebung kompletter Persönlichkeitsprofile bei vielen Personen ein sehr aufwendiges Unternehmen ist, gibt es bisher nur wenige Untersuchungen zur Stabilität der Persönlichkeit. Z.B. untersuchten van Aken und Asendorpf (1999) die Stabilität des Persönlichkeitsprofils von 138 Münchner Kindergartenkindern zwischen dem Alter von 4 und 10 Jahren. Im Alter von 4 und 6 Jahren beurteilte eine Erzieherin in der Kindergartengruppe die Persönlichkeit jedes Kindes anhand von 54 inhaltlich breit gestreuten Merkmalen (California-Child-Q-Set in der deutschen Version von Göttert/Asendorpf, 1989); im Alter von 6 bis 10 Jahren tat es die Mutter oder der Vater des Kindes. Tabelle 1 zeigt die Stabilitäten der Persönlichkeitsprofile zwischen dem Alter von 4 und 6 bzw. 6 und 10 Jahren.

Profilstabilität				**Korrelation**
Altersabstand	Minimum	Mittelwert	Maximum	mit Resilienz[a]
4–6 Jahre	.44	.43	.88	.64
6–10 Jahre	.39	.38	.85	.49

Tab. 1: Stabilität der Persönlichkeit im Kindesalter (nach van Aken/Asendorpf, 1999)

[a] Korrelation zwischen der Resilienz im Alter von 4 bzw. 6 Jahren und der nachfolgenden Profilstabilität.

Die Stabilitäten variierten enorm zwischen den Kindern, von negativen Korrelationen (zum ersten Zeitpunkt stark ausgeprägte Merkmale waren zum nächsten Zeitpunkt eher schwach ausgeprägt und umgekehrt) bis zu hohen positiven Korrelationen (die maximal mögliche Stabilität ist 1). Im Mittel über alle Kinder war die mittlere Stabilität der Persönlichkeit nur mäßig; über vier Jahre hinweg bei Wechsel der Beurteiler war sie nur etwas geringer als über zwei Jahre bei meist konstanter Beurteilerin. Dies deutet auf eine zunehmende Stabilität der Persönlichkeit mit wachsendem Alter hin. Bei der Interpretation der Stabilitätskoeffizienten muss berücksichtigt werden, dass die Höhe der faktisch erreichbaren Korrelationen durch die Messfehler bei den beiden Beurteilungen begrenzt wird. Bei zwei Beurteilungen im Abstand von nur 2–3 Wochen durch die Erzieherin im Alter von 4 Jahren betrug die mittlere Stabilität lediglich .64; vgl. Asendorpf, 1989). Es ist also die Differenz zwischen der kurzfristigen Stabilität von .64 und der langfristigen Stabilität von .43 bzw. .38, die tatsächliche Persönlichkeitsveränderungen widerspiegelt. Mittels der so genannten Attenuitätskorrektur lässt sich die »wahre«, von Messfehlern bereinigte Profilstabilität schätzen; sie betrug .67 zwischen 4 und 6 Jahren bzw. .59 zwischen 6 und 10 Jahren.

Viel häufiger als die Profilstabilität wurde die Stabilität der Persönlichkeitsunterschiede in einzelnen Merkmalen untersucht (die so genannte differenzielle Stabilität des Merkmals); sie wird durch die Korrelation der Merkmalsmessungen zwischen zwei Zeitpunkten bestimmt. Die differenzielle Stabilität bezieht sich also nicht auf eine einzelne Person wie bisher, sondern auf die Rangfolge der Personen eines Geburtsjahrgangs in dem betreffenden Merkmal (die differenzielle Stabilität charakterisiert ein Merkmal, nicht ein Individuum). Die differenzielle Stabilität ist hoch, wenn diese Rangfolge erhalten bleibt, unabhängig davon, ob sich die mittlere Merkmalsausprägung über alle Personen ändert oder nicht. Wenn z.B. Zehnjährige in demselben Intelligenztest im Mittel 28 Punkte erzielen, in dem Sechsjährige im Mittel nur 20 Punkte erreichen, könnte dennoch die differenzielle Stabilität der Testintelligenz perfekt sein (eine Korrelation von 1), nämlich dann, wenn alle Kinder im Alter von 10 Jahren genau 8 Punkte besser sind als im Alter von 6 Jahren. Nur wenn ein Kind seinen Rangplatz im Geburtsjahrgang verbessert (und ein anderes deshalb notwendigerweise seinen Rangplatz verschlechtert), sinkt die differenzielle Stabilität. Die differenzielle Merkmalsstabilität entspricht also der differenziellen Sichtweise der Persönlichkeitsentwicklung. Die Profilstabilität im Mittel über viele

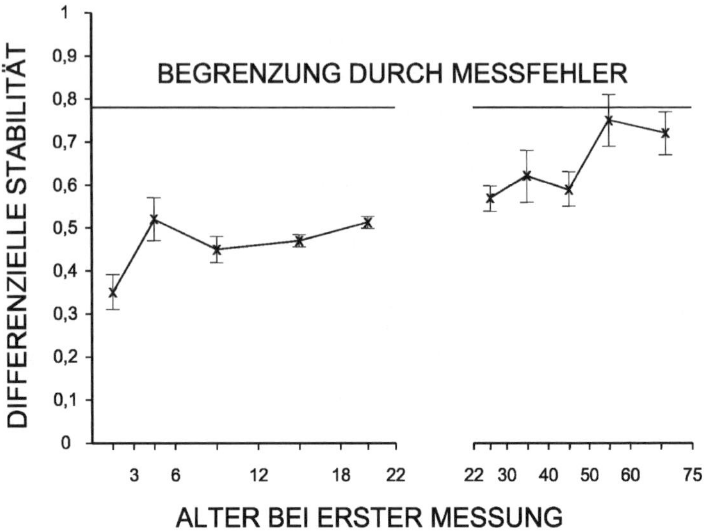

Abb. 2: Zuwachs der differenziellen Merkmalsstabilität mit wachsendem Alter bei der ersten Persönlichkeitsmessung (in Anlehnung an Roberts/DelVecchio, 2000). Angegeben ist für verschiedene Altersintervalle die mittlere Stabilität und ihre Variation zwischen Studien (95%-Konfidenzintervall) für alle Stabilitätsstudien, in denen die erste Messung in das Altersintervall fiel.

Personen entspricht in etwa der differenziellen Stabilität im Mittel über viele Merkmale, ist aber hiermit nicht identisch (vgl. zum Zusammenhang Schmitz, 2000).

Roberts und DelVecchio (2000) fassten jüngst alle vorhandenen Studien zur differenziellen Merkmalsstabilität in einer Metaanalyse zusammen (insgesamt 152 Längsschnittstudien, in denen an mehr als 35.000 Personen über 3.000 Stabilitätskoeffizienten für verschiedene Altersgruppen und sozial-emotionale Persönlichkeitsmerkmale bestimmt worden waren; der mittlere Abstand zwischen zwei Persönlichkeitsmessungen betrug 6.8 Jahre). Abbildung 2 zeigt die Ergebnisse getrennt nach Alter bei der jeweils ersten Messung. Da es für jede Altersgruppe sehr viele Stabilitäten gab, konnte jeweils nicht nur der Mittelwert der Stabilitäten, sondern auch sein Konfidenzintervall bestimmt werden (der Bereich, in den die »wahre« mittlere Stabilität mit 95%iger Sicherheit fällt).

Die Abbildung macht deutlich, dass die Stabilität sich diskontinuierlich bis zum Alter von 50 Jahren erhöht und dort ein sehr hohes Niveau erreicht, das nur knapp unterhalb der auf Messfehler zurückgehenden kurzfristigen Stabilität der Messungen von .78 liegt. Ein erster Stabilitätszuwachs findet sich beim Übergang zum Kindergartenalter (ab 3 Jahre), ein zweiter beim Verlassen des Elternhauses (ab 18 Jahre) und ein dritter in dem Alter, in dem typischerweise die eigenen Kinder das Elternhaus verlassen haben (ab 50 Jahre). Diese zunehmende Stabilisierung zeigte sich in praktisch allen untersuchten sozial-emotionalen Persönlichkeitsmerkmalen. Gut mit detaillierteren Studien der Stabilität der Persönlichkeit im Jugendalter vereinbar ist die leicht niedrigere Stabilität zwischen 6 und 18 Jahren als vorher oder nachher: Fällt die erste oder zweite Messung in die Pubertät, ist die Stabilität etwas geringer, als wenn die Pubertät übersprungen wird. Dies hängt mit den starken, individuell in etwas unterschiedlichem Alter einsetzenden körperlichen Veränderungen in der Pubertät zusammen (vgl. Silbereisen, dieser Band).

Diese Analyse zeigt erstmals überzeugend, dass eine wirklich hohe Stabilität sozial-emotionaler Persönlichkeitsmerkmale erst im höheren Erwachsenenalter erreicht wird. Nicht nur im Kindes- und Jugendalter, sondern auch noch im jüngeren Erwachsenenalter können also deutliche Persönlichkeitsveränderungen stattfinden, und die Stabilität nimmt mit Ausnahme der vorübergehenden Destabilisierung in der Pubertät bis zum Alter von ca. 80 Jahren nicht ab. Dies ist nicht vereinbar mit früheren, vor allem psychoanalytisch inspirierten Auffassungen, dass die Persönlichkeit vor allem in der frühen Kindheit geformt werde. Dieser Formungsprozess ist offenbar erheblich langanhaltender. Einschränkend muss hinzugefügt werden, dass dies nur für sozial-emotionale Merkmale der Persönlichkeit gilt; Intelligenzunterschiede stabilisieren sich erheblich früher (bereits im Alter von ca. 8 Jahren wird ein langfristig hohes Stabilitätsniveau erreicht ; vgl. z.B. Asendorpf, 1999a, Tabelle 6.1).

4. Dynamische Interaktion zwischen Persönlichkeit und Umwelt

Um die langanhaltende Stabilisierung der Persönlichkeit zu verstehen, ist es notwendig, die individuelle Umwelt in die Betrachtung mit einzubeziehen. Die individuelle Umwelt ist die Gesamtheit aller externen Bedingungen, die das Individuum beeinflussen, wobei die meisten Einflüsse sicherlich über soziale Beziehungen wirken (Asendorpf/Banse, 2000), z.B. die Eltern und Geschwister, die Kindergartengruppe, Freunde innerhalb und außerhalb der Schule, Partner, Berufskollegen, die eigenen Kinder. In der Psychoanalyse und im Behaviorismus des vergangenen Jahrhunderts herrschte die Annahme vor, dass es die frühen Erfahrungen mit engen Bezugspersonen seien, die durch Fixierungen den Charakter bzw. durch die Lerngeschichte Reiz-Reaktions-Tendenzen prägten. Auch die klassische Sozialisationstheorie nahm an, dass die Persönlichkeit vor allem durch frühe Erfahrungen in der Familie, teilweise auch durch spätere Erfahrungen in der Arbeitswelt, bestimmt werde. Und die klassische Bindungstheorie von Bowlby und Ainsworth vermutete, dass elterliche Insensitivität gegenüber dem Kind zu einer unsicheren Bindung führe, die sich später in sozial inkompetentem Verhalten und Angst vor Nähe oder Angst vor Ablehnung durch Liebespartner im Erwachsenenalter äußere.

Im letzten Jahrzehnt hat sich dagegen in der Psychologie die dynamisch-interaktionistische Sichtweise durchgesetzt, wonach in jedem Lebensalter Persönlichkeit und (soziale) Umwelt prinzipiell in vollständiger Wechselwirkung stehen (Caspi, 1998). Deshalb kann z.B. schon die Persönlichkeit von Neugeborenen deren Beziehung zu den primären Bezugspersonen mitbestimmen. Diese Umorientierung basierte vor allem auf Befunden, dass das kindliche Temperament den Erziehungsstil der Eltern beeinflusst (Bell, 1968). So konnte gezeigt werden, dass unruhige oder aggressive Kinder nicht nur bei ihren eigenen Müttern, sondern auch bei anderen Müttern einen rigide-autoritären Erziehungsstil hervorrufen (Lytton, 1990). Vor dieser Erkenntnis wurden Zusammenhänge zwischen Erzie-

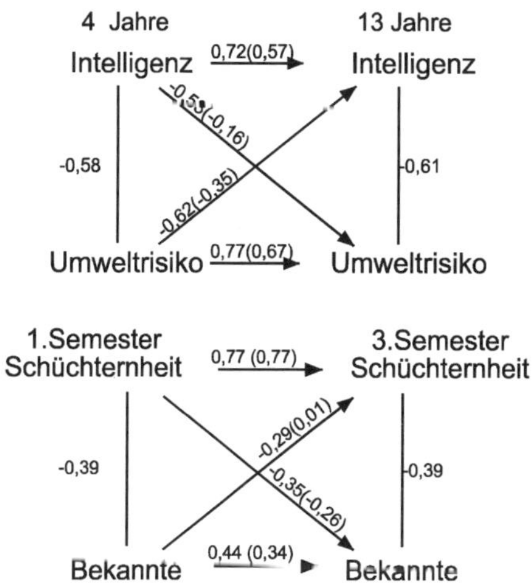

Abb. 3: Dynamische Interaktion zwischen Umwelt und Persönlichkeit am Beispiel Intelligenz (a) und Schüchternheit (b) (nach Asendorpf, 1999a, Abb. 2.33 und 2.34. Angegeben sind Korrelationen und (in Klammern) Pfadkoeffizienten; Letztere sind ausschlaggebend für kausale Interpretationen.

hungsstil und kindlicher Persönlichkeit aber durchweg so gedeutet, als beruhten sie ausschließlich auf dem Einfluss des Erziehungsstils auf die Persönlichkeit des Kindes.

Die prinzipielle Möglichkeit von »Person → Umwelt« und »Umwelt → Person«-Effekten relativiert beide Kausalrichtungen, sagt aber noch nichts darüber aus, ob, wie stark und in welchem Lebensalter die Kausalität in welche Richtung fließt. Da eine experimentelle Variation der Persönlichkeit oder Umwelt schon aus ethischen Überlegungen nicht infrage kommt, ist die Methode der Wahl zur Beantwortung dieser Kausalitätsfrage das so genannte Kreuzkorrelationsdesign, in dem bestimmte Persönlichkeits- und Umwelteigenschaften in einer möglichst repräsentativen Stichprobe von Personen ähnlichen Alters zu zwei Zeitpunkten in größerem zeitlichem Abstand gemessen werden. Aufschluss über den Fluss der Kausalität von der Persönlichkeit zur Umwelt oder umgekehrt geben dann die so genannten Kreuzkorrelationen zwischen zeitversetzten Persönlichkeits- und Umwelteigenschaften, z.B. zwischen frühem rigide-autoritärem Erziehungsstil der Eltern und späterer Aggressivität und zwischen früher Aggressivität und späterem rigide-autoritärem Erziehungsstil der Eltern. Diese Kreuzkorrelationen lassen sich allerdings nicht direkt interpretieren, sondern müssen für indirekte Wirkungen statistisch korrigiert werden (vgl. Asendorpf, 1999a, Kap. 2.6.3).

Wird dies getan, können die resultierenden Pfadkoeffizienten zwischen Persönlichkeits- und Umwelteigenschaften auf überzufällige Abweichung von null geprüft und in ihrer relativen Stärke zueinander verglichen werden. Dies sei hier exemplarisch anhand der Intelligenz- und Schüchternheitsentwicklung illustriert (vgl. Abb. 3). Sameroff et al. (1993) untersuchten 152 US-Familien, als die Kinder 4 Jahre alt waren, und noch einmal 9 Jahre später. Zu beiden Zeitpunkten wurde die Intelligenz der Kinder durch einen Intelligenztest und ihr Umweltrisiko gemessen. Das bestand aus der Summe von 10 Risikofaktoren für niedrige Intelligenz, z.B. nichtweiße Hautfarbe, niedrige Bildung der Mutter, allein erziehende Mutter. Wie Abbildung 3a zeigt, blieb das Umweltrisiko über die 9 Jahre ebenso stabil wie die Intelligenz und korrelierte zum ersten Zeitpunkt deutlich negativ mit der Intelligenz. Nach statistischer Kontrolle dieses Zusammenhangs trug das frühe Umweltrisiko zusätzlich zu späterer niedriger Intelligenz bei (Pfadkoeffizient -.35), während eine frühe kindliche Intelligenz das spätere Umweltrisiko nicht wesentlich verminderte (Pfadkoeffizient -.16). Die Kausalität floss also primär von der Umwelt zur kindlichen Intelligenz. Dieser Nachweis eines Umwelteinflusses auf die Intelligenzentwicklung darf allerdings nicht auf höheres Alter verallgemeinert werden; es gibt gute Argumente dafür, dass nach Verlassen des Elternhauses die Intelligenz eher die Umwelt bestimmt als umgekehrt (z.B. durch aktives Aufsuchen intelligenzförderlicher Umwelten und die intelligenzstimulierende Wirkung von selbst gewählten Freunden, Partnern und Berufskollegen).

Ein solcher umgekehrter Kausaleinfluss von der Persönlichkeit auf die Umwelt ergab sich in einer Längsschnittstudie von Asendorpf und Wilpers (1998) an 132 Studierenden, deren Persönlichkeit und soziale Beziehungen während der ersten Semester ihres Studiums wiederholt gemessen wurden. Überzufällig waren nur »Person → Umwelt«-Effekte, nicht »Umwelt → Person«-Effekte. Abbildung 3b zeigt exemplarisch die dynamische Interaktion zwischen Schüchternheit und Zahl von Bekannten ähnlichen Alters. Während Schüchternheit zu Beginn des ersten Semesters zusätzlich zur Korrelation von -.39 mit der Bekanntenzahl zu diesem Zeitpunkt überzufällig die Bekanntenzahl zu Beginn des 3. Semesters vorhersagte (Pfadkoeffizient -.26), hatte die Zahl der Bekannten zu Beginn des Studiums keinen Einfluss auf die Schüchternheit 1 Jahr später (Pfadkoeffizient .01).

Ich habe jüngst die These aufgestellt (Asendorpf, 2000), dass Persönlichkeitseffekte auf Beziehungen insgesamt häufiger vorkommen als umgekehrt, jedenfalls ab der mittleren Kindheit. Ich begründete diese These durch einige prinzipielle Überlegungen zum Verhältnis von Persönlichkeit und Beziehungen, eine methodenkritische Literaturübersicht und Befunde aus drei eigenen Längsschnittstudien im Kindes- und Erwachsenenalter, die es erlauben, »Persönlichkeit → Beziehung«-Effekte und »Beziehung → Persönlichkeit«Effekte miteinander zu vergleichen. Neben der schon genannten Studie von Asendorpf und Wilpers (1998) an Studierenden ist dies die Studie von Asendorpf und van Aken (2001), in der die Persönlichkeit und die soziale Unterstützung durch diverse Bezugspersonen bei 174 Kindern im Alter von 12 Jahren und noch einmal 5 Jahre später untersucht wurde, und die Studie von Neyer und Asendorpf (im Druck), in der Persönlichkeit und wichtige soziale Beziehungen an 489 Erwachsenen im Alter von 18–30 Jahren und noch einmal 4 Jahre später gemessen wurden. Diese These eines Primats der Persönlichkeit gegenüber Beziehungen kehrt nicht nur die traditionelle Sichtweise um, sondern wendet sich auch gegen die in neuerer Zeit verbreitete, simplifizierende und empirisch nicht begründete Annahme, dass »Person → Umwelt-« und »Umwelt → Person«-Effekte gleich stark seien, einfach weil beide vorkommen können.

5. Mögliche Ursachen der Stabilisierung

Warum stabilisieren sich Persönlichkeitsunterschiede überhaupt und warum ist diese Stabilisierung im sozial-emotionalen Bereich der Persönlichkeit erst im mittleren Erwachsenenalter abgeschlossen? Drei mögliche Ursachen werden typischerweise diskutiert: zunehmende Selbststabilisierung eines komplexen Verhaltenssystems, stabilisierende Wirkung des konstanten Genoms und zunehmende Umweltstabilität.

Komplexe Lebewesen wie der Mensch können als selbstorganisierende, selbststabilisierende Systeme charakterisiert werden: Sie reagieren nicht nur passiv auf externe Einflüsse, wie es z.B. die behavioristischen Reiz-Reaktions-Theorien annahmen, sondern können diese Einflüsse schon im Prozess der Wahrnehmung akzentuieren oder abpuffern, selektiv filtern oder gar gänzlich ausblenden (Bandura, 1999; Maturana/Varela, 1980; Shoda/Mischel, 2000). Besonders gut untersucht wurde diese Selbststabilisierung in der Persönlichkeitspsychologie am Beispiel der Dynamik des Selbstkonzepts und Selbstwertgefühls (vgl. z.B. Asendorpf, 1999a, Kap. 4.7.3; Schütz, 2000). Wie z.B. Kritik anderer an der eigenen Person wahrgenommen, erinnert und in Änderungen des Selbstkonzepts und Verhaltens umgesetzt wird, hängt im Erwachsenenalter stark vom Selbstkonzept und Selbstwertgefühl des Kritisierten ab.

Es ist plausibel anzunehmen, dass diese Prozesse der Selbststabilisierung sich erst langsam entwickeln und erst im mittleren Erwachsenenalter jene Perfektion erreichen, die anderen dann als gefestigte Persönlichkeit imponiert, aber auch als Unzugänglichkeit, Unflexibilität oder gar Starrsinn erscheint. Entwicklungspsychologen wie z.B. Kagan (1980) halten die Entwicklung des Selbstkonzepts im Verlauf der Kindheit für einen wesentlichen Motor der Selbststabilisierung und damit der Persönlichkeitsstabilisierung insgesamt. Allerdings kann dies alleine nicht erklären, warum die Stabilität noch bis ins mittlere Erwachsenenalter hinein steigt. Zusätzlich ist sicherlich auch an das Wissen über die Umwelt und sich selbst zu denken, das auch nach der Entwicklung des Selbstkonzepts noch lange zunimmt, und an eine fortschreitende Perfektionierung der Selbstregulationsmechanismen.

Kritiker könnten hier einwenden, dass die Stabilisierung des Selbstkonzepts ein eigenständiges Phänomen sein könnte, das mit der Stabilität beobachtbarer Verhaltenstendenzen wenig zu tun hat. Es könnte z.B. sein, dass das Selbstkonzept sehr viel stabiler ist als die Verhaltenstendenzen, auf die es sich bezieht. Narzistische Menschen beispielsweise können ein unrealistisch positives Selbstkonzept auch dann weitgehend aufrechterhalten, wenn die Tatsachen dagegen sprechen (vgl. Schütz, 2000). Allerdings zeigt die Metaanalyse von Roberts und DelVecchio (2000), dass die Stabilität selbst eingeschätzter Persönlichkeitsmerkmale nur geringfügig höher ausfiel als die Stabilität der Persönlichkeitsbeurteilungen durch andere (.52 versus .48). Allzu sehr koppelt sich das Selbstkonzept im Normalfall also nicht von tatsächlichen Verhaltensänderungen ab.

Als zweiter wesentlicher stabilisierender Faktor wird oft die Konstanz des Genoms genannt. Bis auf wenige Mutationen in einzelnen Zellen ist die genetische Individualität das ganze Leben hindurch konstant. Genetische Unterschiede zwischen Menschen bleiben damit auch konstant und tragen zu Persönlichkeitsunterschieden bei, sofern diese genetisch beeinflusst sind. Da Persönlichkeitsunterschiede im sozial-emotionalen Bereich etwa zur Hälfte durch genetische Unterschiede bedingt sind (vgl. Asendorpf, 1999a, Kap. 6.2.2; Plomin et al., 1999), wirken genetische Unterschiede auf diesem Wege stabilisierend.

Bei dieser Argumentation wird allerdings übersehen, dass nicht die Gene selbst, sondern nur aktivierte Gene überhaupt Einflüsse auf den Stoffwechsel und damit auf Entwicklungsprozesse und Persönlichkeitsmerkmale haben können und dass viele Gene erst relativ spät im Verlauf des Lebens aktiviert werden (Beispiele sind das Huntington-Gen, das erst im mittleren Erwachsenenalter aktiv wird, und Alzheimer-Gene, die noch später wirksam werden). Von daher steht die Argumentation mit der Konstanz des Genoms auf tönernen Füßen, da über die Dynamik der Genaktivität im Verlauf des Lebens noch nicht viel bekannt ist. Weiter trägt wohl die Argumentation, dass sich genetische Wirkungen auf Entwicklungsprozesse irreversibel in anatomischen und physiologischen Unterschieden verfestigen können und von daher unabhängig von der Aktivität dieser und anderer Gene langfristig weiterwirken können.

Auf etwas abstrakterer Ebene kann damit die zunehmende Stabilisierung der Persönlichkeit verstanden werden als Konsequenz der Kumulation von genetischen und Umwelteffekten. Vergangene Effekte verpuffen nicht einfach, sondern kristallisieren sich in Form individualtypischer Tendenzen des Erlebens und Verhaltens. Etwas dramatisch, aber dennoch instruktiv, erscheint hier das Bild einer Lawine, die sich allmählich aus einzelnen, noch unzusammenhängenden und in ihrer individuellen Bahn wenig vorhersehbaren Schneeklumpen bildet, mit wachsender Größe aber an Dichtigkeit und Berechenbarkeit gewinnt, bis ihre Eigendynamik so groß geworden ist, dass nichts sie mehr ablenken kann und sie auf kürzestem Wege ins Tal stürzt.

Neben den systemischen und genetischen Ursachen wird als weiteres Argument für die zunehmende Stabilität der Persönlichkeitsunterschiede hin und wieder die zunehmende Stabilität der Umweltunterschiede genannt. Weil die Umwelt sich im Verlauf des Lebens stabilisiere, stabilisierten sich auch die interindividuellen Unterschiede in der Umwelt und damit die Persönlichkeitsunterschiede. Implizit angenommen wird bei dieser Argumentation natürlich, dass Umweltunterschiede deutliche Konsequenzen für Persönlichkeitsunterschiede haben. Da Persönlichkeitsunterschiede nur etwa zur Hälfte auf genetischen Unterschieden beruhen, ist diese Annahme auch durchaus gerechtfertigt.

Weniger klar ist allerdings mangels einschlägiger empirischer Studien, ob die These von der zunehmenden Umweltstabilität zutrifft. Die Psychologie fokussiert traditionell auf das Individuum, nicht auf seine Umwelt, und deshalb sind Längsschnittstudien zur Umweltentwicklung rar. Skeptisch stimmt ein Blick auf Abbildung 3; hier waren die Umweltrisiken für mangelnde Intelligenz in der Kindheit stabiler als die Intelligenz selbst; umgekehrt war die Zahl der Beziehungen zu Gleichaltrigen (ein wichtiges Merkmal der sozialen Umwelt) im frühen Erwachsenenalter wenig stabil. Zwar handelte es sich hier um eine Untersuchung an frisch immatrikulierten Studierenden in einer sozialen Transitionsphase, aber Neyer und Asendorpf (im Druck) fanden auch in einer großen, weitgehend repräsentativen Stichprobe von Erwachsenen im Alter von 18–30 Jahren, dass die soziale Umwelt deutlich weniger stabil war als die untersuchten sozialen Persönlichkeitsmerkmale. Es gibt derzeit keine soliden Daten über die relative Stabilität möglicherweise persönlichkeitswirksamer Umweltmerkmale in unterschiedlichem Alter.

Selbst wenn die These von der zunehmenden Umweltstabilität stimmen sollte, bleibt aber immer noch das Problem der Ursache und Wirkung. Stabilisiert sich die Persönlichkeit, weil sich die Umwelt stabilisiert, oder stabilisiert sich die Umwelt, weil sich die Persönlichkeit stabilisiert? Aus dynamisch-interaktionistischer Perspektive ist es ja keineswegs ausgemacht, dass nur Ersteres zutreffen kann. Wie weiter oben schon ausgeführt wurde, legen die wenigen existierenden Kreuzkorrelationsstudien im Erwachsenenalter nahe, dass Persönlichkeitswirkungen auf die Umwelt häufiger beobachtbar sind als Umweltwirkungen auf die Persönlichkeit und damit zumindest ab dem Erwachsenenalter eine zunehmende Umweltstabilität eher auf eine unabhängig davon wachsende Persönlichkeitsstabilität zurückgeführt werden kann als umgekehrt.

Caspi et al. (1989) und Caspi (1998) gingen noch einen Schritt weiter und nahmen an, dass die Persönlichkeitsentwicklung einem Prinzip der kumulativen Stabilisierung (»cumulative continuity«) folge. Danach nimmt mit wachsendem Alter die Möglichkeit zu, die eigene Umwelt so zu verändern, dass sie zur eigenen Persönlichkeit passt. Ein intelligentes Kind beispielsweise ist zunehmend in der Lage, sich unabhängig von Elternhaus und Schulunterricht eine intelligenzstimulierende Umwelt selbst herzustellen, indem es den Kontakt mit intelligenten Freunden und Verwandten sucht, in Bibliotheken stöbert oder im Internet surft. Diese selbst hergestellte Umwelt entspricht dann zunehmend seiner Intelligenz, und hierdurch wird die Umweltstabilität an die Persönlichkeitsstabilität gekoppelt. Ein Beispiel aus dem sozialen Bereich ist die Studie von Newcomb et al. (1967) über die Veränderung der Einstellungen und Werthaltungen von Studentinnen eines nordamerikanischen

Elitecollege für Frauen. Diese Studentinnen behielten ihre während der Studienzeit erworbene liberale politische Haltung während der folgenden 25 Jahre weitgehend bei, wobei wesentlich dazu beitrug, dass sie liberal gesinnte Freunde und Ehemänner hatten, die ihre Haltung unterstützten.

Es muss also damit gerechnet werden, dass eine bereits vorhandene mittelhoch stabile Persönlichkeit sich noch weiter dadurch stabilisiert, dass die Umwelt dieser Persönlichkeit aktiv angepasst wird und damit persönlichkeitsinkompatible Umweltwirkungen minimiert werden. Auch hier kann noch einmal das Bild von der Persönlichkeit als Lawine herangezogen werden. Ist erst einmal eine kritische Masse überschritten, reißt die ins Rollen gekommene Lawine alles in näherer Umgebung mit sich; Gestrüpp und schließlich ganze Bäume, die eigentlich schneehemmend wirken, halten die Lawine nicht mehr auf. So ebnet sie sich auf ihrer Fahrt ins Tal selbst ihren Weg durch die Umwelt; nur Berge können sie noch aufhalten.

6. Zufall und Notwendigkeit in der Persönlichkeitsentwicklung

Die zunehmende Stabilisierung der Persönlichkeit bedeutet zunehmende Vorhersagbarkeit und damit eine zunehmende Einschränkung der Wirksamkeit zufälliger Ereignisse in der Persönlichkeitsentwicklung. Widerspricht das nicht unserer Alltagserfahrung? Hätte mir X damals nicht zufällig im Gedränge auf dem Bahnhof Zoo auf die Füße getreten, hätten wir uns nicht kennen gelernt, ich hätte X nie geheiratet und wäre ein glücklicher Mensch geblieben. Wäre mein Betrieb nicht Pleite gegangen, hätte ich nie die Zeit gehabt, Kriminalromane zu schreiben, und wäre heute nicht berühmt. In diesen Anekdoten wird übersehen, dass das auslösende Ereignis zwar zufällig gewesen sein mag, das Resultat aber erheblich persönlichkeitsabhängig war. Schließlich würden wir ja nicht jeden heiraten, der uns auf die Füße tritt, und nicht jede erzwungene Pause wird schöpferisch genutzt. Zudem ist empirisch gut nachgewiesen, dass nicht nur die Verarbeitung »kritischer Lebensereignisse« persönlichkeitsabhängig ist, sondern z.T. auch die Ereignisse selbst (Magnus et al., 1993). Sogar der sprichwörtliche Lottogewinn ist nicht persönlichkeitsunabhängig, weil viele Menschen kraft ihrer Persönlichkeit nie Lotto spielen würden.

Damit soll nicht abgestritten werden, dass es rein zufällige, persönlichkeitsunabhängige Ereignisse gibt, die einen Einfluss auf die Persönlichkeitsentwicklung haben, aber ihre Rolle wird aus drei Gründen sicherlich überschätzt. Zum einen sind diese Ereignisse gerade wegen ihrer Zufälligkeit interessant und werden deshalb so gerne kolportiert. Dagegen sind die viel häufigeren nicht zufälligen, erwartungskonformen Persönlichkeitswirkungen uninteressanter, finden deshalb kaum Erwähnung und sind damit in unserem Laienbild der Persönlichkeitsentwicklung unterrepräsentiert. Zweitens überschätzen wir generell die Zufälligkeit von seltenen Ereignissen, wenn diese einen Sinn ergeben. Beim zehnmaligen Würfeln ist z.B. das Ereignis »6666666666« genauso zufällig wie das Ereignis »3152261435« oder eine beliebige andere Kette aus 10 Zahlen zwischen 1 und 6. Eine Kette aus gleichen Zahlen erscheint uns aber viel unwahrscheinlicher, weil die Gleichheit der Zahlen einen Sinn zu ergeben scheint (dabei ist sie rein zufällig).

Drittens ist der Zufall in der Persönlichkeitsentwicklung meist auf wenige kritische Verzweigungspunkte unserer Biografie beschränkt, an denen unser Schicksal auf der Kippe steht; ansonsten erlaubt eine zumindest mittelfristig stabile Persönlichkeit unseren Mitmenschen Orientierung und annähernde Sicherheit im Umgang mit uns. Auch beim Würfeln steht der Würfel nur an wenigen Punkten seiner Bahn auf der Kippe, ansonsten ist die Bewegung des Würfels sehr gut vorhersagbar; trotzdem ist das Resultat zufällig. Das Resultat der Persönlichkeitsentwicklung ist weit weniger zufällig; überzufällige Vorhersagen sind selbst über Zeiträume von 40 Jahren möglich (vgl. Conley, 1984). Das liegt daran, dass selbst an den wenigen labilen Punkten unserer Biografie, wo ganz andere Weiterentwicklungen möglich gewesen zu sein scheinen, meist weniger Freiheitsgrade bestanden, als wir uns im Nachhinein einbilden.

Das hat Max Frisch in seinem Theaterstück »Biographie: Ein Spiel« deutlich gemacht. Herr Kürmann bekommt die Möglichkeit, zu wichtigen Verzweigungspunkten seiner Biografie zurückzukehren und sich anders zu verhalten, als er es einst tatsächlich tat. Es gelingt ihm aber nur begrenzt. Was sich bei seinen verschiedenen Versuchen ergibt, sind mögliche Abwandlungen einer Biografie, die in allen diesen Varianten unverkennbare Züge der gleichen Persönlichkeit trägt.

Umgekehrt ist aber die Persönlichkeit selbst im höheren Erwachsenenalter noch nicht vollständig festgelegt (vgl. Abb. 1), und dies gilt erst recht für das Kindesalter. Im Einzelfall finden sich hier immer wieder überraschende Entwicklungen. Entgegen der von Journalisten gerne verbreiteten Meinung, eineiige Zwillinge, die im selben Elternhaus aufwachsen und genetisch identisch sind, seien bis in kleinste Einzelheiten ihres Verhaltens identisch, stimmt dies nicht; für sozial-emotionale Persönlichkeitsmerkmale sind sich eineiige Zwillinge nur mäßig ähnlich (Korrelationen um .50; vgl. Loehlin, 1992).

Auf den ersten Blick scheint diese Plastizität der Persönlichkeitsentwicklung im Kindesalter auf die Fehleranfälligkeit eines unausgereiften komplexen Systems rückführbar; es dauert einfach lange, bis ein hoher Grad der Selbststabilisierung erreicht ist. Stutzig machen aber genetische Überlegungen, dass ein so komplexes System wie das menschliche Genom nahezu perfekt selbststabilisiert ist (im Mittel wird weniger als 1 Mutation unter ca. 50.000 Strukturgenen an die nächste Generation weitergegeben; die sonstigen Mutationen werden durch Gen-Reparaturmechanismen wieder beseitigt; Vogel/Motulsky, 1986).

Aus evolutionspsychologischer Sicht der Entwicklung (vgl. Asendorpf, 2001) sind u.a. zwei unterschiedliche Erklärungen für die Plastizität der Persönlichkeitsentwicklung denkbar. Zum einen mag es schlicht und einfach egal für die Fortpflanzungschancen eines persönlichkeitsrelevanten Gens sein, ob es sich unter denselben Umweltbedingungen immer gleich oder unterschiedlich im Erleben oder Verhalten der Genträger äußert. Die Plastizität der Persönlichkeitsentwicklung wäre dann »selektiv neutral«, so wie Alzheimer-Gene vermutlich selektiv neutral sind, weil sie erst dann aktiviert werden, wenn die Weitergabe der eigenen Gene an die nächste Generation erfolgt ist (Baltes, 1997). Allerdings würde aus dieser Sicht eine Konstanz oder Zunahme der Plastizität der Persönlichkeit mit wachsendem Alter zu erwarten sein; genau das Gegenteil ist aber der Fall.

Von daher muss daran gedacht werden, dass die erst späte Stabilisierung von Persönlichkeitsunterschieden selektiv nicht neutral ist, sondern evolutionär sinnvoll, vielleicht sogar notwendig für die Entwicklung komplexer Lebewesen. In der Evolutionsbiologie findet sich das Argument, dass nur eine hohe genetische Variabilität innerhalb von Arten das langfristige Überleben ihrer Gene unter den wechselvollen Umweltbedingungen auf der Erde gesichert hat. Möglicherweise ist diese genetische Variabilität alleine aber nicht ausreichend, sondern muss ergänzt werden durch eine Variabilität der Entwicklungskonsequenzen derselben Gene bei gleichen Umweltbedingungen. Aus dieser Sicht wäre die Plastizität der Persönlichkeit im Kindesalter selektiv von Vorteil; sie würde darauf beruhen, dass eine gehörige Portion Zufall in die Persönlichkeitsentwicklung sozusagen evolutionär eingebaut ist. Erst ab dem mittleren Erwachsenenalter, wenn Mann und Frau weitgehend irrelevant für das Überleben ihrer eigenen Kinder werden, fällt dieser Selektionsdruck weg und die Persönlichkeit bleibt einfach so, wie sie ist. Der Zufall in der Persönlichkeitsentwicklung wäre also evolutionär gesehen notwendig. Dies ist die vielleicht tiefgehendste Antwort auf die Frage, warum die maximale Stabilität der Persönlichkeit bei den meisten Merkmalen erst im mittleren Erwachsenenalter erreicht wird.

Weiterführende Literatur

Asendorpf, J.B. (1999a). *Psychologie der Persönlichkeit* (2. Aufl.). Berlin: Springer, insbesondere Kap. 2.4., 2.6 und 6.

Asendorpf, J.B. (1999b). *Keiner wie der andere – Wie Persönlichkeitsunterschiede entstehen.* (2. Aufl.). Frankfurt/Main: Wötzel, insbesondere Kap. IV.2–IV.4 und V.8–V.10.

Asendorpf, J.B. (2001). Einige biologische Grundlagen der Entwicklung. In R. Oerter/H. Montada (Hrsg.), *Entwicklungspsychologie.* (5. Aufl.). Weinheim: Beltz.

Literatur

Asendorpf, J.B. (1989). *Soziale Gehemmtheit und ihre Entwicklung.* Berlin: Springer.

Asendorpf, J.B. (1999a). *Psychologie der Persönlichkeit* (2. Aufl.). Berlin: Springer.

Asendorpf, J.B. (1999b). *Keiner wie der andere – Wie Persönlichkeitsunterschiede entstehen* (2. Aufl.). Frankfurt/Main: Wötzel.

Asendorpf, J.B. (2000). *Prägt unsere Persönlichkeit unsere sozialen Beziehungen – oder umgekehrt?* Vortrag auf dem 50. Kongress der Deutschen Gesellschaft für Psychologie in Jena.

Asendorpf, J.B. (2001). Einige biologische Grundlagen der Entwicklung. In R. Oerter/H. Montada (Hrsg.). *Entwicklungspsychologie* (5. Aufl.). Weinheim: Beltz.

Asendorpf, J.B./Banse, R. (2000). *Psychologie der Beziehung.* Bern: Huber.

Asendorpf, J.B./van Aken, M.A.G. (2001). *Transactions between personality, self-esteem, and social support in late childhood.* Manuskript eingereicht zur Veröffentlichung.

Asendorpf, J.B./Wilpers, S. (1998). Personality effects on social relationships. *Journal of Personality and Social Psychology, 74,* 1531–1544.

Baltes, P.B. (1997). On the incomplete architecture of human ontogeny: Selection, optimization, and compensation as foundation of developmental theory. *American Psychologist, 52,* 366–380.

Bandura, A. (1999). Social cognitive theory of personality. In L.A. Pervin/O. John (Eds.). *Handbook of personality* (2. Aufl.) (pp. 154–196). New York: The Guilford Press.

Bell, R.Q. (1968). A reinterpretation of the direction of effects in studies of socialization. *Psychological Review, 75,* 81–95.

Bortz, J./Döring, N. (1995). *Forschungsmethoden und Evaluation* (2. Aufl.). Berlin: Springer.

Buss, A.R. (1979). Toward a unified framework for psychometric concepts in the multivariate developmental situation: Intraindividual change and inter- and intraindividual differences. In J.R. Nesselroade/P.B. Baltes (Eds.). *Longitudinal research in the study of behavior and development* (pp. 41–59). New York: Academic Press.

Caspi, A. (1998). Personality development across the life course. In W. Damon (Ed.). Handbook of child psychology, 5th ed. N. Eisenberg (Vol. Ed.), *Social, emotional, and personality development* (Vol. 3, pp. 311–388). New York: Wiley.

Caspi, A., Bem, D.J./Elder, G.H.Jr. (1989). Continuities and consequences of interactional styles across the life course. *Journal of Personality, 57,* 375–406.

Conley, J.J. (1984). The hierarchy of consistency: A review and model of longitudinal findings on adult individual differences in intelligence, personality and self-opinion. *Personality and Individual Differences, 5,* 11–25.

Göttert, R./Asendorpf, J. (1989). Eine deutsche Version des California-Child-Q-Sort, Kurzform. *Zeitschrift für Entwicklungspsychologie und Pädagogische Psychologie, 21,* 70–82.

Kagan, J. (1980). Perspectives on continuity. In O.G. Brim, Jr./J. Kagan (Eds.). *Constancy and change in human development* (pp. 26–74). Cambridge, UK: Harvard University Press.

Loehlin, J.C. (1992). *Genes and environment in personality development.* Newbury Park, CA: Sage.

Lytton, H. (1990). Child and parent effects in boys' conduct disorder: A reinterpretation. *Developmental Psychology, 26,* 683–697.

Magnus, K., Diener, E., Fujita, F./Pavot, W. (1993). Extraversion and neuroticism as predictors of objective life events: A longitudinal study. *Journal of Personality and Social Psychology, 65,* 1046–1053.

Maturana, H./Varela, F. (1980). *Autopoiesis and cognition.* Boston, MA: Reichel.

Shoda, Y./Mischel, W. (2000). Reconciling contextualism with the core assumptions of personality psychology. *European Journal of Personality, 14,* 407–428.

Newcomb, T.M., Koenig, K.E., Flacks, R./Warwick, D.P. (1967). *Persistence and change: Bennington College and its students after twenty-five years.* New York: Wiley.

Neyer, F.J./Asendorpf, J.B. (im Druck). Personality-relationship transaction in young adulthood. *Journal of Personality and Social Psychology.*

Plomin, R., DeFries, J.C., McClearn, G.E./Rutter, M. (1999). *Gene, Umwelt und Verhalten.* Bern: Huber.

Roberts, B.W./DelVecchio, W.F. (2000). The rank-order consistency of personality traits from childhood to old age: A quantitative review of longitudinal studies. *Psychological Bulletin, 126,* 3–25.

Sameroff, A.J., Seifer, R., Baldwin, A./Baldwin, C. (1993). Stability of intelligence from preschool to adolescence: The influence of social and family risk factors. *Child Development, 64,* 80–97.

Schmitz, B. (2000). Auf der Suche nach dem verlorenen Individuum: Vier Theoreme zur Aggregation von Prozessen. *Psychologische Rundschau, 51,* 83–92.

Schütz, A. (2000). *Psychologie des Selbstwertgefühls: Von Selbstakzeptanz bis Arroganz.* Stuttgart: Kohlhammer.

Stern, W. (1911). *Die differentielle Psychologie in ihren methodischen Grundlagen.* Leipzig: Johann Ambrosius Barth. Reprint 1994: Bern, Huber.

van Aken, M.A.G./Asendorpf, J.B. (1999). A person-centered approach to development: The temporal consistency of personality and self-concept. In F.E. Weinert/W. Schneider (Eds.). *Individual development from 3 to 12: Findings from the Munich Longitudinal Study* (pp. 301–319). Cambridge, UK: cambridge University Press.

Vogel, F./Motulsky, A.G. (1986). *Human genetics: Problems and approaches* (2. Aufl.). Berlin: Springer.

3 Stabilität und Variabilität der Intelligenzentwicklung

Franz E. Weinert/Ernst A. Hany

1. Begriff und Entwicklung der Intelligenz

Alfred Binet und Theodore Simon, die Begründer der modernen Intelligenzforschung, die Pioniere beim Studium der intellektuellen Entwicklung im Kindesalter und die Konstrukteure des ersten Intelligenztests für Kinder, haben ihren Forschungsgegenstand ebenso einfach wie differenziert umschrieben. Unter Intelligenz verstanden sie nämlich die Fähigkeit eines Individuums »gut zu urteilen, gut zu verstehen und gut zu denken« (Binet/Simon, 1905, S. 197, im Original französisch). Inzwischen gibt es Hunderte von Definitionen, ohne dass sich bisher eine übereinstimmende Klärung des Begriffs abzeichnen würde. Das behindert aber weder die psychologische Intelligenzforschung noch die große Attraktivität des Konzepts in der Öffentlichkeit. Viele orientieren sich bei der Verwendung des Begriffs an der Umschreibung von David Wechsler, dem Konstrukteur eines weltweit verwendeten Intelligenztestverfahrens. Er umschrieb Intelligenz als »die zusammengesetzte oder globale Fähigkeit des Individuums, zweckvoll zu handeln, vernünftig zu denken und mit seiner Umwelt wirkungsvoll umzugehen« (Wechsler, 1944, S. 3, im Original englisch).

Damit ist Intelligenz nicht nur als ein System multipler Fähigkeiten charakterisiert, sondern in ihre Definition wird auch die Dynamik der intellektuellen Prozesse in der Auseinandersetzung mit der Umwelt einbezogen.

Ein großer Teil der psychologischen Forschung ist aber nicht in erster Linie an der Strukturanalyse der Intelligenz interessiert, sondern an der Beschreibung, Vorhersage und – wenn möglich – Erklärung der Intelligenzunterschiede zwischen verschiedenen Individuen.

Schon Binet und Simon (1905) hatten zur Diagnose geistiger Behinderung mithilfe von Entwicklungsskalen der Intelligenz und zur Prognose einer längerfristigen Sonderschulbedürftigkeit von Kindern auf einige empirisch damals bereits bestätigte theoretische Annahmen über die Stabilität interindividueller Intelligenzunterschiede zurückgegriffen:

- Weniger intelligente Kinder brauchen im Vergleich zu intelligenteren mehr Zeit zur Verarbeitung neuer Informationen, die bei den weniger intelligenten zudem fehlerhafter erfolgt.
- Das langsame Verarbeitungstempo führt bei den vielfältigen kumulativen Lernprozessen, die in der Kindheit zum Erwerb des Weltwissens und der Welterfahrung erforderlich sind, auch zu einer Verlangsamung in der Geschwindigkeit der gesamten kognitiven Entwicklung.
- Die individuellen Unterschiede im Entwicklungstempo sind sehr stabil und persistent, so dass man von der unterschiedlichen Geschwindigkeit auch auf das intellektuelle Potenzial des einzelnen Kindes zurückschließen kann.
- Die Differenzen in der intellektuellen Entwicklung erlauben zugleich eine relativ gültige Vorhersage auf das individuelle Niveau der Intelligenz, das im frühen Erwachsenenalter erreicht werden kann. Die Prognosemöglichkeit ergibt sich aus der Beobachtung, dass die Asymptote einer Wachstumskurve umso niedriger ausfällt, je flacher die Wachstumsfunktion ist (Abbildung 1).

Damit waren bereits im ersten Drittel des 20. Jahrhunderts zwei entwicklungspsychologische Regelhaftigkeiten identifiziert, welche die weitere Forschung, aber auch die diagnostische Praxis bis heute nachhaltig beeinflusst haben,

(a) die *Persistenz des individuellen Intelligenzniveaus*, bevorzugt ausgedrückt im so genannten Intelligenzquotienten: »Es entspricht im Großen und Ganzen der Forschungslage (...), wenn man kon-

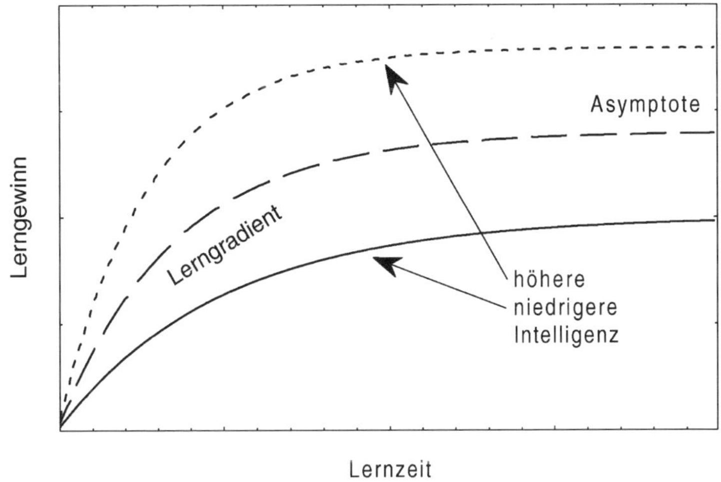

Abb. 1: Korrespondenz von Wachstumsgradient und Asymptote bei unterschiedlichem Intelligenzniveau

statiert, dass Intelligenz eine über die Lebensspanne hinweg relativ invariante Größe ist« (Amelang, 1995, S. 274);

(b) die *Stabilität der interindividuellen Entwicklungsunterschiede* zwischen altersgleichen Kindern über lange Lebensperioden hinweg; alle Versuche, die intellektuellen Differenzen durch vorschulische und/oder schulische Förderprogramme nachhaltig aufzuheben oder zu reduzieren, müssen als gescheitert angesehen werden (Weinert, 1999).

2. Intelligenz – ein unveränderliches Persönlichkeitsmerkmal?

So eindeutig die Forschungslage und deren fachliche und öffentliche Rezeption auch erscheint, so gab und gibt es aber auch Zweifel an einem starren Stabilitätskonzept der Intelligenzentwicklung. So kam z. B. Wohlwill nach einer sehr umfassenden und kritischen Darstellung der einschlägigen Untersuchungen zu folgender Schlussfolgerung: »Aus der relevanten Forschung ergibt sich ein einigermaßen kohärentes Bild von der Stabilität des IQ während verschiedener Abschnitte der Altersspanne und von einigen der Variablen, die darauf Einfluss nehmen. Angesichts der problematischen Natur des Intelligenzquotienten selbst, der Mängel bei den Stabilitätskoeffizienten sowie der Probleme bei ihrer Interpretation habe ich aber gleichzeitig Zweifel, ob dieser massive Aufwand an Forschungszeit und investierten Ressourcen so ergiebig war, wie er es hätte sein sollen« (Wohlwill, 1980, S. 401, im Original englisch).

Betrachtet man rückblickend die Befunde, die Wohlwill Grund zum Zweifel gaben, so finden sich zahlreiche Hinweise auf die große Dynamik der individuellen Entwicklung während der Lebensspanne, obwohl diese in der stabilitätsfixierten Literatur mit ihrer Konzentration auf durchschnittliche (mittlere) Entwicklungstrends nur selten angesprochen werden.

Was über die zeitliche Stabilität der individuellen Intelligenzunterschiede und über die interindividuellen Fähigkeitsdifferenzen gesagt wurde, gilt nämlich in der Regel erst von der mittleren Kindheit an. In allen vorliegenden Längsschnittstudien (und nur sie eignen sich zur Stabilitätserfassung!) zeigen sich für jüngere Kinder erhebliche Schwankungen bei den individuellen Positionen in der Populationsrangreihe der Intelligenzwerte. Ob es sich dabei um gehäufte Messfehler auf dieser Altersstufe handelt (weil die Intelligenztests zu diesem Zeitpunkt noch Reliabilitätsmängel aufweisen) oder ob es entwicklungstypische Positionsverschiebungen zwischen Kindern gibt, die zu diesem gesicherten Ergebnis führen, ist zurzeit noch nicht geklärt. Vermutlich dürften beide Faktoren eine gewichtige Rolle spielen.

Schneider et al. führen die relevanten Befunde der Münchner Longitudinalstudie LOGIK als Hinweise auf individuell unterschiedliche Entwicklungsverläufe an: »Nicht vorhersagbare instabile Entwicklungsunterschiede scheinen während der Kindergarten- und Vorschuljahre besonders häufig zu sein. Das kognitive System ist folgerichtig gekennzeichnet durch zunehmende Invariabilität und Stabilität der individuellen Unterschiede über die Zeit hinweg« (Schneider et al., 1999, S. 26).

Die zunehmende Festigkeit intellektueller Fähigkeitsdifferenzen muss während des gesamten Kindes- und Jugendalters als psychometrisch definierte Stabilität interindividueller Differenzen auf dem Hintergrund großer intraindividueller Veränderungen der universellen Denkmöglichkeiten und der Denkformen betrachtet werden. Konfrontiert man nämlich die Forschungen zur Intelligenzentwicklung mit der besonders von Jean Piaget (1974) inspirierten Arbeit zur Ontogenese des Denkens, so zeigt sich, dass dort, wo Stabilität der Unterschiede gefunden wurde, zugleich eine unerhörte Entwicklungsdynamik von präoperativem über das konkretoperatorische bis zum formal-operatorischen Denken stattfindet. Man braucht nur sechsjährige Schulanfänger und dreizehnjährige Jugendliche bei der Lösung von Denkproblemen zu beobachten, um die kognitiven Veränderungen im Verlauf dieser Altersperiode auf geradezu dramatische Weise zu erfahren.

Diese zum Teil universellen, das heißt unter sehr verschiedenen kulturellen Bedingungen registrierbaren Entwicklungsveränderungen werden durch vielfältige Bildungsprozesse begleitet, stimuliert und gefördert. Die Intelligenz als psychologisches Konzept kann davon natürlich nicht unbeeinflusst bleiben. Im vorliegenden Zusammenhang interessiert besonders ein Strukturmodell intellektueller Fähigkeiten, das von Horn und Cattell (1966) präsentiert wurde. Zwei der von ihnen identifizierten Intelligenzfaktoren haben besonders große entwicklungspsychologische Bedeutung erlangt: die »fluide Intelligenz« und die »kristalline Intelligenz«. Während die kristalline Intelligenz im Wesentlichen das intellektuelle Leistungspotenzial repräsentiert, das sich aufgrund der genetischen Ausstattung oder des Einflusses kultureller, gesellschaftlicher und bildungsabhängiger Erfahrungen entwickelt hat (in Intelligenztests z. B. gemessen durch Wortschatz, Sprachverständnis oder allgemeines Wissen), geht es bei der fluiden Komponente vor allem um erbgenetisch determinierte und durch Umwelteinflüsse relativ wenig beeinflusste Fähigkeiten (typische Testaufgaben: nichtsprachliches logisches Schließen, Erkennen figuraler Analogien, Merkmale des Arbeitsgedächtnisses). Vorliegende empirische Befunde aus Längsschnittuntersuchungen belegen übereinstimmend, dass die Stabilitäten interindividueller Unterschiede bei der kristallinen im Vergleich zur fluiden Intelligenz früher und stärker auftreten. Mit anderen Worten: Die Kovariation von Erb- und Umwelteinflüssen (die biologischen Eltern sind in der Regel auch die wichtigsten Gestalter der frühkindlichen und kindlichen Umwelt) und die Interaktion dieser Varianzquellen führen relativ früh in der Ontogenese zu bedeutsamen interindividuellen Unterschieden in den kognitiven Fähigkeiten, im allgemeinen Weltwissen, in der Begriffsbildung und in der Verarbeitung relevanter Informationen, die sowohl bedeutsam als auch nachhaltig sind.

3. Intelligenz als Entwicklungsprodukt

Fast ein Jahrhundert lang hatte man sich auch in der entwicklungspsychologischen Intelligenzforschung darauf konzentriert, Intelligenz als formale wissensunabhängige Denkfähigkeit zu konzipieren und in den Intelligenztests vorwiegend Aufgaben zu verwenden, die möglichst keine inhaltsspezifischen Kenntnisse erfordern. So erwies sich zwar der Intelligenzquotient fast immer als bester einzelner Prädiktor für die Vorhersage von Unterschieden in den Schul-, Berufs- und Arbeitsleistungen, ohne dass die Ergebnisse aber in theoretischer oder praktischer Hinsicht befriedigend waren. Das änderte sich erst im letzten Drittel des vorigen Jahrhunderts, nachdem man experimentalpsychologisch gefunden hatte, dass für die Lösung anspruchsvoller inhaltlicher Probleme oder neben intellektuellen Fähigkeiten auch inhaltliche Kenntnisse und Fertigkeiten eine notwendige Voraussetzung darstellen (Chi et al., 1988; Ericsson, 1996; Weinert, 1997; Süß, 1996). Man spricht inzwischen vom wissensbasierten Denken, vom intelligenten Wissen und von intellektuellen Leistungen als Produkten der Denk- und Wissensbasis.

Aus einem ursprünglich sehr formalen, erfahrungsunabhängigen und inhaltsfreien Konstrukt der Intelligenz mit dem Merkmal der individuellen Invarianz und der Stabilität interindividueller Unterschiede ist inzwischen – zumindest in der Entwicklungspsychologie – ein wissenschaftliches Konzept geworden, dem im Verlauf der Ontogenese eine erhebliche Veränderungsdynamik zugeschrieben werden muss. Dadurch sind neue Forschungsfragen aufgetaucht: Was entwickelt sich eigentlich, wenn sich intellektuelle Fähigkeiten, kognitive Kompetenzen und geistige Leistungsdispositionen im Verlauf des Lebens ändern? Ist intra- und interindividuelle Stabilität der Intelligenz nicht nur ein konstitutives Merkmal, sondern das Ergebnis komplexer, assimilatorischer und akkommodatorischer Anpassungsprozesse, also unter Umständen selbst ein differenzielles Charakteristikum der Persönlichkeit und ihrer jeweiligen Umwelt? Muss man dementsprechend Stabilität und Instabilität unter dem Gesichtspunkt von stabilitätsbegünstigenden und stabilitätsbeeinträchtigenden Entwicklungsbedingungen ansehen? Dass dabei nicht nur Eigenschaften der Person, sondern sozioökologische und sozialkognitive wie sozialpsychologische Kontexte zu berücksichtigen sind, ist inzwischen unbestritten (Bronfenbrenner, 1993; Bronfenbrenner/Ceci, 1994; Heatherton/Weinberger, 1994; Keating, 1975; Scarr, 1997).

Auf dem Hintergrund dieser theoretischen Position werden im Folgenden einige spezielle Themen der Stabilität und Instabilität intellektueller Fähigkeiten analysiert. Das geschieht mithilfe von Daten aus zwei größeren aktuellen Längsschnittstudien, die in den letzten Jahren am Münchner Max-Planck-Institut für Psychologische Forschung durchgeführt wurden.

4. Datenbasis

Als empirische Grundlage der theoretisch geleiteten Analysen dienen die Daten von zwei Längsschnittstudien, die in den vergangenen 20 Jahren am Max-Planck-Institut für Psychologische Forschung in München durchgeführt wurden. Es handelt sich dabei um die **Lo**ngitudinalstudie zur **G**enese **i**ndividueller **K**ompetenzen (LOGIK), an der 220 Kinder zwischen ihrem 3. und 12. Lebensjahr teilnahmen und jährlich mehrmals unter standardisierten Bedingungen beobachtet, getestet und interviewt wurden. Inzwischen konnten nach 5-jähriger Unterbrechung 86% der inzwischen 17 Jahre alten Jugendlichen erneut getestet werden (Weinert/Schneider, 1999).

Bei der zweiten Untersuchung handelt es sich um die »**G**enetisch **o**rientierte **L**ebensspannenstudie zur **d**ifferentiellen Entwicklung« (GOLD). Dieses Projekt begann bereits 1937 unter der wissenschaftlichen Leitung von Kurt Gottschaldt. Beteiligt waren 90 ein- und zweieiige Zwillingspaare im Alter von etwa 11 Jahren. 53 dieser Paare konnten 30 Jahre später, also mit ungefähr 41 Jahren, erneut untersucht werden. Nach dem Tod von Kurt Gottschaldt wurde die Studie ab 1992 am Max-Planck-Institut für Psychologische Forschung in München weitergeführt. Neben den verbliebenen 32 Zwillingspaaren der ursprünglichen Stichprobe – inzwischen mehr als 65 Jahre alt – wurden zusätzlich weitere 180 eineiige und zweieiige Zwillingspaare im Altersbereich zwischen 65 und 85 Jahren für eine Teilnahme an der Studie gewonnen (Weinert/Hany, 2000). Somit liegen zumindest für eine kleine Stichprobe Daten über einen Zeitraum von 55 Jahren vor.

5. Intraindividuelle Veränderungen des Intelligenzniveaus bei hoher Stabilität interindividueller Differenzen

Empirische Studien zur psychometrischen Intelligenz haben ein typisches Entwicklungsmuster für die Lebensspanne identifiziert. So verändert sich das individuelle Niveau der Intelligenz, indem es während der Kindheit ansteigt und im höheren Lebensalter wieder absinkt. Trotz dieser dynamischen Veränderungen des Intelligenzniveaus stabilisieren sich die interindividuellen Unterschiede von der späten Kindheit an. Die beobachteten Stabilitätskoeffizienten erreichen im mittleren Erwachsenenalter Werte, die nahe an der Retest-Reliabilität liegen.

Sowohl aus dem LOGIK- wie aus dem GOLD-Projekt liegen umfangreiche Daten zur intellektuellen Entwicklung vor. Zunächst wurde geprüft, ob sich das geschilderte typische Muster des Entwicklungsverlaufs auch in unseren Studien zeigte. Wie die Tabellen 1 und 2 demonstrieren, ist dies der Fall. Ab dem 9. Lebensjahr stabilisieren sich die individuellen Unterschiede in den Testwerten.

Tab. 1: Interkorrelationen zwischen Intelligenzmaßen nach Wechsler im LOGIK-Projekt (aus Schneider, Perner, Bullock, Stefanek/Ziegler, 1999, S. 17, Tabelle 3)

	HAWIVA	**HAWIVA**	**HAWIK**	**HAWIK**	**HAWIK**
Alter der Probanden	4	5	7	9	12
HAWIVA mit 4 Jahren	–	.52	.47	.46	.42
HAWIVA mit 5 Jahren		–	.51	.47	.49
HAWIK mit 7 Jahren			–	.81	.69
HAWIK mit 9 Jahren				–	.80
HAWIK mit 12 Jahren					–

Anmerkung. HAWIVA = Hannover-Wechlser-Intelligenz-Test für das Vorschulalter; HAWIK = Hamburg-Wechsler-Intelligenz-Test für Kinder

Einzelkorrelationen weichen aufgrund des Messfehlers häufig von den wahren Zusammenhängen ab. Um die wahren Korrelationen auf Konstruktebene zu erhalten, müssen diese Messfehler ausgeschaltet werden. Eine solche Möglichkeit bietet die Modellierung der Zusammenhänge über latente Variablen. Abbildung 2 zeigt die Ergebnisse eines LISREL-Modells, in dem die manifesten Variablen aus der GOLD-Studie zu einem Gesamtkonstrukt für Intelligenz im Jahr 1937 und zu zwei Konstrukten für fluide und kristalline Intelligenz für die folgenden Messzeitpunkte verknüpft sind. Als Indikatoren für fluide Intelligenz dienten der Mosaiktest (MT) sowie der Zahlen-Symbol-Test (ZS) des HAWIE, als Indikatoren für kristalline

Tab. 2: Korrelationen über die verschiedenen Zeitintervalle aus der GOLD-Studie

			Alter: 41 Jahre				Alter: 66 Jahre			
			Gc2		Gf2		Gc3		Gf3	
			2.	3.	4.	5.	6.	7.	8.	9.
Alter: 11 Jahre (1937)		1. Einschätzung der Denkkapazität	.47	.47	.28	.42	.52	.62	.28	.32
Alter: 41 Jahre (1967)	**Gc2**	2. HAWIK: Allgemeines Wissen	–	.88	.67	.62	**.87**	.88	.57	.55
		3. HAWIK: Wortschatz		–	.65	.59	.85	**.92**	.56	.46
	Gf2	4. HAWIK: Zahlen-Symbol-Test			–	.72	.69	.56	**.75**	.51
		5. HAWIK: Mosaiktest				–	.58	.55	.61	**.70**
Alter: 66 Jahre (1992)	**Gc3**	6. HAWIK: Allgemeines Wissen					–	.83	.67	.53
		7. HAWIK: Wortschatz						–	.63	.57
	Gf3	8. HAWIK: Zahlen-Symbol-Test							–	.69
		9. HAWIK: Mosaiktest								–

Anmerkung. Gc = kristalline Intelligenz; Gf = fluide Intelligenz

Intelligenz wurden die Subtests Wortschatztest (WT) und Allgemeines Wissen (AW) herangezogen.

Abbildung 2 zeigt die hohe Stabilität der Intelligenzfaktoren auf der Konstruktebene ($\varkappa^2[df = 28, N = 56] = 36.6, p > .10$; RMSEA=.08; GFI=1.0). Man beachte, dass der Zusammenhang zwischen den Messungen der fluiden Intelligenz im Jahr 1967 (Gf2) und 1992 (Gf3) nicht nur durch den direkten Pfad ausgedrückt

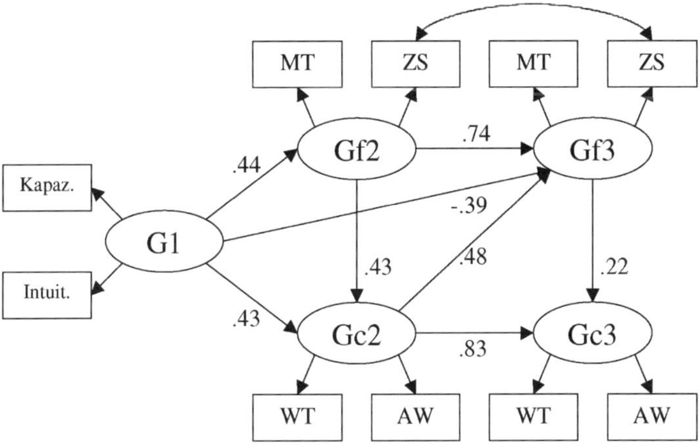

Abb. 2: Modellierung der längsschnittlichen Zusammenhänge mit latenten Variablen (G1=Gesamtintelligenz mit 11 Jahren; Gf2 = fluide Intelligenz mit 41 Jahren; Gc2 = kristalline Intelligenz mit 41 Jahren; Gf3 = fluide Intelligenz mit 66 Jahren; Gc3 = kristalline Intelligenz mit 66 Jahren)

wird, sondern auch durch den indirekten Pfad über Gc2. Insgesamt hat der Pfad zwischen Gf2 und Gf3 eine Stärke von .95. Die Beziehung zwischen der kristallinen Intelligenz im Alter von 41 und 66 beläuft sich – direkte und indirekte Pfade addiert – auf .94. (Der negative Pfad zwischen der Intelligenzmessung mit 11 Jahren und der fluiden Intelligenz mit 66 Jahren kompensiert nur die indirekten positiven Verknüpfungen über Gf2 und Gc2.)

Versucht man, dieses empirische Modell innerhalb eines theoretischen Bezugssystems zu interpretieren, so lassen sich wenigstens drei Überlegungen anstellen:

(1) Die Enge der Zusammenhänge zwischen den Messungen im Alter von 11 und im Alter von 41 Jahren dürfte im vorliegenden Modell unterschätzt sein, weil unterschiedliche Messmethoden und -verfahren zur Erfassung der Intelligenz verwendet wurden. Berücksichtigt man nämlich die LOGIK-Daten, so zeigen sich bereits vom 9. Lebensjahr an relativ hohe Stabilitäten der interindividuellen Intelligenzunterschiede.

(2) Bei Erwachsenen konnten erwartungsgemäß hohe Stabilitä-

ten sowohl für die fluide als auch für die kristalline Intelligenz gefunden werden. Dabei erweist sich auch im vorliegenden Modell – wie bei vielen anderen Analysen, die wir durchgeführt haben –, dass individuelle Differenzen im kristallinen Bereich eher noch stabiler sind als im Bereich fluider Intelligenz. Berücksichtigt man in diesem Zusammenhang die immer wieder gefundenen Abhängigkeiten der Intensität der intellektuellen Stimulation während der Lebensspanne vom Intelligenzniveau der Kindheit, so gewinnen diese Befunde an theoretischer Evidenz.

(3) Besonders interessant ist in diesem Kontext der direkte Pfad zwischen der kristallinen Intelligenz im Alter von 41 Jahren und der fluiden Intelligenz mit 66 Jahren (.48). Das Ergebnismuster legt nahe, dass es sich bei der fluiden Intelligenz im Erwachsenenalter eher nicht um eine neurophysiologische Determinante der kognitiven Kapazität handelt, die sich unbeeinflusst von psychischen Stimuli entwickelt, sondern um ein Bündel von Fähigkeiten, das zwar von den Bildungsmöglichkeiten nicht direkt abhängt, sehr wohl aber davon beeinflusst wird.

Die Stabilität der Intelligenzkennwerte verrät nicht, dass die jeweils verglichenen Messwerte zum Teil auf unterschiedlichem Niveau liegen. Das durchschnittliche Intelligenzniveau verändert sich nämlich in der Kindheit von Jahr zu Jahr beträchtlich (Tabelle 3) und weist auch im Erwachsenenalter (Tabelle 4) noch Veränderungen auf.

Für die Erfassung intraindividueller Niveauveränderungen müssen dieselben Aufgaben und Skalen zu zwei unterschiedlichen Messzeitpunkten eingesetzt worden sein. Dies trifft bei LOGIK (siehe Tabelle 3) ebenso zu wie bei der GOLD-Studie für die Messzeitpunkte 1967 und 1992, bei denen die Versuchspersonen ca. 41 und 66 Jahre alt waren. Tabelle 4 enthält die Veränderungen der Mittelpunkte für 70 Versuchspersonen in vier zentralen Skalen des Hamburg-Wechsler-Tests. Alle beobachteten Veränderungen sind signifikant. Die Leistungen in den kristallinen Skalen nehmen über den Zeitraum von 25 Jahren etwas zu, die Leistungen in den fluiden Skalen nehmen deutlich ab. Wir finden also über die gesamte Lebensspanne hinweg laufend Niveauveränderungen in unterschiedli-

Tab. 3: Veränderungen des Intelligenzniveaus vom Vorschul- zum Grundschulalter (Rohwerte) in der LOGIK-Studie (nach Schneider et al., 1999, S. 20, Tabelle 6)

	HAWIVA		**HAWIK**		**CFT**	
Alter	M	s	M	s	M	s
4 Jahre	34.40	9.42				
5 Jahre	46.26	8.38				
7 Jahre			28.51	12.13		
9 Jahre			51.10	12.90		
10 Jahre					29.44	5.66
12 Jahre			79.39	16.05		
12 Jahre					33.98	4.90

Anmerkung. N = 220. HAWIVA = Hannover-Wechsler-Intelligenztest für das Vorschulalter; HAWIK = Hamburg-Wechsler-Intelligenztest für die Kinder; CFT = Cattells Culture Fair Test

Tab. 4: Vergleich der Probanden der GOLD-Studie im Alter von 41 und 66 Jahren anhand ihrer Mittelwerte in den HAWIE-Skalen (*N*=70)

	41 Jahre (1967)		**66 Jahre (1992)**		t (zweiseitig)
HAWIE	*M*	s	M	s	
Allgemeines Wissen	13.40	4.83	14.21	4.75	– 2.79*
Wortschatztest	49.33	13.45	51.17	11.77	– 2.97*
Zahlen-Symbol-Test	39.94	9.43	35.07	10.47	5.79*
Mosaiktest	25.30	7.40	20.26	7.08	7.50*

chen Intelligenzbereichen. Bemerkenswert ist, dass diese zahlreichen Veränderungen kaum eine Interaktion mit dem Ausgangsniveau der Personen aufweisen. Niveauveränderungen lassen also die bereits vorhandenen interindividuellen Unterschiede weitgehend intakt und heben diese nur auf ein neues mittleres Leistungsniveau.

6. Formen intraindividueller Intelligenzveränderungen

Die im letzten Abschnitt dargestellten globalen Veränderungen treffen nicht für alle Mitglieder der untersuchten Stichprobe zu. Die individuellen Veränderungen in den erzielten Rohpunkten bei den einzelnen Skalen sind breit gestreut. Deshalb ist zu fragen, ob die Niveauveränderungen Entwicklungsvorgänge in mentalen Primärfähigkeiten kennzeichnen oder ob sie die Ergebnisse von Anpassungsprozessen darstellen, mit denen das Individuum Anforderungen in der persönlichen Umgebung bewältigt, wie beispielsweise berufliche oder persönliche Herausforderungen.

Um zu überprüfen, inwieweit unterschiedliche Veränderungen in den intraindividuellen kognitiven Leistungsprofilen der GOLD-Zwillinge auftreten, wurden Clusteranalysen auf der Grundlage von vier ausgewählten HAWIE-Subtests zu den Messzeitpunkten 1967 und 1992 gerechnet. Die Einbeziehung der Ergebnisse von zwei Messzeitpunkten führt dazu, dass in den Merkmalen der Personencluster die gesuchten intraindividuellen Veränderungen aufscheinen.

Die Clusteranalyse wird gemeinhin als exploratives Verfahren betrachtet, das sich nicht zur Prüfung von Hypothesen eignet. Wie bei der Faktorenanalyse hängen die Ergebnisse von den gewählten Variablen und der angewandten Methode zur Bestimmung der Objektdistanzen und der Clusteragglomeration ab. Wir verwendeten dieses Verfahren dennoch, um individuelle Unterschiede aufzudecken, ohne uns dabei auf das Niveau der Einzelfallbetrachtung begeben zu müssen. Nur wenn man Fähigkeitsprofile oder Veränderungsmuster als Phänomene mit einer gewissen Regelhaftigkeit identifizieren kann, ist es möglich, nach Erklärungen und Bedingungskonstellationen zu suchen, die über die idiographische Analyse hinausgehen und in den nomothetischen Bereich vordringen.

Mehrere Reihen von Clusteranalysen wurden mit verschiedenen Variablen (Rohwerte, Wertpunkte, Differenzwerte, residualisierte Variablen) und verschiedenen Clusterbildungsverfahren gerechnet.

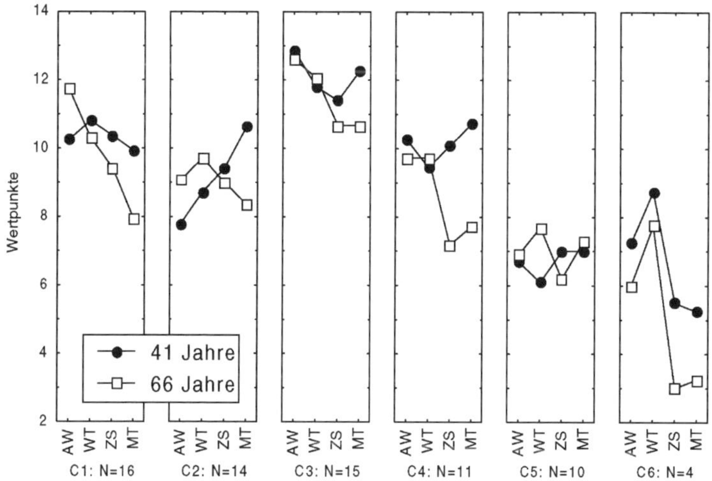

Abb. 3: Ergebnisse der Clusteranalyse zu den intraindividuellen Profilveränderungen in den HAWIE-Subtests zwischen 41 und 66 Jahren (AW = Allgemeines Wissen; WT = Wortschatztest; ZS = Zahlen-Symbol-Test; MT = Mosaiktest)

Die nachfolgend präsentierte Clusterlösung entstand in mehreren, voneinander unabhängigen Verfahren und kann deshalb als gut gesichert gelten.

Abbildung 3 zeigt zwei Fähigkeitsprofile für jedes der sechs gebildeten Personencluster, eines für das Alter von 41 Jahren und eines für 66 Jahre. Unterschiede zwischen diesen beiden Profilen kennzeichnen intraindividuelle Veränderungen, und zwar für einen Zeitraum von 25 Jahren. So zeigten beispielsweise die 16 Personen von Cluster C1 ein ausgewogenes Fähigkeitsprofil im Alter von 41 Jahren. Alle vier Skalenwerte lagen bei etwa 10 Wertpunkten. 25 Jahre später verbesserten sich diese Personen in der Skala »Allgemeines Wissen«, während sie sich in ihren fluiden Fähigkeiten (gemessen durch den Zahlen-Symbol- und den Mosaiktest) etwas verschlechterten. Wie erwartet (und durch die Methode der Clusteranalyse auch bewusst angestrebt), unterscheiden sich die sechs Cluster (a) in ihrem durchschnittlichen Intelligenzniveau, (b) in ihren Fähigkeitsprofilen im Alter von 41 Jahren und (c) in den Fähigkeitsveränderungen während der folgenden 25 Jahre. So zeigen die Probanden der Cluster C1 und C4 mit 41 Jahren ein relativ ausgewogenes Fähigkeitsniveau, während ihre fluiden Fähigkeiten mit 66 Jahren deutlich abgesunken sind und deutlich unter dem Niveau ihrer kristallinen Fähigkeiten liegen. Cluster C2 weist hingegen zum späteren Messzeitpunkt ein ausgewogenes Fähigkeitsprofil auf, da sich ihre zum ersten Zeitpunkt disparaten Fähigkeiten inzwischen angenähert haben. Cluster C5 zeigt einen Zuwachs im Wortschatz bei ansonsten geringen Veränderungen. Cluster C6 ist eine sehr kleine besondere Gruppe (Demenzverdacht), auf die hier nicht näher eingegangen werden soll.

Abbildung 3 veranschaulicht sehr gut, welche Dynamik sich bei intraindividuellen Veränderungen und interindividuellen Differenzen hinter den Stabilitätskoeffizienten verbergen kann. Die Probanden in vier Clustern (C1, C2, C4 und C6, zusammen 46 von 70 Personen) zeigen das erwartete Muster der intellektuellen Entwicklung im Erwachsenenalter: Stabilität bei den Indikatoren der kristallinen, deutliche Abnahme bei den Indikatoren der fluiden Intelligenz. Cluster C2 und Cluster C5 – immerhin 24 Personen – zeigen hingegen andere Veränderungsmuster. Bei fünf Clustern sehen wir über die Zeit eine deutliche Akzentuierung ihres Intelligenzprofils, d. h. eine Vergrößerung der intraindividuellen Fähigkeitsunterschiede. Gleichzeitig ist jedoch festzustellen, dass die einzelnen Cluster ihre *relativen Positionen* hinsichtlich ihres intellektuellen Gesamtniveaus nicht stark verändern: Cluster C3 zeigt zu beiden Messzeitpunkten die höchsten Intelligenzwerte, Cluster C5 und C6 zeigen die niedrigsten.

Diese stabilen Niveauunterschiede *zwischen* den Clustern sind auch für die eindrucksvolle Stabilität der Intelligenzunterschiede hinsichtlich der Gesamtstichprobe verantwortlich. Dennoch zeigen sich *innerhalb* spezifizierter Gruppen unterschiedliche Veränderungen – und diese Variabilität der intellektuellen Entwicklung im Erwachsenenalter steht nicht im Einklang mit den theoretisch postulierten Regularitäten.

7. Die Dynamik der intraindividuellen Veränderungen

Die beschriebenen Cluster repräsentieren empirische Phänomene, die nichts anderes als zufällige Konstellationen von unabhängigen und abhängigen Messfehlern darstellen könnten. Wir müssen deshalb versuchen, die gefundenen Muster durch unabhängige Messungen zu validieren. Nur unter dieser Voraussetzung lassen sich vielleicht allgemeine Prinzipien hinter den verschiedenen Entwicklungsmustern der sechs Cluster erkennen. Die Chancen für ein solches Vorhaben stehen nicht gut, denn bereits Moffitt et al. (1993, p. 499) mussten nach einer sechsjährigen Längsschnittstudie mit Kindern ernüchtert eingestehen: »Our data have led us to the reluctant conclusion that there is very little measurable naturalistic change in IQ across middle childhood and early adolescence. Moreover, the reliable change that does take place appears to be idiosyncratic; it is not systematically associated with environmental changes.«

Wir glauben trotzdem, dass die von uns gefundenen Muster nicht völlig zufällig sind, und wollen dies mit Daten belegen. Vor allem sind wir daran interessiert zu untersuchen, wie die intellektuelle Entwicklung mit dem intellektuellen Anregungsgehalt der persönlichen Umwelt einhergeht. Konzeptionen dazu sind von vielen Autoren, u. a. von Bronfenbrenner (1993) oder Rogoff (1993), entwickelt worden.

In der GOLD-Stichprobe befinden sich zahlreiche Frauen, die zwar in den Kriegs- und Vorkriegsjahren einen Beruf erlernt hatten, ihn jedoch nach dem Krieg nicht ausübten, sondern sich der häuslichen Arbeit und Kindererziehung widmeten. Welche Faktoren prägten die intellektuelle Entwicklung dieser Personen? Die plausibelste Hypothese ist, dass das Niveau der intellektuellen Anregung vor allem durch das berufliche Niveau des Ehepartners bestimmt wurde. Viele Beobachtungen zeigen, dass der höchste Berufsstatus, der in einer Familie repräsentiert ist, mit dem intellektuellen Niveau des Freundeskreises, der Freizeitaktivitäten, des kulturellen Lebens der Familie und der Schulbildung der Kinder korreliert. Es dürfte auch nicht falsch sein anzunehmen, dass das intellektuelle Niveau der Familie auch die kognitiven Herausforderungen und Anregungen bestimmt, die die nichtarbeitenden Familienmitglieder (z. B. die Hausfrau und die Kinder) erleben.

Die Frage nach den intrafamiliären Determinanten der Fähigkeitsentwicklung kann auch abstrakter formuliert werden. Nach dem zweiten Weltkrieg widmeten sich viele Frauen trotz hoher Schul- und Berufsbildung der Hausarbeit, ebenso waren Männer arbeitslos. Ferner gab es zahlreiche Paare, die sich in ihrem Bildungsniveau und ihrer Berufsqualifikation unterschieden und mit ihrer Ehe nur Zweckgemeinschaften eingegangen waren. Wenn man zeigen könnte, dass der höchste Berufsstatus, der in einer Familie vertreten ist, die intellektuelle Entwicklung *beider* Ehepartner beeinflusst, so wäre dies ein deutlicher Beleg für die Annahme, dass Veränderungen in den Denkfähigkeiten zumindest teilweise *aktive Anpassungsleistungen* an die familiäre Umgebung darstellen.

Abbildung 4 zeigt für die sechs Cluster, die wir für die Intelligenzveränderungen gefunden haben, die zeitlichen Verläufe des beruflichen Status. Man beachte, dass die intraindividuellen Veränderungen relativ zur horizontalen Achse angetragen sind und nicht als unterschiedliche Linienmuster wie in Abbildung 3 dargestellt werden. Die Berufsangaben wurden retrospektiv im Jahr 1992 erfasst und in einen gängigen Statusindex (Scheuch, 1961) umgerechnet. Wir nehmen an, dass die eigene Berufstätigkeit eine wichtige Quelle für die intellektuelle Stimulierung darstellt. Gleichzeitig gehen wir davon aus, dass auch das berufliche Niveau des Ehepartners, vor allem, wenn dieses Niveau höher liegt als das Niveau des selbst ausgeübten Berufes, eine Quelle intellektueller Anregung sein kann.

Ein Vergleich der Abbildungen 3 und 4 zeigt, dass Intelligenzniveau und Berufsniveau ähnliche Ausprägungen aufweisen: Individuen mit höherer Intelligenz (z. B. in Cluster C3) erreichen auch höhere berufliche Positionen. Allerdings scheint das eigene Intelligenzniveau mit 41 Jahren mehr dem Niveau des höchsten Berufsniveaus für das Ehepaar zu entsprechen als dem Niveau des selbst ausgeübten Berufs.

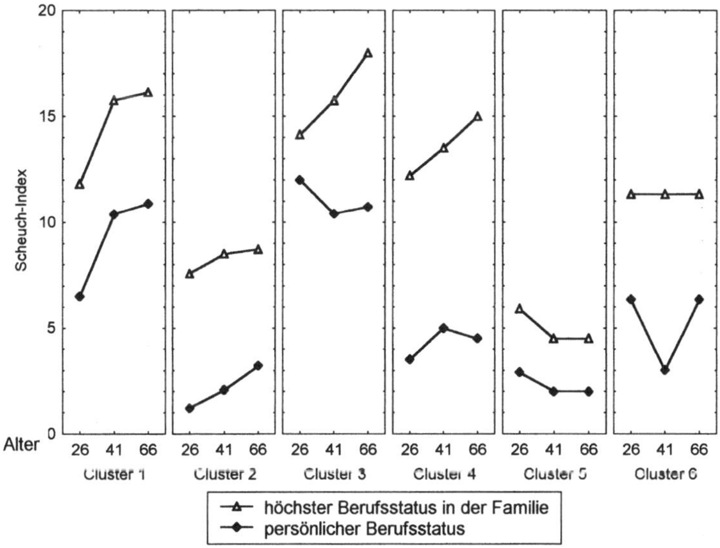

Abb. 4: Mittelwerte des beruflichen Status der Person und des höchsten beruflichen Status, den ein Mitglied der Familie erreicht hat, getrennt für die sechs Cluster der Intelligenzveränderungen im Erwachsenenalter

An Cluster C4 wird ein interessantes Muster deutlich: Wenn das Niveau der eigenen Berufsausübung (Scheuch-Index unter 5) deutlich hinter den eigenen intellektuellen Möglichkeiten zurückbleibt und nur der Ehepartner einen angemessenen Berufsstatus (Scheuch-Index über 10) erreicht, sinkt die fluide Intelligenz im Laufe des Erwachsenenalters überdurchschnittlich stark ab. Sie wird offenbar zu wenig angeregt und zu wenig in Anspruch genommen. Dagegen bleibt die kristalline Intelligenz auf dem früh erreichten Niveau, weil hier die Anregung im Kreis der Familie, also gleichsam die indirekte Beteiligung am Berufsleben des Ehepartners, ausreicht. Wer hingegen selbst einen anspruchsvollen Beruf ausübt (wie in Cluster C3, mit einem Scheuch-Index größer als 10), verzeichnet auch nur geringe Einbußen im fluiden Bereich.

Diese Veränderungsmuster können wie folgt interpretiert werden: Fluide Intelligenz nimmt im Erwachsenenalter ab, wenn sie nicht durch ständige Herausforderungen angeregt wird, wie sie beispielsweise ein anspruchsvoller Beruf bietet. Dagegen bleibt die kristalline Intelligenz während der Lebensspanne stabiler, weil auch indirekte Anregungen, wie sie etwa durch die Nähe eines berufstätigen Ehepartners vermittelt werden, ausreichend sind, um das im frühen Erwachsenenalter erreichte Niveau aufrechtzuerhalten.

Wir wollen diese spekulative Interpretation nicht überbewerten. Denn uns fehlen Daten zur Absicherung dieser Vermutung, nämlich Daten zur Intelligenz des Ehepartners und zum intellektuellen Niveau in der Familie. Ferner muss offen bleiben, ob es sich bei dem vermuteten Entwicklungsprozess um ein universelles oder differenzielles Phänomen handelt, wenn nicht gar – wofür einiges spricht – um einen Kohorteneffekt.

Allerdings passen unsere (hier nicht dargestellten) *verhaltensgenetischen* Daten gut zu den angestellten theoretischen Überlegungen. Der Stabilität der kristallinen Intelligenz im Erwachsenenalter liegt vor allem ein über die Messzeitpunkte invarianter Faktor des »shared environment« zugrunde (Hany, 1998). Das in der Herkunftsfamilie vorhandene Bildungsniveau wirkt stark in die von den Zwillingen gegründeten Familien hinein, weil die Zwillinge und ihre Ehepartner ein ähnliches Bildungsniveau erreichen wie ihre Eltern (Weinert/Hany, 2000). Daneben spielt ein genetischer Faktor nur eine untergeordnete Rolle. Der Stabilität der fluiden Intelligenz im Erwachsenenalter liegt dagegen ausschließlich ein genetischer Faktor zugrunde, der genetisch dominante (und nicht nur additive) Einflüsse repräsentiert. Genetische Dominanz kann entstehen, wenn mehrere genetische Faktoren bzw. genetische und Umweltfaktoren multiplikativ verknüpft auf den Phänotyp einwirken. Eine dieser Interaktionen zwischen Genen und Umwelt glauben wir in der Abhängigkeit der fluiden Intelligenz von der beruflichen Anregung gefunden zu haben.

8. Diskussion

Der Überblick über die vorgelegten Befunde und zahlreiche weitere Belege aus den Münchner Längsschnittstudien (einschließlich der Projekte, die in Schulen durchgeführt wurden) erlauben zwei grundlegende theoretische Schlussfolgerungen.

Erstens ist die nachdrücklich replizierte *Stabilität interindividueller Differenzen* bei intellektuellen Kompetenzen nicht die befürchtete artifizielle Konsequenz hoch aggregierter Daten aus wiederholten Messungen. Für weit mehr als die Hälfte der Menschen ist diese Stabilität ein psychologisches Faktum über weite Phasen der Lebensspanne. Die Basis dafür liefern Systeme von Person-Umwelt-Interaktionen, die man als Matthäus-Prinzip bezeichnen kann: »Wer hat, dem wird gegeben!« (Walberg/Tsai, 1983). Dieses Prinzip manifestiert sich in einer mindestens vierfachen, eng miteinander verbundenen Zirkularität, die nachfolgend als empirisches Phänomen beschrieben wird, ohne dass es bewertet werden soll. Genauso wenig soll damit behauptet werden, dass diese Zusammenhänge nicht geändert werden könnten (oder sollten).

(a) In der Entwicklungsgenetik sind statistisch bedeutsame Kovariationen zwischen Genotypus und den individuellen Umwelten und interindividuellen Umweltdifferenzen überzeugend nachgewiesen worden. Eltern und Schule versuchen, den Kindern eine ihren Fähigkeiten angemessene Umwelt zu bieten. Darüber hinaus wählen und gestalten Kinder sich ihre Umwelt – passend zu ihrem Genotyp – selbst (Plomin, DeFries/Loehlin, 1977).

(b) Für jede Zeit des Lebens gilt: Wer bessere kognitive Voraussetzungen hat, profitiert unter sonst gleichen Bedingungen von den Anregungen und Instruktionen seiner Umwelt (z. B. in der Schule) stärker und besser als jene mit weniger günstigen Lernvoraussetzungen.

(c) Wer über bessere intellektuelle Fähigkeiten verfügt, hat in der Regel größere Chancen, eine berufliche und soziale Position zu erreichen, die mit zusätzlichen kognitiven Stimulationen verbunden ist.

(d) Wer intelligenter und beruflich erfolgreicher ist, entwickelt häufig ein höheres Maß an Selbstvertrauen, was bei der Lösung schwieriger Probleme zu größeren Anstrengungen führt und damit die Erfolgswahrscheinlichkeit erhöht.

Der langfristigen Persistenz interindividueller Intelligenzunterschiede und ihrer kumulativen Stabilisierung liegt also ein System von sozial-kognitiven Mechanismen zugrunde, die eine hohe Resistenz gegenüber (auch erwünschter) Variabilität bewirkt.

Umso erklärungsbedürftiger ist der *zweite Befund*, dass die *intraindividuelle und die interindividuelle Variabilität* der kognitiven Entwicklung zwar nicht die Regel, aber auch nicht die Ausnahme, sondern für ein Drittel unserer Stichprobe und vielleicht der Bevölkerung im Allgemeinen ein psychologisches Faktum ist. Das Phänomen findet sich bei Personen mit niedriger, durchschnittlicher und hoher Intelligenz; ist unabhängig von Geschlecht, erreichtem Bildungsniveau und Berufsstatus; und lässt sich in ähnlicher Weise bei eineiigen wie bei zweieiigen Zwillingen beobachten.

Entscheidend für Stabilität und Variabilität sind offenbar Kombinationen hinreichender, aber nicht notwendiger Bedingungskonstellationen kognitiver (heterogenes Intelligenzprofil!), motivationaler und umweltspezifischer Merkmale. Deshalb scheint es, dass sowohl bei der Stabilisierung der interindividuellen Unterschiede als auch bei der intraindividuellen Auseinandersetzung mit der aktuellen Umweltsituation aktive Anpassungsprozesse im Spiel sind, durch die genotypische Intelligenz und Umwelt eine stabile Balance eingehen.

Bereits Kurt Gottschaldt, dem das Max-Planck-Institut für Psychologische Forschung die Zwillingsdatensätze für die GOLD-Studie verdankt, hat diesen Anpassungsprozess erkannt. Nach seinen Beobachtungen entwickeln sich im Lauf des Lebens »mentale Haltungen«, d. h. inhaltliche Zuwendungen und Interessengebiete, die der gewählte Beruf und die weiteren Leistungsanforderungen der Umwelt verlangen bzw. verkörpern. In diese Motiv- und Gewohnheitsstrukturen würden dann die kognitiven Fähigkeiten eingebunden und ihr spezifisches Gepräge erhalten. Gottschaldt formulierte diese Entwicklung noch so: »In den mentalen Haltungen spiegeln sich also weitgehend die Umstände der individuellen Lebens- und Bildungsschichten wider. Unterschiede des Wohnraums – flaches Land oder Großstadt –, der Familien- und Schulverhältnisse, der Arbeits- und Berufsbereiche, der sozialen Partnerschaft in der Ehe, der ökonomischen Verhältnisse führen eben jeweils zur *Entwicklung individueller Formen der sozial-mentalen Lagebefindlichkeit,* die sich dann auch in den Auseinandersetzungsweisen mit aktuellen Aufgaben in den Lern- und Denkprozessen darstellen können« (Gottschaldt, 1968, S. 140).

Abstrakter findet sich diese Perspektive auch im dynamischen Entwicklungsansatz von Bidell und Fischer (1997, S. 195): »This newer epigenetic view treats genetics and environment not as factors that stand apart from development, determining its course, but as active, self-organizing systems that co-participate with other self-organizing systems to determine intellectual development jointly. In this integrative-systems perspective, intellectual development is a self-organizing process.«

In diesen Ausführungen wird nicht nur eine wichtige Forschungshypothese skizziert, sondern zugleich ein Forschungsprogramm umschrieben, das uns gegenwärtig beschäftigt. Statt sich ausschließlich auf universelle Regularitäten der kognitiven Entwicklung und die dafür notwendigen Kausalbedingungen zu konzentrieren, erscheint es künftig von großem theoretischem Interesse zu sein, auch individuelle Differenzen und die dafür hinreichenden, aber nicht notwendigen Kausalfaktoren zu erkunden. Dazu bedarf es neuer, frischer Forschungsstrategien, die auch Serien von Einzel fallanalysen einschließen. Diese idiographischen Ergebnisse solcher Analysen müssen theoretisch dann auf einem nomothetischen Erklärungsniveau synthetisiert werden.

Literatur

Amelang, M. (1995). Intelligenz. In M. Amelang (Hrsg.). *Verhaltens- und Leistungsunterschiede. Enzyklopädie der Psychologie, Themenbereich C, Theorie und Forschung, Serie VIII, Differentielle Psychologie und Persönlichkeitsforschung,* Band 2 (S. 247–328). Göttingen: Hogrefe.

Bidell, T. R./Fischer, K. W. (1997). Between nature and nurture: The role of human agency in the epigenesis of intelligence. In R. J. Sternberg/E. Grigorenko (Eds.). *Intelligence, heredity and environment* (pp. 193–242). Cambridge, England: Cambridge University Press.

Binet, A./Simon, T. (1905). Méthodes nouvelles pour le diagnostic du niveau intellectuel des anormaux. *L'année Psychologique, 11,* 191–244.

Bronfenbrenner, U. (1993). The ecology of cognitive development: Research models and fugitive findings. In R.H. Wozniak/K.W. Fischer (Eds.). *Development in context. Acting and thinking in specific environments* (pp. 3–44). Hillsdale, NJ: Erlbaum.

Bronfenbrenner, U./Ceci, S. J. (1994). Nature-nurture reconceptualized in developmental perspective: a bioecological model. *Psychological Review, 101,* 568–586.

Chi, M.T.H., Glaser, R./Farr, M. (1988). *The nature of expertise.* Hillsdale, NJ: Erlbaum.

Ericsson, K.A. (Ed.) (1996). *The road to excellence. The acquisition of expert performance in the arts and sciences, sports, and games.* Mahwah, NJ: Erlbaum.

Gottschaldt, K. (1968). Begabung und Vererbung. Phänogenetische Befunde zum Begabungsproblem. In H. Roth (Hrsg.). *Begabung und Lernen* (S. 129–150). Stuttgart: Klett.

Hany, E.A. (1998). *Cognitive abilities across the life span: Results from a twin study spanning 55 years.* Paper presented at the 9th International Congress on Twin Studies, Helsinki, Finland, July 3, 1998.

Heatherton, T.F./Weinberger, J.L. (Eds.) (1994). *Can personality change?* Washington, DC: American Psychological Association.

Horn, J.L./Cattell, R.B. (1966). Refinement and test of the theory of fluid and crystallized general intelligences. *Journal of Educational Psychology, 57,* 253–270.

Keating, D.P. (1975). Precocious cognitive development at the level of formal operations. *Child Development, 46,* 276–280.

Moffitt, T.E., Caspi, A., Harkness, A.R./Silva, P.A. (1993). The natural history of change in intellectual performance: Who changes? How much?

Is it meaningful? *Journal of Child Psychology and Psychiatry and Allied Disciplines, 34,* 455–506.

Piaget, J. (1974). *Der Aufbau der Wirklichkeit beim Kinde.* Stuttgart: Klett. (Orig. 1950. La construction du réel chez l'enfant. Neuchatel: Delachaux/Niestlé.)

Plomin, R., DeFries, J./Loehlin, J. (1977). Genotype-environment interaction and correlation in the analysis of human development. *Psychological Bulletin, 84,* 309–322.

Rogoff, B. (1993). Children's guided participation and participatory appropriation in sociocultural activity. In R. H. Wozniak/K. W. Fischer (Eds.). *Development in context. Acting and thinking in specific environments* (pp. 121–154). Hillsdale, NJ: Erlbaum.

Scarr, S. (1997). Behavior genetic and socialization theories of intelligence: Truce and reconciliation. In R. J. Sternberg/E. L. Grigorenko (Eds.). *Intelligence: Heredity and environment* (pp. 3–41). New York: Cambridge University Press.

Scheuch, E.K. (1961). Sozialprestige und soziale Schichtung. *Kölner Zeitschrift für Soziologie und Sozialpsychologie (Sonderheft: Soziale Schichtung und soziale Mobilität), 5,* 65–193.

Schneider, W., Perner, J., Bullock, M., Stefanek, J./Ziegler, A. (1999). Development of intelligence and thinking. In F.E. Weinert/W. Schneider (Eds.). *Individual development from 3 to 12. Findings from the Munich Longitudinal Study* (pp. 9–28). Cambridge: Cambridge University Press.

Süß, H.-M. (1996). *Intelligenz, Wissen und Problemlösen.* Göttingen: Hogrefe.

Walberg, H.J./Tsai, S. (1983). Matthew effects in education. *American Educational Research Journal, 20,* 359–373.

Wechsler, D. (1944). *The measurement of adult intelligence* (3rd edition). Baltimore, MD: Williams/Wilkins.

Weinert, F.E. (1997). Wissen und Denken. Die unterschätzte Bedeutung des Gedächtnisses für das menschliche Denken. *Naturwissenschaftliche Rundschau, 50(5),* 169–174 und *Jahrbuch der Bayerischen Akademie der Wissenschaften 1996,* 1–17.

Weinert, F.E. (1999). Differentialpsychologische Theorien der kognitiven Entwicklung als Grundlage einer praxisrelevanten Unterrichtsforschung. *Zeitschrift für Psychologie, 207,* 399–418.

Weinert, F.E./Schneider, W. (1999). *Individual development from 3 to 12. Findings from the Munich Longitudinal Study.* Cambridge, England: Cambridge University Press.

Weinert, F.E./Hany, E.A. (2000). Intelligence as the main predictor of a successful occupational life. In C.F.M. van Lieshout/P.G. Heymans (Eds.). *Developing talent across the life-span* (pp. 67–99). Hillsdale, NJ: Erlbaum.

Wohlwill, J.F. (1980). Cognitive development in childhood. In O.G. Brim, Jr./J. Kagan (Eds.). *Constancy and change in human development* (pp. 359–444). Cambridge, MA: Harvard University Press.

4 Persönlichkeitsentwicklung im Jugendalter

Martin Pinquart/Rainer K. Silbereisen

Die Entwicklungspsychologie untersucht alterskorrelierte Veränderungen des Erlebens und Verhaltens, wobei physische und soziale Entwicklungsbedingungen ebenso thematisiert werden wie kulturelle und geschichtliche Kontexte. Hierbei sind sowohl solche alterskorrelierten Veränderungen von Interesse, die sich bei allen Menschen in ähnlicher Weise vollziehen, als auch differenzielle Veränderungen, die vom zu erwartenden und für einzelne Gruppen geltenden Durchschnitt abweichen. Vertreter der Differenziellen und Persönlichkeitspsychologie haben sich dagegen, sofern sie sich mit Persönlichkeitsentwicklung befassten, auf differenzielle Veränderungen konzentriert (Asendorpf, 1999).

Zu unterscheiden sind qualitative und quantitative Veränderungen der Persönlichkeit. Erstere betreffen die Veränderung der Persönlichkeitsstruktur und die Herausbildung qualitativ neuer Reaktionsweisen, die als zunehmende Differenzierung und Spezifizierung, gekoppelt mit einer zunehmenden Zentralisierung und hierarchischen Integration beschrieben werden können (Werner, 1948). Quantitative Veränderungen oder auch Stabilitäten betreffen die Aufrechterhaltung interindividueller Unterschiede (korrelative Stabilität) und die Aufrechterhaltung der mittleren Ausprägung eines Merkmals über die Zeit (Niveaustabilität). Die Kontinuität und Diskontinuität der Persönlichkeit betreffen nicht nur eine Stabilität bzw. Veränderung ähnlicher Verhaltensweisen über die Zeit (die homotypische Kontinuität), sondern es können hinter sich verändernden Verhaltensweisen auch die gleichen Persönlichkeitsmerkmale stehen (heterotypische Kontinuität; Kagan/Moss, 1962).

Die Entwicklung psychischer Merkmale steht im Spannungsfeld zwischen zwei Prozessen, (a) bisher ausgebildeten psychischen Dispositionen, die der Veränderung Widerstand entgegensetzen, und (b) biologischen Reifungsprozessen und neuen umweltbezogenen Erfahrungen, die eine Veränderung der Person anregen (Magnusson/Stattin, 1998). Eine in Kindheit und Jugend noch mäßige, jedoch im Verlauf des Jugendalters wachsende Kontinuität bzw. Stabilität der Persönlichkeit entsteht hierbei weniger durch direkte genetische Einflüsse als durch das Zusammenspiel von genetischen und Umweltfaktoren (Plomin, DeFries, McClearn/Rutter, 1999). So äußern sich Persönlichkeitsmerkmale in solchen Verhaltensweisen, die wiederum günstige Bedingungen für die Aufrechterhaltung dieser Persönlichkeitsmerkmale schaffen (interaktionale Kontinuität), und es häufen sich über die Zeit hinweg immer mehr Verhaltenskonsequenzen, welche die Aufrechterhaltung von Persönlichkeitsmerkmalen fördern (kumulative Kontinuität; Caspi et al., 1987, 1988).

Die im Vergleich zum Erwachsenenalter noch deutlich geringere Stabilität der Persönlichkeit (Cohen, 1999) ist vor allem auf drei Einflussvariablen zurückzuführen, (a) neue Anforderungen im Rahmen der Entwicklungsaufgaben des Jugendalters, (b) mit der Pubertät einhergehende körperliche Veränderungen und (c) die Zunahme kognitiver Fähigkeiten zur Selbstwahrnehmung und Verhaltenssteuerung. Diese drei Prozesse wirken nicht getrennt voneinander, sondern stehen in Wechselwirkung.

Unser Beitrag ist in vier Abschnitte gegliedert. Im ersten wird untersucht, wieweit es Hinweise auf eine Kontinuität der Persönlichkeit in Kindheit und Jugend gibt, genauer gesagt, welche Zusammenhänge zwischen Persönlichkeits-(Temperaments-)Merkmalen in der Kindheit und der Persönlichkeit im Jugendalter bestehen und was diese Zusammenhänge vermittelt. Im zweiten Abschnitt werden die drei genannten Quellen der Diskontinuität der Persönlichkeit im Jugendalter diskutiert. Im dritten Abschnitt analysieren wir Entwicklungstendenzen in einzelnen Persönlichkeitsbereichen.

Aufgrund der Vielfalt der theoretischen Konstrukte zur Beschreibung der Persönlichkeit ist hierbei eine Schwerpunktsetzung nötig. Neben der Entwicklung der »big five« Persönlichkeitsmerkmale, des verbreitetsten Konzepts zur Beschreibung der Persönlichkeit, konzentrieren wir uns auf die Entwicklung der Selbstkontrolle (Ich-Entwicklung, Selbstwirksamkeit) und der Selbsterkenntnis (Identität, Selbstkonzept). Beide Aspekte der Persönlichkeit stehen nicht nur im Mittelpunkt von Entwicklungsaufgaben des Jugendalters (z.B. Entwicklung der Identität und Autonomie), sondern sie sind auch für die Persönlichkeitsentwicklung selbst bedeutsam. In interaktionistischen und handlungstheoretischen Ansätzen der Persönlichkeit wird nämlich davon ausgegangen, dass die Impulskontrolle und Selbstwirksamkeit eine Schlüsselrolle in der Persönlichkeitsentwicklung haben (Clausen/Jones, 1998; van Lieshout, 2000; Westenberg/Gjerde, 1999). Analog wird der zunehmenden Selbsterkenntnis und der Stabilisierung des Selbstkonzepts eine wichtige Funktion zur Stabilisierung der Persönlichkeit zugeschrieben, etwa indem individuelle Besonderheiten in Wahrnehmung und Verhalten stabilisiert werden und sich Individuen zunehmend eine Umwelt schaffen, die gut zu ihrer Persönlichkeit passt (Asendorpf, 1999).

Im vierten Teil unseres Kapitels werden Schlussfolgerungen aus der bisherigen Forschung gezogen und Überlegungen zum künftigen Forschungsbedarf angestellt.

1. Frühkindliches Temperament und Persönlichkeitsentwicklung im Jugendalter

Faktoranalytische Studien zeigen eine Ähnlichkeit zwischen der Struktur der Temperamentsfaktoren in der frühen Kindheit und den »big five« Persönlichkeitsdimensionen im Jugend- und Erwachsenenalter. So weisen die Temperamentsdimensionen Aktivität und Hemmung Bezüge zur Extraversion auf, Flexibilität und Kontrolle negativer Affekte zur Verträglichkeit, negative Emotionalität und Irritierbarkeit zum Neurotizismus und die Aufgabenpersistenz zur Gewissenhaftigkeit. Allerdings haben nicht alle Temperamentsdimensionen, wie etwa die Rhythmizität, eine Entsprechung in späteren Persönlichkeitsmerkmalen (Martin, Wisenbaker/Huttunen, 1994).

Die Stabilität interindividueller Unterschiede in der Persönlichkeit zwischen der frühen Kindheit und dem Jugendalter wurde bisher selten untersucht. Caspi (2000) zeigte, dass unterkontrollierte Dreijährige (gekennzeichnet als impulsiv, ruhelos, ablenkbar und labil in den emotionalen Reaktionen) mit 18 Jahren geringe Selbstkontrolle, ein geringes Vermeiden von Gefahrensituationen und starke negative Gefühle (wie z.B. erhöhte Aggression) aufwiesen. Mit drei Jahren überkontrollierte Kinder, die ängstlich und gehemmt waren, wiesen dagegen mit 18 Jahren eine hohe Selbstkontrolle und eine Vermeidung von Risikosituationen sowie ein geringes soziales Durchsetzungsvermögen auf. Die mit drei Jahren gut angepassten Kinder waren mit 18 »normale, durchschnittliche junge Erwachsene« geworden. Insgesamt klärte das Temperament der Dreijährigen allerdings nur einen mäßigen Varianzanteil der Persönlichkeit der 18-Jährigen auf. Analog fand Cohen (1999) Zusammenhänge zwischen einem hohen Aktivitätsniveau in der Kindheit und erhöhten Neurotizismuswerten sowie zwischen Gehemmtheit und späterer Introversion.

Einiges ist über die Vermittlungsglieder zwischen Temperamentsmerkmalen in der frühen Kindheit und der Persönlichkeit im Jugendalter bekannt. So haben zum Beispiel unterkontrollierte Kinder häufig Probleme, sich an schulische Anforderungen anzupassen, was wiederum Misserfolge hervorruft, Frustrationen erzeugt und schließlich Gefühle der Isolation und eine weitere Irritierbarkeit fördert (Caspi et al., 1987). Analog werden überkontrollierte, passive Kinder von anderen Menschen oft übersehen oder ignoriert, was wiederum deren nichtassertiven Verhaltensstil begünstigt (Caspi et al., 1988; Caspi, 2000).

2. Einflüsse auf die Persönlichkeitsentwicklung im Jugendalter

2.1 Neue Entwicklungsaufgaben

Während das Leben der Kinder noch stark durch die Eltern bestimmt wurde, entstehen im Jugendalter neue Entwicklungsfreiräume, aber auch neue Anforderungen bzw. Entwicklungsaufgaben. Diese betreffen zum Beispiel das Erreichen schrittweiser Unabhängigkeit von den Eltern, den Aufbau von Peerbeziehungen und Partnerschaftsbeziehungen sowie die Vorbereitung auf den Beruf (Oerter/Dreher, 1995). Damit verbunden sind auch veränderte Umweltbedingungen, etwa veranlasst durch einen Schulwechsel und die Aufnahme der Berufsausbildung oder des Studiums. Interindividuelle Unterschiede zwischen den Entwicklungsumwelten nehmen im Jugendalter zu, wofür das dreigliedrige Schulsystem und die Vielfalt von Peergruppen Beispiele sind (Steinberg, 1999). Zunehmende interindividuelle Unterschiede zwischen den Umwelten führen wiederum zu unterschiedlichen Anregungen, Freiräumen und Barrieren für die Entwicklung der Persönlichkeit.

Die Zunahme von Freiräumen zur Selbstgestaltung des Lebens wird besonders bei der Umgestaltung der Eltern-Kind-Beziehung im Jugendalter, der so genannten Individuation, deutlich. Von den Eltern unabhängiger zu werden umfasst verschiedene Aspekte, wie zum Beispiel das Entwickeln und Behaupten eigener Standpunkte, praktische und persönliche Angelegenheiten ohne Hilfe der Eltern zu meistern (funktionale Unabhängigkeit), und die Entwicklung eines Einstellungs- und Wertsystems unabhängig von den Eltern (einstellungsbezogene Unabhängigkeit; Grotevant/Cooper, 1987; Hoffman, 1984). Im Jugendalter das Leben zunehmend selbst zu bestimmen und Vertrauen in eigene Fähigkeiten zu entwickeln als auch die Aufrechterhaltung eines angemessenen Maßes an Verbundenheit mit den Eltern sind eine wichtige Basis für die Entwicklung der Persönlichkeit, zum Beispiel zur Entwicklung der Identität, des Selbstwerts und von Selbstwirksamkeitserwartungen.

Familien unterscheiden sich darin, wie weit sie die Individuation und die Persönlichkeitsentwicklung der Jugendlichen fördern. Ein optimales Verhältnis von Freiräumen und Unterstützung fördert das Erkennen eigener Stärken und Schwächen, die Entwicklung eigenständiger Ziele und den Gewinn von Vertrauen in die eigenen Fähigkeiten. So zeigen Studien über Familieninteraktionen, dass die Entwicklung der Identität und des Selbstwertgefühls gefördert wird durch das Zulassen und offene Austragen von Meinungsunterschieden in der Familie, bei dem die Jugendlichen ausreichend Gelegenheit bekommen, ihre Positionen darzulegen und zu begründen, und wo die Eltern Interesse an den Meinungen ihrer Kinder zeigen und abweichende Positionen akzeptieren (Lippe, 1998; Owens, Mortimer/Finch, 1996). Umgekehrt hemmt ein elterliches Verhalten, welches das Zeigen von Individualität entmutigt und ein hohes Maß von Kontrolle über das Verhalten der Jugendlichen ausübt, die Identitätsentwicklung (Matos et al., 1999).

Ebenso ist der Kontakt zu Gleichaltrigen wichtig für die Persönlichkeitsentwicklung, denn hier können die Jugendlichen das gleichberechtigte Miteinander lernen und neue Rollen ausprobieren. So gehen z.B. die Integration in einer Peergruppe und das Vorhandensein einer emotional nahen Beziehung zu Gleichaltrigen mit einer fortgeschrittenen Identitätsentwicklung und einer hohen Selbstachtung einher (Dekovic/Meeus, 1997; Marcia, 1980). Analog tragen auch Schule, Studium und Berufsausbildung der Jugendlichen zur Persönlichkeitsentwicklung bei (Silverberg/Goldoni, 1996; Wallace-Broscious, Serafica/Osipow, 1994).

2.2 Biologische Veränderungen der Pubertät

Im Rahmen der Pubertät auftretende körperliche Veränderungen manifestieren sich im beschleunigten Größenwachstum, in der Entwicklung der primären und sekundären Geschlechtsmerkmale, in der Veränderung der Körperform und in der Zunahme der körperlichen Leistungsfähigkeit (Steinberg, 1999). Biologische Veränderungen regen psychische Entwicklungsprozesse an. So geht zum

Beispiel die körperliche Reifung mit Veränderungen des Selbstkonzepts einher, da sich die Jugendlichen nicht länger als Kinder sehen und von ihrer sozialen Umwelt auch nicht mehr als solche behandelt werden wollen. Da der Zeitpunkt des Beginns und Abschlusses der Pubertät große interindividuelle Unterschiede aufweist, kommt es auch zu interindividuellen Unterschieden in der Persönlichkeitsentwicklung. Dies ist vor allem bei Frühpubertierenden evident, wo eine geringe Synchronität zwischen der biologischen Entwicklung und den Erwartungen der sozialen Umwelt besteht (Magnusson, 1999): Während sie aufgrund ihrer beschleunigten körperlichen Entwicklung erwarten, bereits als Erwachsene behandelt zu werden, werden die Erwartungen und Restriktionen der Gesellschaft dagegen am kalendarischen Alter gemessen. Eine frühe körperliche Entwicklung hat kurzfristige negative Entwicklungsfolgen, wie etwa geringe Schulleistungen, gehäuftes Problemverhalten und bei weiblichen Jugendlichen eine erhöhte Unzufriedenheit mit dem eigenen Körper (die Meinung, zu dick zu sein) sowie depressive Verstimmungen. Darüber hinaus treten auch langfristige negative Folgen auf, wie etwa ein frühzeitiger Abgang von der Schule, ein frühes Eingehen sexueller Beziehungen und frühe Elternschaft (Silbereisen/Kracke, 1997; Stattin/Magnusson, 1990). Einige negative Entwicklungsfolgen sind allerdings nur kurzfristiger Natur und der im Vergleich zu den Peers erhöhte Alkoholkonsum Frühpubertierender in den ersten Jahren der Pubertät ist zum Beispiel nicht mehr im frühen Erwachsenenalter nachweisbar.

2.3 Kognitive Entwicklung

Vor allem jene Aspekte der Persönlichkeitsentwicklung, die mit der Selbsterkenntnis, Selbstkontrolle und Selbstgestaltung des Lebens verbunden sind, werden durch kognitive Entwicklungsprozesse im Jugendalter beeinflusst. So erweitert sich im Jugendalter die Fähigkeit zur Selbstreflexion (wie etwa zur Erschließung nicht direkt beobachtbarer intrapsychischer Eigenschaften), zum Denken in abstrakten oder hypothetischen Zusammenhängen, zum mehrdimensionalen Denken und zum Relativieren der eigenen Position (Fisher/Lamborn, 1989; Steinberg, 1999). Diese Fähigkeiten ermöglichen, sich selbst komplexer wahrzunehmen, alternative Lebensziele durchzuspielen, sich auf langfristige Ziele festzulegen, und sie fördern damit die Entwicklung des Selbstkonzepts, der Identität und des Norm- und Wertsystems der Jugendlichen. Die Zunahme abstrakten Denkens ermöglicht zudem, über verschiedene Kontexte generalisierte Selbstbilder und Einstellungen aufzubauen, die zunehmend resistenter gegen Veränderungen werden.

3. Veränderungen der Persönlichkeit im Jugendalter

3.1 Veränderungen in Kerndimensionen der Persönlichkeit

Das Hauptaugenmerk vieler Persönlichkeitsforscher liegt auf Kerndimensionen der Persönlichkeit, die über das Jugend- und Erwachsenenalter eine relativ hohe korrelative Stabilität aufweisen (Costa et al., 2000). Die Persönlichkeit im Erwachsenenalter wird heute zumeist anhand des Fünffaktorenmodells charakterisiert, das die Dimensionen Neurotizismus, Extraversion, Offenheit für neue Erfahrungen, Verträglichkeit und Gewissenhaftigkeit umfasst (McCrae et al., 2000). Faktoranalytische Studien der Persönlichkeit von Jugendlichen fanden allerdings neben den »big five« häufig noch weitere eigenständige Faktoren, etwa Irritierbarkeit und Aktivität (John et al., 1994). Die Aktivität mag bei Jugendlichen eine eigenständige Bedeutung als Persönlichkeitsdimension haben (etwa da sportliche und physische Aktivität für das Ansehen in der Peergruppe wichtig sind), während das Niveau der Aktivität bei Erwachsenen in die Extraversion integriert wurde. Analog ist bei Erwachsenen die Irritierbarkeit ein Subaspekt des Neurotizismus. Allerdings können die Unterschiede in der Faktorstruktur der Persönlichkeit von Jugendlichen und Erwachsenen auch auf unterschiedlichen Messinstrumenten beruhen, da John et al. die Persönlichkeit der Jugendlichen über Mütterangaben auf dem California-Child-Q-Sort erfassten, während die Persönlichkeit der Erwachsenen üblicherweise mit Formen des NEO-Persönlichkeitsinventars erfasst wird.

Die Niveaustabilität der Persönlichkeit wurde im Jugendalter kaum untersucht. Im Querschnitt des Altersbereichs von 14 bis 50 Jahren fanden McCrae et al. (2000), dass Jugendliche die höchsten Neurotizismuswerte, die höchste Extraversion sowie die geringste Gewissenhaftigkeit aufweisen. Für die Abnahme des Neurotizismus und die Zunahme der Gewissenhaftigkeit liegen auch unterstützende Längsschnittsdaten vor (Carmichael/McGue, 1994; Haan, Millsap/Hartka, 1986; Stein, Golombek, Marton/Korenblum, 1991). Längsschnittstudien zur Extraversion fanden dagegen eine Konstanz der mittleren Ausprägung im Jugendalter (Stein, Newcomb/Bentler, 1986), so dass hier Veränderungen entweder erst beim Übergang zum Erwachsenenalter auftreten oder aber die im Querschnitt gefundenen Altersunterschiede auf Kohortenunterschieden beruhen. Die Abnahme des Neurotizismus kann als Ausdruck der steigenden Fähigkeit zur realistischen Selbstwahrnehmung und zur komplexen Wahrnehmung und Kontrolle der Emotionen interpretiert werden (Labouvie-Vief et al., 1989). Die Zunahme der Gewissenhaftigkeit steht vermutlich ebenso mit wachsenden kognitiven Fähigkeiten zur Selbstkontrolle und mit der im Jugendalter erfolgenden Entwicklung des Norm- und Wertsystems in Zusammenhang.

Untersuchungen zur korrelativen Stabilität finden im Jugendalter eine mäßige Stabilität der Persönlichkeit. Die Korrelationen sind nur etwa halb so groß wie bei Längsschnittstudien zum Temperament in der Kindheit und zur Veränderung der Persönlichkeit im frühen und mittleren Erwachsenenalter (Asendorpf, 2000; Carmichael/McGue, 1994; Haan et al., 1986; Stein et al., 1986; Stevens/Truss, 1987).

3.2 Die Ich-Entwicklung nach Loevinger

Die zunehmende Differenzierung, Integration und Komplexität der Selbstwahrnehmung, der Wahrnehmung der Umwelt und der Beziehungen des Individuums zur Umwelt wurden im Rahmen der Stufentheorie der Ich-Entwicklung von Loevinger (1976) untersucht. Das »Ich« ist nach Loevinger eine Kerndimension der Persönlichkeit, eine kognitive Bedeutungsstruktur, die die Integration von Erfahrungen übernimmt. Im Mittelpunkt der Theorie stehen die Entwicklung der Impulskontrolle, der persönlichen Ziele, Einstellungen und Werte. Wir beschränken unsere Darstellung auf jene Entwicklungsstufen, die im Jugendalter auftreten.

Auf der selbstprotektiven Stufe der Ich-Entwicklung (Stufe 3) ist das Selbstinteresse der primäre Motor des Handelns. Das Individuum hat schon eine gewisse Kontrolle über seine Impulse erreicht, die es primär einsetzt, um sich zu schützen bzw. um seine Bedürfnisse zu befriedigen. Dem schließt sich die konformistische Stufe (4) an, in der die Identifikation des Selbst mit einer Gruppe (anfangs der Familie, später der Peergruppe) erfolgt. Impulse werden auf dieser Stufe durch den Wunsch nach sozialer Anerkennung kontrolliert. Auf der selbstaufmerksamen Stufe (5) ist das Individuum in der Lage, seine Unterschiedlichkeit zur Gruppe zu erkennen und damit auch zwischen dem realen Selbst und dem, wie man aus Sicht der Gruppe sein sollte, zu unterscheiden. Dem schließt sich die gewissenhafte Stufe (6) an: Die Person lebt nach eigenen Standards und Idealen, sie hat langfristige Ziele.

Längsschnittstudien zeigen, dass sich am Beginn des Jugendalters die Mehrzahl der Jugendlichen auf der selbstprotektiven oder konformistischen Stufe (Stufe 3–4) befindet und im frühen Erwachsenenalter die Mehrzahl die selbstaufmerksame bzw. gewissenhafte Stufe erreicht hat (Stufe 5–6; Westenberg/Gjerde, 1999). Die stärksten Veränderungen werden vom frühen bis zum mittleren Jugendalter gefunden, die geringsten im späten Jugendalter und frühen Erwachsenenalter, wo nur noch eine Minderheit eine weitere Ich-Entwicklung zeigt (zur Übersicht: Kroger, 1996). Entwicklungsrückschritte werden nur bei einer kleinen Minderheit der Teilnehmer beobachtet. Die korrelative Stabilität des Niveaus der Ich-Entwicklung ist im Jugendalter über den Zeitraum von 8 Jahren mäßig bis gering (*r*=.33; Westenberg/Gjerde, 1999). Weibliche Jugendliche weisen zu Beginn des Jugendalters eine höhere Ich-Entwicklung auf, wobei dieser Entwicklungsvorsprung im späten Jugendalter allmählich verschwindet (Cohn, 1991). Für den zeitweiligen Entwicklungsvorsprung werden Geschlechtsunterschiede in der Sozialisation verantwortlich gemacht (z.B. eine stärkere Förderung der Impulskontrolle bei Mädchen; kleinere Peergruppen, die bessere Möglichkeiten zum Aushandeln von Regeln bieten).

Die Veränderung des Bezugssystems vom Selbstinteresse über die Orientierung an den Werten von Bezugsgruppen hin zum Bemühen, unabhängig von der Autorität einzelner Gruppen oder Personen eigene Prinzipien und Werte zu definieren, weist Parallelen zur Untersuchung des moralischen Urteilens nach Kohlberg auf (zur Übersicht: Trautner, 1991), geht aber über die Entwicklung des Urteilens hinaus.

3.3 Veränderungen der Selbstwirksamkeitserwartungen und Kontrollüberzeugungen

Selbstwirksamkeitserwartungen und Kontrollüberzeugungen sind eine wichtige handlungsregulierende psychische Ressource, um die Entwicklungsaufgaben des Jugendalters zu bewältigen. Während Selbstwirksamkeitserwartungen eher auf das Selbst bezogen sind (nämlich über die Fähigkeiten zu verfügen, um wichtige Ziele zu erreichen), sind Kontrollüberzeugungen stärker auf die Umwelt bezogen (als Erwartungen darüber, wie weit Umweltereignisse und Verhaltensresultate durch die eigene Person oder aber durch äußere Umstände beeinflusst werden; Bandura, 1997).

Anfangs verfügen Kinder nur über bereichsspezifische Kontrollüberzeugungen, die im Jugendalter zu globalen Kontrollüberzeugungen generalisiert und im Verlauf des Jugendalters stabilisiert werden (Flammer, 1990; Edelstein, Grundmann/Mies, 2000).

Aus der wachsenden Autonomie der Jugendlichen kann die Erwartung abgeleitet werden, dass sich die Jugendlichen zunehmend selbst als Gestalter ihres Lebens sehen und im Verlauf des Jugendalters ihre Selbstwirksamkeitserwartungen sowie internalen Kontrollüberzeugungen zunehmen. So zeigten z.B. Albrecht (1994) und Grob (2000), dass die Einschätzung der eigenen Kontrolle im Jugendalter anwächst. Dies ist aber eher bei der globalen als etwa bei der schulischen Selbstwirksamkeitserwartung der Fall, wo ein Anstieg schulischer Anforderungen und die damit verbundene Verschlechterung der Schulnoten häufig mit dem Absinken der Selbstwirksamkeitserwartungen einhergehen (Juang/Silbereisen, 1999). Dies lässt den Schluss zu, dass Jugendliche in verschiedenen Lebensbereichen unterschiedliche Erfahrungen über ihre Wirksamkeit machen und in Abhängigkeit davon bereichsspezifische Veränderungen der Selbstwirksamkeitserwartungen zeigen (Edelstein et al., 2000).

Um hohe Selbstwirksamkeitserwartungen aufzubauen ist vermutlich ein optimales Verhältnis von erfolgreicher Eigenaktivität der Jugendlichen und elterlicher Unterstützung notwendig. So zeigten Silbereisen und Wiesner (2000), dass eine höhere elterliche Sensitivität und elterliche Unterstützung mit einer stabil hohen schulischen Selbstwirksamkeit im Längsschnitt verbunden waren. Die Gruppe mit wachsender Selbstwirksamkeit berichtete dagegen eine geringere elterliche Involviertheit in ihren schulischen Aktivitäten. Hier schien eine hohe Involviertheit der Eltern der Erfahrung abträglich zu sein, sich selbst für die schulischen Erfolge verantwortlich zu fühlen.

3.4 Entwicklung der Identität

Identität wird traditionell aufgefasst als Erleben der Kohärenz der Persönlichkeit und der Kontinuität über die Zeit. Anfangs wurde in der Entwicklungspsychologie die Identität als globales Konstrukt gesehen. Spätere Auffassungen unterscheiden bereichsspezifische Identitäten (z.B. berufliche Identität, ideologische Identität), die allerdings nicht völlig unabhängig voneinander sind.

Die weiteste Verbreitung hat das Konzept von Marcia (1980) gefunden. Es geht davon aus, dass die Identitätsentwicklung aus zwei Teilprozessen besteht, (a) der Exploration der verfügbaren Optionen und (b) der Festlegung auf Überzeugungen bzw. Handlungen, das heißt der Erreichung einer klaren Selbstdefinition. Je nachdem, ob die Exploration und die Festlegung hoch oder niedrig ausgeprägt ist, können vier Identitätszustände unterschieden werden: (a) die Identitätsdiffusion (wenn sich die Jugendlichen noch nicht mit möglichen Entwicklungszielen auseinander gesetzt und noch keine Festlegung getroffen haben), (b) das Moratorium (die Jugendlichen explorieren verschiedene Möglichkeiten, haben sich aber noch nicht auf längerfristige Lebenswerte und -entwürfe festgelegt), (c) die vorweggenommene Identität (hier erfolgt eine Festlegung auf Lebensziele, ohne dass zuvor verschiedene Möglichkeiten gründlich überlegt und ggf. ausprobiert wurden; meist übernehmen stattdessen die Jugendlichen von den Eltern vorgegebene Ziele und Lebensentwürfe) und (d) die erarbeitete Identität (die Festlegung auf Lebensziele, welche die Jugendlichen zuvor selbst aktiv exploriert haben).

In verschiedenen Lebensbereichen kann die Identitätsentwicklung unterschiedlich weit vorangeschritten sein. Zu beachten ist, dass nur ein Teil der Identitätsaspekte mehr oder weniger frei wählbar ist (wie etwa der Beruf), während andere aufgrund von biologischen oder ethnischen Merkmalen festgelegt sind (etwa Geschlecht oder ethnische Zugehörigkeit). Die letztgenannten Aspekte kontextualisieren andere Identitätsaspekte, indem sie z.B. bestimmte Wahlmöglichkeiten einschränken (etwa das Ergreifen geschlechtsuntypischer Berufe). Verbindungen zwischen zugewiesenen und gewählten Aspekten der Identität sind besonders eng, wenn es zwischen ihnen Schnittstellen gibt (etwa Geschlecht – Geschlechtsstereotypien hinsichtlich der Berufswahl) oder wenn die zugewiesenen Aspekte mit einem geringen sozialen Prestige verbunden sind und deshalb die Entscheidungsfreiräume für andere Identitätsaspekte einschränken (Grotevant, 1992).

Dem Jugendalter kommt eine hohe Bedeutung für die Entwicklung der Identität zu (Erikson, 1980; Fend, 1991): In diesem Zeitabschnitt denkt die Mehrzahl der Jugendlichen über künftige Lebensentwürfe nach und probiert Optionen aus (Identitätsexploration) und es werden erste Festlegungen für die weitere Perspektive in Erwachsenenrollen eingegangen. Hierbei ist die im Rahmen der Individuation erfolgende Abgrenzung von den Eltern eng mit der Identitätsentwicklung verbunden. So zeigten Levine, Green und Millon (1986), dass Jugendliche, die bereits eine höhere psychische Differenziertheit zwischen dem Selbst und den Eltern erreicht hatten, mit höherer Wahrscheinlichkeit im Folgezeitraum eine erarbeitete Identität aufbauen.

Längsschnittliche Analysen zeigen eine Zunahme der Exploration und des Eingehens von Festlegungen im Jugendalter (Meeus, 1996; 1999). Häufige Entwicklungspfade verlaufen von der Identitätsdiffusion über die vorweggenommene Identität bzw. das Moratorium zur erarbeiteten Identität. Allerdings erreichen offenbar nicht alle Jugendlichen und jungen Erwachsenen eine erarbeitete Identität. In Bereichen der Identität, wo die Jugendlichen für sich wenig Einflussmöglichkeiten sehen und sich aus ihrer Sicht eine vertiefte Identitätsexploration nicht lohnt, verbleiben viele Jugendlichen stattdessen im Stadium der vorweggenommenen Identität. Zudem sind auch regressive Verläufe der Identität möglich, etwa wenn sich eine erarbeitete Identität wegen veränderter Lebensumstände nicht länger als tragfähig erweist.

Die meisten Studien zeigen, dass sich erst im späten Jugendalter und beim Übergang zum Erwachsenenalter die stärksten Veränderungen im Identitätsstatus vollziehen und danach eine Stabilisierung einsetzt (Kroger, 1996). Für Jugendliche geben dagegen provisorische Identitäten, die den Charakter eines »Patchwork« (Flickenteppich) aus verschiedenen Versatzstücken haben können, zumindest Halt. Sich nicht wirklich festzulegen ist in einer Zeit sozialen Wandels durchaus adaptiv, um auf dem Markt der Möglichkeiten gut abzuschneiden (Keupp, 1997).

Weibliche Jugendliche erreichen früher als männliche eine erarbeitete Identität hinsichtlich sozial-relationaler Entwicklungsziele, was mit Geschlechtsunterschieden in der Sozialisation erklärt wird (Meeus et al., 1999).

Die Entwicklung der Identität steht in engem Zusammenhang mit anderen Persönlichkeitsaspekten. So fanden Clancy und Dollinger (1993), dass eine hohe Offenheit für neue Erfahrungen die Identitätsexploration fördert, etwa weil hier eher neue Werte in Betracht gezogen werden und eine größere Bereitschaft besteht, neue Rollen auszuprobieren, während ein hoher Neurotizismuswert (z.B. Selbstzweifel und intensive negative Gefühle) die Identitätsfestlegung hemmt.

3.5 Die Entwicklung des Selbstkonzepts

Rosenberg (1979) unterscheidet drei Komponenten des Selbstkonzepts: eine kognitive Komponente, also gewissermaßen die Antwort auf die Frage »Wer bin ich?«, eine affektive Komponente (die positive versus negative Bewertung der eigenen Person, die so genannte Selbstachtung) und eine handlungsausrichtende Komponente (Selbstwirksamkeitserwartungen). Hinsichtlich der kognitiven Komponente des Selbstkonzepts treten fünf bedeutsame Veränderungen im Jugendalter auf, die an anderer Stelle ausführlich beschrieben wurden und deshalb hier nur kurz genannt werden sollen (Harter, 1999; Pinquart/Silbereisen, 2000). Es erfolgt im Jugendalter eine Zunahme (a) der Selbstbeschreibung mit psychischen Begriffen, (b) der Begründetheit der Selbstbeschreibung, (c) der Differenziertheit der Selbstbeschreibung, (d) der Organisiertheit der Selbstbeschreibungen und (e) der Abstraktheit der Selbstbeschreibung.

Im Jugendalter treten auch Veränderungen der Selbstachtung auf. Am Beginn der Jugend werden hier gehäuft situative Fluktuationen beobachtet, etwa weil die Selbstbewertungen noch kontextspezifisch sind und die neu gewonnenen Freiheiten oft in dichter Abfolge Erfolg und Misserfolg bringen. Die korrelative Stabilität des Selbstwerts ist mit etwa 12–13 Jahren am geringsten und steigt danach an (Alasker/Olweus, 1992; Simmons et al., 1973). Im mittleren und späten Jugendalter wird eine hohe Stabilität der Selbstachtung gefunden (über ein Jahr $r = .50–.80$; Roeser/Eccles, 1998;

Zimmerman et al., 1997). Veränderungen in der Höhe des Selbstwerts sind im Mittel eher gering, jedoch werden hier häufig Geschlechtsunterschiede gefunden. Der Selbstwert steigt eher bei den männlichen Jugendlichen an, während er bei den weiblichen etwas absinkt (Zimmerman et al., 1997). Letzteres wird unter anderem damit erklärt, dass in der Pubertät bei Mädchen die Abweichung des Körpers vom schlanken Idealtyp unserer Kultur zunimmt, während bei Jungen das Muskelwachstum zur zunehmenden Ähnlichkeit mit dem propagierten Körperideal führt.

Wie schon in Bezug auf die Identitätsentwicklung gezeigt, bestehen auch Zusammenhänge der Selbstachtung mit anderen Persönlichkeitsfaktoren. So steht eine hohe Selbstachtung mit hoher Extraversion und Gewissenhaftigkeit, jedoch geringen Neurotizismuswerten und niedrigen Angstwerten in Zusammenhang (Fickova, 1999).

4. Schlussfolgerungen

Aus den vorgestellten Untersuchungsbefunden können einige allgemeine Entwicklungstrends abgeleitet werden.

(a) Trotz bestehender Zusammenhänge zwischen dem Temperament in der frühen Kindheit und der Persönlichkeit der Jugendlichen treten bedeutsame qualitative und quantitative Veränderungen der Persönlichkeit im Jugendalter auf, wobei es sowohl allgemeine Entwicklungsprozesse als auch differenzielle Entwicklungspozesse gibt, etwa in Abhängigkeit vom Geschlecht oder von familiären Bedingungen.

(b) Qualitative Veränderungen der Persönlichkeit im Jugendalter umfassen – konsistent zum ontogenetischen Prinzip von Werner (1948) – die zunehmende Differenzierung der Selbsterkenntnis und die hierarchische Integration psychischer Eigenschaften (Tabelle 1).

(c) Im Jugendalter treten zudem bedeutsame quantitative Veränderungen in Persönlichkeitseigenschaften auf. Diese betreffen eine

Differenzierung	Integration
	Zusammenschluss von Persönlichkeitsmerkmalen zu den »big five«
Differenzierung zwischen dem realen Selbst und den Erwartungen anderer (Ich-Entwicklung)	Bildung langfristiger Ziele und Standards (Ich-Entwicklung; Identitätsentwicklung)
Identitätsexploration	Integration von verschiedenen Identitätsaspekten
Zunehmende Selbstreflexion, Zunahme der Selbstbeschreibung mit psychischen Merkmalen, Zunahme der Differenziertheit des Selbstkonzepts	Entstehung generalisierter Selbstbeschreibungen und -bewertungen, zunehmende Organisiertheit des Selbstkonzepts
Bereichsspezifische Veränderung der Selbstwirksamkeitserwartungen	Bildung globaler Selbstwirksamkeitserwartungen

Tab. 1: Persönlichkeitsentwicklung im Jugendalter als Prozess der Differenzierung und hierarchischen Integration

Abnahme des Neurotizismus, sowie die Zunahme des Selbstwerts (vor allem bei männlichen Jugendlichen), der Gewissenhaftigkeit und von globalen Selbstwirksamkeitserwartungen.

(d) Am Beginn des Jugendalters tritt eine zeitweilige Abnahme der korrelativen Stabilität der Persönlichkeit auf, die durch neue Entwicklungsaufgaben, biologische Reifungsprozesse in der Pubertät (und interindividuelle Unterschiede in der körperlichen Entwicklungsgeschwindigkeit) sowie kognitive Entwicklungsprozesse ausgelöst werden. Im Verlauf des Jugendalters nimmt jedoch die Stabilität der mittleren Ausprägung von Persönlichkeitsmerkmalen als auch die Stabilität interindividueller Unterschiede zu. Das Zeitfenster dieser Stabilisierung variiert zwischen den Persönlichkeitsaspekten, und eine Stabilisierung erfolgt z.B. früher hinsichtlich der Selbstachtung (mittleres Jugendalter) als hinsichtlich der Identität oder der Ich-Entwicklung (spätes Jugend- und frühes Erwachsenenalter). Die Stabilisierung der Persönlichkeit erfolgt in starkem Maße dadurch, dass die Persönlichkeitsmerkmale zu solchen Verhaltensfolgen führen, die wiederum die Aufrechterhaltung dieser Persönlichkeitsmerkmale fördern. Aber auch die zunehmende hierarchische Organisation der Persönlichkeit fördert die Stabilität der Persönlichkeit, da generalisiertere Merkmale weniger durch neue bereichsspezifische Erfahrungen infrage gestellt werden können.

Diese Schlussfolgerungen lassen jedoch nicht übersehen, dass viele Aspekte der Persönlichkeitsentwicklung im Jugendalter noch wenig untersucht sind. (a) Bisher gibt es noch wenig Forschung zur Art und Weise von Entwicklungsprozessen im Jugendalter. Das Konzept der Differenzierung und Zentralisierung von Werner (1948) bildet eine Metatheorie, die es für die einzelnen Aspekte der Persönlichkeitsentwicklung konkret zu untersetzen gilt. So lässt das Konzept von Werner erwarten, dass auch Differenzierungen in Kerndimensionen der Persönlichkeit auftreten (Tabelle 1). (b) Längsschnittstudien sind nötig zur Veränderung in den Kerndimensionen der Persönlichkeit (den »big five«) im Verlauf des Jugendalters, da hier erst wenig und zum Teil widersprüchliche Befunde vorliegen. (c) Geht man davon aus, dass die Persönlichkeitsentwicklung ein aktiver Prozess ist, so sollten bestehende interindividuelle Unterschiede in den Kerndimensionen der Persönlichkeit einen Einfluss darauf haben, wie Jugendliche mit ihren Entwicklungsaufgaben umgehen. Die Erfolge oder auch Misserfolge bei der Bewältigung von Entwicklungsaufgaben wiederum beeinflussen die Persönlichkeitsentwicklung, wie z.B. die Entwicklung des Selbstwerts und von Selbstwirksamkeitserwartungen. Auch zu diesen Prozessen des Zusammenspiels von Persönlichkeit und Entwicklung ist weitere Forschung nötig.

Literatur

Alasker, F.D./Olweus, D. (1992). Stability of global self-evaluations in early adolescence: A cohort longitudinal study. *Journal of Research on Adolescence, 2,* 123–145.

Albrecht, H.T. (1994). *Über den Zusammenhang von Kontrollüberzeugungen und psychosozialer Anpassung im Jugendalter.* Frankfurt: Lang.

Asendorpf, J.B. (1999). *Psychologie der Persönlichkeit.* Berlin: Springer.

Asendorpf, J.B. (2000). A person-centered approach to personality and social relationships: Findings from the Berlin Relationship Study. In L.R. Bergeman/R.B. Cairns (Eds.). *Developmental science and the holistic approach* (pp. 281–298). Mahwah, NJ: Erlbaum.

Bandura, A. (1997). *Self efficacy: The exercise of control.* New York: Freeman.

Carmichael, C.M./McGue, M. (1994). A longitudinal family study of personality change and stability. *Journal of Personality, 62,* 1–20.

Caspi, A. (2000). The child is father of the man: Personality continuities from childhood to adulthood. *Journal of Personality and Social Psychology, 78,* 158–172.

Caspi, A., Elder, G.H./Bem, D.J. (1987). Moving against the world: Life-course patterns of explosive children. *Developmental Psychology, 23,* 308–313.

Caspi, A., Elder, G.H./Bem, D.J. (1988). Moving away from the world: Life-course patterns of shy children. *Developmental Psychology, 24,* 824–831.

Clausen, J.A./Jones, C.J. (1998). Predicting personality stability across the life span: The role of competence and work and family commitments. *Journal of Adult Development, 5,* 73–83.

Clancy, S.M./Dollinger, S.J. (1993). Identity, self, and personality: Identity status and the five-factor model of personality. *Journal of Research on Adolescence, 3,* 227–245.

Cohen, P. (1999). Personality development in childhood: Old and new findings. In C.R. Cloninger (Ed.). *Personality and psychopathology* (pp. 101–127). Washington, DC: American Psychiatric Press.

Cohn L. D. (1991). Sex differences in the course of personality development: A meta-analysis. *Psychological Bulletin, 109,* 252–66.

Dekovic, M./Meeus, W. (1997). Peer relations in adolescence: Effects of parenting and adolescents' self concept. *Journal of Adolescence, 20,* 163–176.

Edelstein, W., Grundmann, M./Mies, A. (2000). The development of internal versus external control beliefs in developmentally relevant contexts of children's and adolescents' lifeworlds. In A. Grob/W. Perrig (Eds.). *Control of human behavior, mental processes and consciousness* (pp. 377–390). Hillsdale, NJ: Erlbaum.

Erikson, E.H. (1980). *Identity and the life cycle.* New York: Norton (1956).

Fend, H. (1991). *Identitätsentwicklung in der Adoleszenz.* Bern: Huber.

Fickova, E. (1999). Personality dimensions and self-esteem indicators relationships. *Studia Psychologica, 41,* 323–328.

Fisher, K.A./Lamborn, R. (1989). Mechanisms of variation in developmental levels: Cognitive and emotional transitions during adolescence. In A. de Ribaupierre (Ed.). *Transition mechanisms in child development* (pp. 37–61). Cambridge: University Press.

Flammer, A. (1990). *Erfahrung der eigenen Wirksamkeit.* Bern: Huber.

Grob, A. (2000). Dynamics of perceived control across adolescence and adulthood. In A. Grob/W. Perrig (Eds.). *Control of human behavior, mental processes and consciousness* (pp. 325–344). Hillsdale, NJ: Erlbaum.

Grotevant, H.D. (1992). Assigned and chosen identity components: A process perspective on their integration. In G.R. Adams, T.P. Gullotta/R. Montemayor (Eds.). *Adolescent identity formation* (pp. 73–90). Newbury Park, CA: Sage.

Grotevant, H.D./Cooper, C.R. (1987). The role of family experience in career exploration: A life-span perspective. In P.B. Baltes, R.M. Lerner/D. Featherman (Eds.). *Life-span development and behavior* (Vol. 8, pp. 231–258). Hillsdale, NJ: Erlbaum.

Haan, N., Millsap, R./Hartka, E. (1986). As time goes by: Change and stability in personality over fifty years. *Psychology and Aging, 1,* 220–232.

Harter, S. (1999). *The construction of the self: A developmental analysis.* New York: Guilford.

Hoffman, J.A. (1984). Psychological separation in late adolescents from their parents. *Journal of Counseling Psychology, 31,* 170–178.

John, O., Caspi, A., Robins, R., Moffitt, T./Strouthamer-Loeber, M. (1994). The »little five«: Exploring the nomological network of the five-factor model of personality in adolescent boys. *Child Development, 65,* 160–178.

Juang, L.P/Silbereisen, R.K. (1999). Supportive parenting and adolescent adjustment across time in former East and West Germany. *Journal of Adolescence, 22,* 719–736.

Kagan, J./Moss, H.A. (1962). *Birth to maturity.* New York: Wiley.

Keupp, H. (1997). Von der (Un-)Möglichkeit erwachsen zu werden. Jugend zwischen Multioptionalität und Identitätsdiffusion. In M. Beck, S. Chow,/I. Köster-Goorkotte (Hrsg.). *Kinder in Deutschland* (S. 145–168). Tübingen: DGVT.

Kroger, J. (1996). *Identity in adolescence: The balance between self and other.* London: Routledge.

Labouvie-Vief, G., Hakin-Larson, J., DeVoe, M./Schoeberlein, S. (1989). Emotions and self-regulation: A lifespan view. *Human Development, 32,* 279–299.

Levine, J.B., Green, C.L./Millon, T. (1986). Separation-Individuation Test of Adolescence. *Journal of Personality Assessment, 50, 123–137.*

Lippe, A. (1998). Are conflict and challenge sources of personality development? In E. Skoe/A. Lippe (Eds.). *Personality development in adolescence* (pp. 38–60). London: Routledge.

Loevinger, J. (1976). *Ego development: Conceptions and theories.* San Francisco: Jossey-Bass.

Magnusson, D. (1999). On the individual: A person-oriented approach to developmental research. *European Psychologist, 4,* 205–218.

Magnusson, D./Stattin, H. (1998). Person-context interaction theories. In W. Damon (Ed.). *Handbook of child development* (Vol. 1, pp. 685–759). New York: Wiley.

Marcia, J. (1980). Identity in adolescence. In J. Adelson (Ed.). *Handbook of adolescent psychology* (pp. 159–187). New York: Wiley.

Martin, R.P., Wisenbaker, J./Huttunen, M. (1994). Review of factor analytic studies of temperament measures based on the Thomas-Chess structural model. In C.F. Halverson/G.A. Kohnstamm (Eds.). *The developing structure of temperament and personality from infancy to adulthood* (pp. 157–172). Hillsdale, NJ: Erlbaum.

Matos, P.M., Barbosa, S., Almeida, H.M./Costa, M.E. (1999). Parental attachment and identity in Portugese late adolescents. *Journal of Adolescence, 22,* 805–818.

McCrae, R.R., Costa, P.T., et al. (2000). Nature over nurture: Temperament, personality, and life-span development. *Journal of Personality and Social Psychology, 78,* 173–186.

Meeus, W. (1996). Studies on identity development in adolescence: An overview of research and some new data. *Journal of Youth and Adolescence, 25,* 569–598.

Meeus, W. (1999). Patterns of adolescent identity development: Review of literature and longitudinal analysis. *Developmental Review, 19,* 419–461.

Oerter, R./Dreher, E. (1995). Jugendalter. In R. Oerter/L. Montada (Hrsg.). *Entwicklungspsychologie* (S. 310–395). Weinheim: Beltz Psychologie Verlags Union.

Owens, T.J., Mortimer, J. T./Finch, M.D. (1996). Self-determination as a source of self-esteem in adolescence. *Social Forces, 74,* 1377–1404.

Pinquart, M./Silbereisen, R.K. (2000). Das Selbst im Jugendalter. In W. Greve (Hrsg.). *Psychologie des Selbst* (S. 75–95). Weinheim: Beltz Psychologie Verlags Union.

Plomin, R., DeFries, J., McClearn, G./Rutter, M. (1999). *Gene, Umwelt und Verhalten: Einführung in die Verhaltensgenetik.* Bern: Huber.

Roeser, R. W./Eccles, J. S. (1998). Adolescents' perceptions of middle school: Relation to longitudinal changes in academic and psychological adjustment. *Journal of Research on Adolescence, 8,* 123–158.

Rosenberg, M. (1979). *Conceiving the self.* New York: Basic Books.

Silbereisen, R.K./Kracke, B. (1997). Self-reported maturational timing and adaptation in adolescence. In J. Schulenberg, J.L. Maggs/K. Hurrelmann (Eds.). *Health risks and developmental transitions during adolescence* (pp. 85–109). Cambridge: Cambridge University Press.

Silbereisen, R.K./Wiesner, M. (2000). School-related self-efficacy among adolescents from former East and West Germany: Age trends, associations with school performance, and family correlates. In A. Grob/W. Perrig (Eds.). *Control of human behavior, mental processes and consciousness* (pp. 391–409). Hillsdale, NJ: Erlbaum.

Silverberg, S.B./Goldoni, D.M. (1996). Autonomy in adolescence: A contextualized perspective. In G.R. Adams, R. Montemayor/T. Gullotta (Eds.). *Psychosocial development during adolescence* (pp. 12–61). Thousand Oaks, CA: Sage.

Simmons, R.G., Rosenberg, F./Rosenberg, M. (1973). Disturbance in the self-image at adolescence. *American Sociological Review, 38,* 553–568.

Stattin, H./Magnusson, D. (1990). *Paths through life.* Hillsdale, NJ: Erlbaum.

Stein, J., Newcomb, M./Bentler, P. (1986). Stability and change in personality: A longitudinal study. *Journal of Research in Personality, 20,* 276–291.

Stein, B., Golombek, H., Marton, P./Korenblum, M. (1991). Consistency and change in personality characteristics and affect from middle to late adolescence. *Canadian Journal of Psychiatry, 36,* 16–20.

Steinberg, L. (1999). *Adolescence* (5th ed.). Boston: McGraw-Hill.

Stevens, D./Truss, C.V. (1985). Stability and change in adult personality over 12 and 20 years. *Developmental Psychology, 21,* 568–584.

Trautner, H.M. (1991). *Lehrbuch der Entwicklungspsychologie (Bd. 2).* Göttingen: Hogrefe.

Van Lieshout, C.M. (2000). Lifespan personality development: Self-organising goal-oriented agents and developmental outcome. *International Journal of Behavioral Development, 24,* 276–288.

Wallace-Broscious, A., Serafica, F./Osipow, S.H. (1994). Adolescent career development: Relationships to self-concept and identity status. *Journal of Research on Adolescence, 4,* 127–149.

Werner, H. (1948). *Comparative psychology and mental development.* New York: Science.

Westenberg, P.M./Gjerde, P.F. (1999). Ego development during the transition from adolescence to young adulthood: A 9-year longitudinal study. *Journal of Research in Personality, 33,* 233–252.

Zimmerman, M.A., Copeland, L.A., Shope, J.T./Dielman, T.E. (1997). A longitudinal study of self-esteem: Implications for adolescent development. *Journal of Youth and Adolescence, 26,* 117–141.

5 Entwicklung der Persönlichkeit im Lebenslauf – die Analyse von Entwicklung aus einer aufgaben-, konflikt- und daseinsthematischen Perspektive

Andreas Kruse/Eric Schmitt

1. Zur Entwicklungspsychologie der Lebensspanne

Aufbauend auf Arbeiten von Rickert (1929) und Rothacker (1926) wurde der Entwicklungsbegriff von Thomae (1951, 1958, 1985; vgl. auch Lehr, 1995) als »Reihe von miteinander zusammenhängenden Veränderungen, die bestimmten Orten des zeitlichen Kontinuums eines individuellen Lebenslaufs zuzuordnen sind« definiert. Mit dieser Definition folgt Thomae der Empfehlung, sich in den Humanwissenschaften nicht an einem naturwissenschaftlichen, sondern vielmehr an einem historischen Entwicklungsbegriff zu orientieren, der »Entwicklung als einmaligen, individuellen Werdegang auffasst, der nur theoretisch betrachtet, aber weder positiv noch negativ bewertet wird« (Lehr, 1995). Anders als in der traditionellen Entwicklungspsychologie und der Alltagssprache beschränkt sich der Begriff »Entwicklung« diesem Verständnis zufolge also *nicht* auf eine positive Veränderung mit langfristigem und irreversiblem Charakter (vgl. auch Heckhausen, 1990).

Neben dem Verzicht auf eine Wertung von Veränderungsprozessen ist an der von Thomae vorgeschlagenen Definition hervorzuheben, dass der kulturelle und soziale Kontext explizit berücksichtigt wird. Damit trägt diese Definition Einwänden Rechnung, die in der Entwicklungspsychologie gegen eine Akzentuierung der chronologischen Zeit bei der Beschreibung psychischer Veränderungen im Kindes-, Jugend- und frühen Erwachsenenalter erhoben worden sind. Mit dem Verweis auf den »individuellen Lebenslauf« werden Entwicklungsprozesse über die Lebensspanne einerseits als Ergebnis sozialer Normierung oder »kultureller Konstruktion« (Meyer, 1988; Kohli, 1992), andererseits als Kontinuum der persönlichen Erfahrungen des Individuums aufgefasst (vgl. auch Kruse, 2000).

Nachdem in einer vor allem an Entwicklungsprozessen im Säuglings-, Kindes- und Jugendalter interessierten »traditionellen« Entwicklungspsychologie naturgemäß Prozesse der Reifung und des Lernens durch Sozialisation im Vordergrund gestanden hatten, wurden in frühen Arbeiten zu Entwicklungsprozessen im Alter vor allem Abbauprozesse betont (zur kritischen Analyse dieser »Defizitmodelle« siehe Lehr, 1972; Lehr/Thomae, 2000). Durch diese Akzentuierung erklärt sich die »Lebenstreppe« als traditioneller Prototyp laienpsychologischer Vorstellungen von Entwicklung im Lebenslauf. Die in der Vorstellung einer an das jeweilige Alter gebundenen Sequenz von Wachstums- und Abbauprozessen zum Ausdruck kommende Annahme der Unidirektionalität menschlicher Entwicklung kann heute angesichts der vorliegenden Befunde gerontologischer Forschung als eindeutig widerlegt gelten (vgl. etwa Baltes, 1990; Baltes/Mittelstraß, 1992; Kruse, 1992; Lehr/Thomae, 1987, 2000). Entsprechend wird von Vertretern einer »modernen« Psychologie der Lebensspanne Altern als »differenzieller Prozess« aufgefasst. (1.) Die Multidimensionalität des Alternsprozesses, im Sinne der Notwendigkeit, zwischen »physiologisch-biologischem«, »psychologischem« und »sozialem Alter(n)« zu differenzieren wird betont. (2.) Die Multidirektionalität menschlicher Entwicklung wird hervorgehoben, und zwar im Sinne der Gleichzeitigkeit von »Stärken« und »Schwächen« oder »Gewinnen« und »Verlusten«. (3.) Die Plastizität von Entwicklungsprozessen wird betont, und zwar im Sinne der Möglichkeit, Entwicklungsveränderungen durch geeignete Maßnahmen der Prävention, Intervention und Rehabilitation zu beeinflussen (vgl. etwa Baltes/Baltes, 1992;

Baltes/Montada, 1996; Kruse, 1992, 1995; Lehr/Thomae, 1987, 2000, Riley/Riley, 1992; Weinert, 1992).

Gegen eine Konzeptualisierung des Entwicklungsprozesses als Wechsel von Aufbau- oder Wachstums- und Abbauprozessen spricht auch, dass das Lebensalter offenbar nur ein sehr schlechter Indikator des Entwicklungsstandes ist. Durch zahlreiche gerontologische Studien ist eindeutig belegt, dass ältere Menschen sehr verschieden voneinander sind und sehr unterschiedlich altern. Die genetische Ausstattung des Menschen allein ist für eine Erklärung des Alternsprozesses nicht hinreichend. Dieser ist – innerhalb des durch die genetische Ausstattung gesetzten Gestaltungsrahmens – wesentlich durch die physikalische, soziale und kulturelle Umwelt sowie durch im Lebenslauf entwickelte, geübte und erweiterte Fähigkeiten und Fertigkeiten beeinflusst (Atchley, 1997; Fry, 1996, 1999; Hooyman/Kiyak, 1993; Kruse, 1996; Wahl, 1991, 1992), wobei Unterschiede in Anlage- und Umweltbedingungen wahrscheinlich eher kumulativ wirken, interindividuelle Unterschiede im Lebenslauf also eher zu- als abnehmen (Baltes/Baltes, 1994). Dieser Trend wird zusätzlich dadurch verstärkt, dass die gesellschaftliche Regulation des Lebens im Alter eher nachlässt (Gerhardt, 1998; Kohli, 1992; Rosenmayr, 1983, 1991) und das Risiko steigt, dass Krankheiten den Prozess des »normalen Alterns« in höheren Lebensaltern stärker überlagern (Gerok/Brandtstädter, 1992; Kruse et al., 2001; Steinhagen-Thiessen et al., 1992).

Neben den genannten Punkten zeichnet sich eine Psychologie der Lebensspanne natürlich dadurch aus, dass sie sich in ihrem Interesse für Entwicklungsprozesse nicht auf einzelne Lebensalter beschränkt, sondern Entwicklung als lebenslangen Prozess begreift und sich entsprechend um ein Verständnis von Veränderungen über die gesamte Lebensspanne – im Prinzip von der Geburt bis zum Tod – bemüht. Angesichts der Multidimensionalität und Multidirektionalität von Entwicklung bedarf diese Aussage allerdings einer Erweiterung: Aus der Perspektive einer Entwicklungspsychologie der Lebensspanne sind nicht allein altersgebundene Veränderungen von Interesse; darüber hinaus ist auch zu fragen, wie es Menschen gelingt, auch dann, wenn spezifische – altersgebundene

– Veränderungen in einzelnen Bereichen eintreten, in anderen Bereichen ein bestehendes Leistungs- oder Funktionsniveau aufrechtzuerhalten, warum also auf den ersten Blick zu erwartende Veränderungen ausbleiben. Damit sind die adaptiven Leistungen des alternden Selbst angesprochen, ein Punkt, auf den wir im Zusammenhang mit der Frage, inwieweit ungünstige Entwicklungskonstellationen in früheren Lebensaltern zu ungünstigeren Entwicklungskonstellationen in späteren Lebensaltern beitragen (vgl. 3.: Die Bedeutung von »Früherem« für »Späteres«), zurückkommen werden. Zunächst wenden wir uns aber der Frage nach der Kontinuität versus Diskontinuität des Entwicklungsprozesses zu.

2. Kontinuität und Diskontinuität des Erlebens und Verhaltens im Entwicklungsprozess

Wenn wir uns mit unserer Vergangenheit (oder einzelnen Aspekten unserer Vergangenheit) beschäftigen, so erleben wir diese nicht einfach wieder, wie sie gewesen ist. Spezifische Ereignisse und Entwicklungen werden vielmehr zugleich als besonders bedeutsam für unsere bisherige und weitere Entwicklung interpretiert und infolge ihrer besonderen Bedeutung zu »Knoten«, um die andere Ereignisse und Entwicklungen, denen wir eine geringere Bedeutung beimessen, angeordnet werden. Da die Vergangenheit in ihren für das jeweilige Individuum subjektiv bedeutsamen Aspekten nicht »vergangen«, sondern vielmehr »gegenwärtig« ist, d.h. aktuelles Erleben und Verhalten ebenso beeinflusst wie Bedürfnisse und Anliegen oder Pläne und Vorhaben des Menschen, ist das Studium der Biografie – d.h. der Deutung des Lebenslaufs durch das Individuum – als eine wesentliche Voraussetzung für das Verständnis von Persönlichkeitsentwicklung anzusehen (vgl. Kruse, 2000; Lehr, 1978). Minnemann und Schmitt (1995) haben darauf hingewiesen, dass die Begriffe »Kontinuität« und »Diskontinuität« in der biografischen Alternsforschung keine sich gegenseitig ausschließenden

Konzepte, deren Angemessenheit empirisch entschieden werden könnte, sondern lediglich unterschiedliche Perspektiven kennzeichnen, unter denen der Alternsprozess betrachtet wird. Die Beschäftigung mit Biografie und Lebenslauf setzt immer schon ein einheitsstiftendes Moment, nämlich die Person, voraus: Wir haben keine Schwierigkeiten, uns auf alten Fotos zu erkennen; wir wachen morgens auf und haben nicht das Gefühl, ein anderer zu sein; wenn wir uns mit Personen verabreden, verschwenden wir keinen Gedanken daran, dass sich diese bis zu unserem Treffen grundlegend verändert haben könnten. Wir wissen, dass wir zeit unseres Lebens die Kinder derselben Eltern (gewesen) sein werden, dass wir, solange wir leben, aus bestimmten sozialen Verhältnissen stammen, eine bestimmte Schulbildung absolviert, einen bestimmten Beruf ausgeübt, bestimmte Freunde gehabt haben.

Des Weiteren ist zu bedenken, dass Menschen ihren Lebenslauf für sich selbst ordnen und strukturieren. Auch hier scheint ein gewisses Maß an Kontinuität unabdingbar zu sein. So sieht Erikson (1979, vgl. auch Erikson et al., 1986) in der Herstellung von »Ich-Integrität« im Lebensrückblick eine Leistung, die durch Veränderungen in der Situiertheit des Menschen im Alter angestoßen und notwendig wird. In diesem Ansatz markiert das Erreichen von »Ich-Integrität« den Endpunkt einer erfolgreichen Identitätsentwicklung. Persönlichkeitsentwicklung ist nach Erikson vor allem als Entwicklung psychosozialer Identität zu kennzeichnen, wobei unter Identität die im Laufe des Lebens wachsende Fähigkeit zu verstehen ist, sich trotz ständiger Veränderungen sowohl als in Übereinstimmung mit einem früheren Selbst (self-sameness) als auch in Übereinstimmung mit dem Bild, das sich andere von einem machen, zu erleben. Ähnlich wie im Ansatz von Erikson, so erscheint auch in der Kontinuitätstheorie von Atchley (1989) oder in der Theorie der sozioemotionalen Selektivität von Carstensen (1992, 1993) die Möglichkeit der Herstellung oder Aufrechterhaltung von Kontinuität als eine zentrale Voraussetzung für Zufriedenheit und subjektives Wohlbefinden. Aus diesen beiden Ansätzen wird deutlich, dass der Zusammenhang zwischen der Aktivität in unterschiedlichen sozialen Rollen und dem Ausmaß der Zufriedenheit mit diesen

Rollen durch soziale Rollenaktivitäten in früheren Lebensabschnitten moderiert wird. Der Ansatz von Atchley stellt insofern eine Lösung der Aktivität-Disengagement-Kontroverse dar, als er auf den ersten Blick widersprüchliche Befunde damit erklären kann, dass ein ausgeprägtes Engagement in nachberuflichen Tätigkeitsfeldern einerseits für Menschen, die ein Leben lang »aktiv« gewesen sind, funktional, andererseits für Menschen, die ein Leben lang einen eher passiven Lebensstil gepflegt haben, dysfunktional sein kann. Der Ansatz von Carstensen macht dagegen vor allem deutlich, dass sich eine Reduktion sozialer Kontakte sehr unterschiedlich auswirken kann, je nachdem, inwieweit es Menschen gelingt, individuelle Bedürfnisse nach emotionalem Wohlbefinden, Zugehörigkeit und Information (deren relative Bedeutung sich im Übrigen im Alternsprozess verändert) durch die verbleibenden Kontakte zu befriedigen bzw. eine reduzierte Anzahl von Kontakten ihren persönlichen Wünschen und Ansprüchen entsprechend zu »optimieren«.

Die Diskontinuität des Entwicklungsprozesses wird von Phasen- oder Stufenmodellen betont. Diese postulieren kritische Übergänge im Lebenslauf, die Menschen mit neuen Aufgaben und Anforderungen konfrontieren, deren erfolgreiche Bewältigung zu einer qualitativen Weiterentwicklung, zum Erreichen einer höheren »Entwicklungsstufe« führt. Gelingt es der Person dagegen nicht, die für eine spezifische Entwicklungsstufe charakteristischen Aufgaben und Anforderungen erfolgreich zu bewältigen, so ist die weitere Entwicklung nachhaltig beeinträchtigt, sei es – wie etwa im Modell der klassischen Psychoanalyse – in Form einer Fixierung von Energie, die dann für die Bewältigung zukünftiger Aufgaben und Anforderungen nicht mehr zur Verfügung steht, sei es – wie im Modell der Identitätsentwicklung sensu Erikson oder im Modell der kognitiven Entwicklung sensu Piaget – in Form einer Stagnation des Entwicklungsprozesses (im Sinne der Unerreichbarkeit höherer Entwicklungsstufen).

Die bis heute populärste Differenzierung unterschiedlicher Stadien oder Phasen der Persönlichkeitsentwicklung geht auf E.H. Erikson zurück, dem zufolge Persönlichkeitsentwicklung als Ergebnis der Interaktion zwischen psychosexuellen und – hier liegt eine wesentliche Erweiterung der Phasenlehre von S. Freud – sozialen Faktoren aufzufassen ist und sich in acht qualitativ voneinander abgrenzbaren, weil durch spezifische psychosoziale Krisen gekennzeichneten Phasen vollzieht. Die für die einzelnen Phasen charakteristischen psychosozialen Krisen werden – hier liegt der vielleicht bedeutsamste Unterschied zur Phasenlehre Freuds – nicht schon in der frühen Kindheit, im Zuge einer biologisch determinierten Reifungssequenz gelöst, vielmehr kennzeichnen sie ein Spektrum von Aufgaben und Anforderungen, mit dem Menschen, die sich zu einer »voll funktionsfähigen Persönlichkeit« entwickeln, im Laufe ihres Lebens konfrontiert werden. Die lebenslange Entwicklung der Persönlichkeit folgt – diesem Modell zufolge – einem »epigenetischen« Prinzip, d.h. (1.) das Erreichen früherer Entwicklungsstufen ist eine notwendige Voraussetzung für das Erreichen späterer Entwicklungsstufen, (2.) die Stufensequenz ist nicht umkehrbar, d.h. einmal erreichte Entwicklungsniveaus können nicht mehr »verloren gehen«, (3.) für jede Entwicklungsstufe gibt es eine optimale (organismische) Zeit des Auftretens, äußere Ereignisse tragen lediglich zu einer Steigerung oder Milderung der für die einzelnen Stufen charakteristischen Krisen bei (was gleichwohl aber zur Folge haben kann, dass die nächsthöhere Stufe nicht erreicht wird).

Ein weiterer prominenter Ansatz, der die Diskontinuität des Entwicklungsprozesses im Sinne einer lebensaltersspezifischen Konfrontation mit Aufgaben und Anforderungen betont, stammt von Havighurst. Von diesem wurde der Begriff der »Entwicklungsaufgabe« (»developmental task«) zur Kennzeichnung von Anforderungen eingeführt, mit denen sich das Individuum in einer bestimmten Lebensphase auseinander zu setzen hat und deren gelungene Bewältigung zu Glück (»happiness«) und Erfolg führt, während ein Versagen des Bewältigungsprozesses Zurückweisung durch die Gesellschaft und Schwierigkeiten bei der Lösung späterer Aufgaben zur Folge hat (Havighurst, 1948). Nach Havighurst lässt sich jedes Lebensalter durch bestimmte Entwicklungsaufgaben beschreiben, die aus der Wechselwirkung von (1.) biologisch-physiologischen Reifungsprozessen, (2.) gesellschaftlichen Erwartungen und Anforderungen an die Entwicklung in diesem Lebensalter sowie gesellschaftlich eröffneten Entwicklungsmöglichkeiten und (3.) individuellen Bedürfnissen, Wertvorstellungen und Zielen hinsichtlich der weiteren Entwicklung resultieren. Entsprechend der originär pädagogischen Intention des Ansatzes – die Formulierung von Entwicklungsaufgaben im Kindes- und Jugendalter verstand sich explizit als Leitfaden für Eltern und Lehrer – wurden von Havighurst und anderen zahlreiche Entwicklungsaufgaben für jede Lebensperiode spezifiziert und für die Entwicklung praktischer Programme genutzt (vgl. etwa Maier/Schmitt, 1998; Tismer, 1995). Gegenüber dem ursprünglichen Ansatz von Havighurst ist allerdings kritisch einzuwenden, dass (1.) sich die Formulierung von Entwicklungsaufgaben zumindest zum Teil zu stark an der nordamerikanischen Mittelschicht, der Theologie der Methodisten (Neugarten, 1975) und der puritanistischen Ethik Neuenglands (Thomae, 1996) orientiert, das Vorgehen insofern also nicht deskriptiv, sondern normativ ist, (2.) die Abgrenzung von Stadien nach Dekaden eher willkürlich erscheint. Als Reaktion auf diese Kritik revidierte Havighurst (1963) seinen ursprünglichen Ansatz, insofern er (1.) den Gültigkeitsbereich der von ihm postulierten Entwicklungsaufgaben einschränkte (indem er eine gewisse Gültigkeit lediglich für die nordamerikanische Mittelschicht beanspruchte), (2.) betonte, dass es keine eindeutig definierte Zahl von Entwicklungsstadien gibt, (3.) den Begriff der Aufgabe wegen der unerwünschten normativen Konnotationen durch jenen der »Hauptanliegen« (»dominant concerns«) ersetzte. Aus der Perspektive der modernen Entwicklungspsychologie liegt der heuristische Wert des Konzepts der »Entwicklungsaufgabe« vor allem in der Bezugnahme auf gesellschaftliche Normen und Rollenvorschriften, im Sinne von konsensuellen Urteilen über Indikatoren angemessener Entwicklung und anzustrebender Veränderungen, die Verhalten und persönliche Zielsetzungen in verschiedenen Lebensbereichen regulieren: Persönlichkeitsentwicklung ist aus dieser Perspektive im Wesentlichen als Sozialisationsvorgang zu interpretieren; die Gesellschaft formuliert Wissen über und Anforderungen an Entwicklungsprozesse in Form von Sozialisationszielen, die sich für das Individuum als spezifische Entwicklungsaufgaben darstellen.

Die auf der Grundlage von Phasen- und Stufenmodellen postulierte Gliederung des Lebenslaufes in eine »normative« Sequenz von Entwicklungskrisen, -stufen oder -aufgaben, die alle Menschen in ihrer Entwicklung gleichermaßen durchlaufen und bewältigen müssen, erwies sich in empirischen Untersuchungen als nicht haltbar. So konnten Lehr und Thomae (1965) an einer Stichprobe von 1.311 Biografien zeigen, dass die subjektiven Gliederungen des Lebenslaufes erheblich von dem abweichen, was auf der Grundlage der physiologisch-biologischen Entwicklung oder auf der Grundlage von Veränderungen in sozialen Rollen erwartet werden könnte. Individuelle Erfahrungen und persönliche Erlebnisse, wie Auseinandersetzungen mit den Eltern, soziale Bindungen, Freundschaften oder spezifische Erfahrungen mit Mitarbeitern und Vorgesetzten im Berufsleben, machten mehr als ein Drittel der als »Zäsuren« oder »Wendepunkte« der Biografie erlebten Ereignisse und Entwicklungen aus. Daneben erwiesen sich auch zeitgeschichtliche Ereignisse als in hohem Maße bedeutsam für die Gliederung des eigenen Lebenslaufes. Dieses Ergebnis verdeutlicht, dass es Menschen offensichtlich gelingt, Ereignisse und Entwicklungen, die »von außen betrachtet« ein bestehendes Gleichgewicht in der Person-Umwelt-Beziehung infrage stellen, insofern sie neue Anpassungsleistungen notwendig machen (sollten), in die subjektive Wahrnehmung ihrer persönlichen Entwicklung zu integrieren, so dass der Entwicklungsprozess – entgegen der »von außen« anzustellenden Erwartung – nicht als diskontinuierlich erscheint. Andererseits wird deutlich, dass Menschen ihre persönliche Entwicklung nicht ausschließlich als »kontinuierlich« wahrnehmen, sondern durchaus spezifische Ereignisse und Entwicklungen als »Wendepunkte« oder »Zäsuren« deuten.

3. Entwicklungsaufgaben in den verschiedenen Lebensaltern: die Bedeutung von »Früherem« für »Späteres«

Im folgenden Abschnitt wenden wir uns der Frage zu, inwieweit es möglich ist, aus dem Vorliegen spezifischer Ereignisse und Entwicklungen in früheren Lebensabschnitten auf spezifische Charakteristika der Persönlichkeit in späteren Lebensabschnitten zu schließen. In diesem Zusammenhang gehen wir zunächst auf die Erforschung sog. kritischer Lebensereignisse und Ergebnisse der Psychotraumatologie ein. Daran schließt sich eine stärker lebensaltersspezifische Betrachtung an. Hier werden zum einen Ergebnisse der Entwicklungspsychopathologie zur Entwicklung von Hochrisikokindern, zum anderen Ergebnisse zur Verarbeitung von Entwicklungsverlusten im Alter behandelt.

3.1 Kritische Lebensereignisforschung und Psychotraumatologie

Unabhängig davon, ob sich Entwicklungsprozesse über die Lebensspanne im Allgemeinen eher kontinuierlich oder diskontinuierlich vollziehen, ist unseres Erachtens unstrittig, dass spezifische Lebensereignisse in der Lage sind, grundlegende Entwicklungsveränderungen herbeizuführen oder anzustoßen. Aus der Psychotraumatologie, insbesondere aus Arbeiten zum sog. Überlebenden- oder KZ-Syndrom (Chodoff, 1997; Niederland, 1980; Ochberg, 1993) wissen wir, dass extreme Traumatisierungen bei den betroffenen Menschen nicht nur kurz-, sondern zum Teil auch langfristig sehr ähnliche Folgen hervorrufen können (vgl. Kruse/Schmitt, 2000; Paul/Helberg, 1963), die Folgen traumatisierender Erlebnisse im ungünstigsten Fall relativ unabhängig von spezifischen Merkmalen der Person und ihrer Umwelt auftreten können. Andererseits finden sich in Arbeiten zu posttraumatischen Belastungen bei ehemaligen Kriegsgefangenen (Sutker et al., 1995), Kriegsveteranen (Fontana/Rosenheck, 1994; Spiro et al., 1994) oder politischen Gefangenen in der ehemaligen DDR (Schützwohl et al., 1999) sowie zu den Auswirkungen von Naturkatastrophen (Thompson et al., 1993) deutliche Hinweise auf protektive bzw. auf vulnerabilitätssteigernde Faktoren, d.h. auf statistisch bedeutsame Beziehungen zwischen prätraumatischer und posttraumatischer Persönlichkeit.

Als für den Verlauf der weiteren Entwicklung »kritische« Lebensereignisse sind prinzipiell sowohl belastende als auch positiv bewertete Ereignisse zu untersuchen. Des Weiteren sind bei der Analyse der Bedeutung eines Ereignisses für die weitere Entwicklung prinzipiell positive und negative Folgen konzeptuell zu berücksichtigen (vgl. hierzu auch Aldwin et al., 1994; Maercker, 1999). Der gegenwärtige Stand der Forschung erscheint insofern als unbefriedigend, als eine eindeutige Konzentration auf die negativen Auswirkungen von Verlusten festzustellen ist. Das Spektrum der untersuchten Verluste reicht hierbei – entsprechend der Tatsache, dass vielfältige Verluste in verschiedenen Lebensbereichen als unausweichlicher Bestandteil des menschlichen Lebens zu werten sind – von dem Verlust nahe stehender Menschen bis zum Verlust von unrealistischem Optimismus, Illusionen von Unverwundbarkeit, Freiheit, Macht, Sicherheit oder zum Verlust einer bislang vertrauten Selbst- und Weltsicht (Filipp, 1999).

Die Auswirkungen von mutmaßlich kritischen Lebensereignissen sind bislang aus drei theoretischen Perspektiven untersucht worden:

(1.) In der Tradition der Entwicklungspsychologie der Lebensspanne hat das Konzept der kritischen Lebensereignisse eine eher positive Konnotation, insofern Veränderung häufig mit Wachstum assoziiert wird (Baltes, 1979; Lerner/Gignac, 1992). Dieses Verständnis von Veränderung geht nach Filipp (1999) wesentlich auf das Konzept der Entwicklungskrise bei Erikson (1979) sowie auf das Konzept der Entwicklungsaufgabe bei Havighurst (1948) zurück – Aufgaben und Anforderungen tragen in dieser Sichtweise zu einem höheren Grad der Anpassung, zur Steigerung von Kompetenz, Selbstwirksamkeit und Wohlbefinden bei (neuere Arbeiten weisen allerdings darauf hin, dass der Zeitpunkt des Auftretens der kritischen Lebensereignisse als Moderatorvariable zu berücksichtigen ist bzw. dass einzelne Ereignisse erst durch den Zeitpunkt ihres Auftretens zu kritischen Lebensereignissen werden).

(2.) Im Kontext der Stress- und Copingforschung hat das Konzept der kritischen Lebensereignisse dagegen eher eine negative Konnotation. Veränderung – und zwar gleichgültig ob diese als positiv oder negativ bewertet wird – wird vor allem im Sinne von Stress, der aus der Notwendigkeit einer Neuanpassung resultiert, bzw. als Risikofaktor für Fehlanpassung aufgefasst (vgl. die Übersichtsarbeit von Rahe, 1988). Entsprechend wird das Vorliegen kritischer Lebensereignisse in der Social Readjustment Scale (Holmes/Rahe, 1967) als Indikator für das Ausmaß an Stress in der gegenwärtigen Lebenssituation verwendet (aus differenzierterer Perspektive wird gefragt, was Lebensereignisse zu Stressoren macht; zu nennen sind hier vor allem Unkontrollierbarkeit, Unerwartbarkeit und extrem negativer Affekt).

(3.) Gegenstand einer dritten Tradition sind Lebensereignisse, die mit Viktimisierung verbunden sind (vgl. die Übersichtsarbeit von Davidson/Foa, 1993). Diese werden als grundlegende Herausforderung für das Selbst- und Weltverständnis aufgefasst, eine Bewältigung wird zum Teil als unmöglich angesehen, in jedem Falle aber prinzipiell als Gegenstand eines lebenslangen Prozesses konzipiert. In dieser Forschungstradition gilt insbesondere auch den erheblichen interindividuellen Unterschieden in der Reaktion auf Viktimisierung besonderes Interesse.

Im Folgenden soll zunächst auf die Bedeutung der Konfrontation mit belastenden Lebensereignissen in früheren Lebensabschnitten für die Bewältigung ähnlicher Lebensereignisse in späteren Lebensabschnitten eingegangen werden. Im Anschluss daran wird die Bedeutung belastender Lebensereignisse in früheren Lebensabschnitten allgemeiner diskutiert, indem die Frage nach negativen und positiven Langzeitfolgen der Konfrontation mit Belastungen gestellt wird.

3.2 Auswirkungen der Konfrontation mit belastenden Ereignissen in früheren Lebensabschnitten auf die Belastungsverarbeitung

Entsprechend den drei differenzierten Traditionen der Erforschung von kritischen Lebensereignissen finden sich unterschiedliche theoretische Positionen hinsichtlich der Bedeutung der Konfrontation mit Belastungen in früheren Lebensabschnitten für die Bewältigung von Belastungen in späteren Lebensabschnitten.

Wenn man davon ausgeht, dass extreme Verluste und Traumata ein bestehendes Selbst- und Weltverständnis grundlegend infrage stellen, von den betroffenen Menschen also zunächst einmal wieder eine tragfähige Lebensperspektive hergestellt werden muss, die es ermöglicht, Vergangenheit und Gegenwart zu integrieren, dann kann die Konfrontation mit ähnlichen Belastungen in früheren Lebensabschnitten sowohl positive als auch negative Auswirkungen haben. Im Kontext einer therapeutischen Nutzung des Lebensrückblicks (»instrumental reminiscence«, vgl. Wong/Watt, 1991) konnte gezeigt werden, dass die Vergegenwärtigung von der Traumatisierung ähnlicher autobiografischer Information die Herstellung von Selbstkonsistenz (zu diesem Bedürfnis vgl. insbesondere Swann, 1983), die Integration von Information über die Gegenwart sowie die Lösung von Problemen und die Planung zukünftiger Handlungen erleichtern kann. Dagegen erwiesen sich in anderen Studien vorhergehende vergleichbare Belastungssituationen (»repeated exposure«) als bedeutsamer Risikofaktor, was zum einen darauf zurückgeführt wird, dass für einen wiederholten Bewältigungsprozess weniger Ressourcen zur Verfügung stehen, zum anderen aber auch darauf, dass – wie Janoff-Bulman (1979) am Beispiel von Frauen, die Opfer von Gewalt geworden waren, zeigen konnte – im Falle wiederholter Viktimisierung die Wahrscheinlichkeit, diese internal zu attribuieren, zunimmt.

Die Ergebnisse einer Studie von Prager und Solomon (vgl. Prager/Solomon, 1995; Solomon/Ginzburg, 1999) legen die Annahme nahe, dass die Bedeutung von Belastungen in früheren Lebensabschnitten je nach Schweregrad der Belastung unterschiedlich zu beurteilen ist. In einer Untersuchung zu den Auswirkungen der Bedrohung während des Golfkrieges auf die israelische Zivilbevölkerung zeigte sich, dass unter jenen älteren Menschen, die Opfer der nationalsozialistischen Verfolgung in Deutschland gewesen waren, eine weit stärkere Beeinträchtigung der psychischen Gesundheit erkennbar war als unter Menschen gleichen Alters, die nicht Opfer der nationalsozialistischen Verfolgung gewesen waren. Aufgrund der Tatsache, dass die überwiegende Mehrzahl der älteren Bevölkerung Israels kurz nach der Gründung des Staates als Immigranten ins Land gekommen ist, im jeweiligen Herkunftsland Opfer von Diskriminierung und Verfolgung gewesen ist – dies gilt sowohl für die aus Afrika als auch für die aus Osteuropa eingewanderten Juden – und die kriegerischen Auseinandersetzungen mit den angrenzenden arabischen Staaten miterlebt hat, sind die ermittelten Unterschiede zwischen Holocaust-Überlebenden und anderen älteren Menschen nach Solomon und Mitarbeitern im Sinne einer durch die extremen Traumatisierungen im Nationalsozialismus erhöhten Vulnerabilität zu interpretieren. Diese Interpretation stimmt im Übrigen mit der von Krystal und Niederland (vgl. Niederland, 1968; Krystal/Niederland, 1971) beschriebenen Symptomatik des Überlebendensymptoms sowie der psychiatrischen Kategorie der posttraumatischen Belastungsstörung überein; sowohl das Überlebendensyndrom als auch die posttraumatische Belastungsstörung sind durch eine Sensibilisierung der betroffenen Menschen und eine auf diese rückführbare erhöhte Wahrscheinlichkeit, ausgeprägte Angstzustände oder auch eine depressive Symptomatik zu entwickeln, gekennzeichnet.

3.3 Allgemeine Auswirkungen der Konfrontation mit belastenden Ereignissen in früheren Lebensabschnitten auf Erleben und Verhalten in der aktuellen Lebenssituation

Erfahrungen in früheren Lebensabschnitten können sich auch im Sinne eines »comparison standard effects« (Clark/Collins, 1993) auf die Beurteilung der persönlichen Lebenssituation auswirken und zu einer gegenüber Personen, die vergleichbaren Belastungen nicht ausgesetzt gewesen sind, erhöhten Anpassung beitragen. So berichten Elder und Caspi (1988), dass Untersuchungsteilnehmer der Berkeley Längsschnittstudie, die in ihrer Kindheit infolge gravierender ökonomischer Einschränkungen während der Großen Depression im Amerika Ende der 20er-Jahre einem hohen Maß an Belastungen in der Familie ausgesetzt waren, sich im Erwachsenenalter im Vergleich zu Untersuchungsteilnehmern, die in ihrer Kindheit keinen vergleichbaren Belastungen ausgesetzt waren, durch eine im Durchschnitt höhere Zufriedenheit auszeichneten. Dieser Unterschied – so konnte gezeigt werden – ging nicht auf effektivere Strategien der Belastungsverarbeitung, sondern vielmehr auf eine stärker ausgeprägte Fähigkeit, Aspekte der persönlichen Lebenssituation als positiv wahrzunehmen, zurück.

Die Arbeiten von Kruse und Schmitt (2000) zu Lebensrückblick und Lebenssituation jüdischer Emigranten und Lagerhäftlinge deuten ebenfalls auf einen gewissen »comparison standard effect«, dieser äußert sich allerdings nicht wie in dem von Elder/Caspi (1988) beschriebenen Beispiel in positiven, sondern vielmehr in negativen Langzeiteffekten. Kruse und Schmitt konnten zeigen, dass die Überlebenden des Holocaust in einer Vielzahl von alltäglichen Kontexten mit belastenden Erinnerungen an die im Nationalsozialismus erlittenen Traumatisierungen konfrontiert werden. Dieser Befund kann zum Teil dadurch erklärt werden, dass bestimmte visuelle, auditive und olfaktorische Umweltreize aufgrund der persönlichen Geschichte im Nationalsozialismus spezifische Konnotationen beinhalten – zu denken ist hier etwa an spezifische Gesten, Zeichen und Symbole, Musik, die anlässlich von Aufmärschen oder in Vernichtungslagern gespielt wurde, und den Geruch gebrannter Mandeln. Daneben weisen Kruse und Schmitt darauf hin, dass belastende Erinnerungen auch quasi unvermeidlich im Kontext der Beschäftigung mit Fragen der persönlichen und sozialen Identität auftauchen, die sich aufgrund der Geschichte der Juden in Deutschland und der Wahrnehmung der politischen Entwicklung häufig in besonderem Maße stellen. Insgesamt machen die Arbeiten von Kruse und Schmitt deutlich, dass die Vergangenheit im Nationalsozialismus im Erleben der Überlebenden in hohem Maße gegenwärtig ist und entsprechend die Interpretation von Ereignissen und Entwicklungen wesentlich beeinflusst, d.h. Überlebende des Nationalsozialismus aufgrund ihrer persönlichen Geschichte in ihrer Wahrnehmung von potenziell als geringschätzig, kränkend, beleidigend, fremdenfeindlich, antisemitisch oder bedrohlich aufzufassenden Aspekten ihrer Umwelt erheblich sensibilisiert sind. Diese Sensibilisierung trägt im Übrigen auch dazu bei, dass die Intensität belastender Erinnerungen – so ein weiterer wesentlicher Befund der Arbeiten von Kruse und Schmitt – im Laufe der persönlichen Entwicklung nach der Zeit des Holocaust deutlich zugenommen hat und unter den ehemaligen Vernichtungslagerhäftlingen heute ebenso hoch ist wie unmittelbar nach der Befreiung.

Angesichts der gegenwärtigen Befundlage kann als belegt gelten, dass Traumata in mehrfacher Hinsicht negative Auswirkungen auf die weitere Entwicklung des Menschen haben. Dennoch erscheint aus der Perspektive einer Psychologie der Lebensspanne – ebenso wie aus der Perspektive der Bewältigungsforschung sowie aktueller Ansätze innerhalb der Psychotraumatologie – eine Analyse der Auswirkungen von Traumata auf die weitere Entwicklung unvollständig, sofern nicht auch in Betracht gezogen wird, dass die nach Traumatisierung notwendige Wiederherstellung einer tragfähigen Selbst- und Weltsicht auch positive Entwicklungsveränderungen anstoßen kann. Am deutlichsten hervorgehoben wurde dieser Aspekt bislang in Arbeiten zur psychischen Situation von Kriegsveteranen, die darauf hindeuten, dass der Militärdienst retrospektiv umso mehr mit positiven Entwicklungen verbunden ist, je stärker die Personen während ihres Militärdienstes in Kampfhandlungen verwickelt waren und entsprechend traumatisiert worden sind (Aldwin et al., 1994). Gegen diese Arbeiten kann aber eingewendet werden, dass die erfassten Entwicklungsgewinne (z.B. Disziplin, Verlässlichkeit, Kameradschaft) in hohem Maße sozial erwünscht und nicht am unmittelbaren Verhalten der Untersuchungsteilnehmer validiert worden sind. In dieser Hinsicht eindeutiger sind die Ergebnisse von Kruse und Schmitt zu Formen der Auseinandersetzung mit belastenden Erinnerungen bei jüdischen Emigranten und Lagerhäftlingen. Auf der Grundlage ausführlicher halbstrukturierter Interviews konnten fünf Formen der Auseinandersetzung differenziert werden, von denen sich eine eindeutig im Sinne eines Entwicklungsgewinnes interpretieren lässt. Diese Auseinandersetzung wurde als »Erlebte Mitverantwortung« beschrieben und insbesondere durch die erlebte Verpflichtung, Zeugnis abzulegen und anderen – insbesondere Jüngeren – die Möglichkeit zu eröffnen, aus der Geschichte zu lernen, charakterisiert. Untersuchungsteilnehmer, bei denen von dieser Auseinandersetzungsform auszugehen war, suchten aktiv den Diskurs mit jüngeren Menschen und engagierten sich zum Teil in christlich-jüdischen Organisationen oder im Schulunterricht. Die beschriebene Auseinandersetzungsform macht in besonderer Weise deutlich, dass auch in jenen Fällen, in denen die Viktimisierung rationalen Erklärungsversuchen nur wenig oder gar nicht zugänglich ist, aus dem persönlichen Schicksal eine als sinnvoll bewertete Lebensperspektive abgeleitet werden kann, die nicht nur der betroffenen Person den Umgang mit Belastungen erleichtern kann, sondern auch aus gesellschaftlicher Perspektive sinnvoll (und notwendig) ist.

3.4 Entwicklungspsychopathologie des Kindes- und Jugendalters

Gegenstand der Entwicklungspsychopathologie ist die Frage, ob und inwieweit Auffälligkeiten aus dem Kindesalter andauern und mit psychischen Störungen der späteren Erwachsenen zusammenhängen. Zu diesen »Auffälligkeiten« können Verhaltensauffälligkeiten im engeren Sinne – hier stellt sich die Frage nach der Persistenz psychischer Störungen – ebenso gezählt werden wie als ungünstig einzuschätzende Person-Umwelt-Konstellationen – hier stellt sich die Frage nach der Bedeutung von Risikofaktoren.

Bezüglich der Persistenz psychischer Störungen ist zunächst auf Ergebnisse der zwischen 1964 und 1974 durchgeführten Isle-of-Wight-Studien (vgl. Rutter, 1990) zu verweisen. In diesen Studien wurden die im Alter von 10–11 Jahren als psychisch auffällig diagnostizierten Kinder 4 Jahre später in 60% der Fälle wieder als auffällig diagnostiziert, wobei sich Externalisierungsstörungen (damals: »Verhaltens- und Betragensstörungen«) im Vergleich zu Internalisierungsstörungen als deutlich persistenter erwiesen (vgl. auch Bastine, 1998).

Eine der frühesten prospektiven Längsschnittstudien ist die Berkeley Guidance Study (MacFarlane, 1964), die bereits 1928 begonnen wurde. In dieser Untersuchung wurden zunächst u.a. Verhaltensprobleme (spezifische Ängste, Wutanfälle, Nägelkauen, Daumenlutschen, Einnässen, Zurückgezogenheit, Überempfindlichkeit, Hyperaktivität) zufällig ausgewählter Kinder im Alter von 21 Monaten bis zum Alter von 14 Jahren erfasst (so, wie sie von den Müttern beschrieben und beurteilt wurden). Die Stichprobe wurde später bis ins mittlere Erwachsenenalter hinein beobachtet – bis zum 14. Lebensjahr reduzierte sich die Stichprobe von 116 auf 41 Personen. Nur bei 8% ergab sich Konsistenz eines Verhaltensproblems. Trotz aller methodischen Probleme ist nach Bastine (1998) die vorsichtige Schlussfolgerung möglich, dass kindliche Auffälligkeiten vor Vollendung des zweiten Lebensjahres nicht über mehrere Jahre beibehalten werden.

Studien, die den Entwicklungsverlauf von mutmaßlichen Risikokindern verfolgt haben, zeigen typischerweise, dass sich die anfänglichen Schwierigkeiten im Verlauf der Zeit vermindern und dass sich die frühe Erwartung negativer Folgen nicht realisiert. Stattdessen überwinden viele der untersuchten Kinder ihre früheren Beeinträchtigungen und Defizite und passen sich erfolgreich an die Umwelt an.

In einer Untersuchung zur späteren Entwicklung von Londoner

Kindern, die im frühen Kindesalter wegen der Bombardierung englischer Städte durch die deutsche Luftwaffe im Jahre 1940 in Säuglings- und Kinderheimen auf dem Land untergebracht waren (Maas, 1963), fanden sich keine Hinweise auf eine Beeinträchtigung der psychischen oder sozialen Entwicklung. Zu ähnlichen Ergebnissen kamen Coeper, Hagen und Thomae (1954) in einer zwischen 1953 und 1961 durchgeführten Längsschnittuntersuchung an deutschen Nachkriegskindern. In dieser aus Mitteln des Marshall-Plans finanzierten Studie war es möglich, eine Stichprobe von insgesamt 3.000 Kindern aus verschiedenen Groß- und Mittelstädten sowie einem Landkreis einmal jährlich medizinisch, pädagogisch und psychologisch zu untersuchen. Im vorliegenden Zusammenhang gilt dem Vergleich der Teilstichprobe jener Kinder, die in besonderem Maße durch die politischen Umwälzungen der Nachkriegszeit betroffen waren, d.h. der sog. »Flüchtlingskinder« mit Gleichaltrigen, die unter vergleichsweise günstigeren Bedingungen aufwuchsen, besonderes Interesse. Die Ergebnisse der Studie sprechen eindeutig gegen die Annahme, dass sich unmittelbare Lebensgefahr etwa infolge von Kriegseinwirkungen oder wochenlanger Flucht negativ auf die Entwicklung der Kinder ausgewirkt hätten: Während der achtjährigen Beobachtungszeit unterschieden sich die Flüchtlingskinder weder in ihrer körperlichen, noch in ihrer psychischen und schulischen Entwicklung von »einheimischen« Kindern, was ebenso wie die Ergebnisse von Maas (1963) als ein deutlicher Hinweis auf die Plastizität der menschlichen Psyche bzw. auf psychische Widerstandsfähigkeit oder Resilienz zu werten ist.

Eine klassische Studie wurde auf Kauai, einer Insel von Hawaii, durchgeführt (Werner/Smith, 1992). In dieser Studie wurden mehr als 500 Kinder über einen Zeitraum von 30 Jahren in ihrer Entwicklung beobachtet. Ein Drittel der Kinder war besonderen Risiken ausgesetzt (Geburtskomplikationen, Armut, dysfunktionale Familienverhältnisse, niedriges Bildungsniveau der Mutter). Von den risikobelasteten Kindern entwickelten sich zwei Drittel bis ins Jugendalter hinein mit erheblichen Problemen, diese zeigten unter anderem Lern- und Verhaltensstörungen, psychische Probleme und Gesetzesübertretungen. Das andere Drittel entwickelte sich in Hinblick auf diese Kriterien positiv. Im Verlauf unterschieden sich beide Gruppen in einer Vielzahl von Umständen: »Resiliente Kinder« – d.h. Kinder, bei denen vorhandene Risikofaktoren nicht die erwartete Wirkung zeigten – waren gesünder, Trennungen von Bezugspersonen waren seltener, ihr nächstes Geschwister wurde mindestens zwei Jahre nach ihnen geboren, sie wurden besser von ihren Bezugspersonen versorgt, wiesen bessere Schulleistungen und bessere Beziehungen zu Gleichaltrigen auf, zeigten als Jugendliche ein höheres Selbstbewusstsein, lebten aber gleichzeitig auch in besser strukturierten Haushalten. Diese Entwicklung setzte sich in den meisten Fällen bis ins Erwachsenenalter fort, wenngleich es auch Anzeichen gab, dass resiliente Personen auf Belastungen vulnerabel reagierten, insbesondere bei familiären Problemen. Auch unter risikobelasteten Kindern, die noch im Jugendalter erhebliche Probleme hatten, zeigten sich häufig positive Entwicklungen im Erwachsenenalter, nur bei einer kleineren Gruppe persistierten gravierende Probleme.

Insgesamt deuten die Ergebnisse dieser Studie darauf hin, dass psychische Widerstandsfähigkeit oder Resilienz als Geflecht ganz unterschiedlicher Bedingungen aufzufassen ist, von denen einige persönliche Merkmale der Kinder, andere Umgebungsfaktoren beinhalten. Resilienz ist demzufolge also nicht als eine Persönlichkeitseigenschaft zu konzipieren.

Gegenstand der Bielefelder Invulnerabilitätsstudie ist der Vergleich psychisch belasteter mit resilienten Jugendlichen, die beide in Heimen der Jugendwohlfahrtspflege aufwuchsen, also einem »Multiproblem-Milieu«, das durch unvollständige Familien, Armut, Erziehungsdefizite, Alkoholmissbrauch und Gewalttätigkeit gekennzeichnet ist. Den Ergebnissen dieser Studie zufolge zeichnen sich resiliente Jugendliche vor allem durch größere persönliche Ressourcen aus, z.B. durch aktivere Bewältigungsstile, ein geringeres Maß an erlebter Hilflosigkeit und eine positivere Selbstevaluation. Zusammen mit Merkmalen des institutionellen sozialen Klimas und sozialer Unterstützung (im Sinne von sozialen Ressourcen) ergaben sich in der Studie interaktive und synergetische Effekte zwischen verschiedenen protektiven Faktoren (vgl. ausführlich Lösel/

Bliesener, 1990). Ebenso sprechen die Ergebnisse der Bielefelder Invulnerabilitätsstudie dafür, dass auch eine Kumulation von Risikofaktoren die weitere Entwicklung nicht negativ beeinflussen muss, vielmehr bei einem erheblichen Teil der Jugendlichen »normale« Entwicklungsprozesse zu beobachten sind. Des Weiteren wurde auch in dieser Studie deutlich, dass Risikofaktoren ihre Wirkung zum Teil in Abhängigkeit von Persönlichkeitsmerkmalen, zum Teil auch in Abhängigkeit von Umweltmerkmalen entfalten, Resilienz also eher Merkmal einer Person-Umwelt-Konstellation denn Merkmal der Person ist.

3.5 Zur Verarbeitung von Entwicklungsverlusten im Alter

Angesichts der vorliegenden Studien kann als gesichert angesehen werden, dass der Alternsprozess mit einer erhöhten Auftrittswahrscheinlichkeit unterschiedlicher Belastungen verbunden ist, dass aber zugleich die Zufriedenheitswerte im Alter nicht geringer und Belastungsstörungen sowie somatoforme Störungen nicht häufiger sind. Dieser Sachverhalt wurde und wird in der gerontologischen Forschung als in hohem Maße erklärungsbedürftig angesehen, zumal empirische Untersuchungen belegen, dass mit zunehmendem Alter vergleichsweise mehr Entwicklungsverluste und vergleichsweise weniger Entwicklungsgewinne erfahren und antizipiert werden, das sog. Zufriedenheitsparadoxon – die Verschlechterung der Situation wirkt sich nicht auf die Bewertung der Situation aus – also nicht einfach eine selbstwertdienliche Verzerrung von Realität im Alter widerspiegelt. Als eine mögliche Erklärung wird auch hier gegenwärtig die psychologische Widerstandsfähigkeit oder Resilienz intensiv diskutiert.

Die Frage nach den Merkmalen der Person und ihrer Umwelt, die es der Person ermöglichen, trotz zunehmender Entwicklungsverluste Zufriedenheit und Wohlbefinden aufrechtzuerhalten, wurde inzwischen in zahlreichen empirischen Untersuchungen gestellt. Zu nennen sind hier jene von Filipp zur Bedeutung von sozialen und temporalen Vergleichen (vgl. Filipp/Ferring, 1998), von

Brandtstädter und Mitarbeitern zur Bedeutung von akkomodativen Bewältigungsstilen für die Zufriedenheit (vgl. Brandtstädter/Renner, 1990) sowie die im Kontext der Berliner Altersstudie ausgerichteten Analysen zur Protektivität von Person- und Umweltfaktoren bei vorliegenden körperlichen und sozioökonomischen Risiken (vgl. Staudinger et al., 1996).

Besonders deutlich werden die Möglichkeiten (und Grenzen) der Resilienz im Alter, wenn man sich mit der psychischen Situation von hilfs- und pflegebedürftigen Menschen beschäftigt. Hilfs- und Pflegebedürftigkeit im Alter sind nicht nur häufig Folge chronischer Erkrankungen und chronisch degenerativer Prozesse, sie sind auch mit erheblichen funktionellen Einschränkungen verbunden und konfrontieren damit mit der Erfahrung, den eigenen Alltag nicht mehr selbstständig meistern zu können und auf die Hilfe anderer angewiesen zu sein. Hilfs- und Pflegebedürftigkeit sind deshalb als bedeutende Vulnerabilitätsfaktoren zu werten, die Aufrechterhaltung einer persönlich zufrieden stellenden Lebensperspektive bei Hilfs- und Pflegebedürftigkeit lässt sich entsprechend als Hinweis auf Resilienz im Alter interpretieren.

In einer Studie von Kruse und Schmitt (1995) konnte gezeigt werden, dass die allgemeine Lebenszufriedenheit und die psychische Anpassung an die Erfordernisse der gegenwärtigen Lebenssituation zwar in starkem Maße durch den Grad der Selbstständigkeit beeinflusst sind, dass es aber dennoch dem größeren Teil der hilfsbedürftigen und auch einem erheblichen Teil der pflegebedürftigen Menschen offensichtlich gelingt, eine persönlich zufrieden stellende und tragfähige Lebensperspektive aufrechtzuerhalten. Für diese psychologische Leistung – die als Hinweis auf Resilienz im Alter zu interpretieren ist – erwiesen sich vor allem das Ausmaß an sozialer Aktivität und die erlebten Belastungen in der Familie als bedeutsam. Daneben trugen auch erlebte Schmerzzustände, der soziale Status und der Familienstand zur Vorhersage der Zufriedenheit bei, das Alter als solches erwies sich dagegen als unbedeutend.

In einer weiteren Studie (Kruse/Schmitt, 1998) wurde in einem ersten Schritt die Bedeutung von personalen und umweltbezogenen Ressourcen für das subjektive Alterserleben von hilfsbedürftigen

Menschen mithilfe separater Regressionsanalysen überprüft. Unter den personenbezogenen Ressourcen erwies sich vor allem ein handlungsorientierter Bewältigungsstil, unter den umweltbezogenen Ressourcen vor allem die erlebte Qualität der medizinisch-pflegerischen Versorgung als bedeutsam. Eine Regressionsanalyse, die beide Merkmale als Prädiktoren des subjektiven Alterserlebens berücksichtigt, ergab zwei bedeutsame Haupteffekte, die zusammen etwa 30% der Varianz aufklärten.

So weit bestätigen die Ergebnisse die Annahme, dass sich das subjektive Alterserleben – als ein Indikator für die Resilienz im Alter – am besten durch eine Kombination von Person- und Umweltmerkmalen vorhersagen lässt.

In der Studie von Kruse und Schmitt interessierte nun aber auch die weiterführende Frage, inwieweit sich personen- und umweltbezogene Ressourcen – im Sinne einer Person-Umwelt-Interaktion – in ihrer Wirkungsweise gegenseitig beeinflussen. Aus diesem Grunde wurde in einer weiteren Regression neben der handlungsorientierten Bewältigung und der erlebten Qualität medizinisch-pflegerischer Versorgung die Interaktion dieser beider Variablen, d.h. deren mathematisches Produkt, als zusätzlicher Prädiktor berücksichtigt. In dieser Regressionsanalyse erwiesen sich sowohl die beiden Haupteffekte als auch der Interaktionseffekt als bedeutsam: Den Ergebnisse dieser Studie zufolge fällt der Zusammenhang zwischen handlungsorientierter Bewältigung und subjektivem Alterserleben je nach erlebter Qualität medizinisch-pflegerischer Versorgung sehr unterschiedlich aus: Wird die Qualität der Versorgung als schlecht erlebt, so führt ein Mehr an handlungsorientierter Bewältigung bei chronisch kranken, hilfsbedürftigen älteren Menschen offenbar zu einem stärkeren Erleben von subjektiven Alterssymptomen, der eigene Alternsprozess wird negativer beurteilt. Wird dagegen die Qualität der Versorgung als gut erlebt, tragen handlungsorientierte Bewältigungsformen zu einem positiveren subjektiven Alterserleben bei. Insgesamt zeigen die Ergebnisse von Kruse/Schmitt (1998), dass ein angemessenes Verständnis von Resilienz im Alter nicht nur die Identifikation von fördernden und hemmenden sowie von person- und umweltbezogenen Faktoren, sondern auch ein Verständnis von deren Zusammenwirken in spezifischen Situationen und Umwelten voraussetzt.

4. Die entwicklungsfördernde Bedeutung von Konflikten im Lebenslauf

Klassische Ansätze der Entwicklungspsychologie, die davon ausgehen, dass sich der menschliche Lebenslauf – einen positiven Entwicklungsverlauf vorausgesetzt – in eine von allen Menschen in einer definierten Reihenfolge zu durchlaufenden Sequenz von Entwicklungsstufen oder -phasen untergliedern lässt, sehen den Ausgangspunkt von Entwicklungsprozessen in der Regel in stufen- bzw. phasentypischen Krisen- oder Konfliktkonstellationen. Hier besteht eine gewisse Analogie zu dem von Piaget entwickelten Modell der kognitiven Entwicklung, das davon ausgeht, dass auf den einzelnen Entwicklungsstufen jeweils durch Prozesse der Assimilation und Akkomodation (d.h. durch die Anwendung bestehender sowie die Entwicklung neuer, differenzierterer Strukturen und Schemata) ein Gleichgewicht hergestellt wird (Piaget spricht hier von Äquilibration), welches wiederum zu einem späteren Zeitpunkt im Entwicklungsprozess durch neue Umwelterfahrungen infrage gestellt wird und – im Interesse der Erreichung eines Gleichgewichts auf »höherem Niveau« – nach einer Weiterentwicklung kognitiver Strukturen verlangt.

Während klassische Stufen- und Phasenmodelle die Ursache für das Auftreten von Konflikten zum Teil in biologisch determinierten Reifungsprozessen, zum Teil in sozialisationsbedingten Erfahrungen, zum Teil auch im Zusammenwirken dieser beiden Faktoren sehen, lässt sich aus der Perspektive einer Psychologie der Lebensspanne, die die Multidimensionalität und Multidirektionalität von Entwicklung ebenso betont wie die Plastizität und interindividuelle Variabilität von Entwicklungsprozessen, eine normative Sequenz von Krisen- oder Konfliktkonstellationen nicht begründen. Zwar gilt auch aus der Perspektive einer Entwicklungspsychologie der Lebensspanne das Auftreten von Konflikten – im Sinne der Erfahrung, dass gut eingeübte Verhaltensroutinen für die Bewältigung der in einer spezifischen Situation bestehenden Aufgaben und Anforderungen nicht geeignet sind und deshalb verändert werden müssen – als auslösendes Moment für Entwicklungsprozesse. Doch wird die Person weit stärker als in früheren Ansätzen als Agent ihrer eigenen Entwicklung aufgefasst, indem davon ausgegangen wird, dass die Person nicht ohne ihr Zutun sukzessive unterschiedliche Entwicklungskontexte antrifft, sondern vielmehr ihren eigenen Entwicklungsprozess durch die aktive (Mit-)Gestaltung von Entwicklungskontexten sowie durch die Auswahl von Entwicklungszielen zumindest in Grenzen auch selbst reguliert. In diesem Zusammenhang ist auch zu betonen, dass die Person nicht einfach auf objektive Gegebenheiten in ihrer Lebenssituation reagiert, sondern objektive Merkmale der Situation erst dadurch Bedeutung erhalten, dass sie von der Person wahrgenommen und interpretiert werden (vgl. Thomae, 1996). Entsprechend setzt das Erleben eines Konflikts die Existenz von zwei einander widersprechenden, annähernd gleich starken Reaktionstendenzen voraus. Aus dieser theoretischen Perspektive wird deutlich, dass die Beschreibung von Konflikten in unterschiedlichen Lebensaltern die Unterscheidung einer Vielzahl von Konfliktthemen notwendig macht, also eine Charakterisierung von Lebensabschnitten anhand einer einzigen Konfliktkonstellation unzureichend bleiben muss (diese Aussage wird auch durch Untersuchungen von Lehr/Thomae, 1965 sowie von Robrecht, 1995 empirisch belegt). Des Weiteren wird deutlich, dass sich die notwendige Vielzahl von Konfliktkonstellationen weder in eine allgemein gültige Sequenz bringen lässt, noch geeignet ist, eine Differenzierung von qualitativen Entwicklungsstufen zu begründen.

5. Die daseinsthematische Strukturierung des Lebenslaufs als Paradigma für eine konzeptuelle Berücksichtigung von Interaktionen zwischen Person und Situation

Wir haben bereits darauf hingewiesen, dass das Konzept der Entwicklungsaufgabe eine Sichtweise akzentuiert, die davon ausgeht, dass das Individuum im Laufe der Persönlichkeitsentwicklung mit Aufgaben und Anforderungen konfrontiert wird, deren Bewältigung bzw. Lösung einerseits von ihm erwartet wird, andererseits als Voraussetzung für eine erfolgreiche Weiterentwicklung interpretiert werden kann. Das Konzept des Daseinsthemas ist dem der Entwicklungsaufgabe verwandt, insofern es sich gleichfalls auf Bemühungen des Individuums, seine Umwelt zielgerichtet zu beeinflussen, bezieht. Im Konzept des Daseinsthemas kommt jedoch stärker als im Konzept der Entwicklungsaufgabe zum Ausdruck, dass das Individuum in der Lage ist, seine Entwicklung durch die Orientierung seines Verhaltens auf selbst gewählte Entwicklungsziele zu beeinflussen. Entsprechend sind Daseinsthemen eher für Individuen (bzw. für deren »subjektiven Lebensraum«) als für spezifische Lebensalter oder gesellschaftliche Anforderungen charakteristisch. Thomae (1996) geht in seiner Persönlichkeitstheorie davon aus, dass »zu allen tief greifenden, relativ überdauernden Verhaltensänderungen ein Thema gehört, eine feste Größe, die das personale Geschehen in je individueller Weise reguliert und durch die Setzung von Entwicklungszielen lenkt« (vgl. auch Tismer, 1995). Im Unterschied zu Bedürfnissen oder Motiven handelt es sich bei Daseinsthemen nicht um ein Konstrukt, das aus individuellem Verhalten erschlossen wird, sondern um beobachtbare bzw. »aus biografischen Dokumenten wie einem Bericht über einen Tageslauf oder eine biografische Episode nach definierten Kriterien ableitbare Inhalte personaler Prozesse, in denen es nicht nur um die kognitive Repräsentation von Situationen, sondern um Art und Ausmaß des Betroffenseins von ihnen, der äußeren und inneren Auseinandersetzung mit ihnen geht« (Thomae, 1996). Daseinsthemen sind –

und hier besteht ein weiterer wesentlicher Unterschied zwischen Daseinsthemen und Entwicklungsaufgaben – als das Resultat einer lebenslangen Person-Umwelt-Interaktion aufzufassen, sie spiegeln nicht einfach in der Umwelt bestehende oder wahrgenommene Aufgaben und Anforderungen wider, sondern sind gleichzeitig auch als das Ergebnis vorheriger Auseinandersetzung mit mannigfachen Umweltkonstellationen aufzufassen. Eine erste Beschreibung von Daseinsthemen wurde von Thomae (1968) auf der Grundlage von Daten einer Längsschnittuntersuchung von männlichen Angestellten im mittleren Erwachsenenalter vorgelegt. Im Rahmen von Analysen der Bonner Gerontologischen Längsschnittstudie konnte nachgewiesen werden, dass der Prozess der Strukturierung von Daseinsthemen, wie z.B. »Wunsch nach Ausweitung des Interessenhorizontes«, »Aufgreifen und Nutzen noch gegebener Möglichkeiten«, »Bemühen um die Erhaltung des sozialen Lebenskreises« oder »Bestimmtsein von Enttäuschungen« vom Ausmaß subjektiv erlebter Belastungen in Familie und Beruf sowie von der finanziellen Situation und dem Gesundheitszustand deutlich stärker beeinflusst ist als von Lebensalter oder Geschlecht. Auch dieser Befund lässt erhebliche Zweifel an Versuchen einer lebensaltersspezifischen Sequenzierung von Entwicklungsaufgaben oder Krisen- bzw. Konfliktkonstellationen aufkommen und verweist die Notwendigkeit einer stärker an der individuellen Biografie orientierten Analyse von Prozessen der Persönlichkeitsentwicklung.

6. Plädoyer für die stärkere Beachtung des aufgaben-, konflikt- und daseinsthematischen Ansatzes bei der Analyse der Persönlichkeit und ihrer Entwicklung im Lebenslauf

In den vorherigen Abschnitten dieses Beitrags wurde deutlich, dass einfache Stufen- oder Phasenmodelle, wie man sie früher in der Entwicklungspsychologie vertreten hat, den heutigen Erkenntnissen über den Verlauf von Entwicklungsprozessen nicht mehr gerecht werden. Der Versuch, unterschiedliche Lebensalter durch spezifische Krisen- oder Konfliktsituationen – sei es durch eine einzige, für den jeweiligen Lebensabschnitt dominante Entwicklungskrise, sei es durch eine größere Anzahl unterschiedlicher Entwicklungsaufgaben – zu kennzeichnen, deren Bewältigung oder Lösung als eine notwendige Bedingung für das Erreichen eines höheren Entwicklungsniveaus angesehen werden kann, wird weder der Bedeutung kritischer Lebensereignisse für den Entwicklungsprozess noch den individuellen Bemühungen, derartige Lebensereignisse zu bewältigen, gerecht. Die dargestellten Ergebnisse zu den lebenslangen Auswirkungen von Traumata mögen als Beleg dafür genügen, dass extreme Ereignisse ihre Auswirkungen zum Teil auch unabhängig vom Entwicklungsstand der jeweiligen Person entwickeln können. Darüber hinaus wurde deutlich, dass die Auswirkungen einzelner Ereignisse auf den Entwicklungsprozess auch dann, wenn man extrem belastende Ereignisse untersucht, in unterschiedliche Richtungen weisen können, also selbst im Falle von Traumata nicht selten neben Entwicklungsverlusten auch Entwicklungsgewinne auftreten. Die Auswirkungen von Belastungskonstellationen können ebenso wenig als unidirektional angesehen werden wie der Entwicklungsprozess in seiner Gesamtheit. Am Beispiel von Studien aus dem Bereich der Entwicklungspsychologie sowie von Studien zur Resilienz im Alter wurde die ausgeprägte Plastizität der menschlichen Psyche deutlich: Selbst auf der Grundlage extremer Entwicklungskontexte ist es offenbar nicht möglich, den Entwicklungsstand in späteren Lebensabschnitten zu prognostizieren. Ebenso wenig ist die psychische Anpassung des Menschen durch spezifische Merkmale der objektiven Lebenssituation determiniert. Fasst man die im vorliegenden Beitrag dargestellten Befunde zur Persönlichkeitsentwicklung zusammen, so zeigt sich, dass diese ohne Berücksichtigung der Tatsache, dass die Person selbst auch Agent ihrer eigenen Entwicklung ist, insofern sie sich nicht nur mit Gegebenheiten ihrer Umwelt auseinandersetzt, sondern diese auch aktiv gestaltet und diesen überhaupt erst Bedeutung verleiht, individuelle Entwicklungsprozesse weder verstanden noch prognostiziert werden können. Eine mögliche Lösung sehen wir hier in der Untersuchung von Daseinsthemen. Durch eine solche Untersuchung wird es zum Teil erst möglich, zu verstehen, warum die Person sich subjektiv genötigt sieht, sich mit spezifischen Entwicklungsaufgaben auseinanderzusetzen, wie sie bestimmte Konflikt- oder Krisenkonstellationen wahrnimmt und in je spezifischer Art und Weise zu lösen versucht. Auch wenn die Untersuchung von Daseinsthemen sehr aufwendig ist und darüber hinaus eine für den empirischen Sozial- und Verhaltenswissenschaftler häufig ungewohnte Beziehung zwischen Forscher und Untersuchungsteilnehmer voraussetzt, stellt sie unseres Erachtens doch einen bedeutsamen Zugang zum Gegenstand der Persönlichkeitsentwicklung dar.

Literatur

Aldwin, C.M., Levenson, M.R., Spiro, A. (1994). Vulnerability and resilience to combat exposure: Can stress have lifelong effects? *Psychology and Aging, 9,* 34–44.

Atchley, R.C. (1989). Continuity theory of normal aging. *Gerontologist, 29,* 183–190.

Atchley, R.C. (1997). *Social forces and aging.* Belmont, C.A: Wadsworth Publishing Company.

Baltes, M.M., Montada, L. (Hrsg.) (1996). *Produktives Leben im Alter.* Frankfurt: Campus.

Baltes, P.B. (1979). Life-span developmental psychology: Some converging observations on history and theory. In P.B. Baltes, O.G. Brim (Eds.). *Life span development and behavior* (pp. 255–279). New York: Academic Press.

Baltes, P.B. (1990). Entwicklungspsychologie der Lebensspanne: Theoretische Leitsätze. *Psychologische Rundschau, 41,* 1–24.

Baltes, P.B., Baltes, M.M. (1992). Gerontologie: Begriff, Herausforderung und Brennpunkte. In P.B. Baltes, J. Mittelstraß (Hrsg.). *Zukunft des Alters und gesellschaftliche Entwicklung* (S. 1–34). Berlin: de Gruyter.

Baltes, P.B. Mittelstraß, J. (Hrsg.) (1992). *Alter und Altern: Ein interdisziplinärer Studientext zur Gerontologie.* Berlin: de Gruyter.

Bastine, R. (1998). *Klinische Psychologie.* Stuttgart: Kohlhammer.

Brandtstädter, J./Renner, G. (1990). Tenacious goal pursuit and flexible goal adjustment: Explication and age-related analysis of assimilative and accomodative strategies of coping. *Psychology and Aging, 5,* 58–67.

Carstensen, L.L. (1992). Social and emotional patterns in adulthood: Support for socioemotional selectivity theory. *Psychology and Aging, 7,* 331–338.

Carstensen, L.L. (1993). *Motivation for social contact across the life-span: A theory of socioemotional selectivity.* Nebraska symposium on motivation: 1992 (Vol. 40, pp. 209–254). Lincoln: University of Nebraska Press.

Chodoff, P. (1997). The holocaust and its effects on survivors: An overview. *Political Psychology, 18,* 147–157.

Clark, L.F., Collins, J.E. (1993). Remembering old flames: How the past affects assessment of the present. *Personality and Social Psychology Bulletin, 19,* 399–408.

Coeper, C., Hagen, W., Thomae, H. (1964). *Deutsche Nachkriegskinder.* Stuttgart: Thieme.

Davidson, J.R.T., Foa, E.B. (Eds.). (1993). *Posttraumatic stress disorder: DSM IV and beyond.* Washington, DC: American Psychiatric Press.

Elder, G.H., Caspi, A. (1988). Economic stress in lives: Developmental perspectives. *Journal of Social Issues, 44,* 25–45.

Erikson, E.H. (1979). *Identität im Lebenszyklus.* Frankfurt: Suhrkamp.

Erikson, E.H., Erikson, J.M., Kivnick, H.Q. (1986). *Vital involvement in old age.* New York: Norton/Company.

Filipp, S.-H. (1999). A three-stage model of coping with loss and trauma: Lessons from patients suffering from severe and chronic disease. In A. Maercker, M. Schützwohl, Z. Solomon (Eds.). *Post-traumatic stress disorder. A lifespan developmental perspective* (pp. 43–80). Seattle: Hogrefe.

Filipp, S.-H., Ferring, D. (1998). Befindlichkeitsregulation durch temporale und soziale Vergleichsprozesse im Alter? *Zeitschrift für Klinische Psychologie, 27,* 93–97.

Fontana, A., Rosenheck, R. (1994). Traumatic war stress and psychiatric symptoms among World War II, Korean, and Vietnam War Veterans. *Psychology and Aging, 9,* 27–33.

Fry, C.L. (1996). Age, aging and culture. In R.H. Binstock, L.K. George (Eds.). *Handbook of aging and the social sciences* (pp. 117–136). San Diego: Academic Press.

Fry, C.L. (1999). Anthropological theories of age and aging. In V.L. Bengtson, K.W. Schaie (Eds.). *Handbook of theories of aging* (pp. 271–286). New York: Springer.

Gerhardt, U. (1998). »Und dass ich Rente kriege«: Zur Dynamik des gesellschaftlichen Alterns. In A. Kruse (Hrsg.). *Psychosoziale Gerontologie, Bd. I: Grundlagen* (S. 253–275). Göttingen: Hogrefe.

Gerok, W., Brandtstädter, J. (1992). Normales, krankhaftes und optimales Altern: Variations- und Modifikationsspielräume. In P.B. Baltes, J. Mittelstraß (Hrsg.). *Zukunft des Alters und gesellschaftliche Entwicklung* (S. 356–385). Berlin: de Gruyter.

Havighurst, R.J. (1948). *Developmental tasks and education.* NY: McKay.

Havighurst, R.J, (1963). Dominant concerns of the life cycle. In H. Thomae, L. Schenk-Danzinger (Hrsg.). *Gegenwartsprobleme der Entwicklungspsychologie* (S. 27–37). Göttingen: Hogrefe.

Heckhausen, J. (1990). Psychische Entwicklung im Lebenslauf. *Psychomed 2/3,* 144–149.

Holmes, T.H., Rahe, R.H. (1967). The social readjustment rating scale. *Journal of Psychosomatic research, 11,* 213–218.

Hooyman, N.R., Kiyak, H.A. (1993). *Social gerontology: a multidisciplinary perspective.* Needham Heights, MA: Allyn and Bacon.

Janoff-Bulman, R. (1979). Characterological versus behavioral self-blame: Inquiries into depression and rape. *Journal of Personality and Social Psychology, 37,* 1798–1809.

Kohli, M (1992). Altern in soziologischer Perspektive. In P.B. Baltes, J. Mittelstraß (Hrsg.). *Zukunft des Alters und gesellschaftliche Entwicklung* (S. 231–259). Berlin: de Gruyter.

Kruse, A. (1992). Alter im Lebenslauf. In P.B. Baltes, J. Mittelstraß (Hrsg.). *Zukunft des Alters und gesellschaftliche Perspektiven* (S. 331–355). Berlin: de Gruyter.

Kruse, A. (1995). Entwicklungspotentialität im Alter. Eine lebenslauf- und situationsorientierte Sicht psychischer Entwicklung. In P. Borscheid (Hrsg.). *Alter und Gesellschaft* (S. 63–84). Stuttgart: Wissenschaftliche Verlagsgesellschaft.

Kruse, A. (1996). Alltagspraktische und sozioemotionale Kompetenz. In M.M. Baltes, L. Montada (Hrsg.). *Produktives Leben im Alter* (S. 92–102). Frankfurt: Campus.

Kruse, A. (2000). Zeit, Biographie und Lebenslauf. *Zeitschrift für Gerontologie und Geriatrie, 33,* 90–97.

Kruse, A., Schmitt, E. (1995). Formen der Selbständigkeit in verschiedenen Altersgruppen: Empirische Analyse und Deskription der Aktivitätsprofile. *Zeitschrift für Gerontopsychologie und -psychiatrie, 8,* 227–236.

Kruse, A., Schmitt, E. (1998). Die psychische Situation hilfsbedürftiger älterer Menschen – eine ressourcen-orientierte Sicht. *Zeitschrift für Klinische Psychologie, 27,* 118–124.

Kruse, A., Schmitt, E. (2000). *Wir haben uns als Deutsche gefühlt.* Darmstadt: Steinkopff.

Kruse, A., Henft, G., Schulz-Nieswandt. (2001). *Gesundheit im Alter. Gesundheitsbericht für die Bundesrepublik Deutschland.* Berlin, Robert-Koch-Institut.

Krystal, H., Niederland, W. (1971). *Psychic traumatization.* Boston: Little Brown.

Lehr, U. (1972). *Psychologie des Alterns.* Heidelberg: Quelle/Meyer.

Lehr, U. (1978). Kontinuität und Diskontinuität im Lebenslauf. In L. Rosenmayr (Hrsg.). *Die menschlichen Lebensalter – Kontinuität und Krisen* (S. 315–339). München: Piper.

Lehr, U. (1995). Zur Geschichte der Entwicklungspsychologie der Lebensspanne. In A. Kruse, R. Schmitz-Scherzer (Hrsg.). *Psychologie der Lebensalter* (S. 3–14). Darmstadt: Steinkopff.

Lehr, U., Thomae, H. (1965). *Konflikt, seelische Belastung und Lebensalter.* Köln: Westdeutscher Verlag.

Lehr, U., Thomae, H. (Hrsg.) (1987). *Formen seelischen Alterns.* Stuttgart: Enke.

Lehr, U., Thomae, H. (2000). *Psychologie des Alterns.* Heidelberg: Quelle/ Meyer.

Lerner, M.J., Gignac, M.A. (1992). Is it coping or is it growth? A cognitive-affective model of contentment in the elderly. In L. Montada, S.-H. Filipp (Eds.). *Life crisis and experiences of loss in adulthood* (pp. 321–340). Hillsdale, NJ: Erlbaum.

Lösel, F./Bliesener, T. (1990). Resilience in adolescence: A study on the generalizability of protective factors. In K. Hurrelmann/F. Lösel (Hrsg.), *Health hazards in adolescence* (pp. 299–320). Berlin: Walter de Gruyter.

Maas, H.S. (1963). Longterm effects of early childhood separation and child care. *Vita Humana, 6,* 34–56.

Maercker, A. (1999). Lifespan psychological aspects of trauma and PTSD: Symptoms and psychosocial impairments. In A. Maercker, M. Schützwohl, Z. Solomon (Eds.). *Post-traumatic stress disorder. A lifespan developmental perspective* (pp. 7–42). Seattle: Hogrefe.

Maercker, A., Herrle, J., Grimm, I. (1999). Dresdner Bombennachtsopfer 50 Jahre danach: Eine Untersuchung patho- und salutogenetischer Variablen. *Zeitschrift für Gerontopsychologie und -psychiatrie, 12,* 157–167.

Maier, G., Schmitt, E. (1998). Bildung im Kontext von Entwicklungsaufgaben im mittleren und höheren Erwachsenenalter. *Bildung und Erziehung, 51,* 401–414.

MacFarlane, J.W. (1964). Perspectives in personality consistency and change from the Guidance Study. *Vita Humana, 7,* 115–126.

Meyer, J.W. (1988). Levels of analysis: the life course as a cultural construction. In M.W. Riley (Ed.). *Social struture and human lives* (pp. 49–62). Newbury Park: Sage.

Minnemann, E., Schmitt, E. (1995). Kontinuität und Diskontinuität als Konzepte biographischer Alternsforschung. In A. Kruse, R. Schmitz-Scherzer (Hrsg.). *Psychologie der Lebensalter* (S. 93–103). Darmstadt: Steinkopff.

Neugarten, B.L. (1975). Robert J. Havighurst: a pioneer in social gerontology. *Zeitschrift für Gerontologie, 8,* 81–86.

Niederland, W.G. (1980): *Folgen der Verfolgung: Das Überlebenden-Syndrom.* Frankfurt: Suhrkamp

Ochberg, F.M. (1993): Posttraumatic therapy. In J.P. Wilson, B. Raphael (Eds.). *International Handbook of Traumatic Stress Syndromes,* (pp. 773–784). New York: Plenum.

Paul, H., Helberg, H.J. (Hrsg) (1963). *Psychische Spätschäden nach politischer Verfolgung.* Basel: Karger.

Rahe, R. (1988). Recent life changes and coronary heart disease: 10 years' research. In S. Fisher, J. Reason (Eds.). *Handbook of life stress, cognition, and health* (pp. 317–335). Chichester: Wiley.

Rickert, H. (1929). *Die Grenzen der naturwissenschaftlichen Begriffsbildung: Eine logische Einleitung in die historischen Wissenschaften.* Tübingen: Mohr.

Riley, M.W., Riley, J.W.Jr. (1992). Individuelles und gesellschaftliches Potential des Alters. In P.B. Baltes, J. Mittelstraß (Hrsg.). *Alter und Altern.* (S. 437–460). Berlin: de Gruyter.

Robrecht, J. (1995). Konflikt und Lebensalter. In A. Kruse, R. Schmitz-Scherzer (Hrsg.). *Psychologie der Lebensalter* (S. 159–170). Darmstadt: Steinkopff.

Rosenmayr, L. (1983). *Die späte Freiheit.* Berlin: Severin/Siedler.

Rosenmayr, L. (1990). *Die Kräfte des Alters.* Wien: Atelier.

Rothacker, E. (1926). Logik und Systematik der Geisteswissenschaften. In R. Schöter (Hrsg.). *Handbuch der Philosophie.* München: Oldenbourg.

Rutter, M. (1990). Psychosocial resilience and protective mechanisms. In J. Rolf, A.S. Masten, D. Cicchetti, K.H. Nuechterlein, S. Weintraub (Eds.). *Risk and protective factors in the development of psychopathology* (pp. 181–214). Cambridge: Cambridge University Press.

Schützwohl, M., Maercker, A., Manz, R. (1999). Long-term posttraumatic stress reactions, coping, and social support: A structural equation model in a group of former political prisoners. In A. Maercker, M. Schützwohl, Z. Solomon (Eds.). *Post-traumatic stress disorder. A lifespan developmental perspective* (pp. 201–220). Seattle: Hogrefe.

Solomon, Z., Ginzburg, K. (1999). Aging in the shadow of war. In A. Maercker, M. Schützwohl, Z. Solomon (Eds.). *Post-traumatic stress disorder. A lifespan developmental perspective* (pp. 137–154). Seattle: Hogrefe.

Solomon, Z., Prager, E. (1995). Cognitive control as a buffer of war-induced stress in a middle-aged and older Israeli sample. *Ageing and Society, 15,* 355–374.

Spiro, A., Schnurr, P.P., Aldwin, C.M. (1994). Combat-related posttraumatic stress disorder symptoms in older men. *Psychology and Aging, 9,* 17–26.

Staudinger, U., Freund, A., Linden, M./Maas, I. (1996). Selbst, Persönlichkeit und Lebensgestaltung: Psychologische Widerstandsfähigkeit und Vulnerabilität. In K.U. Mayer/P.B. Baltes (Hrsg.). *Die Berliner Altersstudie* (S. 321–350). Berlin: Akademie Verlag.

Steinhagen-Thießen, E., Gerok, W., Borchelt, M. (1992). Innere Medizin und Geriatrie. In P.B. Baltes, J. Mittelstraß (Hrsg.). *Zukunft des Alters und gesellschaftliche Entwicklung* (S. 124–150). Berlin: de Gruyter.

Sutker, P.B., Vasterling, J.J., Brailey, K., Allain, A.N. (1995). Memory, attention, and executive deficits in POW survivors: Contributing biological and psychological factors. *Neuropsychology, 9,* 118–125.

Swann, W.B. (1983). Self verification: Bringing social reality in harmony with the self. In J. Suls, A.G. Greenwald (Eds.). *Psychological perspectives on the self* (pp. 33–66). Hillsdale: Erlbaum.

Thomae, H. (1951). *Persönlichkeit. Eine dynamische Interpretation.* Bonn: Bouvier.

Thomae, H. (1958). Entwicklungsbegriff und Entwicklungstheorie. In H. Thomae (Hrsg.). *Handbuch der Psychologie, Bd. 3* (S. 3–20). Göttingen: Verlag für Psychologie.

Thomae, H. (1968). *Das Individuum und seine Welt* (1. Auflage). Göttingen: Hogrefe.

Thomae, H. (1996). *Das Individuum und seine Welt.* (3. Auflage) Göttingen: Hogrefe.

Thomae, H. (1985). *Dynamik des Erlebens und Verhaltens.* Bonn: Bouvier.

Thompson, M.P., Norris, F.H., Hanacek, B. (1993). Age differences in the psychological consequences of hurricane hugo. *Psychology and Aging, 8,* 606–616.

Tismer, K.-G. (1995). Entwicklungsaufgaben und Entwicklungsthemen als Einheiten einer psychologischen Analyse der Persönlichkeit. In A. Kruse, R. Schmitz-Scherzer (Hrsg.). *Psychologie der Lebensalter* (S. 69–79). Darmstadt: Steinkopff.

Wahl, H.-W. (1991). Dependence in the elderly from an interactional point of view: Verbal and observational data. *Psychology and Aging, 6,* 238–246.

Wahl, H.-W. (1992). Ökologische Perspektiven in der Gerontopsychologie: Ein Blick in die vergangenen drei Jahrzehnte und in die Zukunft. *Psychologische Rundschau, 43,* 232–248.

Weinert, F.E. (1992). Altern in psychologischer Perspektive. In P.B. Baltes, J. Mittelstraß (Hrsg.). *Zukunft des Alterns und gesellschaftliche Entwicklung* (S. 180–203). Berlin: de Gruyter

Werner, E., Smith, R.S. (1992). *Overcoming the odds: High risk children from birth to adulthood.* Ithaka: Cornell University Press.

Wong, P.T., Watt, L.M. (1991). What types of reminiscence are associated with succesful aging? *Psychology and Aging, 6,* 272–279.

6 Das Streben nach persönlichen Zielen: emotionales Wohlbefinden und proaktive Entwicklung über die Lebensspanne

Joachim C. Brunstein/Günter W. Maier

1. Einführung

»Personality is something and personality does something« – mit dieser Formulierung beschrieb Gordon Allport (1937, S. 48) zwei unterschiedliche, aber sich ergänzende Seiten der Persönlichkeitsforschung: Einerseits geht es darum, die Struktur grundlegender Eigenschaften und Dispositionen zu ermitteln, die für eine Person kennzeichnend sind und in denen sie sich von anderen Personen unterscheidet; andererseits stellt sich die Frage, wie die besonderen Merkmale des Individuums in dessen Denken, Handeln und Fühlen zum Ausdruck kommen und wie sie in Interaktion mit Merkmalen der sozialen Umwelt Verhalten beeinflussen können (Cantor, 1990). Gleichfalls 1937 plädierte Floyd Allport dafür, Personen nicht nur durch das zu kennzeichnen, was sie typischerweise tun, sondern auch durch das zu charakterisieren, was sie mit ihrem Tun intendieren und zu erreichen versuchen. Das Ziel einer solchen »teleonomischen« Analyse der Persönlichkeit besteht darin, Absichten, Bestrebungen und Zwecke zu identifizieren, an denen sich das Handeln von Menschen orientiert, die aber je nach Situation in unterschiedlichen Formen des Verhaltens Ausdruck finden können. Gordon Allport (1953) argumentierte später in gleicher Richtung, dass es eine zentrale Aufgabe der motivationspsychologischen Untersuchung der Persönlichkeit sei, herauszufinden, wonach Menschen in ihrem Leben streben und welche Qualitäten (z.B. Kompetenzen und Identitätsaspekte) sie sich dabei zu Eigen machen möchten.

Seit diesen Arbeiten Gordon und Floyd Allports ist geraume Zeit vergangen und die motivationspsychologische Analyse der Persönlichkeit hat währenddessen eine respektable Position in der Persönlichkeitspsychologie eingenommen (McAdams, 1997). In den letzten 20 Jahren ist diese Entwicklung aufs Engste mit der Einführung von Konzepten intentionalen Handelns in die Persönlichkeitsforschung verbunden gewesen (Pervin, 1989). Federführend ist dabei die Vorstellung, dass Menschen, jenseits des Wirkens innerer Triebe und äußerer Zwänge, prinzipiell in der Lage sind, ihr Leben in Übereinstimmung mit eigenen Absichten zu gestalten. Gleichzeitig haben sich Vertreter der Entwicklungspsychologie verstärkt der Frage zugewandt, welche Funktionen Lebensziele und Zukunftspläne in der Entwicklung der Persönlichkeit über die Lebensspanne erfüllen und wie sie die jeweilige Form der Interaktion zwischen Person und Umwelt in unterschiedlichen Lebensphasen prägen (vgl. Brandtstädter/Lerner, 1999). Auch hier sind Vorläufer zu nennen, wie zum Beispiel Bühler und Massarik (1968), die eine detaillierte Analyse alterstypischer Ziele im Lebenslauf vorlegten, oder Neugarten (1977), die sich für eine stärkere Berücksichtigung menschlicher Ambitionen und Pläne in der Untersuchung biografischer Entwicklungen aussprach, und Thomae (1968), der »Themen des Daseinsvollzugs« eine zentrale Stellung in der Analyse der Auseinandersetzung des Individuums mit den Anforderungen der Umwelt zuwies.

Im Mittelpunkt dieses Kapitels werden zwei Fragen stehen. Erstens werden wir erörtern, in welcher Beziehung das Streben nach persönlich bedeutungsvollen Zielen zum emotionalen Wohlbefinden von Menschen steht. Dabei werden wir von der Annahme ausgehen, dass die Bildung persönlich bedeutsamer Ziele eine notwendige, aber keine hinreichende Bedingung für Glück, Vitalität und Lebenszufriedenheit darstellt. Unsere zentrale These lautet stattdessen, dass das Streben nach Zielen nur dann zu hohem Wohlbefinden führt, wenn die betreffenden Ziele im Einklang sowohl mit äußeren Lebensbedingungen als auch mit inneren Bedürfnissen stehen. Dementsprechend werden wir darlegen, dass unrealistische und bedürfnisinkongruente Ziele mit emotionalen Belastungen verbunden sind, die in negativen Lebenseinstellungen und depressiven Affekten zum Ausdruck kommen können. Zweitens werden wir diskutieren, welche Funktionen persönliche Ziele in der Entwicklung im Erwachsenenalter erfüllen. Wir werden zunächst Veränderungen beschreiben, denen persönliche Ziele im Lebenszyklus unterworfen sind. Anschließend werden wir argumentieren, dass persönliche Ziele die Ausübung von Selbstkontrolle über das eigene Leben ermöglichen, und zudem erörtern, welchen Beitrag übergreifende Lebensziele, aber auch konkrete Anliegen des Alltagslebens, zur Kontinuität und Variabilität im Leben von Menschen leisten. Abschließend werden wir diskutieren, welche Rolle Veränderungen in Zielsystemen in der proaktiven Bewältigung von Lebenseinschnitten spielen.

2. Persönliche Ziele

Persönliche Ziele beruhen auf antizipierten Zuständen und Ereignissen, die für eine Person von individueller Bedeutung sind. Sie zeigen an, wonach eine Person in ihrer gegenwärtigen Lebenssituation strebt und was sie in Zukunft in unterschiedlichen Lebensbereichen erreichen oder auch vermeiden möchte (Brunstein, Dangelmayer/Schultheiss, 1996; Brunstein/Maier, 1996). Unter dem Begriff der persönlichen Ziele wird eine ganze Reihe kognitiv-motivationaler Konstrukte der Persönlichkeitspsychologie zusammengefasst, wie zum Beispiel *current concerns* (Klinger, 1977), *personal projects* (Little, 1983), *personal strivings* (Emmons, 1986) und *life tasks* (Cantor/Zirkel, 1990). Diese Konstrukte verbindet die Auffassung, dass Menschen zukunftsgerichtete und sich selbst motivierende Wesen sind, die danach streben, ihr Leben nach eigenen Absichten zu gestalten und ihre Alltagsaktivitäten mit persönlicher Bedeutung zu erfüllen.

Der Bildung von persönlichen Zielen liegt ein kreativer Prozess zugrunde, in dem Menschen bedeutungsvolle Vorhaben generieren und sie mit Handlungsplänen verknüpfen, welche der Erreichung der jeweils ausgewählten Ziele dienen. Auf die Bildung von Zielen können zahlreiche interne und externe Faktoren einwirken. Um sich Ziele zu setzen, die einerseits realistisch, andererseits aber auch befriedigend sind, müssen Individuen ihre eigenen Interessen, Bedürfnisse und Werte mit den Aufgaben, Erwartungen und Gelegenheiten ihrer sozialen Umwelt in Einklang bringen (Cantor, 1994). Dennoch ist die Bildung von Zielen nicht einfach als Produkt der Abwägung eigener Wünsche gegenüber äußeren Erfordernissen zu verstehen. Vielmehr impliziert die Bildung persönlicher Ziele stets einen Akt der Entscheidung oder Selbstverpflichtung, durch den ein bestimmtes Ziel erst zum Maßstab des eigenen Handelns wird (Emmons/Kaiser, 1996).

Persönliche Ziele verleihen dem Alltag von Menschen Struktur und Bedeutung (Klinger, 1977). Menschen identifizieren sich mit den Zielen, die sie verfolgen (Cross/Markus, 1991), und investieren ein beträchtliches Maß an Zeit und Energie, um ihre Anliegen zu verwirklichen (Brunstein, 2000; Novacek/Lazarus, 1990). Sie ersinnen Strategien, wie sie ihre Ziele implementieren können, wählen Situationen danach aus, ob sie für die jeweils verfolgten Ziele passend sind, überwachen Fortschritte, die sie bei einzelnen Zielen machen, und verändern ihr Verhalten und verfeinern ihre Strategien, sofern sich ihre bisherigen Bemühungen als erfolglos erwiesen haben. Gemeinsam bilden diese Aktivitäten die Grundlage jeglicher Form selbstgesteuerten Handelns. Sie befähigen Menschen, ihr eigenes Tun selbst zu bestimmen und es gemäß eigener Absichten und Pläne auf erstrebenswerte Zustände auszurichten (Ford, 1987).

Obwohl Menschen ihre Ziele nicht fortlaufend reflektieren, sondern sich überwiegend auf die Ausführung zielgerichteter Handlungen konzentrieren, wird angenommen, dass persönliche Ziele dem Bewusstsein zugänglich sind. Daher werden sie mit Methoden des Selbstberichts erfasst. Typisch dafür ist, dass idiographische mit nomothetischen Elementen kombiniert werden (Klinger, Barta/Maxeiner, 1981). Die Probanden berichten zunächst ihre Anliegen, Projekte und Bestrebungen in einem freien Antwortformat. Die Inhalte, die dabei generiert werden, sind in hohem Maße idiosynkratisch, d.h. spezifisch für die betreffende Person und ihre gegenwärtige Lebenssituation. Anschließend werden persönliche Ziele nach unterschiedlichen Merkmalen eingeschätzt, wobei neben inhaltlichen Aspekten (z.B. dem Thema eines Ziels) auch formale Eigenschaften der berichteten Ziele (z.B. die Wichtigkeit eines Ziels) beurteilt werden. Auf diese Weise können interindividuelle Differenzen im Streben nach Zielen erfasst und zu anderen Variablen, wie Indikatoren des subjektiven Wohlbefindens, in Beziehung gesetzt werden.

3. Entschlossenheit und Realisierbarkeit: ein teleonomisches Modell des emotionalen Wohlbefindens

In den letzten Jahren haben zahlreiche Autoren darauf hingewiesen, dass *Zielgerichtetheit* eine wichtige Rolle in der Lebenszufriedenheit und psychischen Gesundheit von Menschen spielt (vgl. Diener, Suh, Lucas/Smith, 1999). Persönliche Ziele können auf mindestens drei Wegen emotionales Wohlbefinden fördern: Erstens vermittelt das Streben nach selbst gesetzten Zielen die Erfahrung, ein erfülltes und selbst bestimmtes Leben zu führen (Erikson, Erikson/Kivnick, 1986; Lazarus/DeLongis, 1983). Zweitens bieten Ziele Anreize, die je nach Aufgabe und Anforderung zu geistigen, sozialen und körperlichen Aktivitäten anspornen können (Cross/Markus, 1991; Harlow/Cantor, 1996). Drittens werden durch Ziele Orientierungspunkte für die Planung und Ausgestaltung des eigenen Lebens definiert (Brandtstädter, 1984; Bühler/Massarik, 1968). Dementsprechend empfinden Menschen, die »ziellos« sind, d.h. keine für sie bedeutungsvollen Ziele verfolgen, ihren Alltag zumeist als »leer« und unausgefüllt und sind mit ihrem Leben unzufrieden (Klinger, 1977).

Das Streben nach persönlichen Zielen führt aber keineswegs aus innerer Notwendigkeit zu Wohlbefinden und Lebenszufriedenheit. Klinger (1977) wies darauf hin, dass Personen, die ihren Zielen hohe Bedeutung zuweisen, bei ihrer Realisierung aber wenig erfolgreich sind, häufig Gefühle der Frustration und Enttäuschung erleben und – sofern ihre Ziele auf Dauer durch Hindernisse blockiert werden – in depressive Phasen verfallen können. Ähnlich betonte Michalos (1980), dass chronische Diskrepanzen zwischen Ansprüchen an das Leben einerseits und erzielten Lebenserfolgen andererseits eine der wichtigsten Ursachen für die Entwicklung negativer Lebenseinstellungen sind. Um zu einem umfassenderen Verständnis der Beziehung zwischen persönlichen Zielen auf der einen Seite und emotionalem Wohlbefinden auf der anderen Seite zu gelangen, genügt es daher nicht, zu fragen, ob und in welchem Umfang eine Person Ziele verfolgt, die für sie wichtig sind; vielmehr ist zusätzlich zu fragen, ob und in welchem Umfang eine Person über eine Lebenssituation verfügt, die das Erreichen selbst gesetzter Ziele begünstigt oder, im negativen Fall, erschwert.

Diesen Gedanken haben wir (die Autoren) in einer Serie von Studien aufgegriffen, deren Ergebnisse wir anschließend zusammenfassen werden. Allen Studien ist gemeinsam, dass Veränderungen im emotionalen Wohlbefinden als gemeinsame Funktion sowohl der *Entschlossenheit,* persönliche Ziele zu verfolgen, als auch der *Realisierbarkeit* von persönlichen Zielen im Licht der jeweils bestehenden Lebenssituation analysiert wurden. Mit Entschlossenheit bezeichnen wir das Ausmaß, in dem sich eine Person mit ihren Zielen identifiziert und sich verpflichtet fühlt, sie zu verwirklichen. Hohe Entschlossenheit bedeutet, dass ein Ziel für eine Person verbindlich ist, dass sie bereit ist, für das betreffende Ziel Anstrengung zu investieren, und dass sie das Ziel möglichst rasch in Angriff nehmen will. Mit Realisierbarkeit bezeichnen wir hingegen das Ausmaß, in dem eine Lebenssituation günstige oder ungünstige Bedingungen für die Verwirklichung von persönlichen Zielen bietet.

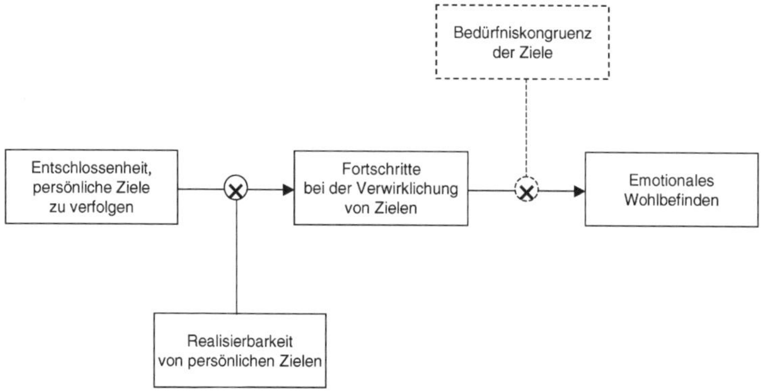

Abb. 1: Teleonomisches Modell des emotionalen Wohlbefindens.

Hohe Realisierbarkeit bedeutet zum Beispiel, dass eine Person ihren Alltag so gestalten kann, dass er ausreichend Zeit und Gelegenheit bietet, um etwas für persönliche Ziele zu tun; dass sie weiterhin diejenigen Faktoren, die für die Verwirklichung ihrer Ziele relevant sind, selbst beeinflussen kann; und dass sie sich zudem bei der Ausführung zielgerichteter Handlungen auf die Unterstützung relevanter Bezugspersonen verlassen kann (für die zugehörigen Einschätzungsskalen vgl. Brunstein, 1993, 2001; Maier/Brunstein, 2001).

Das von uns entwickelte »teleonomische« (d.h. auf Zielkonzepten beruhende) Modell des emotionalen Wohlbefindens besagt im Kern Folgendes (vgl. Abbildung 1; die in gestrichelten Linien abgebildeten Teile des Modells werden später erläutert werden): Entschlossenheit und Realisierbarkeit werden als distale Einflussgrößen des Wohlbefindens betrachtet. Jeder dieser beiden Variablen wird eine gesonderte Funktion bei der Vorhersage des Wohlbefindens zugewiesen. Die Höhe der Entschlossenheit bestimmt, in welchem Umfang das eigene Wohlbefinden vom Streben nach persönlichen Ziele abhängig gemacht wird. Demgegenüber beeinflusst die Realisierbarkeit von Zielen, in welcher Richtung sich das Wohlbefinden einer Person über die Zeit verändert. Lebensbedingungen, welche die Verwirklichung von Zielen begünstigen, sollten zu einer Zunahme des Wohlbefindens führen, während ungünstige Bedingungen und die damit verbundenen Schwierigkeiten, Ziele nicht realisieren zu können, Beeinträchtigungen des Wohlbefindens nach sich ziehen sollten.

Fortschritten bei der Verwirklichung von Zielen wird demgegenüber die Rolle von vermittelnden Variablen zugewiesen. Einerseits werden Fortschritte als unmittelbare Ursache für hohes Wohlbefinden betrachtet. Diese Annahme entspricht der Auffassung, dass positive und negative Affekte durch ein Feedbacksystem gesteuert werden, das die Annäherung an angestrebte Ziele registriert (bzw. sie mit zugehörigen Sollwerten vergleicht; vgl. Carver/Scheier, 1999). Andererseits wird angenommen, dass hohe Fortschritte nur dann erzielt werden, wenn ein hohes Maß an Entschlossenheit auf der Seite der Person mit günstigen Bedingungen zur Realisierung von Zielen auf der Seite der Lebenssituation zusammentrifft. Ist eine dieser beiden Voraussetzungen nicht erfüllt, so sind auch keine substanziellen Fortschritte im Streben nach Zielen zu erwarten.

Um dieses Annahmen zu prüfen, führte Brunstein (1993) eine Studie durch, in der Studenten im Verlauf eines Semesters mehrfach zu ihrem Wohlbefinden befragt wurden (Lebenszufriedenheit, positive Affekte und negative Affekte). Am Beginn des Semesters berichteten die Teilnehmer ihre persönlichen Zielen und schätzten sie nach Merkmalen ein, welche sich auf die oben beschriebenen Dimensionen »Entschlossenheit« und »Realisierbarkeit« bezogen. Vier, zehn und zwölf Wochen später gaben sie an, in welchem Umfang sie Fortschritte bei der Verwirklichung ihrer Ziele erreicht hatten; zu den gleichen Zeitpunkten wurden Angaben zum emotionalen Wohlbefinden erhoben. Erwartungsgemäß erwies sich die Interaktion zwischen Entschlossenheit und Realisierbarkeit als bedeutsamer Prädiktor sowohl von Fortschritten bei der Realisierung von Zielen als auch von Veränderungen im Wohlbefinden (vgl. Abbildung 2). Studenten, die fest entschlossen waren, ihre Ziele zu verwirklichen, und ihre Lebensbedingungen dafür als günstig erachteten, erzielten die größten Fortschritte und verbuchten einen deutlichen Anstieg in ihrem Wohlbefinden. Demgegenüber waren ungünstige Bedingungen mit geringen Fortschritten verknüpft und führten darüber vermittelt zu einer Minderung des emotionalen

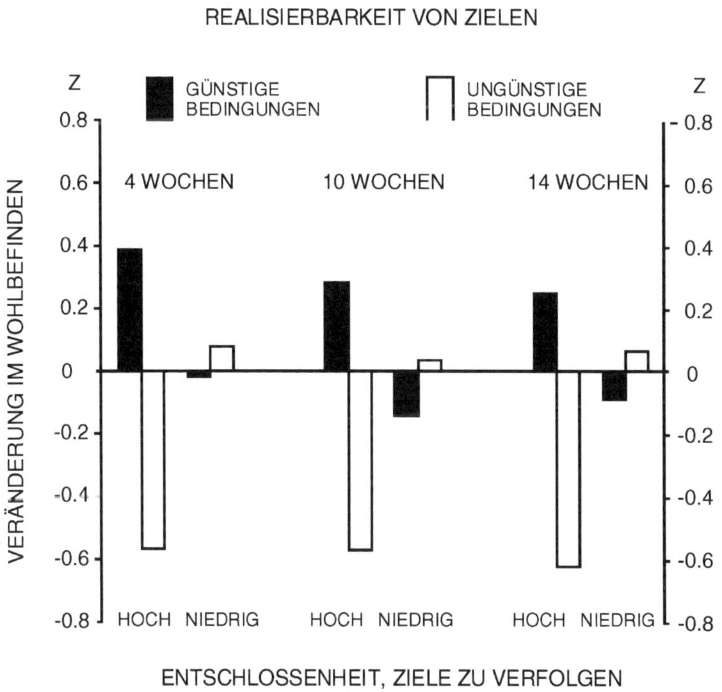

Abb. 2: Veränderungen im emotionalen Wohlbefinden als Funktion der Entschlossenheit, persönliche Ziele zu verfolgen, und der Realisierbarkeit von persönlichen Zielen in der aktuellen Lebenssituation.

Quelle: Brunstein, J. C. (1993). Personal goals and subjective well-being: A longitudinal study. *Journal of Personality and Social Psychology, 65*, 1061–1070.

Wohlbefindens während des Semesters. Signifikant war dieser negative Effekt allerdings nur bei Studenten, die trotz ungünstiger Bedingungen entschlossen blieben, ihre Ziele zu verwirklichen.

Um die Generalisierbarkeit dieser Ergebnisse zu prüfen, führte Brunstein (1999) eine ähnliche Studie, diesmal jedoch mit einer Gruppe 60- bis 80-Jähriger durch. Die Teilnehmer berichteten zunächst ihre aktuellen Ziele in fünf Lebensbereichen (Familie, Freunde, Finanzen, Hobbys und Gesundheit). Danach schätzten sie ihre eigene Entschlossenheit ein und machten Angaben zur Realisierbarkeit ihrer Ziele. Nach statistischer Kontrolle von Lebensalter, Einkommen, Gesundheitszustand und sozialen Kontakten erwies sich die Beurteilung der Realisierbarkeit von persönlichen Zielen als bedeutsame Einflussgröße des emotionalen Wohlbefindens. Wurden die Lebensbedingungen für die Verwirklichung von persönlichen Zielen als günstig beurteilt, so war ein hohes Maß an Entschlossenheit auch mit hoher Lebenszufriedenheit, einem Überwiegen von positiven im Vergleich zu negativen Affekten und einer optimistischen Sichtweise des Alterns verknüpft. Symptome der Resignation herrschten demgegenüber bei Teilnehmern vor, die nicht mehr daran glaubten, Ziele, die sie für wichtig hielten, auch verwirklichen zu können.

Maier und Brunstein (2001) überprüften das oben beschriebene Modell im Kontext der beruflichen Sozialisation bei Berufsanfängern. Die Teilnehmer, die kurz zuvor in ein Unternehmen eingetreten waren, berichteten ihre Ziele im Beruf und schätzten sie nach ihrer eigenen Entschlossenheit sowie nach der wahrgenommenen Realisierbarkeit im Kontext des neuen Arbeitsplatzes ein (z.B. nach dem Ausmaß an sozialer Unterstützung durch Vorgesetzte und Kollegen). Als Indikatoren der erfolgreichen beruflichen Integration wurden Veränderungen in der Höhe der Arbeitszufriedenheit sowie der organisationalen Verbundenheit über den Zeitraum von acht Monaten untersucht. Berufseinsteiger, die feste und klar umrissene Absichten vor Augen hatten und zudem überzeugt waren, ihre eigenen Ziele in ihren Unternehmen verwirklichen zu können, verzeichneten nicht nur einen deutlichen Anstieg in ihrer Arbeitszufriedenheit, sondern entwickelten auch ein hohes Maß an Identifikation mit ihrem Unternehmen. Wurden die Bedingungen zur Realisierung eigener Ziele am Arbeitsplatz negativ eingeschätzt, so ging die Höhe der Arbeitszufriedenheit zurück und das Ausmaß der Verbundenheit mit dem jeweiligen Unternehmen blieb während des ersten Jahrs der Anstellung gering. Diese Ergebnisse zeigen, dass die Qualität eines spezifischen Lebensbereichs, wie z.B. des Arbeitsplatzes in einem Unternehmen, danach beurteilt wird, in welchem Umfang er Gelegenheit zur Realisierung persönlich wichtiger Anliegen bietet. Brunstein, Dangelmayer und Schultheiss

(1996) haben ähnliche Ergebnisse in Studien zur Zufriedenheit mit Ehe und Partnerschaft ermittelt.

In einer wiederum ganz anderen Personengruppe untersuchten Brunstein, Ganserer, Maier und Heckhausen (1991) die persönlichen Ziele von Hausfrauen, die ihre Anliegen und Pläne zunächst nach Merkmalen der »Entschlossenheit« und »Realisierbarkeit« einschätzten. In der folgenden Woche wurden sie gebeten, an jedem Tag zu acht per Zufall ausgewählten Terminen ihre Stimmungslage zu protokollieren (mittels eines Signalgebers, der acht Mal am Tag »piepste«). Nach Aggregation der Daten über 56 Messzeitpunkte erwiesen sich positive und negative Stimmungen als unabhängige Affektdimensionen. Die Häufigkeit positiver Affekte war umso höher, je vielfältiger die Ziele der Teilnehmerinnen waren und je mehr sie sich entschlossen fühlten, ihre Ziele auch realisieren zu wollen. Negative Affekte wurden hingegen umso häufiger registriert, je seltener sich im Alltag die Gelegenheit bot, an persönlich bedeutungsvollen Zielen zu arbeiten.

Ein weiteres Ergebnis dieser Studie (Brunstein et al., 1991) war, dass Hausfrauen, deren Lebensbedingungen für die Verwirklichung persönlicher Ziele ungünstig waren, erhöhte Werte auf einem Depressionsinventar aufwiesen. Ähnlich berichteten Lecci, Karoly, Briggs und Kuhn (1994), dass Ziele, welche als bedeutsam erachtet werden, gleichzeitig aber kaum realisierbar erscheinen, das Risiko erhöhen, dass Symptome der Depression und Ängstlichkeit entwickelt werden. Röhrle, Hedke und Leibold (1994) haben dies in einer klinischen Stichprobe bestätigen können. Depressive Patienten schätzten ihre Ziele als weitaus schwieriger und belastender sowie weniger kontrollierbar ein als Personen einer nicht klinischen Vergleichsgruppe (zu ähnliche Befunden bei Patienten mit psychosomatischen Störungen vgl. Pöhlmann/Brunstein, 2000). Bemerkenswert ist, dass in keiner dieser Studien Symptome der Depression mit Zuständen der »Ziellosigkeit« verbunden waren. Im Gegenteil, gerade bei hoher Entschlossenheit, Ziel verwirklichen zu wollen, können widrige Lebensumstände nachteilige Effekte auf die emotionale Gesundheit von Menschen ausüben.

Zusammenfassend zeigen die hier berichteten Befunde, dass ein hohes Maß an Zielgerichtetheit (bzw. an Entschlossenheit, einmal gesetzte Ziele auch zu realisieren) nur in dem Maße für emotionales Wohlbefinden förderlich ist, wie eine Person über eine Lebenssituation verfügt, die für die betreffenden Ziele günstig ist. Unter ungünstigen Bedingungen werden selbst bei hoher Entschlossenheit keine substanziellen Fortschritte bei der Verwirklichung von Zielen gemacht. Dies kann wiederum Gefühle der Enttäuschung und Unzufriedenheit nach sich ziehen und bei dauerhafter Blockierung wichtiger Ziele zum Auftreten depressiver Episoden führen. In einer solchen Situation mag es hilfreich sein, sich von unrealistischen Absichten zu lösen und Ziele, die eher belastend als befriedigend wirken, gänzlich aufzugeben. Wir kommen auf diesen Punkt später noch zurück.

4. Explizite Ziele und implizite Motive

Auch wenn die Realisierung persönlicher Ziele in der Regel von gesteigerter Lebensfreude begleitet wird, so stellt sich dennoch die Frage, ob alle Arten von Zielen gleichermaßen für emotionales Wohlbefinden förderlich sind (Sheldon/Kasser, 1998). Brunstein, Lautenschlager, Nawroth, Pöhlmann und Schultheiss (1995) vertraten die These, dass das Streben nach und die Verwirklichung von persönlichen Zielen nur in dem Maße emotionales Wohlbefinden fördert, wie die betreffenden Ziele Gelegenheit zur Befriedigung grundlegender Bedürfnisse bieten (vgl. hier die mit gestrichelten Linien gekennzeichneten Teile des Modells in Abbildung 1). Nach McClelland (1985) lassen sich Bedürfnisse, wie das Streben nach Nähe (Affiliation), Wirksamkeit (Macht) und Effizienz (Leistung), als Dispositionen betrachten, die auf der Grundlage affektiver Lernerfahrungen in der frühen Kindheit gebildet werden. McClelland bezeichnete interindividuelle Differenzen in der Stärke einzelner Bedürfnisse auch als *implizite Motive* und grenzte sie von den expliziten Zielen und Werten ab, die sich eine Person selbst zuschreibt.

Implizite Motive sind nach McClelland nichtsprachlich repräsentiert und daher dem Bewusstsein schwer zugänglich. Sie lassen sich weder mit Methoden des Selbstberichts erfassen noch aus beobachtbarem Verhalten ablesen (Schultheiss/Brunstein, in press). Implizite Motive können aber indirekt aus Phantasieaktivitäten erschlossen werden, die Personen spontan zu Bildern produzieren, wie sie dem Thematischen Apperzeptionstest (TAT) Murrays (1943) zugrunde liegen.

Brunstein et al. (1995) befragten Studenten, die zunächst Angaben zu ihrem emotionalen Wohlbefinden machten, zu ihren aktuellen Lebenszielen und legten ihnen zudem einen TAT zur Messung ihrer impliziten Motive vor. Sowohl Motive als auch Ziele wurden nach zwei Themen ausgewertet: *Wirkung* (das Streben nach Autonomie, Effektivität und sozialer Wirksamkeit) und *Bindung* (das Streben nach zwischenmenschlicher Nähe und warmherzigen, vertrauensvollen Beziehungen).

Die Studie erbrachte im Wesentlichen zwei Ergebnisse: Erstens zeigte sich, dass das Ausmaß, in dem die Probanden im TAT Bedürfnisse nach Wirkung und Bindung thematisierten, in keinem bedeutsamen Zusammenhang zur Intensität ihres selbst attribuierten Strebens nach Wirkung und Bindung stand, wie es in den berichteten Zielen zum Ausdruck kam. Dieser von anderen Autoren (z.B. King, 1995) bestätigte Befund illustriert, dass sich Menschen nicht nur an Ziele binden, die ihren eigenen Bedürfnissen entspringen, sondern dass sie ebenso häufig Ziele verfolgen, die nicht zu ihren latenten Bedürfnissen passen. Zweitens zeigte sich, dass die thematische Kongruenz zwischen expliziten Zielen und impliziten Motiven in systematischer Beziehung zur Höhe des emotionalen Wohlbefindens stand. Bei Studenten, die im TAT ein starkes Bedürfnis nach Bindung zum Ausdruck brachten, stand das Streben nach bindungsorientierten Zielen in positiver, das Streben nach wirkungsorientierten Zielen hingegen in negativer Beziehung zum Wohlbefinden. Umgekehrt war bei Studenten, die über ein starkes Wirkungsmotiv (TAT) verfügten, das Streben nach Wirkungszielen mit erhöhtem, das Streben nach Bindungszielen hingegen mit reduziertem Wohlbefinden verknüpft. Diese Befunde demonstrieren, dass das Streben nach Zielen, welche den eigenen Motiven entsprechen, mit hohem Wohlbefinden einhergeht, während Ziele, die thematisch nicht zu den eigenen Bedürfnissen passen oder diesen gar entgegengesetzt sind, vermindertes Wohlbefinden zur Folge haben können.

Brunstein, Schultheiss und Grässmann (1998) untersuchten, wie sich die Kongruenz versus Inkongruenz zwischen expliziten Zielen und impliziten Motiven auf Veränderungen des emotionalen Wohlbefindens über den Zeitraum mehrerer Monate auswirkt. Am Beginn eines Semesters berichteten Studenten ihre aktuellen bindungs- und wirkungsorientierten Ziele. Zudem gaben sie an, wie sehr sie entschlossen waren, ihre Ziele zu verwirklichen, und wie günstig oder ungünstig ihre Lebenssituation diesbezüglich sei. Implizite Bedürfnisse nach Wirkung und Bindung wurden mithilfe eines TAT erfasst. Angaben zum Wohlbefinden wurden im Verlauf des Semesters mehrfach erhoben. Für bedürfniskongruente Ziele (d.h. von Wirkungszielen bei hohem Wirkungsmotiv bzw. von Bindungszielen bei hohem Bindungsmotiv) ergaben sich Befunde, die denen von Brunstein (1993) ähnelten. In Verbindung mit günstigen Lebensbedingungen führte ein hohes Maß an Entschlossenheit, bedürfniskongruente Ziele zu realisieren, zu positiven Veränderungen im emotionalen Wohlbefinden vom Beginn bis zum Ende des Semesters. Die Analyse bedürfnisinkongruenter Ziele (d.h. von Wirkungszielen bei hohem Bindungsmotiv bzw. von Bindungszielen bei hohem Wirkungsmotiv) erbrachte andere Ergebnisse. Studenten, die fest entschlossen waren, bedürfnisinkongruente Ziele zu verwirklichen, verzeichneten einen Rückgang in ihrem emotionalen Wohlbefinden. Dafür waren zwei Gründe ausschlaggebend: Zum einen führten Fortschritte bei bedürfnisinkongruenten Zielen, im Unterschied zu solchen bei bedürfniskongruenten Zielen, zu keinerlei positiven Effekten auf das Wohlbefinden. Zum anderen vernachlässigten Studenten, die sich auf bedürfnisinkongruente Ziele konzentrierten, zumeist andere Ziele, welche ihren Bedürfnissen besser entsprochen hätten. Die damit verbundene Stagnation bei der Verwirklichung von Zielen, die für die Befriedigung eigener Bedürfnisse relevant waren, wirkte sich wiederum negativ auf die Entwicklung des emotionalen Wohlbefindens im Verlauf des Semesters aus.

Diese Befunde illustrieren, dass die Verwirklichung von Zielen nur dann zu hohem Wohlbefinden führt, wenn die betreffenden Ziele Gelegenheit zur Befriedigung eigener Bedürfnisse bieten. Die Befunde zeigen zudem, dass es sinnvoll ist, unterschiedliche Ebenen der Persönlichkeit (z.B. explizite Ziele und implizite Motive) zu berücksichtigen, um ein Erlebnisphänomen, wie emotionales Wohlbefinden, aufzuklären (Brunstein, Maier/Schultheiss, 1999). Die Bildung von Zielen beruht auf der menschlichen Fähigkeit, Zustände zu antizipieren, die in der (fernen) Zukunft liegen. Um sich persönlichen Zielen anzunähern, ist es häufig erforderlich, Pläne zu entwerfen, Strategien einzusetzen und Schwierigkeiten zu überwinden, bevor der eigentlich erwünschte Zustand erreicht werden kann. Verbindliche Lebensziele werden zumeist erst im Jugendalter gebildet, im Unterschied zu den ontogenetisch sehr viel früher entwickelten impliziten Motiven. Letztere bedürfen weder der Selbstreflexion noch erfordern sie die Sprache als Medium. Vielmehr beruhen sie auf emotionalen Präferenzen, die sich auf breite Inhaltsklassen von Anreizen beziehen (z.B. Nähe). Einmal aktiviert, können implizite Motive Verhalten spontan auslösen und es ohne bewusste Kontrolle auf emotional befriedigende Zustände ausrichten (McClelland, Koestner/Weinberger, 1989). Bedenkt man diese Unterschiede zwischen einem affektiv begründeten Motivsystem und einem kognitiv elaborierten Zielsystem, so ist es wenig erstaunlich, dass zwischen beiden Systemen häufig keine Übereinstimmung besteht. Umso wichtiger ist es, genauer zu klären, welche kognitiven und emotionalen Prozesse die Kluft zwischen impliziten Motiven und selbst generierten Zielen überbrücken können (Schultheiss/Brunstein, 1999), welche individuellen Merkmale mit chronischen Zuständen der Kongruenz oder Inkongruenz zwischen Motiven und Zielen verbunden sind (Brunstein, 2001) und welche biografischen Erfahrungen die Integration beider Systeme begünstigen können (Veroff/Smith,1985).

5. Veränderungen in persönlichen Zielen über die Lebensspanne

Welchen Veränderungen unterliegen persönliche Ziele im Lebenslauf? Die meisten Befunde zu dieser Frage entstammen Querschnittsstudien, welche stets das Risiko einer Konfundierung von Alters- mit Kohorteneffekten in sich tragen. Sieht man von dieser Einschränkung ab, so liegen aber doch umfangreiche Erkenntnisse vor, wie sich Ziele im Verlauf des Erwachsenenalters verändern können. Betroffen ist zunächst der Inhalt von Zielen. Nurmi (1992) befragte 19- bis 64-Jährige zu ihren Lebenszielen und kategorisierte sie anschließend nach den jeweils vorherrschenden Themen. Bei Jugendlichen und jungen Erwachsenen dominierten Ziele, die sich um Fragen der Berufswahl, Ausbildung, Familiengründung und Selbstentwicklung drehten. Von Teilnehmern im mittleren Erwachsenenalter wurden mehrheitlich Ziele genannt, welche Fragen der Entwicklung im Beruf sowie der Erziehung der eigenen Kinder betrafen. Gesundheit, Freizeitgestaltung und die Suche nach einem höheren Lebenssinn waren Themen, welche die Ziele älterer Erwachsener charakterisierten. Ähnliche Ergebnisse haben Cross und Markus (1991), Heckhausen (1997) sowie Ryff (1989) berichtet. Betrachtet man Nurmis Befunde, so fällt auf, dass sich Lebensziele sehr stark an den normativen Erwartungen und Entwicklungsaufgaben des Jugend- und Erwachsenenalters orientieren (Havighurst, 1974). Dabei sind allerdings zwei Dinge zu beachten: Zum einen bilden normative Lebensaufgaben nur einen groben Rahmen, innerhalb dessen persönliche Ziele individuell erarbeitet und auf spezifische Lebenskontexte zugeschnitten werden (Cantor, 1990). Zum anderen werden Lebensziele, bzw. die um sie kreisenden Gedanken, nicht automatisch deaktiviert, sobald sich die äußeren Bedingungen für ihre Realisierung verändern. Ergebnisse der »Bonner Längsschnittstudie über das Altern« zeigen beispielsweise, dass berufsbezogene Themen bei Männern noch im Alter zwischen 72 bis 87 Jahren eine hohe und gegenüber früheren Lebensjahren kaum verminderte Priorität genießen können (Thomae, 1988).

Neben inhaltlichen Merkmalen sind auch formale Merkmale von Zielen alterskorrelierten Veränderungen unterworfen. In der Arbeit Nurmis (1992; s.a. Nurmi, Pulliainen/Salmela-Aro, 1992) beurteilten die Teilnehmer ihre Ziele nach der zugehörigen zeitlichen Perspektive sowie nach dem Ausmaß, in dem sie glaubten, die Realisierung dieser Ziele selbst beeinflussen zu können. Ältere Erwachsene waren weit weniger als jüngere davon überzeugt, die Verwirklichung ihrer Ziele selbst kontrollieren zu können. Bei der Interpretation dieses Ergebnisses ist allerdings zu berücksichtigen, dass in unterschiedlichen Altersgruppen auch sehr unterschiedliche Ziele verfolgt werden. Ausbildungs- und berufsbezogene Ziele, wie sie im Jugend- und jüngeren Erwachsenenalter vorherrschen, werden generell mit einem stärkeren Maß an persönlicher Kontrolle verknüpft als Ziele, die sich auf die Entwicklung der eigenen Kinder oder den Erhalt der körperlichen Gesundheit im mittleren bis höheren Lebensalter beziehen.

Bezüglich der Zeitperspektive, unter der Ziele verfolgt werden, konnte Nurmi keine altersabhängigen Veränderungen feststellen. Allerdings waren bei Personen, die sich unmittelbar vor oder am Beginn einer neuen Lebensphase befanden (man denke z.B. an den Berufseintritt bei Jugendlichen oder an die Pensionierung bei älteren Berufstätigen), Ziele, welche die Ausgestaltung der bevorstehenden Lebensphase betrafen, generell mit einer ausgedehnteren Zeitperspektive verknüpft. Im Rahmen der *sozioemotionalen Selektivitätstheorie* haben Carstensen, Isaacowitz und Charles (1999) genauer dargelegt, wie sich die Wahrnehmung der verbleibenden Lebenszeit auf die Auswahl und Bevorzugung von Zielen auswirkt. Während bei geringer Zukunftsperspektive emotionalen Zielen höchste Priorität eingeräumt wird (z.B. dem Ziel, harmonische Kontakte zu anderen Menschen zu haben), treten bei einer ausgedehnteren Zukunftsperspektive kognitive Lebensziele in den Vordergrund (z.B. das Ziel, sich im Beruf weiterzubilden). Aus dieser Annahme lassen sich (mindestens) zwei Schlussfolgerungen ziehen: (a) Da die verfügbare Lebenszeit mit wachsendem Alter als zunehmend begrenzt erlebt wird, sollten emotionale Ziele mit fortschreitendem Alter zunehmend wichtiger werden, was durch die Befunde von Carstensen et al. auch bestätigt wird. (b) Die im höheren Lebensalter häufig zu beobachtende Einschränkung sozialer Kontakte auf nahe stehende Vertraute muss nicht mehr ausschließlich als Ergebnis von Verlust- und Disengagementprozessen interpretiert werden. Aus der Sicht der sozioemotionalen Selektivitätstheorie reflektiert diese Entwicklung vielmehr ein Moment der aktiven Beziehungsgestaltung. Da emotionale Ziele im Leben älter werdender Menschen hohe Priorität genießen, werden auch die dafür relevanten Beziehungen zunehmend auf nahe stehende Bezugspersonen konzentriert (Fredrickson/Carstensen, 1990).

Heckhausen (1997) hat auf eine weitere Veränderung in der Bildung von Zielen hingewiesen, die im Verlauf des Erwachsenenalters eintritt. Während sich die Ziele jüngerer Erwachsener an der Erwartung orientieren, dass die eigenen Kompetenzen im weiteren Lebenslauf noch anwachsen werden, gewinnen drohende oder real erlebte Verluste bezüglich der eigenen kognitiven, sozialen und körperlichen Kompetenzen bei älteren Menschen zunehmend Einfluss auf die Zielbildung. Symptomatisch dafür ist, dass Absichten und Pläne nun häufiger als Vermeidungsziele (d.h. Ziele, die sich um die Abwendung unerwünschter Zustände drehen), statt Annäherungsziele (d.h. Ziele, die sich am Erreichen erwünschter Zustände orientieren) formuliert werden. Vermeidungsziele sind aber generell mit verminderter Zufriedenheit, Vitalität und Selbstwertschätzung verknüpft (Elliot, Sheldon/Church, 1997). Umso erstaunlicher ist, dass mit zunehmendem Lebensalter positive Lebensgefühle ansteigen und negative Affekte abnehmen, wie Charles, Reynolds und Gatz (2001) in einer Längsschnittstudie fanden. Wie lässt sich dieser Widerspruch erklären?

Erstens ist zu berücksichtigen, dass auch ältere Menschen sehr viel mehr über Annäherungs- als Vermeidungsziele berichten. Ogilvie und Rose (1995) fanden, dass drohende Entwicklungsverluste bei Erwachsenen in der Altersgruppe zwischen 66 und 82 Jahren nur recht selten in der Bildung von Vermeidungszielen resultierten, sondern weit häufiger in der Form von Erhaltungszielen zum Ausdruck kamen (z.B. bezüglich der Erhaltung von sozialen Rollen und Aufgaben). Ähnlich berichtete Thomae (1988), dass zwar nicht die Ausweitung, wohl aber die Erhaltung eigener Interessen einen hohen Stellenwert im Leben älterer Menschen einnimmt. Das Ziel, soziale und kognitive Kompetenzen erhalten zu wollen, darf nicht mit Passivität oder Resignation im Alter verwechselt werden. Im Gegenteil: Rapkin und Fisher (1992) fanden, dass gerade Erhaltungsziele dem Auftreten von Depressionen und Selbstwertdefiziten im höheren Lebensalter entgegenwirken. In einer Reanalyse von Daten der »Terman Study of the Gifted« fand ähnlich auch Holahan (1988), dass Ziele, welche Autonomie, soziales Engagement und geistige Produktivität zum Inhalt hatten, mit Optimismus, Vitalität und Lebensfreude im höheren Lebensalter verbunden waren.

Ein zweiter Grund, warum drohende oder auch reale erlebte Entwicklungsverluste keine Einbußen im Wohlbefinden älterer Menschen nach sich ziehen, liegt in der alterskorrelierten Akzentuierung unterschiedlicher Funktionen des Zielmanagements. Effektives Zielmanagement setzt nicht nur die Fähigkeit voraus, sich immer wieder an neue Ziele zu binden, sondern erfordert auch die Fähigkeit, aussichtslosen Vorhaben entsagen zu können (Kuhl, 1994; Maier/Brunstein, 1999). Brandtstädter und Renner (1990) fanden, dass die zuerst genannte Funktion gegenüber der zuletzt genannten bei jüngeren Erwachsenen dominiert und im Ergebnis zu einer »hartnäckigen Beibehaltung« von Zielen auch bei widrigen Lebensumständen führt. Bei älteren Menschen verhält es sich umgekehrt. Mit zunehmendem Alter fällt es Menschen offensichtlich leichter, sich von Zielen zu lösen, die belastend und schwer zu realisieren sind. Diese Form der »flexiblen Zielanpassung« kann höchst funktional sein: Die Ablösung von unrealistischen Zielen setzt Ressourcen frei (z.B. Zeit), die für die Verwirklichung vielversprechenderer Anliegen genutzt werden können.

Sheldon und Kasser (in press) haben auf einen dritten Faktor hingewiesen, der zu dem oben erwähnten positiven Zusammenhang zwischen Lebensalter und affektivem Wohlbefinden beitragen dürfte. Beim Vergleich der Lebensziele unterschiedlicher Altersgruppen fanden diese Autoren, dass Erwachsene im mittleren bis höheren Alter – im Vergleich zu jüngeren Erwachsenen – ein höheres Maß an Selbstbestimmung bei der Auswahl ihrer Ziele ausüben. Symptomatisch dafür ist, dass sie ihre Ziele vergleichsweise besser auf grundlegende menschliche Bedürfnisse abstimmen. Sheldon und Kasser fanden beispielsweise, dass das Streben nach Intimität, Generativität und Ich-Integrität mit zunehmendem Alter an Bedeutung gewinnt, während von jüngeren Erwachsenen häufiger Ziele genannt werden, die sich auf soziales Prestige und materielle Werte beziehen. Die Autoren interpretieren dieses Ergebnis dahingehend, dass Menschen mit zunehmender Lebenserfahrung zumeist auch ein wachsendes Maß an psychologischer Reife entwickeln. Im Zuge dieser Entwicklung gewinnen menschliche Grundbedürfnisse zunehmend Einfluss auf die Bildung von Zielen und fördern auf diesem Weg das emotionale Wohlbefinden.

Zusammenfassend illustrieren die in diesem Abschnitt berichteten Ergebnisse, dass sich das Streben nach persönlich bedeutungsvollen Zielen über das gesamte Jugend- und Erwachsenenalter erstreckt. Auch im höheren Lebensalter fungieren persönliche Ziele als Quelle für ein sinnerfülltes und zufriedenes Leben. M. Baltes und Carstensen (1996) betrachteten daher »Ziele haben und verfolgen« als ein zentrales Kriterium für erfolgreiches Altern. Umso wichtiger ist es, Faktoren zu identifizieren, welche die Bildung und Verwirklichung von Zielen auch im höheren Lebensalter unterstützen können. Robbins, Lee und Wan (1994) berichteten, dass die Einbettung in soziale Netzwerke eine solche förderliche Funktion erfüllen dürfte. In einer Gruppe von Frühpensionären kam der Verfügbarkeit von unterstützenden Beziehungssystemen eine wichtige Anregungsfunktion für die Bildung von Zielen zu. Kontinuität im Zielstreben war wiederum mit Optimismus und Lebenszufriedenheit sowie einem ausgefüllten Alltagsleben nach der Pensionierung verknüpft.

6. Entwicklung durch Ziele: Kontinuität und Veränderung im Lebenslauf

Untersuchungen zur Frage der Kontinuität und Veränderung der menschlichen Persönlichkeit im Erwachsenenalter konzentrieren sich traditionell auf Persönlichkeitsmerkmale wie Traits, Motive und Werte. Obgleich sich hinsichtlich solcher Merkmale durchaus bedeutsame Altersdifferenzen feststellen lassen (McCrae et al., 1999; Veroff/Smith, 1985), beeindruckt doch vor allem die hohe Stabilität, die ihnen ab einem Lebensalter von ca. 30 Jahren zukommt (Roberts/DelVecchio, 2000). Im Unterschied zu Traits, Motiven und Werten sind Lebensziele ständigen Veränderungen im Erwachsenenalter unterworfen. Beispiele dafür haben wir im vorangehenden Abschnitt gegeben. Allerdings ist dabei die Frage offen geblieben, welchen spezifischen Beitrag persönliche Ziele zur Entwicklung und Lebensbewältigung im Erwachsenenalter leisten können. Ebenso unbeantwortet blieb bisher die Frage, wie sich das Verhältnis zwischen Veränderung und Kontinuität im menschlichen Lebenslauf aus einer zieltheoretischen Perspektive beschreiben lässt. Auf beide Fragen werden wir anschließend näher eingehen und dabei neben dynamischen auch strukturelle Eigenschaften von Zielen bzw. Zielsystemen in unsere Analyse einbeziehen.

Die Fähigkeit von Menschen, sich selbst zu motivieren, gründet auf einem Wechselspiel zwischen diskrepanzproduzierenden und diskrepanzreduzierenden Prozessen (Bandura, 1997). Wenn sich Menschen Ziele setzen, generieren sie zunächst Diskrepanzen zwischen gegenwärtigen Ist- und angestrebten Sollzuständen. Anschließend planen und initiieren sie Handlungen, die erwarten lassen, dass die betreffenden Diskrepanzen reduziert und die zugehörigen Ziele verwirklicht werden können. Die Bildung von persönlichen Zielen (man denke z.B. an das Ziel, die Qualität einer Partnerschaft zu verbessern) beinhaltet stets eine selbst initiierte Unterbrechung eines bestehenden Lebenszustands, der nicht länger als befriedigend erachtet wird, sowie eine Neuorientierung des eigenen Verhaltens auf einen zukünftigen Zustand, der herbeigewünscht wird, aber noch nicht erreicht worden ist. Mit der Verwirklichung einzelner Vorhaben endet aber nicht das Streben nach Zielen. Sobald ein Ziel erreicht ist, können gleich wieder neue Projekte generiert und in Angriff genommen werden. Dieses Wechselspiel zwischen zielbildenden und zielrealisierenden Aktivitäten kann mannigfaltige Veränderungen in der Art und Weise bewirken, wie Menschen mit ihrer Umwelt interagieren, wie sie ihre Lebenssituation bewerten und wie sie ihren Alltag auszugestalten versuchen. Beim Streben nach persönlichen Zielen erwerben Menschen neue Fertigkeiten, die sie für die Verwirklichung ihrer Vorhaben benötigen (Cantor/Zirkel, 1990); sie gewinnen neue Erkenntnisse über sich selbst und die Welt, in der sie leben (Lazarus/DeLongis, 1983); sie beginnen, ihren Alltag so zu formen, dass er Gelegenheit zur Verwirklichung ihrer Ziele bietet (Brunstein et al., 1991); und sie versuchen, ihre sozialen Beziehungen so zu gestalten, dass sie für die Verwirklichung wichtiger Vorhaben förderlich sind (Sanderson/Evans, 2001). All dies impliziert, dass die Fähigkeit von Menschen, sich eigene Ziele zu setzen, eine Vielfalt selbst gewollter Herausforderungen kreiert und dass sich Menschen bei der Bewältigung solcher Herausforderungen neue Qualitäten und Erfahrungen aneignen können. Von selbst generierten Zielen gehen aber nicht nur verhaltenssteuernde und aktivitätsstimulierende Effekte aus. Vielmehr bilden sie auch Eckpfeiler, an denen sich die zukunftsorientierte Planung des eigenen Lebens orientiert (Smith, 1999). Erst durch die Fähigkeit, sich persönlich bedeutungsvolle Ziele zu setzen, wird es Menschen möglich, selbstbestimmt zu leben und, um eine Formulierung von Lerner und Busch-Rossnagel (1981) aufzugreifen, zu »Produzenten ihrer eigenen Entwicklung« zu werden.

Will man die Bedeutung von persönlichen Zielen für die Entwicklung im Erwachsenenalter verstehen, genügt es aber nicht, sich auf die rein dynamischen Aspekte des Zielstrebens zu konzentrieren. Vielmehr ist es erforderlich, auch strukturelle Eigenschaften zu berücksichtigen, welche die Organisation von Zielsystemen (d.h. einer zusammengehörigen Gruppe von Zielen) prägen.

Anschließend werden wir zwei Arten von Prozessen unterscheiden, die dem Aufbau und der Veränderung von Zielsystemen zugrunde liegen: *Entfaltungsprozesse* einerseits und *Reorganisationsprozesse* andererseits.

Entfaltungsprozesse werden in Gang gesetzt, sobald sich eine Person an einen selbst gewählten Lebenszweck bindet. Entfaltungsprozesse fördern den hierarchischen Aufbau eines Zielsystems, dessen höchste Ebene durch ein global definiertes Lebensziel gebildet wird. Auf untergeordneten Ebenen der Hierarchie werden spezifischere Ziele generiert, die das allgemeine Lebensziel in konkrete Handlungsprojekte transformieren. Lebensziele orientieren sich zumeist an altersnormierten Anforderungen und sozialen Erwartungen, die eine Person in ihrer gegenwärtigen Lebenssituation zu meistern versucht (man denke z.B. an »Autonomie« als Entwicklungsziel des Jugendalters; vgl. Zirkel/Cantor, 1990), sowie an den Selbstdefinitionen, die sie dabei erwerben will (man denke z.B. an das Identitätsziel, ein »verantwortungsvoller Vater« oder eine »verantwortungsvolle Mutter« zu werden; vgl. Gollwitzer, 1986). Übergeordnete Lebensziele werden noch weit mehr als die vielfältigen Einzelprojekte des Alltagslebens mit Sinn und persönlicher Bedeutung verknüpft (McGregor/Little, 1998). Aufgrund ihres hohen Abstraktionsniveaus bieten sie jedoch nur grobe Anhaltspunkte für die Planung und Ausführung zielgerichteter Handlungen. Diese handlungssteuernde Funktion wird weit besser durch spezifische und klar definierte Absichten erfüllt, die einem Lebensziel instrumentell zugeordnet werden und letztlich für die konkrete Form seiner Verwirklichung bestimmend sind.

Die Entfaltung von Zielsystemen erfolgt durch Prozesse der *Differenzierung* und *Integration*. Die Aufgabe beider Prozesse besteht darin, ein engmaschiges Netz zu knüpfen, dessen Knoten aus vielfältigen, aber miteinander verbundenen Teil- und Subzielen besteht (Sheldon/Emmons, 1995). Ein Zielsystem ist in dem Maße differenziert, wie eine Person eine Vielzahl voneinander abgrenzbarer Einzelziele verfolgt. Integration wird in einem Zielsystem erreicht, indem Ziele, die auf einer handlungsnahen Ebene angesiedelt sind, sowohl untereinander (horizontale Verknüpfung) als auch mit einem übergeordneten Zweck (vertikale Verknüpfung) instrumentell verbunden werden. Man denke hier beispielsweise an die vielfältigen Teilziele, die miteinander verkettet werden, um ein übergeordnetes Lebensziel, wie »eine erfolgreiche Berufskarriere zu absolvieren«, verwirklichen zu können.

Aus dem hierarchischen Aufbau von Zielsystemen lassen sich erste Schlussfolgerungen zur Frage der Kontinuität und Veränderung im Lebenslauf ziehen. Aus zieltheoretischer Sicht wird ein Sinn für die Kontinuität des eigenen Lebens dadurch gestiftet, dass sich eine Person dauerhaft und auf vielfältige Weise für ein übergeordnetes Lebensziel einsetzt (bzw. für die Verwirklichung mehrerer solcher Ziele). Da Lebensziele *per definitionem* langfristig angelegt sind, können sie nie auf einmal, sondern nur Schritt für Schritt, und manchmal niemals ganz, verwirklicht werden. Dauerhafte Investitionen in Lebensziele gestatten es Menschen, frühere Erfahrungen mit aktuellen Vorhaben und zukunftsorientierten Wünschen zu verbinden. Hieraus resultiert auch subjektiv der Aufbau einer Lebensgeschichte, die durch Kohärenz und Kontinuität gekennzeichnet ist (vgl. Ryff, 1984). Kontinuität ist dabei als dynamischer Prozess und nicht als starrer Zustand zu verstehen (Atchley, 1989), denn Dauerhaftigkeit im Streben nach einem übergeordneten Ziel schließt Flexibilität beim Verfolgen konkreterer Ziele nicht aus. Im Gegenteil, um ein Lebensziel aufrechtzuerhalten, müssen immer wieder neue Projekte generiert werden, die der Ausgestaltung des übergeordneten Ziels dienen. In diesem Entfaltungsprozess werden mannigfaltige Vorhaben kreiert und auf die jeweiligen persönlichen Kompetenzen, verfügbaren Ressourcen und situativen Gelegenheiten abgestimmt. Ein Teil der Vorhaben wird realisiert, andere werden verworfen und wieder andere werden überarbeitet und später erneut aufgegriffen. Weder Erfolge noch Fehlschläge bei einzelnen Anliegen beenden das Streben nach einem übergeordneten Lebensziel. Auf den unteren Ebenen der Zielhierarchie bestehen vielfältige Optionen, mit welchen Mitteln und auf welchen Wegen ein bestimmtes Lebensziel erreicht werden kann (nicht immer werden solche Optionen auch subjektiv erfasst, wie die Blockierung intentionalen Handelns durch grüblerische Gedanken zeigt; vgl. Brunstein, 1995). Dies erklärt, warum sich Menschen, die ähnliche Lebensziele verfolgen, in der konkreten Form der Ausgestaltung ihrer

Ziele dennoch in unverwechselbarer Weise voneinander unterscheiden können.

Während Entfaltungsprozesse zur Bildung eines kohärenten Musters miteinander vernetzter Absichten und Pläne führen, beinhalten Reorganisationsprozesse eine Neuordnung von Prioritäten, die Lebenszielen zugewiesen werden. Reorganisationsprozesse spielen immer dann eine wichtige Rolle, wenn sich eine Person mit einem Lebenseinschnitt konfrontiert sieht und den Übergang von einer Lebensphase in eine andere meistern will. Übergangsphasen des Lebens (man denke z.B. an den Übergang von der Paarbeziehung zur Elternschaft) sind stets mit grundlegenden Veränderungen in sozialen Rollen, alltäglichen Anforderungen und verfügbaren Ressourcen und Handlungsgelegenheiten verknüpft (P. Baltes/Schmid, 1987). Dementsprechend tief greifend sind die Veränderungen, die sie in persönlichen Lebensperspektiven nach sich ziehen. Ähnliche Veränderungen können dadurch ausgelöst werden, dass sich die Gelegenheitsstrukturen für bestimmte Ziele grundlegend verändern. Ein Beispiel dafür sind die von Heckhausen (1999) thematisierten »developmental deadlines« (z.B. die zeitlich begrenzte Fähigkeit, ein Kind zu gebären), die teils sozial und teils biologisch bedingte Obergrenzen für die Verwirklichung von Lebenszielen bilden. Die Reorganisation von Zielsystemen ist jedoch kein automatischer Prozess, der sich aus bloßer Einsicht in die Notwendigkeit vollzieht (Lazarus/DeLongis, 1983). Die Neuordnung von Zielprioritäten beinhaltet vielmehr einen konstruktiven Prozess, in dem sich eine Person an neue Ziele bindet *und* sich gleichzeitig von früheren Zielen ablöst.

Prozesse der *Zielbindung* und *Zielablösung* bilden gemeinsam die Grundlage für die Reorganisation von Zielsystemen. Personen, die in beide Teilprozesse aktiv involviert sind und sie flexibel aufeinander abstimmen, sollten in der Lage sein, ihre Zielprioritäten an die wechselnden Anforderungen und Gelegenheiten einer neuen Lebensphase anzupassen. Hierdurch wird die Voraussetzung geschaffen, dass ein Lebensübergang aktiv gestaltet und gemeistert werden kann. Werden angesichts einer Lebensveränderung keine neuen Ziele gebildet, so kann die neue Lebenssituation nicht wirklich akzeptiert und mit persönlicher Bedeutung erfüllt werden. Scheitert eine Person daran, sich von früheren Lebensplänen zu lösen, so kann daraus eine Fixierung auf die frühere, jetzt aber nicht mehr aktuelle Lebenssituation resultieren. In beiden Fällen ist mit Anpassungsschwierigkeiten zu rechnen.

Wie aber kann der Übergang in eine neue Lebensphase erfolgreich bewältigt werden? Lowenthal (1971) hat dazu ausgeführt, dass die Bewältigung von Lebensveränderungen im Jugend- und Erwachsenenalter (man denke an Situationen wie das Verlassen des Elternhauses, das Eingehen einer Partnerschaft oder die Gründung einer Familie) sowohl eine »Expansion« von Zielen, die zu der neuen Anforderung passen, als auch eine »Konstriktion« von Zielen, die sich jetzt nicht mehr realisieren lassen, erfordert. Zumindest im Falle normativer und daher auch planbarer Lebensveränderungen können beide Transformationsprozesse (d.h. Expansion und Konstriktion) bereits *proaktiv* in Gang gesetzt werden, d.h. noch bevor die eigentliche Lebensveränderung eingetreten ist. In diesem Fall werden Ziele, die zu einer antizipierten Lebensphase passen, noch vor dem anstehenden Lebenseinschnitt gebildet und können durch Prozesse der Differenzierung und Integration entfaltet werden.

Diese Form der proaktiven Bewältigung mag vorübergehend zu einem Ungleichgewicht führen, das aus konfligierenden Beziehungen (z.B. um den Zugang zu begrenzten Ressourcen, wie die verfügbare Zeit) zwischen »neuen« und »alten« Zielen resultiert. Solche Konflikte können jedoch durchaus produktiv sein: zum einen, weil neue Ziele tief verwurzelte Bindungen an frühere Ziele abschwächen und sukzessive ersetzen können; zum anderen, weil Bedürfnisse und Interessen, die durch frühere Ziele befriedigt wurden, in neue Ziele integriert und dadurch, wenngleich in veränderter Form, erhalten werden können (z.B. wenn berufliche Interessen nach der Pensionierung in die Bildung von Freizeitzielen einfließen). Zudem werden Konflikte zwischen alten und neuen Zielen sehr rasch aufgelöst, sobald der betreffende Übergang in den äußeren Lebensbedingungen vollzogen wird. Einer Person, die sich proaktiv auf einen solchen Einschnitt vorbereitet hat, dürfte es leichter fallen, sich von früheren Lebenszielen abzulösen, um sich stattdessen gänzlich auf ihre jüngeren Vorhaben zu konzentrieren. Auf diese Weise entsteht ein neues Gleichgewicht zwischen den Zielen, an die sich eine Person gebunden fühlt, und den veränderten Anforderungen und Chancen, welche die neue Lebenssituation bietet. Eine Person, die diesem hier nur grob skizzierten Modell der proaktiven Lebensbewältigung folgt, sollte den Übergang in eine neue Lebensphase eher als Gewinn denn als Verlust erleben und kann die zugehörige Lebensveränderung als produktives Element ihrer eigenen Entwicklung in ihre Lebensgeschichte integrieren.

7. Fazit

In diesem Kapitel haben wir beschrieben, wie das Setzen und Verfolgen von persönlichen Zielen (a) auf das emotionale Wohlbefinden von Menschen einwirkt und (b) einen Beitrag zur proaktiven Entwicklung im Erwachsenenalter leistet. Wir haben argumentiert, dass das Streben nach Zielen nur dann Wohlbefinden fördert, wenn zwei Bedingungen erfüllt sind: Erstens muss die jeweils bestehende Lebenssituation zu den Zielen einer Person passen, d.h. ausreichend Gelegenheit und Unterstützung für die Verwirklichung von persönlichen Zielen bieten; zweitens müssen selbst gewählte Ziele mit den inneren Bedürfnissen einer Person übereinstimmen, d.h. Anreize beinhalten, welche für die Befriedigung grundlegender Motive geeignet sind. »Passung« im Hinblick auf die äußere Welt sowie »Kongruenz« im Hinblick auf die innere Welt stellen zwei Voraussetzungen dar, unter denen das Streben nach Zielen zu einer Quelle positiver Gefühle und Lebenseinstellungen werden kann. Persönliche Ziele sind aber nicht nur für emotionales Wohlbefinden relevant. Die Fähigkeit, sich eigene Ziele zu setzen, gestattet es Menschen vielmehr, zu Architekten und Konstrukteuren ihrer eigenen Entwicklung zu werden. Aktives Engagement in Prozesse der Entfaltung und Reorganisation von Zielsystemen stiftet nicht nur einen Sinn für die Kontinuität des eigenen Lebens, sondern eröffnet auch die Perspektive, sich flexibel an Veränderungen des Lebens anpassen und zugehörige Anforderungen erfolgreich meistern zu können.

Literatur

Allport, F.H. (1937). Teleonomic description in the study of personality. *Character and Personality, 5*, 202–214.

Allport, G.W. (1937). *Personality: A psychological interpretation.* New York: Holt.

Allport, G.W. (1953). The trend in motivational theory. *American Journal of Orthopsychiatry, 23*, 107–119.

Atchley, R.C. (1989). A continuity theory of normal aging. *The Gerontologist, 29*, 183–190.

Baltes, M./Carstensen, L.L. (1996). Gutes Leben im Alter: Überlegungen zu einem prozessorientierten Metamodell erfolgreichen Alterns. *Psychologische Rundschau, 47*, 199–215.

Baltes, P.B/Schmid, U. (1987). Psychological gerontology. *German Journal of Psychology, 11*, 87–123.

Bandura, A. (1997). *Self-efficacy: The exercise of control.* New York: Freeman.

Brandtstädter, J./Lerner, R.M. (Eds.) (1999). *Action and development: Theory and research through the life span.* Thousand Oaks, CA: Sage.

Brandtstädter, J./Renner, G. (1990). Tenacious goal pursuit and flexible goal adjustment: Explication and age-related analysis of assimilative and accommodative strategies of coping. *Psychology and Aging, 5*, 58–67.

Brunstein, J.C. (1993). Personal goals and subjective well-being: A longitudinal study. *Journal of Personality and Social Psychology, 65*, 1061–1070.

Brunstein, J.C. (1995). *Motivation nach Misserfolg: Die Bedeutung von Commitment und Substitution.* Göttingen: Hogrefe.

Brunstein, J.C. (1999). Persönliche Ziele und subjektives Wohlbefinden bei älteren Menschen. *Zeitschrift für Differentielle und Diagnostische Psychologie, 20*, 58–71.

Brunstein, J.C. (2000). Motivation and performance following failure: The effortful pursuit of self-defining goals. *Applied Psychology: An International Review, 49*, 340–356.

Brunstein, J.C. (2001). Persönliche Ziele und Handlungs- versus Lageorientierung: Wer bindet sich an realistische und bedürfniskongruente Ziele? *Zf. für Differentielle und Diagnostische Psychologie, 22*, 1–12.

Brunstein, J.C., Dangelmayer, G./Schultheiß, O.C. (1996). Personal goals and social support in close relationships: Effects on relationship mood and marital satisfaction. *Journal of Personality and Social Psychology, 71*, 1006–1019.

Brunstein, J.C., Ganserer, J., Maier, G.W./Heckhausen, H. (1991). *Persönliche Anliegen in Alltagssituationen* (Memorandum No. 82). Universität Erlangen-Nürnberg.

Brunstein, J.C., Lautenschlager, U., Nawroth, B., Pöhlmann, K./Schultheiß, O. (1995). Persönliche Anliegen, soziale Motive und emotionales Wohlbefinden. *Zeitschrift für Differentielle und Diagnostische Psychologie, 16*, 1–10.

Brunstein, J.C./Maier, G.W. (1996). Persönliche Ziele: Ein Überblick zum Stand der Forschung. *Psychologische Rundschau, 47*, 146–160.

Brunstein, J.C., Maier, G.W./Schultheiss, O.C. (1999). Motivation und Persönlichkeit: Von der Analyse von Teilsystemen zur Analyse ihrer Interaktion. In M. Jerusalem/R. Pekrun (Hrsg.). *Emotion, Motivation und Leistung*. Göttingen: Hogrefe.

Brunstein, J.C., Schultheiss, O.C./Grässmann, R. (1998). Personal goals and emotional well-being: The moderating role of motive dispositions. *Journal of Personality and Social Psychology, 65*, 1061–1070.

Bühler, C./Massarik, F. (Eds.) (1968). *The course of human life*. New York: Springer.

Cantor, N. (1990). From thought to behavior: »Having« and »doing« in the study of personality and cognition. *American Psychologist, 45*, 735–750.

Cantor, N. (1994). Life task problem solving: Situational affordances and personal needs. *Personality and Social Psychology Bulletin, 20*, 235–243.

Cantor, N./Zirkel, S. (1990). Personality, cognition, and purposive behavior. In L.A. Pervin (Eds.). *Handbook of personality: Theory and research* (pp. 135–164). New York: Guilford.

Carstensen, L.L., Isaacowitz, D.M./Charles, S.T. (1999). Taking time seriously: A theory of socioemotional selectivity. *American Psychologist, 54*, 165–181.

Carver, C.S./Scheier, M.F. (1999). Themes and issues in the self-regulation of behavior. In R.S. Wyer (Eds.). *Advances in social cognition: Vol. 12. Perspectives on behavioral self-regulation* (pp. 3–52). Mahwah, NJ: Erlbaum.

Charles, S.T., Reynolds, C.A./Gatz, M. (2001). Age-related differences and change in positive and negative affect over 23 years. *Journal of Personality and Social Psychology, 80*, 136–151.
Cross, S./Markus, H. (1991). Possible selves across the life span. *Human Development, 34*, 230–255.
Diener, E., Suh, M.E., Lucas, R.E./Smith, H.L. (1999). Subjective well-being: Three decades of progress. *Psychological Bulletin, 125*, 276–302.
Elliot, A.J., Sheldon, K.M./Church, M. (1997). Avoidance personal goals and subjective well-being. *Personality and Social Psychology Bulletin, 23*, 915–927.
Emmons, R.A. (1986). Personal strivings: An approach to personality and subjective well-being. *Journal of Personality and Social Psychology, 51*, 1058–1068.
Emmons, R.A./Kaiser, H.A. (1996). Goal orientation and emotional well-being: Linking goals and affect through the self. In L.L. Martin/A. Tesser (Eds.). *Striving and feeling: Interactions among goals, affect, and self-regulation* (pp. 79–98). Mahwah, NJ: Erlbaum.
Erikson, E., Erikson, J./Kivnick. (1986). *Vital involvement in old age.* New York: Norton.
Ford, D.H. (1987). *Humans as self-constructing living systems: A developmental perspective on behavior and personality.* Hillsdale, NJ: Lawrence Erlbaum.
Fredrickson, B.L./Castensen, L.L. (1990). Choosing social partners: How old age and anticipated endings make people more selective. *Psychology and Aging, 8*, 301–313.
Gollwitzer, P.M. (1986). Striving for specific identities: The social reality of self-symbolizing. In R. Baumeister (Ed.). *Private and public self* (pp. 143–159). New York: Springer.
Harlow, R. E./Cantor, N. (1996). Still participating after all these years: A study of life task participation in later life. *Journal of Personality and Social Psychology, 71*, 1235–1249.
Havighurst, R.J. (1974). *Developmental tasks and education* (3rd ed.). New York: McKay.
Heckhausen, J. (1997). Developmental regulation across adulthood: Primary and secondary control of age-related challenges. *Developmental Psychology, 33*, 176–187.
Heckhausen, J. (1999). *Developmental regulation in adulthood: Age-normative and sociostructural constraints as adaptive challenges.* New York: Cambridge University Press.
Holahan, C.K. (1988). Relation of life goals at age 70 to activity participa-

tion and health and psychological well-being among Terman's gifted men and women. *Psychology and Aging, 3*, 286–291.

King, L.A. (1995). Wishes, motives, goals, and personal memories: Relations of measures of human motivation. *Journal of Personality, 63*, 985–1007.

Klinger, E. (1977). *Meaning and void: Inner experience and the incentives in lives*. Minneapolis, MI: University of Minnesota Press.

Klinger, E., Barta, S.G./Maxeiner, M.E. (1981). Current concerns: Assessing therapeutically relevant motivation. In P.C. Kendall./S. D. Hollon (Eds.). *Assessment strategies for cognitive-behavioral interventions* (pp. 161–196). New York: Academic Press.

Kuhl, J. (1994). A theory of action and state orientations. In J. Kuhl/J. Beckmann (Eds.). *Volition and Personality: Action versus state orientation* (pp. 9–46). Seattle: Hogrefe.

Lazarus, R.S./DeLongis, A. (1983). Psychological stress and coping in aging. *American Psychologist, 38*, 245–254.

Lecci, L., Karoly, P., Briggs, C./Kuhn, K. (1994). Specificity and generality of motivational components in depression: A personal projects analysis. *Journal of Abnormal Psychology, 103*, 404–408.

Lerner, R.M./Busch-Rossnagel, A. (Eds.). (1981). *Individuals as producers of their development: A life-span perspective*. New York: Academic Press.

Little, B.R. (1983). Personal projects. A rationale and method for investigation. *Environment and Behavior, 15*, 273–309.

Lowenthal, M.F. (1971). Intentionality: Toward a framework for the study of adaptation in adulthood. *Aging and Human Development, 2*, 79–95.

Maier, G.W./Brunstein, J.C. (1999). *Action versus state orientation and disengagement from unrealistic goals*. Poster presented at the 107th Annual Convention of the American Psychological Association. Boston.

Maier, G.W./Brunstein, J.C. (2001). The role of personal work goals in newcomers' job satisfaction and organizational commitment: A longitudinal analysis. *Journal of Applied Psychology, 86*, 1034–1042.

McAdams, D. (1997). A conceptual history of personality psychology. In R. Hogan, J. Johnson/S. Briggs (Eds.). *Handbook of personality psychology* (pp. 3–39). San Diego: Academic Press.

McCrae, R.R., Costa, P.T., Pedroso de Lima, M., Simoes, A., Ostendorf, F., Angleitner, A., Marusic, I., Bratko, D., Caprara, G.V., Barbaranelli, C., Chae, J.-H./Piedmont, R.L. (1999). Age differences in personality across the life span: Parallels in five cultures. *Developmental Psychology, 35*, 466–477.

McClelland, D.C. (1985). *Human motivation.* Glenview, IL: Scott, Foresman.

McClelland, D.C., Koestner, R./Weinberger, J. (1989). How do self-attributed and implicit motives differ? *Psychological Review, 96*, 690–702.

McGregor, I./Little, B.R. (1998). Personal projects, happiness, and meaning: On doing well and being yourself. *Journal of Personality and Social Psychology, 74*, 494–512.

Michalos, A.C. (1980). Satisfaction and happiness. *Social Indicators Research, 8*, 385–422.

Murray, H.A. (1943). *Thematic Apperception Test Manual.* Cambridge, MA: Harvard University Press.

Neugarten, B.L. (1977). Personality and aging. In J.E. Birren/K.W. Schaie (Eds.). *Handbook of the psychology of aging* (pp. 626–649). New York: Van Nostrand.

Novacek, J./Lazarus, R.S. (1990). The structure of personal commitments. *Journal of Personality, 58*, 693–715.

Nurmi, J.-E. (1992). Age differences in adult life goals, concerns, and their temporal extension: A life course approach to future-oriented motivation. *International Journal of Behavioral Development, 15*, 487–508.

Nurmi, J.-E., Pulliainen, H./Salmela-Aro, K. (1992). Age differences in adults' control beliefs related to life goals and concerns. *Psychology and Aging, 7*, 194–196.

Ogilvie, D. M./Rose, K.M. (1995). Self-with-other representations and a taxonomy of motives: Two approaches to study persons. *Journal of Personality, 63*, 643–679.

Pervin, L.A. (1989). Goal concepts in personality and social psychology. A historical perspective. In L.A. Pervin (Ed.). *Goal concepts in personality and social psychology* (pp. 1–17). Hillsdale, NJ: Erlbaum.

Pöhlmann, K./Brunstein, J.C. (2000). Les buts personnels en psychothérapie: Préciser ce qu'on veut et savoir comment l'atteindre. *Revue Québécoise de Psychologie, 21*, 219–238.

Rapkin, B.D./Fischer, K. (1992). Framing the construct of life satisfaction in terms of older adults' personal goals. *Psychology and Aging, 7*, 138–149.

Robbins, S.B., Lee, R. M./Wan, T. T. H. (1994). Goal continuity as a mediator of early retirement adjustment: Testing a multidimensional model. *Journal of Counseling Psychology, 41*, 18–26.

Roberts, B.W./DelVecchio, W. F. (2000). The rank-order consistency of personality traits from childhood to old age: A quantitative review of longitudinal studies. *Psychological Bulletin, 126*, 3–25.

Röhrle, B., Hedke, J./Leibold, S. (1994). Persönliche Projekte zur Herstellung und Pflege sozialer Beziehungen bei depressiven und nicht depressiven Personen. *Zeitschrift für Klinische Psychologie, 23*, 43–51.

Ryff, C.D. (1984). Personality development from the inside: The subjective experience of change in adulthood and aging. In P.B. Baltes/O.G. Brim (Eds.). *Life span development and behavior* (Vol. 6, pp. 243–279). Orlando: Academic Press.

Ryff, C.D. (1989). Happiness is everything, or is it? Explorations on the meaning of psychological well-being. *Journal of Personality and Social Psychology, 57*, 1069–1081.

Sanderson, C.A./Evans, S.M. (2001). Seeing one's partner through intimacy-colored glasses: An examination of the processes underlying the intimacy-goals-relationship-satisfaction link. *Personality and Social Psychology Bulletin, 27*, 463–473.

Sheldon, K.M./Emmons, R.A. (1995). Comparing differentiation and integration within personal goal systems. *Personality and Individual Differences, 18*, 39–46.

Sheldon, K.M./Kasser, T. (1998). Pursuing personal goals: Skills enable progress but not all progress is beneficial. *Personality and Social Psychology Bulletin, 24*, 1319–1331.

Sheldon, K.M./Kasser, T. (in press). Getting older, getting better? Personal strivings and personality development across the life-course. *Developmental Psychology.*

Smith, J. (1999). Life planning: Anticipating future life goals and managing personal development. In J. Brandstädter/R.M. Lerner (Eds.). *Action and self-development: Theory and research through the life span* (pp. 223–255). Thousand Oaks, CA: Sage.

Schultheiss, O.C./Brunstein, J.C. (1999). Goal imagery: Bridging the gap between implicit motives and explicit goals. *Journal of Personality, 67*, 1–38.

Schultheiss, O.C./Brunstein, J.C. (in press). Assessment of implicit motives with a research version of the TAT: Picture profiles, gender differences and relations to other personality measures. *Journal of Personality Assessment.*

Thomae, H. (1968). *Das Individuum und seine Welt.* Göttingen: Hogrefe.

Thomae, H. (1988). *Das Individuum und seine Welt* (2. Aufl.). Göttingen: Hogrefe.

Veroff, J./Smith, D.A. (1985). Motives and values over the adult years. *Advances in Motivation and Achievement, 4*, 1–53.

Zirkel, S./Cantor, N. (1990). Personal construal of life tasks: Those who struggle for independence. *Journal of Personality and Social Psychology, 58,* 172–185.

7 Die Transformation des Selbst in der Auseinandersetzung mit kritischen Lebensereignissen

Sigrun-Heide Filipp/Dieter Ferring[1]

Die Frage nach dem »Selbst« hat die Menschen über Jahrtausende hinweg beschäftigt, wie man dies u.a. Sammlungen von Spruchweisheiten (von Lipperheide, 1907) entnehmen kann. Seit James (1890) sich systematischen Analysen des Selbst zugewandt hat, gehört das Wissen, das jede Person über sich erworben hat, wohl zu den faszinierendsten Gegenständen psychologischer Forschung. Faszinierend daran sind schon alleine »der sich seiner selbst bewusste Geist« und die Tatsache, dass im Gegensatz zu allen anderen Wissenssystemen hier erkennendes Subjekt (Ich; *self as knower*) und Objekt der Erkenntnis (Mich; *self as known*) identisch sind. Das Forschungsinteresse richtete sich seither zum einen darauf, wie das, was wir über uns selbst wissen resp. zu wissen glauben, im Lebensverlauf aufgebaut, gesichert, revidiert und/oder verteidigt wird, also auf die *prozessualen* Aspekte. Zum anderen ist und war das *Produkt* dieser vielfältigen Aktivitäten von Interesse, nämlich die Inhalte dieses Wissenssystems und die Art, wie die einzelnen Wissenselemente untereinander verknüpft sind. Im Folgenden soll zunächst das selbstbezogene Wissenssystem näher beleuchtet werden. Nach einleitenden Begriffsklärungen gilt das Interesse den verschiedenen Quellen des Wissens über die eigene Person und der Frage, wie selbstbezogene Informationen verarbeitet werden. Sodann soll die Frage nach der Stabilität vs. Veränderlichkeit des selbstbezoge-

---

1 Die Autoren danken Frau cand. psych. Katja Riha für die Aufarbeitung der bibliographischen Angaben.

nen Wissenssystems aufgegriffen und dabei die Rolle der individuellen Lebenserfahrung besonders beleuchtet werden.

1. Das selbstbezogene Wissenssystem

1.1 Begriffliche Klärungen

Wie jedes andere umfasst auch das selbstbezogene Wissenssystem eine Vielzahl von Elementen, die in einer spezifischen Struktur miteinander verknüpft sind. In der Regel wird das selbstbezogene Wissenssystem als »Selbstkonzept« im Sinne der mentalen Repräsentation der eigenen Person bezeichnet, d.h. das Selbst (sensu »Mich«) wird im »Selbstkonzept« abgebildet. Zugleich aber ist es bereichsspezifisch ausgestaltet, indem Menschen für die unterschiedlichsten Domänen (äußeres Erscheinungsbild, intellektuelle Fähigkeiten usw.) Wissen über die eigene Person erworben haben. Nicht selten ist dann im Plural von einzelnen Selbstkonzepten (z.B. Selbstkonzept der Begabung), von Selbstkonstrukten oder von Selbstschemata die Rede. Selbstschemata bilden sich nach Markus (1977) über solche Bereiche heraus, in denen eine Person mannigfache Erfahrungen hat sammeln *und* bezüglich deren sie aus dieser reichhaltigen Datenbasis »Invarianten« hat konstruieren können. So können sich beispielsweise Beobachtungen einer Person, dass andere Menschen ihr gerne zuhören, sie häufig eingeladen wird, andere ihre Nähe suchen etc. sich zu einem Selbstschema der »Beliebtheit« verdichten. Demgemäß sollte eine Person über so viele Selbstschemata verfügen, wie sie auf solch reichhaltiges Exemplarwissen in den jeweiligen Bereichen zurückgreifen kann. Darüber hinaus hat Greve (2000) unlängst die folgende dreidimensionale Taxonomie vorgeschlagen, aus der die Annahme verschiedener Subsysteme des Selbst resultiert.

Eine erste Dimension, entlang deren selbstbezogenes Wissen geordnet werden kann, ist die *zeitliche Perspektive.* Selbstbezogenes

Wissen umfasst immer Annahmen dazu, was für ein Mensch man *ist*, man *war* und man *sein wird*. Selbstredend ist das Wissen, wer und wie wir heute sind, eingebettet in die persönliche Erfahrungsgeschichte, und das autobiografische Gedächtnis umfasst eine Fülle von Episoden, in denen wir etwas über uns selbst erfahren haben. So verfügen wir insgesamt über verschiedene *past selves*, d.h. Vorstellungen davon, wie wir früher waren. Gerade aus Sicht der lebenslangen Entwicklung ist von Interesse, dass das Selbst eine zeitliche Erstreckung (wie auch räumliche Extension) besitzt. Und natürlich haben wir auch Vorstellungen davon, wohin wir uns (vermutlich, voraussichtlich) künftig entwickeln werden, zumindest hegen wir Hoffnungen, wie wir künftig zu sein uns wünschen, und haben wir Befürchtungen, wir könnten – im schlimmsten Falle – einmal so oder so werden.

Auf der zweiten Dimension wird abgebildet, dass jeder Mensch nicht nur ein Wissen davon hat, was für ein Mensch er ist (das sog. reale Selbst), sondern auch, wer er *hätte* sein oder werden können. Nicht selten ist z.B. das, was Menschen im Rückblick auf ihr Leben bereuen (hierzu Heckhausen, 2000), gespeist von der Vorstellung, dass sie eine ganz andere »bessere« Entwicklung hätten nehmen können. Und auch in der Vorausschau auf die künftige eigene Entwicklung sind bestimmte Vorstellungen im Selbstsystem als »mögliche Selbst« (*possible selves;* Cross/Markus, 1991) oder als »phantasiertes Selbst« (Oettingen, 1997) repräsentiert, ohne die planvolles, die eigenen Lebensumstände und die eigene Entwicklung (mit-)gestaltendes Handeln gar nicht denkbar wäre (hierzu Brandtstädter/Lerner, 1999).

Schließlich ist Wissen über die eigene Person immer »heiß«, d.h. oft mit heftigen Emotionen verknüpft (Epstein, 1993). Es kann uns nicht gleichgültig lassen, was wir über uns selbst denken oder erfahren, wie denn selbstbezogenes Wissen fast immer eine wertende (affektiv-evaluative) Komponente einschließt. Nicht nur die Sprache, mittels deren wir uns bestimmte Merkmale (z.B. »beliebt«) zuschreiben, impliziert in aller Regel Wertungen; zudem kommen unterschiedliche Bewertungsmaßstäbe zum Tragen, so etwa das »ideale Selbst«, d.h., wie man gerne sein möchte, das »normative

Selbst«, d.h., wie man aus Sicht wichtiger Bezugspersonen sein sollte (*ought self,* Higgins, 1987) oder das Selbst im sozialen Vergleich (»Ich bin musikalischer als die meisten Menschen«). Da selbstbezogenes Wissen so eng mit Wertungen verknüpft ist, gilt nicht selten das Interesse fast ausschließlich dem »Selbstwertgefühl« als der (globalen) Wertschätzung der eigenen Person (z.B. Schütz, 2000).

1.2 Quellen selbstbezogenen Wissens

Wollte man die Frage beantworten, was Menschen im Verlaufe ihres Lebens über sich selbst erfahren, dann müsste man wohl auf einen nie endenden Informationsstrom verweisen. In diesem Sinne erfolgt der Aufbau des Selbstsystems »datengetrieben«. Das Spektrum der selbstbezogenen Erfahrungen reicht von den ersten propriozeptiven Rückmeldungen und den kindlichen (repetitiven) Tätigkeiten, die wiederkehrende und wiederholbare Effekte produzieren und so zum Aufbau eines »existenziellen Selbst« beitragen, über das Interaktionsverhalten der Eltern, das ontische Sicherheit und Wertschätzung vermitteln mag, über die vielfältigen Erfahrungen, die Kinder im Umgang mit Gleichaltrigen machen, über das Lob des Lehrers für einen guten Schulaufsatz – bis hin zu dem, was Erwachsene in ihrer Rolle als Ehepartner, als Elternperson oder Akteure in der Arbeitswelt über sich selbst erfahren. Diese einzelnen Informationsquellen, aus denen sich das Wissen über die eigene Person (potenziell) speisen kann, lassen sich mit Filipp (1979) systematisieren als direkte, indirekte, komparative, selbstreflexive und ideationale Merkmalszuschreibungen zu der eigenen Person.

Was Menschen über sich erfahren, ist wohl in erster Linie eingebettet in die soziale Umwelt, und zweifellos ist das Selbstsystem primär eine sozial vermittelte Konstruktion. So sind es die »signifikanten Anderen« (z.B. die Eltern), die uns den Spiegel vorhalten, in dem wir uns selbst sehen können. Dies geschieht in Form *direkter Merkmalszuschreibungen* (z.B. »Du bist aber brav«) und *indirekter Merkmalszuschreibungen,* indem wir aus der Art und Weise, wie andere sich uns gegenüber verhalten, erschließen, was diese wohl über uns denken. Meyer (1984) hat dies mit eindrucksvollen Befunden für die Lehrer-Schüler-Interaktion nachgewiesen. Schon Zehnjährige können bestimmte Verhaltensweisen ihrer Lehrer als selbstbezogene Informationen entschlüsseln: Für eine Leistung gelobt zu werden, für die ein Mitschüler getadelt wurde, oder Hilfestellung zu erhalten, um die man nicht gebeten hatte, sind Erfahrungen, die wohl auf unmissverständliche Weise signalisieren, was der Lehrer von einem hält; hier liegt eine Datenbasis, aus der sich z.B. ein nachhaltig niedriges Selbstkonzept der Begabung speisen kann. Natürlich stellt auch die Peer-Gruppe eine äußerst reichhaltige Informationsquelle dar: Über direkte wie indirekte Merkmalszuschreibungen werden hier permanent Signale der Wertschätzung und Bewunderung oder der Ablehnung und Zurückweisung ausgetauscht. Und dass ein geringer Peer-Status spätere Anpassungsprobleme außerordentlich gut vorherzusagen in der Lage ist, kann auch auf ein nachhaltig beschädigtes Selbstwertgefühl zurückgeführt werden, das hier seinen Ausgangspunkt genommen und eine Vielzahl maladaptiver Verhaltensweisen nach sich gezogen hat (z.B. Jessor, 1998).

Die soziale Nahumwelt stellt darüber hinaus auch den Bezugsrahmen bereit, innerhalb dessen Personen mit anderen verglichen werden, sie sich aber auch selbst bezüglich ihrer Fähigkeiten, Eigenschaften etc. mit anderen vergleichen. Diese *komparativen Merkmals(selbst)zuschreibungen* sind eindrucksvoll für die Schulklasse nachgewiesen, die für Selbsteinschätzungen der Leistungsfähigkeit offenbar eine sehr bedeutsame Bezugsgruppe darstellt (schon Rheinberg, 1979).

»Wie kann man sich selbst erkennen? Durch Betrachten niemals, wohl aber durch Handeln …«, postulierte Goethe (Maximen und Reflexionen, I); auch aus der Beobachtung unseres eigenen Tuns erschließen wir also, was für ein Mensch wir sind. Solche *selbstreflexiven Merkmalszuschreibungen* stellen vermutlich im gesamten Lebensverlauf eine wichtige Quelle selbstbezogenen Wissens dar. Beispielsweise konnte Hannover (1997) zeigen, dass die Selbstdefinition Jugendlicher in Termini ihres Geschlechts wesentlich vermittelt wird über das selektive Investment in »männliche« vs. »weibliche« Tätigkeiten – wie natürlich auch umgekehrt Unterschiede im Verhalten und Erleben auf geschlechtertypische Selbstdefinitionen rückführbar sind (siehe Cross/Madson, 1997).

Schließlich werden mit zunehmendem Alter Handlungsspielräume stärker genutzt und (mit)gestaltet, Situationen oft selektiv aufgesucht, und damit werden selbstbezogene Informationen durch bestimmte Formen der Selbstpräsentation oder durch selektive Aufmerksamkeit aktiv erzeugt. Beispielsweise haben Filipp et al. (1997) für eine Stichprobe älterer Menschen nachweisen können, dass deren Interesse weniger *sozialer* denn *temporaler* Vergleichsinformation galt.

Indem Menschen sich auch *entscheiden* können, was für ein Mensch sie sein wollen, in dem Maße kommen *ideationale Selbstzuschreibungen* bestimmter Merkmale ins Spiel: Zunehmend werden in das selbstbezogene Wissenssystem nun auch Vorstellungen davon integriert, was für ein Mensch man sein oder werden möchte und wie man solche selbst gewählten »Identitätsziele« (Bayer/Gollwitzer, 2000) wohl am effektivsten wird erreichen können. Menschen werden damit im Verlaufe ihres Lebens zunehmend zu aktiven Lieferanten und selektiven Konsumenten selbstbezogener Informationen und zu autonomen Architekten ihrer Ich-Identität.

1.3 Verarbeitung selbstbezogener Informationen

Aus den skizzierten Quellen gewinnen wir potenziell Informationen über die eigene Person; hinzu kommt nun die Frage, ob und wie diese Informationen aufgenommen und in das Selbstkonzept integriert werden.

Zum ersten ist die Verarbeitung selbstbezogener Informationen in Kindheit und Jugend nur vor dem Hintergrund der kognitiven Entwicklung insgesamt zu sehen (z.B. das »Alles oder Nichts«-Denken im Umgang mit widersprüchlichen Informationen; vgl. Harter, 1999). Die einfallsreichen Arbeiten von Lewis (bereits Lewis/Brooks-Gunn, 1979) haben gezeigt, dass bereits im ersten Lebensjahr die Selbstpräsentation in Form eines »existenziellen Selbst« erfolgt, das im zweiten Lebensjahr um das »kategoriale Selbst« ergänzt wird, z.B. um rudimentäres Wissen von der eigenen »Kleinheit«. Im weiteren Verlauf wird das anschauungsgebundene Selbst (»Ich kann gut schwimmen«) über die Kindheit hinweg zunehmend abstrakteren Formen der Selbstrepräsentation (»Ich bin sportlich«) weichen (zum Überblick Harter, 1999). Und schon im Jugendalter ist das Selbst in Form generalisierter Eigenschaften repräsentiert, d.h., Individuen haben ein Wissen davon, »was für ein Mensch« sie sind und welche Eigenschaften sie besitzen, ohne dass sie dabei jeweils episodisches Gedächtnismaterial abrufen müssten (siehe Klein/Loftus, 1993). Damit erfolgt nun auch die Verarbeitung selbstbezogener Informationen zunehmend kongruent mit bestehenden Selbstschemata. Darüber hinaus mag ebenso die Vorstellung fruchtbar sein, dass selbstbezogenes Wissen auch in Form situationsspezifischer Partialmodelle aktiviert wird (z.B. »Ich als Tochter«; »Ich als Kollegin«; schon Filipp/Brandtstädter, 1975) und dass manche Selbstaspekte häufiger als andere im Arbeitsgedächtnis vorgehalten werden (Markus/Wurf, 1987). Je häufiger aber ein selbstbezogenes Wissenselement im Visavis immer wiederkehrender Situationen aktiviert wurde, umso leichter zugänglich, umso elaborierter und umso zentraler in der Selbstdefinition einer Person sollte es forthin sein (siehe auch Hannover, 2000).

Die Verarbeitung selbstbezogener Informationen unterliegt des Weiteren motivationalen Einflüssen: So ist gänzlich unumstritten, dass wir keineswegs alles wissen *wollen*, was wir (potenziell) über uns erfahren können. Und dass in der Verarbeitung selbstbezogener Rückmeldungen zunächst eher das »Lustprinzip« denn das »Realitätsprinzip« dominiert und optimistische Selbstüberschätzungen die Kindheit charakterisieren und forthin partiell als »positive Illusionen« weiterbestehen können, ist allenthalben belegt (Harter, 1999). Diese Befunde verweisen auf das Bedürfnis nach Aufrechterhaltung oder Steigerung des Selbstwertgefühls. Dieses umschreibt, dass Menschen positiven (im Vergleich zu negativen) Informationen über die eigene Person selektive Aufmerksamkeit schenken, dass positive Informationen als »zutreffender« eingeschätzt, besser verarbeitet und memoriert werden und dass mehrdeutige Information in positiver Weise uminterpretiert wird. Ein zweites Bedürfnis – das nach personaler Kontinuität und Selbstkonsistenz – bildet das Bestreben ab, ein relativ stabiles Bild von der eigenen Person konstruieren und bewahren zu wollen (sensu »Ich-Identität«). Aus einer Reihe von Arbeiten wissen wir, dass gerade dann, wenn eine Person sich mit Blick auf ein selbstbezogenes Wissenselement sehr sicher ist, sie Informationen auf »konfirmatorische« resp. konsistenzförderliche Weise verarbeitet (hierzu Dauenheimer et al., 1999).

Interessant sind diese Verarbeitungsprinzipien dann, wenn sie zu in sich widersprüchlichen Rückmeldungen über die eigene Person führen, was als *»crossfire«* in der Verarbeitung bezeichnet wird (de la Ronde/Swann, 1993). Die Rückmeldung, dass man in einem Leistungstest besonders gut abgeschnitten hat, wird im Falle eines niedrigen Selbstkonzepts der Begabung – oft um den Preis einer potenziellen Selbstwerterhöhung – »konsistent« mit diesem Selbstschema verarbeitet, indem Personen mit einem niedrigen Begabungsselbstkonzept die Qualität ihrer Leistungsergebnisse systematisch zu unterschätzen oder Erfolg in einer Leistungsaufgabe eher auf Glück oder geringe Schwierigkeit denn auf internale Faktoren zurückzuführen scheinen (Meyer, 1984). Es kommt also zu einer konzeptgesteuerten Verarbeitung selbstbezogener Informationen. In ähnlicher Weise berichtete Swann (1997), dass Personen mit einem negativ getönten Selbstkonzept dazu neigen, solche Interaktionspartner zu wählen, die ihre negative Selbstsicht teilen, um damit »Konsistenz« zu maximieren. Demgemäß wird argumentiert, dass das Selbstsystem neben einer definierten Menge sog. peripherer Elemente auch einen stabilen, unveräußerbaren Kern (Allport, 1955) aufweist, der *unabhängig von seiner Valenz* dem Individuum personale Kontinuität sichert und seine Selbstdefinition konstituiert.

Daneben sind weitere Prinzipien in der Verarbeitung selbstbezogener Informationen wirksam. Zum einen ist dies das Bedürfnis nach Individuation und Einzigartigkeit, wie denn auch generell argumentiert wird, dass in dem Selbstkonzept vor allem jene Merkmale salient seien, die die Person von anderen als »abgehoben« (distinkt) erscheinen lassen. Dies haben bereits vor Jahren McGuire und Padawer-Singer (1976) gezeigt. In ihrer Studie sollten 10-Jährige spontane Antworten auf die Frage »Wer bin ich?« generieren, wobei jene Kinder, die bedeutsam vom Altersdurchschnitt ihrer Klasse abwichen, sehr viel häufiger ihr Alter nannten als die Kinder, die innerhalb der Altersnorm lagen. Allerdings haben auch Merkmale, die eine fremde Person in einem gegebenen Situationskontext als distinkt von anderen erscheinen lassen, eine höhere Salienz (vgl. Leyens et al., 1994).

Auch wenn das Bedürfnis nach personaler Einzigartigkeit eine wichtige Grundlage der Verarbeitung selbstbezogener Informationen ist, gilt dies nur eingeschränkt: Menschen scheinen sich mit Blick auf eigene »Schwächen« gerade *nicht* als einzigartig zu erleben, sondern diese als für andere Menschen gleichermaßen charakteristisch anzusehen – für vermeintliche »Stärken« hingegen gilt das nicht (McFarland/Miller, 1990).

Schließlich gilt noch zu beachten, dass das selbstbezogene Wissenssystem der Person nicht nur die Gewissheit ihrer unverwechselbaren Identität vermitteln, sondern auch ihrer Handlungsorientierung dienen, d.h. Sicherheit bei der Handlungsplanung und -ausführung vermitteln muss. Daher muss selbstbezogenes Wissen auch hinreichend veridikal (= realitätsnah) sein, so dass hier die Grenzen einer einseitig selbstwertdienlichen und/oder einseitig konsistenzmaximierenden Informationsverarbeitung liegen sollten. Vermutlich stellt sich das Problem der Veridikalität selbstbezogenen Wissens in einzelnen Lebensaltern wohl in immer wieder neuem Gewande: Von den Erwartungen des Vorschulkindes ob seiner Leistungsgüte, die von den eigenen Wünschen diktiert sind, über die verschiedenen Formen der Verleugnung oder des Aushandelns von Realität im Angesicht krisenhafter Ereignisse bis hin zu den als »eskapistisch« beschriebenen Formen des Reminiszierens im Alter, die das vergangene Selbst in goldenem Lichte erscheinen lassen, reicht die Palette der »geschönten« Selbstkonzepte – auch wenn umgekehrt die vielen schmerzlichen Erfahrungen uns immer wieder realistische Selbsteinschätzungen aufzwingen mögen. Dies wird das folgende Thema sein.

2. Lebenserfahrung als Auseinandersetzung mit kritischen Ereignissen

2.1 Typen der Lebenserfahrung

Indem Menschen altern und die ihnen zugewiesene Lebensspanne durchschreiten, machen sie die unterschiedlichsten Erfahrungen, die das Leben für sie bereithält – wie denn bekanntlich »Erfahrung« etymologisch auf »fahren« zurückgeht und »Leben« gerne in der Metaphorik des »Reisens« dargestellt wird. Viele Erfahrungen haben unmittelbare Rückwirkungen auf das selbstbezogene Wissenssystem, indem sie von einer besonderen Aufmerksamkeit für selbstbezogene (gegenüber nicht selbstbezogenen) Informationen begleitet sind; andere Erfahrungen mögen eher Informationen über »die Welt da draußen« liefern. Was Lebenserfahrung im Einzelnen ausmacht, ist zentrales Thema jeder Biografieforschung (Jüttemann/Thomae, 1998) und lässt sich aus philosophischer wie psychologischer Sicht beleuchten.

Der Kant-Forscher Hinske (1986) führt etwa aus, dass jegliche Lebenserfahrung in erster Linie mit den Absichten und Zielen des Handelnden verknüpft sei, vor deren Hintergrund das eigene Verhalten und das der anderen Menschen »erfahren« werde. Erfahrung sei somit immer Bestätigung oder Widerlegung eigener Handlungsentwürfe und der zu ihrer Durchsetzung gebrauchten Handlungsmittel. In diesem Sinne sei Erfahrung »pragmatisch«, d.h., sie lasse den Handelnden am eigenen Leibe spüren, dass er durch dieses oder jenes Tun die Erreichung seiner Lebensziele vorangetrieben oder vereitelt habe. Insofern gehe Erfahrung als schmerzliche Erfahrung immer »unter die Haut«. Darüber hinaus sei Lebenserfahrung auch auf eine epochale Dimension zu beziehen, indem Menschen einer bestimmten Generationenzugehörigkeit (einer »Geburtskohorte«) durch Kriege, Elend und Not oder aber durch Wohlstand und Überfluss mit spezifischen Facetten des Lebens konfrontiert würden. Hier sei Lebenserfahrung nicht mehr primär eine Sache des Einzelnen, sondern sie erzeuge in ihrer epochalen

Dimension ein gemeinsames Lebensgefühl, das einer ganzen Generation ihr Gesicht geben könne und »geheimes« und unausgesprochenes Einverständnis schaffe (Generationen als »Schicksalsgemeinschaften«; vgl. Filipp/Mayer, 1999).

Solche Überlegungen finden sich auch in der (entwicklungs-)psychologischen Forschung, indem hervorgehoben wird, dass Erfahrungen im Verlaufe eines Lebens »normativer« Natur, dass sie an »historische Ereignisse« gebunden sind oder dass sie »nichtnormative« Erfahrungen darstellen können. Damit lassen sich einzelne »*age-graded*«, »*history-graded*« und »*non-normative*« Einflüsse auf die lebenslange Entwicklung von Menschen differenzieren. Als »normativ« werden Lebensereignisse bezeichnet, deren Eintritt (1) eng an das kalendarische Alter gebunden ist, (2) die für den jeweiligen Alterszeitpunkt (statistisch) normal sind, d.h. eine hohe Verbreitung innerhalb der jeweiligen Altersgruppe haben, die deswegen (3) in ihrem Eintritt vorhersehbar sind und somit »antizipatorische« Bewältigung erlauben und die (4) Sollsetzungen resp. Anforderungen an die Person implizieren und in diesem Sinne präskriptiver Natur sind. Bei den »non-normativen« Ereignissen handelt es sich um solche, die eine insgesamt geringere Eintrittswahrscheinlichkeit besitzen (z.B. Opfer einer Gewalttat zu werden) oder die außerhalb der sozialen oder biologischen Zeitstruktur des Lebens (»*off time*«) eintreten und von denen somit nur wenige (altersgleiche) Personen betroffen sind. Schließlich liegt die Besonderheit der an die historische Zeit geknüpften Ereignisse darin, dass sie viele Menschen zum gleichen Zeitpunkt treffen, sich aber aus der Tatsache, dass die Menschen dabei unterschiedlich alt sind, unterschiedliche Folgen für das individuelle Erleben und die weitere Entwicklung ergeben (hierzu Elder, 1998).

2.2 Lebenserfahrung als Bearbeitung von Entwicklungsaufgaben

Eng verknüpft mit dem Konzept der »normativen Lebensereignisse« ist das der Entwicklungsaufgaben (Havighurst, 1953). Diese stellen weitgehend altersspezifische Anforderungen an das Individuum dar, die sich aus biologischen Veränderungen ergeben und/oder mit Übergängen in neue Lebenslagen oder Rollen einhergehen. Ihrem präskriptiven Charakter folgend *müssen* diese Anforderungen zu einem gegebenen Zeitpunkt erfolgreich bewältigt werden (z.B. von der Herkunftsfamilie unabhängig zu werden), weshalb sie auch als »gesellschaftliche Eintrittskarten« (Flammer, 1988) bezeichnet wurden.

Was resultiert daraus für das selbstbezogene Wissenssystem? Indem Entwicklungsaufgaben weitgehend *universelle* Anforderungen darstellen, sollte ihre Bearbeitung auch universelle Selbstaspekte erzeugen, d.h. solche, bezüglich deren mehr oder minder alle Menschen selbstbezogenes Wissen erworben haben. Illustrieren lässt sich dies an dem Selbstkonzept der äußeren Erscheinung, welches in der Auseinandersetzung mit den Entwicklungsaufgaben des Jugendalters zu einer solch universellen Wissensdomäne – wenngleich höchst unterschiedlicher inhaltlicher Ausgestaltung – wird und das im Übrigen in dieser Zeit engste Zusammenhänge mit dem Selbstwertgefühl aufweist (vgl. Kling et al., 1999). Ähnliches mag für andere Lebensalter gelten, etwa wenn im höheren Alter die körperliche Leistungsfähigkeit eine zentrale Facette der Selbstdefinition darstellt (Freund/Smith, 1997). Offensichtlich sind Antworten auf die Frage »Wer bin ich?« immer auch eine Reflexion der aktuellen Anforderungen und Lebensthematiken (sensu Thomae, 1968). Viele Entwicklungsaufgaben sind auf das Engste mit dem Aufbau selbstbezogenen Wissens verknüpft, wie sich am Beispiel der Akzeptanz des eigenen Körpers und der Übernahme der eigenen Geschlechtsrolle im Jugendalter illustrieren lässt. Umgekehrt lassen sich Selbstzweifel, ein unrealistisches Ideal-Selbst im Jugendalter oder mangelnde Ich-Integrität im hohen Alter auch als Indikatoren einer misslingenden Bearbeitung von Entwicklungsaufgaben interpretieren.

An dieser Stelle ist gerade auf das Jugendalter und das frühe Erwachsenenalter zu verweisen und auf den vielfach replizierten Befund, wonach diese Altersperiode im autobiografischen Gedächtnis (über)repräsentiert ist (»Reminiszenzbuckel« z.B. Filipp, 1996).

Zweifellos hat dies mit Veränderungen des Selbstsystems im Jugendalter zu tun: So beziehen sich autobiografische Erinnerungen auf Episoden von hoher persönlicher Bedeutsamkeit, und sie bilden Erfahrungen ab, über die die Person fortan häufiger nachgedacht und/oder gesprochen hat (*vivid memories;* vgl. Fitzgerald, 1988). Da in dieser Zeit die Frage »Wer bin ich?« besondere Brisanz besitzt, sollten Erfahrungen eine besondere Verbindung mit dem Selbstsystem eingehen, d.h. Informationen vermehrt als selbstbezogen enkodiert und gespeichert werden – wie denn die Aktivierung des selbstbezogenen Wissenssystems zu einer überlegenen Behaltensleistung für jedwedes Lernmaterial führt (»Selbstreferenzeffekt«; z.B. Wippich/Hommelsen, 1986). Schließlich sollte die Tatsache, dass in diese Altersperiode viele Ereignisse vom Typ »Das erste Mal« fallen, ihren Behaltensvorteil und ihre leichte Zugänglichkeit in autobiografischen Erinnerungen erklären. Fitzgerald (1988) geht in seiner Interpretation noch einen Schritt weiter. Er verweist darauf, dass es im Jugendalter nicht nur um den Aufbau von Ich-Identität gehe und das Selbst fortan in Form überdauernder psychischer Eigenschaften repräsentiert sei. Vielmehr werde in dieser Zeit auch ein »*self narrative*« aufgebaut, d.h. eine Art der Selbstrepräsentation, in der die eigene Person in einem umfassenden Wissenssystem mit einem reichhaltigen Geflecht an Informationen, Episoden und Erfahrungen abgebildet sei; erst dieses umfassende Wissen könne nun forthin dazu dienen, das »Warum« und »Wozu« eigener Erfahrungen zu deuten und diese in einen Sinnzusammenhang zu stellen.

2.3 Kritische Ereignisse als Typen der Lebenserfahrung

Selbstredend sind nicht alle unsere Erfahrungen an spezifische Lebensalter resp. Entwicklungsaufgaben gebunden; vieles in unserem Leben ist auch »non-normativer« Natur. Zu dessen Beschreibung bietet sich das Konzept der »kritischen Lebensereignisse« an, das abbilden soll, dass einschneidende Veränderungen im Leben, wie sie mit non-normativen *und* normativen Ereignissen einhergehen können, auch »Weichenstellungen« im Leben darstellen können. Nun beschäftigen sich Psychologen seit langem mit der Frage, was denn diese »kritischen« Ereignisse im Leben von Menschen sind. Lange dominierte die Auffassung, dass es gerade die *frühen* Ereignisse im Leben seien, die nachhaltige Wirkung zeitigten. Fortan wurde differenzierter dargestellt, wann Ereignisse »kritisch« sind, wobei drei Faktorenbündel von Belang erscheinen: Merkmale des Ereignisses selbst, personale Voraussetzungen seitens der davon Betroffenen (z.B. Bewältigungskompetenz) und die Situationsumstände, unter denen ein Ereignis eintritt. Im Folgenden sollen insbesondere Merkmale des Ereignisses selbst kurz skizziert werden.

Kritische Lebensereignisse sind – wie dies seit jeher betont – dadurch charakterisiert, (1) dass sie ein hohes Maß an *Lebensveränderung* mit sich bringen, die das bislang aufgebaute Passungsgefüge zwischen der Person und ihrer Umwelt (z.B. zwischen individuellen Bedürfnissen und umweltseitigen Gelegenheiten für ihre Befriedigung) bedroht. In der Tat ist ein Ereignis »kritisch«, wenn das Leben nicht mehr das ist, was es vor diesem Ereignis war (und wenn auch die Menschen nicht mehr die sind, die sie vorher waren). Ereignisse sind kritisch, (2) wenn sie viele Lebensbereiche und viele Aspekte der Alltagsgestaltung tangieren, d.h. einen hohen *Wirkungsgrad* besitzen. Der Verlust des Arbeitsplatzes stellt beispielsweise ein solches Ereignis dar, das über den Bereich des Arbeitslebens hinaus tief greifende Folgen für viele andere Lebensbereiche (Familienleben, soziale Einbindung) besitzt. Ereignisse sind umso kritischer, (3) je mehr sie mit zentralen Anliegen der Person interferieren und die Erreichung hoch valenter Ziele, denen sich die Person verpflichtet fühlt, verhindern *(Zielblockade)*. Gerade darin liegt auch (4) ihre hohe *affektive Bedeutung*, denn das Attribut »kritisch« impliziert, dass diese Ereignisse heftige Emotionen auszulösen in der Lage sind. Dabei kann es sich um sog. »primäre« Emotionen wie Trauer oder Furcht handeln, aber auch um komplexere Emotionen, die enger mit dem Selbstsystem in Verbindung stehen, wie etwa Schuld oder Scham (»*self-conscious emotions*«, vgl. zum Überblick Tangney/Fischer, 1995).

Ereignisse sind des Weiteren umso kritischer, (5) je mehr ihr

Eintritt dem Einfluss der betroffenen Person entzogen ist. Zwar ist es eine grundlegende Dimension der Lebenserfahrung, dass Ereignisse auf uns von außen als »Widerfahrnisse« einströmen und dass vieles im Leben nicht nur von unseren eigenen Anstrengungen abhängt, sondern von einer Unsumme von Lebensumständen, die nicht in unserer Hand und in unseren Handlungen liegen (Hinske, 1986). Doch in allen Lebensaltern wollen Menschen »primäre Kontrolle« (sensu Heckhausen/Schulz, 1995) behalten über ihr Leben und das, was in ihrem Leben geschieht. Ereignisse, die sich dieser Kontrolle entziehen, sind eben deshalb »kritisch«. So lässt sich z.B. die freiwillige Aufgabe der Erwerbstätigkeit leichter verkraften als die durch starre Grenzen des Rentenalters aufgezwungene; es ist leichter, eine Paarbeziehung aus eigenem Entschluss zu beenden, als vom Partner verlassen zu werden; und der selbst gewählte Umzug in eine Wohnung lässt sich leichter bewältigen als der durch Kündigung des Vermieters erzwungene. Dabei berührt die Frage danach, wie kontrollierbar der Eintritt eines Ereignisses ist, auch das Problem, dass viele (scheinbar unkontrollierbare) Ereignisse im Leben von Menschen durchaus »hausgemacht« sind, d.h., dass man sie griffig als *»self-made disasters«* umschreiben kann (siehe Abschnitt 3).

Als weiteres Merkmal kommt hinzu, (6) inwieweit der Eintritt eines Ereignisses *vorhersehbar* war resp. es sich um die berüchtigten Schicksalsschläge aus heiterem Himmel handelt. Der plötzliche Unfalltod des Ehepartners ist in der Regel schwieriger zu bewältigen als ein nach langer Erkrankung eingetretener Tod, und Studien zum Wohnortwechsel im Alter haben gezeigt, dass Vorhersehbarkeit derart, dass die künftige Wohnumwelt vorab hatte mehrfach besucht werden können, mit einer besseren Anpassung verknüpft war (Schulz/Hanusa, 1978). Vorhersehbarkeit impliziert Möglichkeiten der antizipatorischen Bewältigung und erlaubt »sekundäre Kontrolle« (Heckhausen/Schulz, 1995).

Weiter ist bedeutsam, (7) *wann* Ereignisse eintreten, da unser Lebenslauf ja weitgehend bestimmt wird von einer biologischen und einer sozialen Uhr. Erstere bestimmt die Zeiträume, innerhalb deren bestimmte Ereignisse (z.B. schwere Erkrankung) wahrscheinlicher werden; Letztere strukturiert den Lebenslauf dadurch, dass sie Ereignissen »passende« Zeitpunkte zuordnet (z.B. wann »man« eine eigene Familie gründet). Beide Uhren legen fest, ob Ereignisse im Leben zum richtigen *(on time)* oder zum falschen Zeitpunkt *(off time)* eintreten, und sie gelten als umso kritischer, je mehr sie *off time* liegen. Die Diagnose einer lebensbedrohlichen Erkrankung im Alter von 30 Jahren stellt eine solche *Off-Time*-Erfahrung dar; sie ist u.a. deshalb so kritisch, weil die »Why me?«-Frage meist ungleich drängender ist als für einen 70- oder gar 80-Jährigen. Vielleicht gelingt es der 30-jährigen Person, darin einen Sinn zu finden – doch ist dies oft ein langer und schmerzlicher Prozess; vielleicht findet sie keine anderen Antworten, als ihr Schicksal als »unverdient« anzusehen. Eben weil das Erleben von Ungerechtigkeit eine der quälendsten Emotionen in der Konfrontation mit kritischen Lebensereignissen darstellt (Montada, 1992), haben *Off-Time*-Ereignisse als so kritisch zu gelten.

Natürlich ließe sich diese Aufzählung fortführen, aber sie enthält nichts zu den personseitigen Bedingungen wie auch zu den Lebensumständen, unter denen Ereignisse besonders kritisch sind. Gerade in ihrer Verknüpfung mit dem Selbstsystem erhalten Ereignisse oft ihren krisenhaften Charakter, etwa wenn sie (vermeintlich) den Wert der eigenen Person bedrohen oder zentrale Elemente ihrer Selbstdefinition infrage stellen. So mag der Verlust der körperlichen Leistungsfähigkeit im Alter, obschon eine eher normale Erfahrung, krisenhaft sein, wenn die Betroffenen glauben, dadurch nichts mehr wert zu sein.

Ereignisse sind auch dann besonders kritisch, wenn sie Erinnerungen an frühere, nicht bewältigte Ereignisse aktivieren (»Retraumatisierung«; hierzu Maercker, 1999) resp. wenn die Tatsache, wiederholt »Opfer« geworden zu sein, von Selbstvorwürfen und nachhaltiger Selbstabwertung begleitet ist. Erst in Kenntnis all dieser Bedingungen können wir abschätzen, wann ein Ereignis in eine Krise mit ungünstigem Ausgang mündet, wann es als Herausforderung an die eigenen Bewältigungsmöglichkeiten angenommen wird oder gar einen Entwicklungsanreiz darstellt, aus dem weiteres Wachstum resultiert. In jedem Falle sind dies Erfahrungen, die kaum ohne Rückwirkung auf das selbstbezogene Wissenssystem bleiben können.

3. Das selbstbezogene Wissenssystem in der Auseinandersetzung mit kritischen Lebensereignissen

Wie mehrfach angeklungen, lässt sich mit »kritischen Lebensereignissen« ein konzeptueller Rahmen aufspannen, vor dessen Hintergrund Stabilität und Wandel im selbstbezogenen Wissenssystem beleuchtet werden können. Dies muss aber auch die Frage einschließen, inwieweit Menschen selbst zum Eintritt kritischer Lebensereignisse beigetragen haben, d.h., inwieweit es sich um Ereignisse als *self-made disasters* – etwa im Gegensatz zu *natural disasters* oder allgemeinen *man-made disasters* – handelt (Filipp, 1995). Insofern ist das selbstbezogene Wissenssystem als Bedingungsgefüge dafür zu sehen, mit welcher Wahrscheinlichkeit eine Person mit bestimmten Ereignissen konfrontiert sein wird, wie sie eingetretene Ereignisse wahrnimmt und wie sie sich damit auseinander setzt.

3.1 Das Selbstsystem und *self-made disasters*

Die Frage danach, in welchem Maße die Eintrittswahrscheinlichkeit für bestimmte Lebensereignisse auch von Merkmalen der Person abhängt, ist bislang kaum empirisch angegangen worden. Dies liegt zum einen an der Dominanz retrospektiver Designs in der Lebensereignisforschung, zum anderen auch an einer mechanistischen Modellbildung, in der Lebensereignisse stets als die »unabhängigen Variablen« betrachtet und die Bedingungen ihres Eintretens selbst kaum erforscht wurden (Filipp, 1995). Nicht selten liegt dies aber auch in der Natur des Forschungsgegenstandes selbst: Viele kritische Ereignisse stellen nicht nur unerbetene, sondern auch unangekündigte »Gäste« im Leben dar. Daher scheint es oft kaum möglich (oder nur sehr aufwendig), bereits im Vorfeld Prädiktoren des Ereigniseintritts zu erheben, es sei denn, man beschränkte sich auf – auch noch im Nachhinein valide erfassbare – Merkmale wie Wohnumgebung, Familienstand usw. Dessen ungeachtet lassen sich viele kritische Ereignisse in ihrem Eintritt als unerwünschte Neben- oder Spätfolgen individuellen Handelns rekonstruieren und damit keinesfalls als simple »Zufälle« im Leben der betroffenen Personen. Beispielsweise hat die Längsschnittstudie von Schmitz et al. (1999) erbracht, dass Extraversion resp. die damit verknüpften Verhaltensmuster den Eintritt von »Arbeitsplatzverlust«, »finanziellen Problemen« und »beruflichen Veränderungen« vorherzusagen gestatteten, Neurotizismus eher mit konfliktbezogenen Ereignissen (in Familie und Beruf) einherging und eine externale Kontrollorientierung mit der Gesamtzahl der im Intervallzeitraum eingetretenen Ereignisse assoziiert war. Wie gut Persönlichkeitsunterschiede den Eintritt von bedeutsamen Lebensereignissen vorherzusagen gestatten, hat nicht zuletzt die verhaltensgenetische Forschung nachgewiesen (siehe Saudino et al., 1997): Anhand der Daten aus der Schwedischen Adoptions-/Zwillingsstudie (mittleres Alter der Pbn: 59 Jahre) konnten diese Autoren zeigen, dass kontrollierbare (nicht aber unkontrollierbare) sowie erwünschte und unerwünschte Lebensereignisse eine beträchtliche genetische Varianz aufweisen, und zwar ausschließlich vermittelt über Persönlichkeitsunterschiede in Extraversion, Neurotizismus und Offenheit für Erfahrung. Dass dies fast nur für die weibliche, nicht aber die männliche Substichprobe nachweisbar war, wirft selbstredend eine Reihe von Anschlussfragen auf.

Will man nicht nur die klassischen Persönlichkeitsmerkmale, sondern das selbstbezogene Wissenssystem i.e.S. als Bedingungsgefüge heranziehen, so lassen sich eher Vermutungen anstellen denn Befunde präsentieren. Man kann vermuten, dass sich mit Selbstverifikation, Selbstwerterhöhung oder *self-assessment* Verhaltensweisen verbinden, die der Bestätigung oder Verteidigung (positiv getönter) Selbstannahmen resp. der Gewinnung diagnostischer Informationen über die eigene Person dienen, die aber zugleich in hohem Maße risikobehaftet sein und den Eintritt kritischer Ereignisse begünstigen können. Dies wird mit der alltagssprachlichen Rede von den für manche Lebensalter so typischen »Mutproben« nahe gelegt, doch nur wenige Autoren haben sich diesen gewidmet. Eine Ausnahme bildet die Arbeitsgruppe um Gibbons (Übersicht bei Gerrard et al., 2000), die die Rolle des Selbstwertgefühls für Risikoverhalten untersucht hat. Dabei bezogen sich die Autoren auf die »Theorie der kompensatorischen Selbstwerterhöhung« (Baumeister, 1982; zitiert nach Boney-McCoy et al., 1999), der zufolge Menschen auf negative Rückmeldungen (z.B. Abschneiden in einem Leistungstest) dadurch reagieren, dass sie sich anschließend in *anderen* Selbstaspekten signifikant positiver beschreiben, und dies umso deutlicher, wenn ihr (zuvor erfasstes) Selbstwertgefühl hoch war und wenn sie glauben mussten, eine andere Person sei über ihr schlechtes Abschneiden in diesem Test informiert. Gibbons und Mitarbeiter haben diese Theorie nun auf gesundheitsbezogenes Risikoverhalten übertragen, indem sie argumentierten, dass ein hohes Selbstwertgefühl von einer erhöhten Illusion der eigenen Unverwundbarkeit für negative Ereignisse (z.B. ungeplante Schwangerschaft, Ansteckung mit dem HI-Virus, Diagnose von Lungenkrebs) begleitet sei. In einer Serie von Studien konnten sie zudem zeigen, dass Rückmeldungen über eigenes Risikoverhalten (z.B. ungeschützter Geschlechtsverkehr) bei Personen mit hohem Selbstwertgefühl (im Vergleich zu Personen mit niedrigem Selbstwertgefühl) dazu führten, dass diese nicht nur die Höhe des Risikos per se leugneten, sondern dass sie sich nachfolgend mit Blick auf andere, davon unberührte Selbstaspekte besonders positiv beschrieben. Ähnliche Befunde zeigten sich bei Teilnehmern an einem Raucherentwöhnungsprogramm (Gibbons et al., 1997): Teilnehmer mit einem hohen Selbstwertgefühl unterschieden sich zwar nicht von den anderen in der Einschätzung des mit dem Rauchen verbundenen Gesundheitsrisikos, Unterschiede zeigten sich aber mit Blick auf jene Teilgruppe, die nach sechs Monaten rückfällig geworden war: Hier war ein hohes Selbstwertgefühl mit einer signifikant verringerten Risikoeinschätzung ganz im Sinne einer Reduktion der Dissonanz zwischen (positivem) Selbstkonzept und (negativ zu bewertendem) Verhalten assoziiert. Zugleich waren bei jenen Probanden, die nach wie vor ein erhöhtes Gesundheitsrisiko wahrnahmen (d.h., bei denen keine Dissonanzreduktion stattgefunden hatte), Rückwirkungen im Sinne eines (im Vergleich zum ersten Messzeitpunkt) signifikant verringerten Selbstwertgefühls nachweisbar.

In der Zusammenschau verweisen diese Befunde also darauf, dass ein hohes Selbstwertgefühl nicht nur ein Schutzfaktor ist (s.u.), sondern dass dadurch Menschen – u.a. vermittelt über die Illusion der eigenen Unverwundbarkeit – auch in Schwierigkeiten geraten können und hier einer der Faktoren für *self-made disasters* im Leben liegen kann.

3.2 Das Selbstsystem und die Wahrnehmung und Bewältigung kritischer Ereignisse

Das selbstbezogene Wissenssystem ist für die Auseinandersetzung mit kritischen Lebensereignissen in einem mindestens zweifachen Sinne von Bedeutung. Zum einen gibt es Hinweise darauf, dass die Auseinandersetzung mit kritischen Lebensereignissen eine Selbstzentrierung der Aufmerksamkeit bewirkt; zum anderen scheint hinreichend belegt, dass das Selbstsystem Schemata bereitstellt, vor deren Hintergrund Ereignisse wahrgenommen, bewertet und in spezifischer Weise bewältigt werden.

Selbstzentrierung der Aufmerksamkeit

Bedeutsame Übergänge im Lebensverlauf (z.B. Ortswechsel; vgl. Hormuth, 1990) und kritische Lebensereignisse tragen wegen des mit ihnen verbundenen »affektiven Lärms« (vgl. Filipp et al., 1993) zu einer erhöhten Selbstaufmerksamkeit bei, d.h., sie sind prototypisch für Situationen, in denen die Aufmerksamkeit stärker auf die eigene Person denn auf die Außenwelt gerichtet ist, und zwar aus mehreren Gründen. Zum einen handelt es sich um kritische »widerständige« Situationen, die ein Routinehandeln meist nicht gestatten und nicht selten insgesamt von einem Verlust der Handlungsorientierung begleitet sind (s.o.). Dadurch sollten vermehrt (selbst-)reflexive Prozesse in Gang gesetzt werden, die der Wiederherstellung der Handlungsorientierung u.a. durch die Neuordnung eigener Ziele oder revidierte Strategien der Zielerreichung dienen. Zum anderen lösen solche Ereignisse definitionsgemäß intensive Emotionen aus, die ihrerseits eine stärkere Aufmerksamkeitszentrierung auf die eigene Person bewirken. Dabei galt das Interesse bislang besonders negativen Emotionen, und mehrfach wurde der Befund repliziert, dass schon die experimentelle Induktion z.B. von Traurigkeit zu einer gesteigerten Selbstaufmerksamkeit führt (z.B. Green/Sedikides, 1999).

Die wesentliche Vermutung ist darüber hinaus, dass eine erhöhte Selbstaufmerksamkeit ihrerseits dazu führt, dass Erfahrungen stärker selbstbezogen verarbeitet werden. Dies sollte sich auch in internalen Ursachenerklärungen manifestieren, d.h. in der Zuschreibung von Selbstverantwortlichkeit *(self-blame)* gerade auch für negative Ereignisse, was vielen Befunden zufolge einen maladaptiven Mechanismus darstellt (z.B. Glinder/Compas, 1999). Zudem sollte erhöhte Selbstaufmerksamkeit auch saliente Elemente des selbstbezogenen Wissenssystems aktivieren. Dadurch sollte es sowohl offener für Revision und Wandel sein als auch – über defensive Prozesse der unterschiedlichsten Art – womöglich eine neuerliche Stabilisierung und Verteidigung (sensu Greve, 1990) erfahren.

Die meisten einschlägigen Studien haben (private, d.h. auf innere Vorgänge gerichtete) Selbstaufmerksamkeit als Dispositionsmerkmal konzipiert (zur Messung vgl. Filipp/Freudenberg, 1989) und als Moderatorvariable analysiert. Dies besagt, dass die potenziell negativen Auswirkungen belastender Ereignisse (z.B. auf das Wohlbefinden) von der Höhe der Selbstaufmerksamkeit abhängen sollten. In diesem Sinne konnten Mullen und Suls (1982) zeigen, dass eine Kumulation negativer, unkontrollierbarer Ereignisse bei Personen mit niedriger Selbstaufmerksamkeit zu stärkeren gesundheitlichen Beeinträchtigungen führte als bei solchen mit hoher Selbstaufmerksamkeit. Hohe Selbstaufmerksamkeit sollte diesen Autoren folgend dazu führen, dass die Betroffenen stärker auf ihre körperlichen Reaktionen geachtet und sie schneller und wirksamer möglichen Erkrankungen vorgebeugt hätten. In dieser Studie fungierte hohe Selbstaufmerksamkeit also offensichtlich als *protektiver* Faktor, der die potenziell schädigenden Effekte kritischer Ereignisse abgepuffert hat.

Doch scheint die Mehrzahl der Befunde eine andere Sprache zu sprechen, indem hohe private Selbstaufmerksamkeit auch einen Vulnerabilitätsfaktor darstellen kann. So konnten Hull et al. (1986) in einer *Follow-up*-Studie nachweisen, dass das Rückfallrisiko bei Alkoholikern signifikant erhöht war, wenn diese in der Folgezeit mit einem negativen *self-referent event* (z.B. beruflichem Misserfolg) konfrontiert waren *und* zugleich hohe Werte in dispositionaler Selbstaufmerksamkeit erhalten hatten. Hingegen erhöhte die Konfrontation mit negativen Ereignissen bei gleichzeitig geringer Selbstaufmerksamkeit das Rückfallrisiko nicht – hohe Selbstaufmerksamkeit hat hier also die negativen Effekte kritischer Ereignisse noch verstärkt. Darüber hinaus scheint hohe Selbstaufmerksamkeit zu bewirken, dass bereits bestehende negative Emotionen (z.B. als Reaktion auf kritische Ereignisse) intensiver erlebt werden. Da – wie kurz dargelegt – negative Ereignisse unter der Bedingung hoher Selbstaufmerksamkeit auch häufiger internal attribuiert werden, verwundert es nicht, dass in einer (chronischen) Selbstzentrierung der Aufmerksamkeit auch ein Vulnerabilitätsfaktor für das Auftreten depressiver Störungen im Umfeld kritischer Ereignisse gesehen wird (Ingram, 1990).

Selbstsystem und Bewältigungsverhalten

Dass die Auseinandersetzung mit kritischen Lebensereignissen in hohem Maße davon bestimmt ist, über welche Ressourcen eine Person verfügt, liegt auf der Hand. Bislang wurden diese Ressourcen mit summarischen Konzepten wie »Resilienz« resp. »Widerstandsfähigkeit« umschrieben (z.B. Brandtstädter/Greve, 1994). Als eine der Ersten hat Kobasa (1979) auf die Merkmale *commitment, control* und *challenge* als personale Ressourcen verwiesen: Wer sich Zielen verpflichtet fühle, subjektive Kontrolle besitze und Veränderungen eher als Herausforderung denn als Bedrohung erlebe, sollte weniger verwundbar durch kritische Lebensereignisse sein. Zunehmend wurde nun die Bedeutung des selbstbezogenen Wissenssystems betont, indem z.B. ein hohes Selbstwertgefühl als »Puffer« gegen die potenziell beeinträchtigenden Folgen kritischer Ereignisse betrachtet wurde. Empirische Hinweise liegen dazu seit Jahren vor: Ob beispielsweise der Verlust des Arbeitsplatzes selbstwertrelevant interpretiert wird, scheint über das generalisierte Selbstwertgefühl wie auch über das Selbstkonzept der beruflichen Leistungsfähigkeit vermittelt zu werden (Schlossberg/Leibowitz, 1980). Schon vor Jahren stellten Burgess und Holmstrom (1979) in ihrer *Follow-up*-Studie an Vergewaltigungsopfern fest, dass ein positives Selbstkonzept eine wichtige Ressource darstellte, um diese Erfahrung angemessen bewältigen zu können. Zugleich zeigte sich, dass auch die Verteidigung eines positiven Bildes der eigenen Person eine besonders adaptive Bewältigungsstrategie darstellte. Zwischenzeitlich mehren sich die Hinweise, dass ein hohes Selbstwertgefühl sich auch in neuroimmunologischen Parametern abbildet: Seeman et al. (1995) konnten bei einer Stichprobe älterer Pbn zeigen, dass experimentell induzierter Stress (Simulation einer Autofahrt) zu umso geringeren (über Cortisol erfassten) Stressreaktionen führte, je höher das Selbstwertgefühl dieser Pbn war.

Umgekehrt hat sich ein niedriges Selbstwertgefühl immer wieder als gewichtiger Vulnerabilitätsfaktor erwiesen. So berichtete Lieberman (1975), dass alte Menschen mit einem niedrigen Selbstwertgefühl die (unfreiwillige) Einweisung in ein Altenheim schlechter bewältigten als solche mit einem hohen Selbstwertgefühl. Die von Pearlin et al. (1981) vorgelegten Befunde einer Längsschnittstudie zeigten, dass depressive Störungen im Zuge der Auseinandersetzung mit kritischen Erfahrungen am Arbeitsplatz vermittelt waren über eine Reduktion des Selbstwertgefühls, d.h., dass diese Störungen nur dann auftraten, wenn die betreffenden Ereignisse als selbstwertrelevant verarbeitet worden waren. Und auch die Auflösung einer Paarbeziehung scheint besonders dort schwierig zu bewältigen zu sein, wo dieses Ereignis als vermeintlicher Beleg für den mangelnden Wert der eigenen Person gedeutet wird resp. es von dem »verlassenen« Partner nicht in einer selbstwertdienlichen Weise rekonstruiert werden kann (Baumeister et al., 1993; vgl. auch Bodenmann, 2001). Generell gilt wohl, dass die in vielzähligen Experimenten nachgewiesenen Unterschiede in der Informationsnutzung und -verarbeitung, wie sie mit einem hohen resp. einem niedrigen Selbstwertgefühl einhergehen, sich auch *in vivo* im Umgang mit kritischen Ereignissen zeigen. Dass darüber hinaus auch von Belang ist, wie sicher sich z.B. eine Person im Hinblick auf die Selbstzuschreibung positiver oder negativer Merkmale ist (in der Literatur als *self-certainty* oder *self-clarity* umschrieben), soll hier nur angedeutet werden (zur Übersicht vgl. Blaine/Crocker, 1993).

Schließlich liegt auf der Hand, dass auch die generalisierte Überzeugung von der Wirksamkeit eigenen Handelns (*self-efficacy;* Bandura, 1997) bedeutsam ist. So wird mit der daraus abgeleiteten Konzeptualisierung im Sinne von *coping efficacy* (Stone, 1985) zum Ausdruck gebracht, dass positive Selbsteinschätzungen der Bewältigungskompetenz eine gute Voraussetzung für den Umgang mit kritischen Ereignissen sind. Filipp et al. (1990) konnten dies für die Bewältigung der Diagnose einer schweren Erkrankung nachweisen. Schwarzer und Jerusalem (1995) haben für eine Stichprobe ehemaliger DDR-Bürger, die unmittelbar nach dem Fall der Mauer nach Westdeutschland umgesiedelt waren, die Bedeutung optimistischer Erwartungen ob der eigenen Bewältigungskompetenz (»Das schaffe ich schon«) erhellt und diese als zentrale Ressource in einer solchen Umbruchsituation ermittelt. Dass sich solche positiven Selbsteinschätzungen darüber hinaus oft auch erst als *Konsequenz* der erfolgreichen Bewältigung kritischer Ereignissen herausbilden und gerade darin ihre positive Folgen liegen können, wird allenthalben betont (z.B. Updegraff/Taylor, 2000).

Veränderungen im selbstbezogenen Wissenssystem

Da kritische Ereignisse oft jene non-normativen Erfahrungen abbilden, deren Eintritt eher selten ist und/oder mit denen – da *off time* – nur wenige Altersgenossen konfrontiert sind, signalisieren sie den Betroffenen auch, dass sie eine »Ausnahme« bilden. In diesem Sinne transportieren solche Ereignisse Informationen, die es in das Wissenssystem über die eigene Person wie über die Welt zu integrieren gilt, wie denn ihr krisenhafter Charakter gerade darin liegen mag, dass sie bisherige zentrale, identitätsstiftende Elemente des selbstbezogenen Wissenssystems plötzlich infrage stellen. Und häufig gelingt ihre Bewältigung nur dadurch, dass dieses Wissenssystem revidiert und eine veränderte Sicht von der eigenen Person und/oder von »der Welt da draußen« eingenommen wird (Janoff-Bulman/Berger, 2000). Oft genug lässt sich die veränderte Lebenssituation nicht durch eigenes Handeln problemorientiert verändern, so dass an die Stelle des *changing the world* die Strategie des *changing the self* (Rothbaum et al., 1982) treten muss. Kurzum: Die Konfrontation mit kritischen Ereignissen muss immer auch in selbstbezogenes Wissen übersetzt werden. Doch so nahe liegend solche Annahmen sind, so spärlich ist die dazu vorliegende Evidenz.

Vor Jahren berichteten Pearlin et al. (1981), dass die Auseinandersetzung mit einer Fülle von Belastungen im Erwachsenenalter dazu geführt habe, dass vormals positive Selbsteinschätzungen zunehmend negativer geworden seien. Filipp und Klauer (1986) haben eine Längsschnittstudie mit einer Stichprobe erwachsener Männer durchgeführt, in der das Selbstkonzept mehrfach sowohl in Form freier wie über Eigenschaftsskalen standardisierter Selbstbeschreibungen erfasst wurde. Die Ergebnisse lieferten eindrucksvolle Hinweise auf die *Stabilität* dieser Selbstbeschreibungen über das Zweijahresintervall. Und diese Stabilität war offensichtlich trotz der Tatsache, dass die Pbn in dem Zeitraum durchaus mit einer Reihe von kritischen Lebensereignissen konfrontiert waren, sie also nicht eine »ereignisarme« Periode durchlebt hatten.

Ähnliche Befunde berichteten Mummendey und Sturm (1982), die über einen Intervallzeitraum von fünf Jahren bei einer Stichprobe Jugendlicher und junger Erwachsener Veränderungen im Selbstkonzept ermittelten und diese mit den in diesem Zeitraum eingetretenen kritischen Ereignissen zu erklären versuchten. Obschon sich eine Reihe von Selbstkonzeptveränderungen gezeigt hatte, konnte diese nicht auf die Konfrontation mit Lebensereignissen zurückgeführt werden.

Womöglich liegt eine bessere Forschungsstrategie darin, einzelne Lebensereignisse hinsichtlich ihrer Bedeutung für Selbstkonzeptwandel spezifischer zu prüfen und diesen mikroanalytisch nachzuzeichnen. Beispielsweise lässt sich für Ereignisse, die den Verlust einer nahe stehenden Person implizieren, eine besonders starke Rückwirkung auf das Selbstsystem vermuten. In diesem Sinne betonten Stroebe und Stroebe (1992), dass mit dem Verlust nahe stehender Menschen immer auch Möglichkeiten der Validierung selbstbezogenen Wissens verloren gingen. In dem Maße, in dem die verlorene Person zudem Teil des Selbstsystems war (im Sinne der »*Including other in the self*«-Hypothese; siehe Aron et al., 1995), in dem Maße sollte dieser Verlust auch zu einer Destabilisierung des Selbstsystems führen.

Auch Hormuth (1990) verweist darauf, dass kritische Lebensereignisse dann, wenn sie Veränderungen in sozialen Rollenfunktionen implizieren, vermehrt zu Veränderungen im selbstbezogenen Wissenssystem führen sollten. Hormuth/Lalli (1992) haben sich der Selbstzufriedenheit der von Wohnortwechsel betroffenen Personen gewidmet und gezeigt, dass die damit einhergehende geografische Distanzierung von vormals vertrauten Personen zu einer Reduktion der Selbstzufriedenheit führte, und zwar umso mehr, je mehr soziale Beziehungen davon tangiert waren.

Nicht immer stellen kritische Ereignisse das Selbstsystem infrage. Doch für manche Ereignisse gilt, dass sie gerade deshalb kritisch sind, weil sie das Selbstwertgefühl unmittelbar bedrohen oder der Person die Revision bislang gültiger und subjektiv wichtiger Selbstannahmen abverlangen, so dass veränderte Realitäten assimiliert werden können. So haben erst unlängst Wacker und Kolobkova (2000) aufgezeigt, in welchem Maße der Verlust des Arbeitsplatzes sich in den Selbstbewertungen der davon Betroffenen niederschlägt. Verglichen mit nicht arbeitslosen Personen wiesen diese signifikant geringere Werte für Selbstwertgefühl, generalisierte Kompetenzerwartungen und Selbstwirksamkeit sowie eine deutlich erhöhte Tendenz zu Selbstabwertungen auf. Zudem waren diese Unterschiede umso ausgeprägter, je länger die Personen von Arbeitslosigkeit betroffen waren.

Die wenigen bisherigen Beispiele haben vor allem die Effekte unerwünschter und in vieler Hinsicht tatsächlich kritischer Ereignisse thematisiert. Selbstredend lassen sich auch für erwünschte und kontrollierbare Ereignisse Rückwirkungen auf das Selbstsystem vermuten. Dies kann an zwei Beispielen illustriert werden. Das Erste entstammt der Studie von Aron et al. (1995), die sich bei einer Stichprobe von Collegestudenten in einer Längsschnittstudie der Frage gewidmet haben, welche Implikationen das Ereignis »Frisch verliebt« für das Selbstkonzept haben könnte. Ihre Ergebnisse verweisen darauf, dass es zum einen zu einer *Expansion* des Selbst kommt in dem Sinne, dass sich »frisch Verliebte« im Zeitverlauf signifikant mehr Attribute in den unterschiedlichsten Domänen zuschrieben, was die Autoren partiell auf die o.g. Hypothese des »*including other in the self*« zurückführen. Zum anderen zeigte sich für standardisierte Maße ein signifikanter Anstieg des Selbstwertgefühls und der Selbstwirksamkeit, der bei der Vergleichsgruppe nicht beobachtbar war, der seinerseits mit den Funktionen, die Partner füreinander erfüllen können (z.B. Validierung oder »Glorifizierung« der Sicht von der eigenen Person) erklärt werden kann. Das zweite Beispiel entstammt der Studie von Alexander und Higgins (1993), die dem Übergang in die Ersteltemschaft und der Frage gewidmet war, warum dieser Übergang in manchen Fällen als so belastend erlebt wird. Hier erschien als das kritische Element, inwieweit es den jungen Eltern gelungen war, einzelne Subsysteme ihres Selbst, nämlich ideales und aktuelles Selbst sowie das aktuelle Selbst und das *ought self* (hier: wie man glaubt, aus Sicht des Partners sein zu müssen) in Übereinstimmung zu bringen. Je größer einzelne Diskrepanzen vor und nach der Geburt des ersten Kindes waren, umso stärker ausgeprägt waren die damit assoziierten negativen Emotionen auch im längsschnittlichen Verlauf. Dies zeigt, dass eine erfolgreiche Bewältigung kritischer Übergänge sowohl durch eine Anpassung des aktuellen selbstbezogenen Wissens als auch durch eine Revision idealer oder normativer Selbstentwürfe erleichtert werden kann.

Schließlich berichteten Showers und Ryff (1996) aus ihrer Studie an alten Menschen, die innerhalb des vergangenen Jahres in ein Altenheim übergesiedelt waren, dass positive Veränderungen in *einer* wichtigen Selbstkonzeptdomäne (z.B. Aktivitätsniveau), so wie sie die Betroffenen in der Retrospektive wahrnahmen, mit guter Anpassung korreliert waren. Dieser Zusammenhang war zudem deutlich höher, wenn die alten Menschen positive Veränderungen in gleicher Höhe, doch über *viele* verschiedene Selbstaspekte hinweg rekonstruiert hatten. Die Autorinnen deuten dies als Hinweis darauf, dass ein hoch *differenziertes* Selbstkonzept – zuweilen auch als Selbst-Komplexität umschrieben – eine Bewältigungsressource darstellt und zugleich spezifischen Veränderungen unterzogen sein kann. Darüber hinaus demonstriert diese Studie, dass es nicht nur die objektiven Veränderungen im Selbstsystem sind, denen das Forschungsinteresse gilt, sondern auch die Art und Weise, wie Menschen im Zuge der Bewältigung kritischer Lebensereignisse Stabilität oder Veränderung für sich subjektiv konstruieren. Dies leitet über zum letzten Abschnitt.

»Bin ich noch immer der Alte?« – Eine empirische Illustration

Die Frage von Menschen danach, ob sie immer noch der oder die Person seien, die sie vorher waren (»… noch immer der Alte«?), mag sich gerade in krisenhaften Lebenssituationen aufdrängen und von besonderer Brisanz sein. Viele kritische Ereignisse lassen sich kaum ungeschehen machen und erfordern – wie soeben dargelegt – auch tief greifende Veränderungen im Sinne des *changing the self*. Auf den ersten Blick scheint es so, als könnten Menschen diese Frage eigentlich nur verneinen, doch lassen sich aus der Theorie der temporalen Vergleiche (Albert, 1977) differenziertere Annahmen ableiten.

In dieser Theorie wird postuliert, dass eine dramatisch veränderte Lebenssituation den Menschen temporale Vergleiche, d.h. zwischen »heute und früher« resp. zwischen »vorher und nachher«, nachgerade aufzwinge. Zugleich wird postuliert, dass Menschen ein Bedürfnis nach personaler Kontinuität hätten (siehe Abschnitt 1.: Verarbeitung selbstbezogener Informationen), welches durch gravierende Veränderungen ihrer Lebenslage attackiert werde. Daher sollten sie vornehmlich sog. *laterale* temporale Vergleiche anstellen; das sind solche, aus denen sie erschließen können, sie selbst und ihr Leben hätten sich nicht (wirklich) verändert. Dies könne zum einen dadurch erfolgen, dass Elemente des früheren selbstbezogenen Wissenssystems *(past selves)* an das aktuelle Selbstkonzept angepasst würden oder dass zum anderen zumindest mit Blick auf die für die Selbstdefinition zentralen Merkmale Stabilität erschlossen und Veränderungen allenfalls für periphere Merkmale wahrgenommen würden. Sollten auch diese kognitiven Manöver scheitern, so sollten diese aus temporalen Vergleichen erschlossenen Veränderungen nun in *positiver* Weise gedeutet resp. umbewertet werden.

Diesen theoretischen Argumentationshintergrund haben Klauer et al. (1998) herangezogen, um die Diagnose einer lebensbedrohlichen Erkrankung als Prototyp eines kritischen Lebensereignisses (Filipp, 1992) zu betrachten und temporale Vergleichsprozesse bei einer Stichprobe von Krebspatienten zu analysieren. Hierzu sollten die Patienten anhand eines als »Veränderungsthermometer« eingeführten Verfahrens einschätzen, wie sehr sie sich mit Blick auf eine Reihe von Selbstaspekten (z.B. körperliche Leistungsfähigkeit, Selbstvertrauen) zwischen der Zeit vor der Diagnosestellung und »heute« verändert hätten. Zudem sollten sie, sofern sie eine Veränderung wahrgenommen hatten, deren Valenz (positiv vs. negativ) einschätzen. Die Ergebnisse dieser Studie erbrachten zum ersten, dass für die Mehrzahl der Selbstaspekte – im Mittel der individuellen Einschätzungen – eine Veränderung wahrgenommen und somit offensichtlich gerade nicht Stabilität im Selbstsystem konstruiert wurde. Veränderungen bezogen sich z.B. auf Aspekte wie Selbstvertrauen oder körperliche Leistungsfähigkeit, während z.B. der Bereich »Religiosität und Weltanschauung« kaum von subjektiven Veränderungen tangiert war. Die Diagnose einer Krebserkrankung war also in der Wahrnehmung der Patienten mit einer Vielzahl von Selbstkonzeptveränderungen – bei allerdings substanziellen individuellen Unterschieden in dem Ausmaß der wahrgenommenen Veränderungen – verknüpft.

Was passiert nun, wenn sich Veränderung offensichtlich nicht »leugnen« lässt, wie es die Theorie postuliert? In diesen Fällen sollte nun zu erwarten sein, dass diese als *positive* Veränderung konstruiert werden. Zieht man hierzu die jeweiligen Valenzeinschätzungen heran, dann wird erkennbar, dass die Zahl der von negativen Veränderungen betroffenen Selbstaspekte – absolut gesehen – weit über der Anzahl positiv bewerteter Veränderungen lag. Positive Veränderungen wurden vor allem erlebt für das Ausmaß, in dem die Patienten sich »von anderen akzeptiert« resp. »sozial eingebunden« fühlten. Interessant ist aber zugleich, dass die Höhe der erlebten Veränderungen über alle Bereiche hinweg und deren Bewertung hoch interkorreliert waren: Je mehr Veränderungen die Patienten insgesamt erlebten, desto eher bewerteten sie diese auch als positiv. In anderen Worten: Je stärker das Bedürfnis nach Kontinuität und Selbstkonsistenz bedroht erschien (=Zahl der von Veränderung betroffenen Selbstaspekte), umso eher neigten die Patienten dazu, die wahrgenommenen Veränderungen in eine positive Richtung umzudeuten.

Der Theorie zufolge sollte darin zugleich ein adaptiver Bewältigungsmechanismus liegen, so dass sich die Frage nach Zusammenhängen mit Indikatoren der Bewältigungsgüte (hier: Ausmaß der Hoffnungslosigkeit) anschloss. Die entsprechenden Analysen erbrachten, dass die Bewältigungsgüte *unabhängig* davon war, in wie vielen Selbstaspekten Veränderungen erlebt worden waren. Wohl aber war sie mit der Zahl negativer Veränderungen korreliert, d.h., je mehr Selbstaspekte von negativen Veränderungen betroffen schienen, umso höher war das Ausmaß der Hoffnungslosigkeit. Hingegen spielte die Zahl der von positiven Veränderungen betroffenen Aspekte keine Rolle, d.h., diese war mit Hoffnungslosigkeit gänzlich unkorreliert. Zudem zeitigte das Erleben positiver Veränderungen keinen Puffereffekt auf den Zusammenhang zwischen negativen Veränderungen und Hoffnungslosigkeit.

Diese Ergebnisse scheinen deshalb so bemerkenswert, als es bislang als gesichert (und ohnehin intuitiv plausibel) erschien, dass die Konstruktion eines positiv veränderten Selbstkonzepts einen adaptiven Bewältigungsmechanismus darstelle – beispielsweise in Form der Einsicht, dass man aus einer Krise »gestärkt« oder »weiser« hervorgegangen sei. Diesen Befunden zufolge scheint es viel eher so, dass es – zumindest auf das hier untersuchte Kriterium der Hoffnungslosigkeit bezogen – hilfreicher ist, potenziell negative Veränderungen zu leugnen denn positive Veränderungen zu konstruieren.

4. Resümee

Der vorliegende Beitrag hat einige allgemeine Annahmen der Selbstkonzeptforschung in Verbindung gebracht mit der Bewältigungsforschung, deren zentrale Frage ist, wie Menschen sich mit einzelnen Lebensereignissen auseinander setzen und was daraus ggfs. für das selbstbezogene Wissenssystem folgt. Nach einer Analyse dessen, was Ereignisse im Leben als besonders »kritisch« qualifiziert, wurde u.a. am Beispiel der Diagnose einer schweren Erkrankung illustriert, was diese für das Veränderungserleben der Betroffenen und für Selbstkonzeptwandel potenziell bedeuten kann. Diese Illustration hat verdeutlicht, dass manche Ereignisse so gravierende Zäsuren im Leben darstellen, dass die allgemein postulierten Prozesse der Sicherung und Verteidigung des Selbstkonzepts hier kaum wirksam zu werden scheinen. Offenbar müssen unter dem Druck so dramatisch veränderter Lebensumstände Annahmen über die eigene Person revidiert werden, wenn in dem Bewältigungsprozess der Punkt erreicht ist, an dem Selbstkonsistenz nicht mehr zu verteidigen ist und negative gegenüber als positiv erlebten Veränderungen überwiegen. Und wie es scheint, ist eine Sicherung des subjektiven Wohlbefindens eher dadurch möglich, das Ausmaß der erlebten »Verluste« zu unterschätzen denn »Gewinne« zu konstruieren (siehe auch Ferring/Filipp, 2000).

Literatur

Albert, S. (1977). Temporal comparison theory. *Psychological Review, 84,* 485–503.

Alexander, M.J./Higgins, E.T. (1993). Emotional trade-offs of becoming a parent: How social roles influence self-discrepancy effects. *Journal of Personality and Social Psychology, 65,* 1259–1269.

Allport, G.W. (1955). *Becoming: Basic considerations for a psychology of personality.* New Haven, CT: Yale University Press.

Aron, A., Paris, M./Aron, E.N. (1995). Falling in love: Prospective studies of self-concept change. *Journal of Personality and Social Psychology, 69,* 1102–1112.

Bandura, A. (1997). *Self-efficacy: The exercise of control.* New York: Freeman.

Baumeister, R.F. (1982). Self-esteem, self-presentation, and future interaction: A dilemma of reputation. *Journal of Personality, 50,* 29–45.

Baumeister, R.F., Wotman, S.R./Stillwell, A.M. (1993). Unrequited love: On heartbreak, anger, guilt, scriptlessness, and humiliation. *Journal of Personality and Social Psychology, 64,* 377–394.

Bayer, U./Gollwitzer, P.M. (2000). Selbst und Zielstreben. In W. Greve (Hrsg.). *Psychologie des Selbst* (S. 208–225). Weinheim: Beltz Psychologie Verlags Union.

Blaine, B./Crocker, J. (1993). Self-esteem and self-serving biases in reactions to positive and negative events: An integrative review. In R.F. Baumeister (Eds.). *Self-esteem: The puzzle of low self regard* (pp. 55–85). New York: Plenum.

Bodenmann, G. (2001). Psychologische Risikofaktoren für Scheidung: Ein Überblick. *Psychologische Rundschau, 52,* 85–95.

Boney-McCoy, S., Gibbons, F.X./Gerrard, M. (1999). Self-esteem, compensatory self-enhancement, and the consideration of health risk. *Personality and Social Psychology Bulletin, 25,* 954–965.

Brandtstädter, J./Greve, W. (1994). The aging self: Stabilizing and protective processes. *Developmental Review, 14,* 52–80.

Brandtstädter, J./Lerner, M.J. (1999). *Action and self-development: Theory and research through the life span.* Thousand Oaks, CA: Sage.

Burgess, A.W./Holmstrom, L.L. (1978). Recovery from rape and prior life stress. *Research in Nursing and Health, 1,* 165–174.

Cross, S./Markus, H. (1991). Possible selves across the life span. *Human Development, 34,* 230–255.

Cross, S.E./Madson, L. (1997). Models of the self: Self-construals and gender. *Psychological Bulletin, 122,* 5–37.
Dauenheimer, D., Stahlberg, D./Petersen, L.E. (1999). Self-discrepancy and elaboration of self-conceptions as factors influencing reactions to feedback. *European Journal of Social Psychology, 29,* 725–739.
de la Ronde, C./Swann, W.B.Jr. (1993). Caught in the crossfire: Positivity and self-verification strivings among people with low self-esteem. In R.F. Baumeister (Ed.). *Self-esteem: The puzzle of low self-regard* (pp. 147–165). New York: Plenum.
Elder, G. (1998). The life course and human development. In W. Damon/ R. Lerner (Eds.). *Handbook of child psychology. Vol.1: Theoretical models of human development* (pp. 939–993). New York: Wiley.
Epstein, S. (1993). Emotion and self-theory. In M. Lewis/J.M. Haviland (Eds.). *Handbook of emotions* (pp. 313–326). New York: Guilford.
Ferring, D./Filipp, S.-H. (2000). Coping as a »reality construction«: On the role of attentive, comparative, and interpretative processes in coping with cancer. In J. Harvey/E. Miller (Eds.). *Loss and trauma. General and close relationship perspectives* (pp. 147–165). Philadelphia, PA: Brunner-Routledge.
Filipp, S.-H. (1979). Entwurf eines heuristischen Bezugrahmens für Selbstkonzept-Forschung: Menschliche Informationsverarbeitung und naive Handlungstheorie. In S.-H. Filipp (Hrsg.). *Selbstkonzept-Forschung: Probleme, Befunde, Perspektiven* (S. 129–152). Stuttgart: Klett-Cotta.
Filipp, S.-H. (1992). Could it be worse? The diagnosis of cancer as a prototype of traumatic life events. In L. Montada, S.-H. Filipp/M.J. Lerner (Eds.). *Life crises and experiences of loss in adulthood* (pp. 23–56). Hillsdale, NJ: Erlbaum.
Filipp, S.-H. (1995). Lebensereignisforschung – eine Bilanz. In S.-H. Filipp (Hrsg.), *Kritische Lebensereignisse* (3.Aufl.) (S. 293–326). Weinheim: Beltz Psychologie Verlags Union.
Filipp, S.-H. (1996). »Wie schön war doch die Jugendzeit …« – Lebensrückschau im Alter. In. R. Schumann-Hengsteler/H.M. Trautner (Hrsg.). *Entwicklung im Jugendalter* (S. 217–238). Göttingen: Hogrefe.
Filipp, S.-H./Brandtstädter, J. (1975). Beziehungen zwischen situationsspezifischer Selbstwahrnehmung und generellem Selbstbild. *Psychologische Beiträge, 17,* 460–471.
Filipp, S.-H., Ferring, D., Mayer, A.-K./Schmidt, K. (1997). Selbstbewertungen und selektive Präferenz für temporale vs. soziale Vergleichsinformation bei alten und sehr alten Menschen. *Zeitschrift für Sozialpsychologie, 28,* 30–43.

Filipp, S.-H./Freudenberg, E. (1989). *Der Fragebogen zur Erfassung dispositionaler Selbstaufmerksamkeit (SAM-Fragebogen).* Göttingen: Hogrefe.
Filipp, S.-H./Klauer, T. (1986). Conceptions of self over the life span: Reflections on the dialectics of change. In M.M. Baltes/P.B. Baltes (Eds.). *The psychology of aging and control* (pp. 167–205). Hillsdale, NJ: Erlbaum.
Filipp, S.-H., Klauer, T./Ferring, D. (1993). Self-focused attention in the face of adversity and threat. In H.W. Krohne (Ed.). *Attention and avoidance* (pp. 267–294). Göttingen: Hogrefe/Huber.
Filipp, S.-H., Klauer, T., Freudenberg, E./Ferring, D. (1990). The regulation of subjective well-being in cancer patients: An analysis of coping effectiveness. *Psychology and Health, 4,* 305–317.
Filipp, S.-H./Mayer, A.-K. (1999). *Bilder des Alters: Altersstereotype und die Beziehungen zwischen den Generationen.* Stuttgart: Kohlhammer.
Fitzgerald, J.M. (1988). Vivid memories and the reminiscence phenomenon: The role of a self-narrative. *Human Development, 31,* 261–273.
Flammer, A. (1988). *Entwicklungstheorien. Psychologische Theorien der menschlichen Entwicklung.* Bern: Huber.
Freund, A.M./Smith, J. (1997). Die Selbstdefinition im hohen Alter. *Zeitschrift für Sozialpsychologie, 28,* 44–59.
Gerrard, M., Gibbons, F.X., Reis-Bergan, M./Russell, D.W. (2000). Self-esteem, self-serving cognitions, and health risk behavior. *Journal of Personality, 68,* 1177–1201.
Gibbons, F.X., Eggleston, T.J./Benthin, A.C. (1997). Cognitive reactions to smoking relapse: The reciprocal relation between dissonance and self-esteem. *Journal of Personality and Social Psychology, 72,* 184–195.
Glinder, J.G./Compas, B.E. (1999). Self-blame attributions in women with newly diagnosed breast cancer: A prospective study of psychological adjustment. *Health Psychology, 18,* 475–481.
Green, J.D./Sedikides, C. (1999). Affect and self-focused attention revisited: The role of affect orientation. *Personality and Social Psychology Bulletin, 25,* 104–119.
Greve, W. (1990). Stabilisierung und Modifikation des Selbstkonzeptes im Erwachsenenalter: Strategien der Immunisierung. *Sprache und Kognition, 9,* 218–230.
Greve, W. (2000). Psychologie des Selbst – Konturen eines Forschungsthemas. In W. Greve (Hrsg.). *Psychologie des Selbst* (pp. 15–36). Weinheim: Beltz Psychologie Verlags Union.
Hannover, B. (1997). Zur Entwicklung des geschlechtsrollenbezogenen Selbstkonzepts: Der Einfluss »maskuliner« und »femininer Tätigkeiten«

auf die Selbstbeschreibung mit instrumentellen und expressiven Personeigenschaften. *Zeitschrift für Sozialpsychologie, 28,* 60–75.

Hannover, B. (2000). Das kontextabhängige Selbst. In W. Greve (Hrsg.). *Psychologie des Selbst* (S. 227–238). Weinheim: Beltz.

Harter, S. (1999). *The construction of the self: A developmental perspective.* New York: Guilford.

Havighurst, R.J. (1953). *Human development and education.* New York: Longmans.

Heckhausen, J. (2000). Wo hängen die süßen Trauben? Entwicklungs- und motivationspsychologische Überlegungen zur Funktionalität des Bereuens. *Psychologische Rundschau, 51,* 123–134.

Heckhausen, J./Schulz, R. (1995). A life-span theory of control. *Psychological Review, 102,* 284–304.

Higgins, E.T. (1987). Self-discrepancy: A theory relating self and affect. *Psychological Review, 94,* 319–340.

Hinske, N. (1986). *Lebenserfahrung und Philosophie.* Stuttgart: Frommann/Holzboog.

Hormuth, S.E. (1990). *The ecology of the self: Relocation and self-concept change.* New York: Cambridge University Press.

Hormuth, S.E./Lalli, M. (1992). Theorie, Methoden und Ergebnisse eines ökologischen Ansatzes zur Selbstkonzeptforschung. In K. Pawlik/K.H. Stapf (Hrsg.). *Umwelt und Verhalten. Perspektiven und Ergebnisse ökopsychologischer Forschung* (S. 357–381). Bern: Huber

Hull, J.G., Young, R.D./Jouriles, E. (1986). Applications of the self-awareness model of alcohol consumptions: Predicting patterns of use and abuse. *Journal of Personality and Social Psychology, 51,* 790–796.

Ingram, R.E. (1990). Self-focused attention in clinical disorders: Review and a conceptual model. *Psychological Bulletin, 107,* 156–176.

James, W. (1890). *Principles of psychology.* New York: Holt.

Janoff-Bulman, R./Berger, A.R. (2000). The other side of trauma: Towards a psychology of appreciation. In J.H. Harvey/E.D. Miller (Eds.). *Loss and Trauma: General and close relationship perspectives* (pp. 29–44). Philadelpia, PA: Brunner-Routledge.

Jessor, R. (Ed.). (1998). *New perspectives on adolescent risk behavior.* New York: Cambridge University Press.

Jüttemann, G./Thomae, H. (1998). *Biographische Methoden in den Humanwissenschaften.* Weinheim: Beltz Psychologie Verlags Union.

Klauer, T., Ferring, D./Filipp, S.-H. (1998). »Still stable after all this …?« Temporal comparisons in coping with severe and chronic disease. *International Journal of Behavioral Development, 22,* 339–355.

Klein, S.B./Loftus, J. (1993). The mental representation of trait and autobiographical knowledge about the self. In T.K. Srull/R.S. Wyer (Eds.). *The mental representation of trait and autobiographical knowledge about the self (=Advances in social cognition, Volume 5)* (pp. 1–49). Hillsdale, NJ: Erlbaum.

Kling, K.C., Hyde, J.S., Showers, C.J./Buswell, B.N. (1999). Gender differences in self-esteem: A meta-analysis. *Psychological Bulletin, 125,* 470–500.

Kobasa, S.C. (1979). Stressful life events, personality, and health: An inquiry into hardiness. *Journal of Personality and Social Psychology, 37,* 1–11.

Lewis, M./Brooks-Gunn, J. (1979). *Social cognition and the acquisition of self.* New York: Plenum.

Leyens, J.-P., Yzerbyt, V./Schadron, G. (1994). *Stereotypes and social cognition.* London: Sage.

Lieberman, M.A. (1975). Adaptive processes in late life. In N. Datan/L.H. Ginsberg (Eds.). *Life-span developmental psychology: Normative life crisis* (pp. 135–160). New York: Academic Press.

Lipperheide, F.F.v. (1907). *Spruchweisheiten* (8. unveränderter Nachdruck 1976). Berlin: Haude und Speenersche Verlagsbuchhandlung.

Maercker, A. (1999). Lifespan psychological aspects of trauma and PTSD: Symptoms and psychosocial impairments. In A. Maercker, M. Schützwohl/Z. Solomon (Eds.). *Post-traumatic stress disorder: A lifespan developmental perspective* (pp. 7–41). Seattle: Hogrefe/Huber.

Markus, H. (1977). Self-schemata and processing of information about the self. *Journal of Personality and Social Psychology, 35,* 63–78.

Markus, H./Wurf, E. (1987). The dynamic self: A social psychological perspective. *Annual Review of Psychology, 38,* 299–337.

McFarland, C./Miller, D.T. (1990). Judgments of self-other similarity: Just like other people, only more so. *Personality and Social Psychology Bulletin, 16,* 475–484.

McGuire, W.J./Padawer-Singer, A. (1976). Trait salience in the spontaneous self-concept. *Journal of Personality and Social Psychology, 33,* 743–754.

Meyer, W.U. (1984). *Das Konzept von der eigenen Begabung.* Bern: Huber.

Montada, L. (1992). Attribution of responsibility for losses and perceived injustice. In L. Montada, S.-H. Filipp/M.J. Lerner (Eds.). *Life crises and experiences of loss in adulthood* (pp. 133–161). Hillsdale, NJ: Erlbaum.

Mullen, B./Suls, J. (1982). »Know thyself«: Stressful life changes and the ameliorative effect of private self-consciousness. *Journal of Experimental Social Psychology, 18,* 43–55.

Mummendey, H.D./Sturm, G. (1982). *Eine fünfjährige Längsschnittuntersuchung zu Selbstbildänderungen jüngerer Erwachsener und zum Einfluss kritischer Lebensereignisse (Arbeitsbericht).* Bielefeld: Universität, Fakultät für Soziologie.

Oettingen, G. (1997). Das phantasierte Selbst und seine Bedeutung für die Entwicklung über die Lebensspanne. *Zeitschrift für Sozialpsychologie, 28,* 76–91.

Pearlin, L.I., Meneghan, E.G., Lieberman, M.A./Mullan, J.T. (1981). The stress process. *Journal of Health and Social Behavior, 22,* 337–356.

Rheinberg, F. (1979). Bezugsnormen und die Wahrnehmung eigener Tüchtigkeit. In S.-H. Filipp (Hrsg.). *Selbstkonzept-Forschung: Probleme, Befunde, Perspektiven* (pp. 237–252). Stuttgart: Klett-Cotta. (3. Aufl. 1984)

Rothbaum, F., Weisz, J.R./Snyder, S.S. (1982). Changing the world and changing the self: A two-process model of perceived control. *Journal of Personality and Social Psychology, 42,* 5–37.

Saudino, K.J., Pedersen, N.L., Lichtenstein, P./McClearn, G.E. (1997). Can personality explain genetic influences on life events? *Journal of Personality and Social Psychology, 72,* 196–206.

Schlossberg, N.K./Leibowitz, Z. (1980). Organizational support systems as buffers to job loss. *Journal of Vocational Behavior, 17,* 204–217.

Schmitz, U., Rothermund, K./Brandtstädter, J. (1999). Persönlichkeit und Lebensereignisse: Prädiktive Beziehungen. *Zeitschrift für Entwicklungspsychologie und Pädagogische Psychologie, 31,* 147–156.

Schütz, A. (2000). Das Selbstwertgefühl als soziales Konstrukt: Befunde und Wege der Erfassung. In W. Greve (Hrsg.). *Psychologie des Selbst* (S. 189–207). Weinheim: Beltz Psychologie Verlags Union.

Schulz, R. Hanusa, B.H. (1979). Long-term effects of control and predictability enhancing interventions: Findings and ethical issues. *Journal of Personality and Social Psychology, 36,* 1194–1201.

Schwarzer, R./Jerusalem, M. (1995). Optimistic self-beliefs as a resource factor in coping with stress. In S.E. Hobfoll/M.W. deVries (Eds.). *Extreme stress and communities: Impact and interventions* (pp. 159–177). Dordrecht: Kluwer Academic Publishers.

Seeman, T.E., Berkman, L.F., Gulanski, B.I./Robbins, R.J. (1995). Self-esteem and neuroendocrine response to challenge: MacArthur studies of successful aging. *Journal of Psychosomatic Research, 39,* 69–84.

Showers, C.J./Ryff, C.D. (1996). Self-differentiation and well-being in a life transition. *Personality and Social Psychology Bulletin, 22,* 448–460.

Stone, A.A. (1985). Assessment of coping efficacy: A comment. *Journal of Behavioral Medicine, 8,* 115–117.

Stroebe, W./Stroebe, M.S. (1992). Bereavement and health: Processes of adjusting to the loss of a partner. In L. Montada, S.-H. Filipp/M.L. Lerner (Eds.). *Life crises and experiences of loss in adulthood* (pp. 3–22). Hillsdale, NJ: Erlbaum.

Swann, W.B.J. (1997). The trouble with change: Self-verification and allegiance to the self. *Psychological Science, 8,* 177–180.

Tangney, J.P./Fischer, K.W. (Eds.) (1995). *Self-conscious emotions: The psychology of shame, guilt, embarrassment, and pride.* New York: Guilford.

Thomae, H. (1968). *Das Individuum und seine Welt. Eine Persönlichkeitstheorie.* Göttingen: Hogrefe.

Updegraff, J.A./Taylor, S.E. (2000). From vulnerability to growth: Positive and negative effects of stressful life events. In J.H. Harvey/E.D. Miller (Eds.). *Loss and trauma: General and close relationship perspectives* (pp. 3–28). Philadelphia, PA: Brunner-Routledge.

Wacker, A./Kolobkova, A. (2000). Arbeitslosigkeit und Selbstkonzept – ein Beitrag zu einer kontroversen Diskussion. *Zeitschrift für Arbeits- und Organisationspsychologie, 44,* 69–82.

Wippich, W./Hommelsen, C. (1986). Selbstaufmerksamkeit und Erinnerungen. *Schweizerische Zeitschrift für Psychologie und ihre Anwendungen, 45,* 87–102.

8 Wie Psychologen sich selbst darstellen: eine Inhaltsanalyse von Autobiographien

Lothar Laux/Heiko Friedel/Heidi Maier/Karl-Heinz Renner[1]

Drei Psychologieprofessoren, und zwar Ludwig Pongratz, Werner Traxel und Ernst Wehner schrieben vor einigen Jahren ausgewählten älteren Kolleginnen und Kollegen einen Brief. Sie baten sie, ihre Selbstdarstellung zu verfassen, und zwar für ein Buchprojekt mit dem Titel »Psychologie in Selbstdarstellungen«. Einige Kollegen reagierten amüsiert. Sie dachten, es handele sich um einen Irrtum. Einer meinte, er gehöre noch nicht zu den alten, würdigen und verdienten Forschern, die ihr wissenschaftliches Lebenswerk mit einem persönlichen Beitrag krönen. Andere wunderten sich, dass gerade sie für diese Aufgabe ausgewählt worden waren. Sie hatten ihrer Auffassung nach überhaupt keine besonderen Beiträge zu ihrer Wissenschaft geliefert. Ein Autor bekannte, dass ihm eine Selbstdarstellung wegen seines Mangels an »exhibitionistischen Neigungen« schwer fiele. Indem sie solche Fragen und Zweifel niederschrieben, befanden sie sich schon mitten in ihrer Selbstdarstellung.

Drei Bände der »Psychologie in Selbstdarstellungen« sind bisher erschienen (Pongratz, Traxel/Wehner, 1972; 1979; Wehner, 1992). Die in Band 1 und 2 vorgestellten 21 Autoren und Psychologen zählen zu den Mitbegründern der deutschsprachigen Psychologie. Diese sind Charlotte Bühler, Heinrich Düker, Werner Fischel, Rosa

1 Wir bedanken uns bei Caroline Spielhagen für die Anregungen, die sich aus ihrer Durchsicht des Manuskripts ergaben.

Katz, Hans Kunz, Richard Meili, Wolfgang Metzger, Karl Mierke, Hubert Rohracher, Johannes Rudert, Friedrich Sander, August Vetter, Albert Wellek, Hans Biäsch, Helmut von Bracken, Anitra Karsten, Wilhelm Keller, Jean Piaget, Edwin Rausch, Heinrich Roth, Theodor Scharmann. Der dritte Band umfasst demgegenüber mit 16 Autoren die erste Assistentengeneration nach dem zweiten Weltkrieg: Hans Aebli, Rudolf Bergius, Ernst Boesch, Peter R. Hofstätter, Carl Graf Hoyos, Gustav A. Lienert, Ferdinand Merz, Erich Mittenecker, Ludwig J. Pongratz, Erwin Roth, Reinhard Tausch, Hans Thomae, Walter Toman, Werner Traxel, Udo Undeutsch und Hermann Wegener. Mit dieser Gruppe von Autoren ist die Zeit strenger Schulbildung, die noch die ältere Forschergeneration prägte, vorüber. Die Psychologen, die im dritten Band zusammengefasst sind, nehmen eine offenere Haltung ein: »Sowohl methodisch als auch inhaltlich ist gerade bei den Forschungsarbeiten dieser Generation der Einfluss der Psychologie aus den USA sehr stark« (Wehner, 1992).

Alle Autoren haben, so die Herausgeber, »für die Abfassung ihrer Manuskripte dieselben allgemeinen Hinweise erhalten. Gefragt war einmal nach biographischen Daten, nach dem Studiengang und Berufsweg, nach wichtigen persönlichen Erinnerungen; zum anderen war um Stellungnahmen zu Grundfragen der Psychologie gebeten worden, zu den eigenen Forschungen und zur Entwicklung der Psychologie im Ganzen« (Pongratz et al., 1972, S. 7).

1. Fragestellungen

Die Analyse von autobiografischen Texten kann von höchst unterschiedlichen theoretischen Orientierungen aus erfolgen. Thomae (1998) führt drei Gruppen von Theorien auf: (1) ätiologisch orientierte Theorien, z.B. psychoanalytische Ansätze oder die Life-Event-Forschung, (2) entwicklungspsychologische Arbeitsrichtungen mit der Betonung von Lebensabschnitten sowie (3) theoretische Ansätze, die die Zusammenhänge zwischen historisch-politischen und sozialen Kontexten untersuchen.

Unserem Beitrag liegen die Prinzipien einer vierten Arbeitsrichtung zugrunde, der Psychologischen Biografik (vgl. Thomae, 1996). Angeregt dazu wurden wir u.a. durch die Erinnerungen von Hans Thomae in Band 3 der »Psychologie in Selbstdarstellungen«, in denen er über die massiven Gegenreaktionen berichtete, die sein Hauptwerk »Das Individuum und seine Welt« auslöste (Thomae, 1968). Darin hatte er die These formuliert, dass psychologische Biografik eine Synthese zwischen idiographischer und nomothetischer Orientierung darstelle. Von den Kritikern aber wurde das Buch als Fallsammlung missverstanden. Neuerdings scheint der Streit zwischen idiographischer und nomothetischer Orientierung beigelegt zu sein (Asendorpf, 2000). Immer mehr Autoren gehen davon aus, dass die beiden Forschungsstrategien sich funktional ergänzen sollten – ein Standpunkt, den schon der Urheber der Wortschöpfung (Windelband, 1894) vertreten hatte.

Bei Hans Thomae bedeutet »idiographisch« – das sei hervorgehoben – den Versuch einer möglichst genauen Erfassung des Individuums. Um dies zu erreichen werden Erhebungsmethoden verwendet, die die Antwortmöglichkeiten eines Individuums nicht auf eine bestimmte Theorie oder Methodologie einengen. Daher favorisiert er die Exploration, also das halbstrukturierte Interview oder eben auch biografische Dokumente. Auf die idiographisch orientierte Erhebungsphase folgt dann eine Auswertungsphase, die nomothetischen Prinzipien entspricht.

Wir fanden es reizvoll, in einer Untersuchung, die sich auf Prinzipien der Psychologischen Biografik stützt, die Auseinandersetzung mit solchen Prinzipien in der Selbstdarstellung eines maßgeblichen Proponenten dieser Auffassung – Hans Thomae – als Material heranzuziehen. In diesem Beitrag soll aber nicht die detaillierte Darstellung eines Einzelfalls im Mittelpunkt stehen, sondern die Gesamtanalyse von 37 Selbstdarstellungen. Insgesamt drei Fragestellungen stehen im Mittelpunkt:

(1) Reaktionsformen und das Allgemeine Psychische Anpassungssystem: Von den verschiedenen Konzepten, die Thomae entwickelt hat

(u.a. kognitive Repräsentation, Daseinsthemen, Daseinstechniken, subjektiver Lebensraum), erschienen uns die Daseinstechniken – bzw. in neuerer Terminologie: die *Reaktionsformen* – als besonders angemessen für die Analyse der Selbstdarstellungen. Als Grundlage übernahmen wir daher das deskriptive System zur Klassifikation von Reaktionen auf Belastung, das Thomae (1996, S. 86–100) für die Analyse von halbstrukturierten Interviews und biografischem Material entwickelt hat. Dieses Klassifikationssystem lässt sich nicht nur auf im strengen Sinn belastende, sondern auch auf bedeutsame Situationen, wie sie typischerweise in einer Biografie vorkommen, anwenden. Ziel war es, die Häufigkeit des Auftretens von insgesamt 20 Reaktionsformen (z.B. produktive Leistung, Aufgreifen von Chancen, Akzeptieren der Situation) für die 37 Autobiografien zu bestimmen und eine Interpretation im Rahmen des »Allgemeinen Psychischen Anpassungssystems« zu versuchen. Diesem Anpassungssystem entsprechend soll auf viele unterschiedliche Situationen bevorzugt mit einigen wenigen Antworten reagiert werden (Thomae, 1996).

(2) Formen der Selbstdarstellung: Wenn Autoren mit ihren Kurzautobiografien explizit zu einer »Psychologie in *Selbstdarstellungen*« beitragen, liegt es natürlich nahe, ihre Texte unter dem Gesichtspunkt von Formen der »Selbstdarstellung« zu analysieren. Hierbei geht es nicht mehr um Formen des Reagierens auf begrenzte Situationen, sondern um die Art der Vermittlung von habituellen Selbstbildern. Während sich die Reaktionsformen also auf konkrete Handlungen beziehen, umfassen die Selbstdarstellungsformen alle Versuche, mit denen die Autoren direkt oder indirekt die eigene Person »charakterisieren«, z.B. durch Herausstellen von Kompetenz oder durch Understatement. Dies kann auch über die Mitteilung bestimmter Handlungen erfolgen. Vorrangige Frage ist: Welche Formen der Selbstdarstellung lassen sich in den Texten erkennen und wie häufig werden sie von den Autoren eingesetzt?

(3) Darstellung des Selbst im Lebenslauf: Über eine inhaltsanalytische Bestimmung von einzelnen Formen der Selbstdarstellung hinausgehend sollen anschließend noch solche Textstellen interpretiert werden, die auf die Konstruktion des Selbst im Lebenslauf gerichtet

sind. Im Zentrum stehen dabei Aussagen, mit denen die Autoren die Abfolge von Lebensereignissen in einen kohärenten Zusammenhang bringen oder sogar Lebensprinzipien als Strukturierungshilfe anbieten.

Zur theoretischen Einordnung der drei Fragestellungen ist es hilfreich, ein Rahmenmodell von McAdams (1994) heranzuziehen. McAdams differenziert zwischen drei Niveaus oder Ebenen der Persönlichkeit: (1) dispositionelle Eigenschaften, (2) persönliche Anliegen (personal concerns) und (3) Lebenserzählung (life narrative). Ebene 1 bezieht sich auf basale Persönlichkeitseigenschaften wie z.B. die Big Five (siehe Tab. 1). Ebene 2 berücksichtigt stärker kontext- und zeitabhängige Konstrukte wie z.B. persönliche Pläne und Bewaltigungsstrategien. Ebene 3 schließlich bezieht sich auf narrative Ansätze, denen es um Einheit und Kohärenz des Selbst geht.
Während es bei Ebene 1 um den »having aspect« der Persönlichkeit geht und bei Ebene 2 um den »doing aspect«, steht bei Ebene 3 die Konstruktion, das Herstellen des Selbst (making of the self), im Mittelpunkt.

Tab. 1: Drei Ebenen der Persönlichkeit adaptiert nach McAdams

Ebenen	**Bezeichnung**	**Konkretisierung**
1	Dispositionelle Eigenschaften	Big Five: Extraversion, emotionale Labilität, Verträglichkeit, Gewissenhaftigkeit, Offenheit für Erfahrung
2	Persönliche Anliegen	Persönliche Pläne, persönliche Projekte, gegenwärtige Lebensaufgaben, Bewältigungsstrategien, Reaktionsformen, Formen der Selbstdarstellung etc.
3	Lebenserzählung	Herstellen eines kohärenten Selbst durch Darstellen der eigenen Biografie

Es bleibt zu überprüfen, ob sich die Texte der Selbstdarstellungen für das Ableiten von Eigenschaftszuschreibungen im Sinne der Ebene 1 von McAdams eignen. Eigenschaftsangaben in Form eines Selbsturteils kommen durchaus vor, z.B. bei Jean Piaget: »Im Grunde bin ich ängstlich, nur die Arbeit vermag mich davon zu befreien« (in Pongratz et al., 1979, S. 177). Unsere Analyse soll sich aber nur auf Ebene 2 und 3 beziehen. Die Thomae'schen Reaktionsformen lassen sich der Ebene 2 zuordnen. Mit ihrer deutlichen Kontextabhängigkeit ähneln sie den Bewältigungsstrategien aus der Copingforschung von Lazarus (1999). Die vergleichsweise kontextunabhängigen Formen der Selbstdarstellung muss man ebenfalls noch der 2. Ebene zuordnen, weil sie einzelne Selbstaspekte, aber noch keine Aussagen über Zusammenhänge beinhalten. Mit dem Betonen von Kohärenz gehören die Darstellungen des Selbst bzw. der Identität im Lebenslauf dagegen zur 3. Ebene.

2. Methodisches Vorgehen: Inhaltsanalyse der Selbstdarstellungen

Die schriftlichen Selbstdarstellungen der insgesamt 37 Autoren der bisher erschienenen drei Bände wurden inhaltsanalytisch aufbereitet. Dabei stand die inhaltliche Strukturierung (vgl. Mayring, 1997) der Texte unter den theoretischen Perspektiven von Reaktions- und Selbstdarstellungsformen im Mittelpunkt. Vor diesem Hintergrund erfolgte die Inhaltsanalyse des gesamten Materials in zwei, voneinander unabhängigen Durchgängen: (1) Zunächst wurde eine inhaltliche Strukturierung und Häufigkeitsanalyse der Texte nach Reaktionsformen[2] vorgenommen. (2) Der zweite Durchgang diente der Identifikation verschiedener Selbstdarstellungsformen.

---

2 Herrn Hans Thomae sei gedankt für die Beratung bei der inhaltsanalytischen Auswertung, Frau Ulrike Hollmann und Frau Helene Weiß für die aufwendige Mitarbeit bei der Kodierung.

Die inhaltsanalytische Auswertung erfolgte zuerst für die 16 Texte des dritten Bandes der »Psychologie in Selbstdarstellungen« (Maier, 1997). Die Inhaltsanalyse der 21 Texte der ersten beiden Bände schloss sich später an (Friedel, 2000). Das Kategoriensystem der Reaktionsformen umfasst insgesamt 20 Kategorien, das der Selbstdarstellungsformen 16 Kategorien (vgl. hierzu die nachfolgenden Abschnitte). Jede Kategorie wurde exakt expliziert und mit Ankerbeispielen verdeutlicht. Dabei handelt es sich um Textstellen des zugrunde liegenden Materials, in denen die Bedeutung der jeweiligen Kategorie besonders prägnant zum Ausdruck kommt. Der eigentliche Kodiervorgang umfasste drei Schritte und war durch Kodierregeln standardisiert: (1) Zunächst mussten Textstellen identifiziert und markiert werden, die für die inhaltliche Analyse nach Reaktions- bzw. Selbstdarstellungsformen relevant erschienen. Als Analyseeinheit galten alle inhaltstragenden Textstellen (Satzteile, ganze Sätze oder auch Abschnitte). (2) Im zweiten Schritt erfolgte die Zuordnung einer identifizierten Textstelle zu einer Kategorie. Eine Textstelle durfte innerhalb der Reaktionsformen und innerhalb der Selbstdarstellungsformen immer nur *einer* einzigen Kategorie zugeordnet werden. Die identifizierten und kodierten Textstellen wurden pro Kategorie für jeden Autor bzw. die Gesamtgruppe summiert und in eine Rangreihe gebracht. (3) Um die Inhaltsanalyse nachvollziehbar und transparent zu machen, wurden *alle* kodierten Textstellen jedes Autors mit Angabe der jeweiligen Seitenzahlen und zugeordneten Kategorie gesondert paraphrasiert und in Tabellenform aufgelistet.

Zur Überprüfung der Kategoriensysteme und Objektivierung der Inhaltsanalysen wurden Kodiererübereinstimmungen von drei verschiedenen Auswertungsteams ermittelt. Dabei wurde sowohl die Übereinstimmung der identifizierten Textstellen und der jeweiligen Kategorienzuordnung berücksichtigt. In ihren Diplomarbeiten führten Maier (1997) und Friedel (2000) auf der Basis von 5–15% des jeweiligen Textmaterials (Maier: Band 3; Friedel: Band 1 und 2) Kodiererübereinstimmungen mit je einem unabhängigen Auswerter durch. Die Kodiererübereinstimmung wurde zunächst mit einem Reliabilitätsmaß nach Holsti (1969, zit. nach Mayring,

1997) berechnet. In einem zweiten Schritt wurde dieser Koeffizient um die Zahl der zufällig zu erwartenden Übereinstimmungen bereinigt. Die Zufallskorrektur erfolgte hierbei anhand des von Cohen (1960, vgl. Bortz/Döring, 1995; Mayring, 1997) entwickelten Maßes Kappa. Für die Analyse nach *Reaktionsformen* ergaben sich Kappa-Koeffizienten zwischen .91 (Auswertungsteam Maier) und .94 (Auswertungsteam Friedel). Für die Übereinstimmung bei der Analyse der *Selbstdarstellungsformen* resultierten Koeffizienten von .85 (Auswertungsteam Maier) bzw. .90 (Auswertungsteam Friedel). Die Kodiererübereinstimmung zwischen den beiden Hauptauswertern (Auswertungsteam Maier-Friedel) wurde an 20% des Materials von Band 3 durchgeführt. Für die Reaktionsformen ergab sich ein Kappa von .84, während bei den Selbstdarstellungsformen ein Wert von .75 resultierte. Die im Vergleich zu den ersten beiden Auswertungsteams etwas niedrigeren Koeffizienten sind sicherlich darauf zurückzuführen, dass die beiden Hauptauswerter nicht die Möglichkeit hatten, in ausführlichen Diskussionen möglicherweise bestehende Verständnisunterschiede zu beseitigen. Andererseits sprechen die immer noch guten Kappa-Koeffizienten der beiden Hauptauswerter für die Qualität der Kategoriensysteme, die offensichtlich auch ohne zusätzliche Diskussionen weitgehend übereinstimmende Kodierungen gewährleisten. Nach Bortz und Döring (1995) erfordert eine gute Übereinstimmung Kappa-Werte größer .70. Dieser Wert wird in allen ermittelten Kodiererübereinstimmungen – zumeist bei weitem – überschritten.

3. Reaktionsformen und Allgemeines Psychisches Anpassungssystem

Für die Inhaltsanalyse nach Reaktionsformen wurde das System zur Klassifikation von Reaktionen auf Belastungen zugrunde gelegt (Thomae, 1996, S. 86–100). Obwohl sich unsere Autoren schwerpunktmäßig mehr mit bedeutsamen als mit im engeren Sinn belastenden Episoden auseinander setzten, erwies sich das Klassifikationssystem von Thomae als gut geeignet. Es mussten lediglich geringfügige materialgeleitete Modifikationen vorgenommen werden. So wurde die Reaktionsform *Leistung* unterteilt in die Kategorien *Produktive Leistung* und *Kognitive Leistung*. Die Kategorie *Betonte Realitätsorientierung* entfiel, da sie für die vorliegenden Texte nicht relevant war. Die Kategorie *Depressive Reaktion* wurde in *Enttäuschung/Resignation* umbenannt, die Kategorie *Selbstbehauptung* um die Reaktionsform Widerstand erweitert. Neu eingeführt wurde die Kategorie *Distanzierung*. Das endgültige Kategoriensystem umfasst 20 Kategorien, für die jeweils eine exakte Operationalisierung vorliegt.

3.1 Häufigkeit von Reaktionsformen

In Abb. 1 (S. 240) sind die Reaktionsformen geordnet nach der Häufigkeit ihrer Verwendung dargestellt.[3]

Am häufigsten vertreten ist die *Produktive Leistung*, die alle Reaktionsformen zusammenfasst, die mit Anstrengung und Energieeinsatz verbunden sind. Dies ist der Fall, wenn Wolfgang Metzger den »Aufbau des Münsterschen Instituts als eine meiner Leistungen« (in Pongratz et al., 1972, S. 203) schildert oder Albert Wellek mitteilt: »Seither habe ich dort … die Psychologie sozusagen aus dem Nichts aufgebaut« (in Pongratz et al., 1972, S. 367). Den zweiten Rang nimmt die *Kognitive Leistung* im Sinne von intensivem Nachdenken, Reflektieren und auch dem Hinterfragen von bestehenden Traditionen oder Lehrmeinungen ein. Bei der Dominanz dieser ersten beiden Reaktionsformen handelt es sich um ein Ergebnis, das bei Hochschullehrern sicherlich nicht überrascht, da sie die Selbstdarstellungen primär aus der Berufsrolle heraus schreiben.

3 Herrn Georg Merzbacher sei gedankt für die Mithilfe bei der Aufbereitung und statistischen Analyse der Daten sowie für die Erstellung der Abbildungen.

Am dritthäufigsten – und keineswegs mehr selbstverständlich – ist die *Positive Deutung der Situation,* also das Hervorheben positiver Aspekte einer Situation, auch wenn diese belastende Seiten hat. Eine andere Facette ist die Entdeckung eines tieferen Sinns in einer u.U. stark belastenden Situation. Als Beispiel sei Hans Thomae genannt. Dieser erwähnt, dass er mehrere Jahrzehnte mit heftigen Magenblutungen zu tun hatte. Sie drohten sein Leben schon frühzeitig zu beenden. »Auf der anderen Seite«, so schreibt er, »haben sie mir wahrscheinlich das Leben gerettet, da ein großer Teil meiner Altersgenossen ja im Krieg sterben musste« (in Wehner 1992, S. 307). Es spricht für die besondere Bewältigungskompetenz unserer Autorengruppe, dass positive Umdeutung einen derart hohen Rang einnimmt. Positives Umdeuten gehört zu den besonders wirksamen intrapsychischen Bewältigungsreaktionen (vgl. Laux/Weber, 1993; Lazarus, 1999).

An vierter Stelle in der Rangfolge steht die *Anpassung an institutionelle Aspekte der Situation.* Mit dieser Reaktionsform verbunden ist die Anerkennung der Notwendigkeit, sich an bestimmte, personunabhängige soziale Normen, Traditionen und Regelungen anzupassen. Es folgen die Daseinstechniken *Stiftung und Pflege sozialer Kontakte* und *Identifikation mit den Zielen/Schicksalen anderer.* Stiftung und Pflege sozialer Kontakte ist eine Reaktionsform, die das Herstellen oder die Verstärkung sozialer Netze zum Inhalt hat, die wiederum bei der Lösung beruflicher, ökonomischer, familiärer oder gesundheitlicher Probleme behilflich sein können. Identifikation mit den Zielen und/oder Schicksalen anderer bedeutet ein stärkeres Beteiligtsein am Wohlergehen bzw. den Fortschritten einer oder mehrerer Personen. Diese entstammen zumeist dem Familien- oder Freundeskreis. Die Identifikation kann sich aber auch auf Gruppen, Vorbilder, Autoritäten oder Ideen (Theorien, Forschungsthemen) beziehen. Letzteres ist beispielsweise bei Johannes Rudert der Fall, der Nietzsches entlarvende Psychologie »zum lange wirkenden Antrieb meines psychologischen Denkens« (in Pongratz et al., 1972, S. 290) kürt.

In der Rangreihe der Reaktionsformen folgen weitere handlungsorientierte und selbstbestimmte Antworten, die allmählich übergehen in die kaum verwendeten passiven Formen, die zum Inhalt haben, den Dingen ihren Lauf zu lassen, den Rückzug anzutreten oder Verzicht zu üben.

3.2 Allgemeines Psychisches Anpassungssystem

Angesichts der unterschiedlichen Häufigkeit der einzelnen Reaktionsformen in Abbildung 1 fragt man sich, wie allgemein oder wie probandenspezifisch eine derartige Reaktionshierarchie sein mag. Thomae ist dieser Grundfrage durch einen systematischen Vergleich von Reaktionshierarchien verschiedener Probanden- und Altersgruppen, bei denen z.T. auch die Häufigkeit der Reaktionsformen in Abhängigkeit von verschiedenen Situationen untersucht wurde, nachgegangen. Beeindruckt von der führenden Rolle bestimmter einzelner Reaktionsformen, schlug er vor, das Konstrukt eines »Allgemeinen Psychischen Anpassungssystems« einzuführen. Es handelt sich dabei nicht um eine unveränderte Neuauflage des umstrittenen »Allgemeinen Anpassungs-Syndroms« von Selye (1975), der postuliert hatte, dass der Organismus unabhängig von der Belastungsquelle mit einem festgelegten Syndrom körperlicher Veränderungen reagiert (vgl. Laux, 1983; Lazarus, 1999). Thomae nimmt lediglich »eine gewisse, aber keineswegs generelle Unspezifität der Auslösebedingungen für eine begrenzte Auswahl von Antwortmustern in Bezug auf Alltagsprobleme« an (vgl. Lehr/Thomae, 1991, S. 164). Die konkrete Realisierungsform dieses relativ global angewendeten Musters variiert in Abhängigkeit von Situationen und Personen. Mehr noch: Das moderat unspezifische Anpassungssystem wird durch jeweils situations- und personspezifische Antwortmuster ergänzt und teilweise sogar ersetzt. Trotz dieser starken Einschränkungen macht es Sinn, davon auszugehen, dass auf viele unterschiedliche Situationen bevorzugt mit einigen wenigen Antworten reagiert wird: »Für die überwiegende Zahl von Alltagsproblemen bleibt jedoch dieses ›Allgemeine Psychische Anpassungssystem‹ das Repertoire, aus dem sich Reaktionen auf die Lage zuerst und am ehesten anbieten bzw. anzubieten scheinen« (Lehr/Thomae, 1991, S. 166).

Abb. 1: Häufigkeit der Reaktionsformen. Die schwarzen Balken repräsentieren Reaktionsformen, die zum Allgemeinen Anpassungssystem gehören.

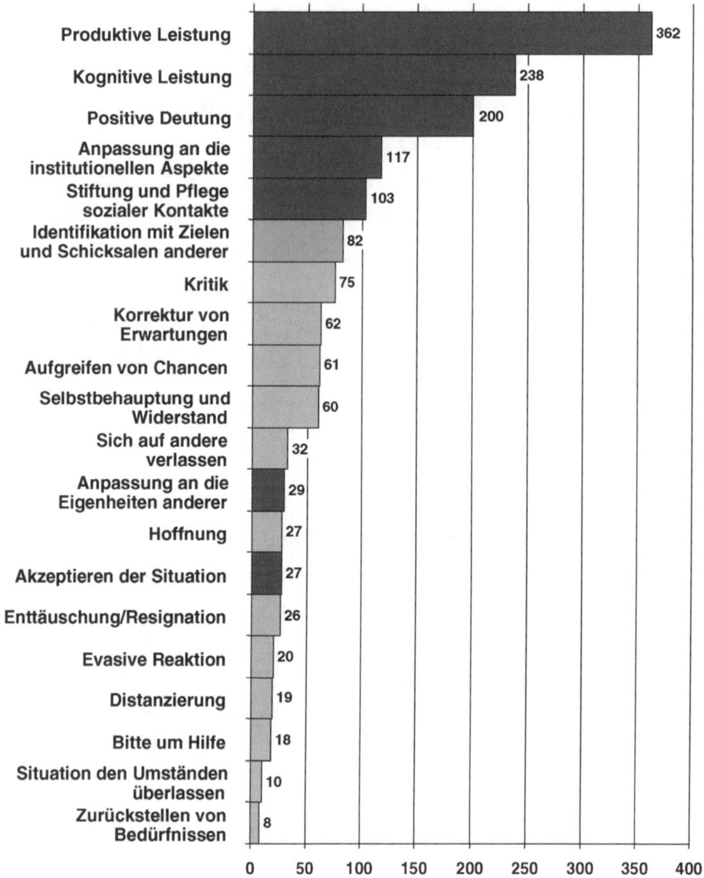

Zu diesem »Allgemeinen Anpassungssystem« gehören von ihrer hohen Auftretenswahrscheinlichkeit her leistungsorientierte Antwortmuster, die Anpassungsformen I (Anpassung an die institutionellen Aspekte) und II (Anpassung an andere) sowie die soziale Kontaktpflege. Zu diesen eher handlungsorientierten Lösungsversuchen treten noch die kognitiven Verarbeitungsweisen des Akzeptierens und der positiven Umdeutung hinzu. Von diesen 7 Reaktionsformen, die das Allgemeine Anpassungssystem ausmachen, befinden sich in unserer Rangordnung 5 auf den höchsten Rängen (vgl. Abb. 1): Produktive und kognitive Leistung, positive Deutung, Anpassung an die institutionellen Aspekte der Situation sowie Stiftung und Pflege sozialer Kontakte. Die Dominanz dieser fünf Reaktionsformen in unseren »Selbstdarstellungen« ist weniger interpretationsbedürftig als die niedrigen Rangplätze für die *Anpassung an die Eigenheiten und Bedürfnisse anderer (Anpassung II)* sowie für das Akzeptieren der Situation.

Bei der Definition von Anpassung II wird hervorgehoben, dass Qualitäten Einzelner oder Gruppen zum Maßstab werden, dem sich das eigene Verhalten fügt (Thomae, 1996). Offenbar bevorzugen die hier untersuchten Hochschullehrer in der Interaktion mit anderen im Mittel Reaktionsformen, die »angepasstes« Eingehen auf andere nicht implizieren wie, Identifikation mit Zielen und Schicksalen anderer oder Stiftung und Pflege sozialer Kontakte. Dementsprechend wird ein höherer Rangplatz als für Anpassung II auch für *Selbstbehauptung/Widerstand* erreicht. Selbstbehauptung sichert das individuelle Dasein gegen Anfeindungen und Gefährdungen durch Um- und Mitwelt. Widerstand besteht in der Weigerung, Zwang oder Druck nachzugeben oder einem durch Tradition oder Situation aufgedrängten Weg zu folgen (Thomae, 1996). Ein Beispiel hierfür liefert Hans Kunz: »Deshalb ist es nicht verwunderlich, dass ich drei Dissertationen schrieb. Die erste und zweite zog ich zurück, weil Häberlin jeweils inhaltliche Änderungen verlangte, die mit seinen Auffassungen übereinstimmen sollten, ich mich aber nicht zu derartigen mir unaufrichtig erscheinenden Zugeständnissen entschließen konnte« (in Pongratz et al., 1972, S. 137).

Das *Akzeptieren einer Situation* im Sinne von Hinnahme passt ebenfalls nicht zu dem dominierenden aktivitätsbestimmten und positiv getönten Muster von Reaktionsformen in unserem Material. Im Rahmen einer Selbstdarstellung besteht bei Hochschullehrern sicherlich die Neigung, vor allem solche Situationen auszuwählen, in denen sie Einfluss nehmen, selbstwirksam sein konnten. Von daher gesehen ist die geringe Häufigkeit der Reaktionsform *Akzeptieren* nicht überraschend. Sie passt zu der geringen Auftretenshäufigkeit anderer, eher durch Passivität gekennzeichneten Antwortformen.

Die Betonung stark selbstbestimmter Reaktionsformen im Verein mit der geringen Häufigkeit evasiv-defensiver Formen lässt sich mit dem Konzept der *Autogenese* von Jüttemann (1998) in Verbindung bringen, das auf autonome Lebensführung verweist: »Autogenese ist eine eigenverantwortliche Lebens- und Selbstgestaltung mit dem aus Sicht des Subjekts idealen, gesellschaftlich gesehen aber nur unter bestimmten Voraussetzungen anerkennenswert erscheinenden Ziel einer optimalen Ausschöpfung gegebener persönlicher Entfaltungsmöglichkeiten« (Jüttemann, 1998, S. 120). Das Konzept der Autogenese bzw. das Ziel der Selbstoptimierung ist allerdings finalistisch orientiert und geht über die deskriptiv orientierte Analyse von Texten hinaus.

4. Formen der Selbstdarstellung

Wenn Autoren mit ihren Kurzautobiografien zu einer »Psychologie in Selbstdarstellungen« beitragen, liegt es natürlich nahe, ihre Texte unter dem Gesichtspunkt von Formen der »Selbstdarstellung« zu analysieren. Die Verwendung des Begriffs »Selbstdarstellung« impliziert, dass die Autoren das Ziel verfolgen, den Lesern ein ganz bestimmtes Bild der eigenen Person zu vermitteln (Laux/Weber, 1993; Laux/Renner, 2002; Leary, 1996). Tatsächlich wenden sich viele Autoren direkt an die Leser. Rudolf Bergius (in Wehner, 1992, S. 176) z.B. entschuldigt sich vorsorglich: »Ich muss die Nachsicht des Lesers in Anspruch nehmen. Erinnerungen sind oft trügerisch, verschiedene Personen berichten über das gleiche Ergebnis widersprüchlich.« Mittenecker fragt besorgt: »Ja, aber wozu sollten potenzielle Leser überhaupt Interesse an einer solchen Darstellung haben?« (in Wehner, 1992, S. 204). Richard Meili macht sich ebenfalls Gedanken über das Interesse der Leser: »Es braucht einigen guten Willen, sich vorzustellen, dass ein kurzer Lebensbericht eines Psychologen, der keine umwälzenden Beiträge zu seiner Wissenschaft geliefert hat, Interesse bei seinen Kollegen erwecken kann« (in Pongratz et al., 1972, S. 159).

Die Suche nach Kategorien für die Inhaltsanalyse ging von bekannten Taxonomien der Selbstdarstellung aus (vgl. Laux/Schütz, 1996; Mummendey, 1995; Tedeschi/Norman, 1985). Bedingt durch die starke Orientierung am Material mussten die Kategorien z. T. erheblich verändert und angepasst werden. Außerdem erwies sich die strategisch-manipulative Ausrichtung mancher Klassifikationen für die »Selbstdarstellungen« als unangemessen. Ihre Übernahme hätte zu weit reichenden, zum Teil wertenden Interpretationen geführt, die mit einer deskriptiven materialgestützten Analyse unvereinbar gewesen wären.

4.1 Häufigkeit von Formen der Selbstdarstellung

Das Kategoriensystem umfasste ursprünglich 16 Kategorien inklusive einer Restkategorie. Wegen einer geplanten Clusteranalyse musste die Zahl der Kategorien reduziert werden. Aufgrund mittelhoher Korrelationen konnten in vier Fällen jeweils zwei Kategorien zusammengefasst werden: Die resultierenden neuen Kategorien heißen *Kompetenz, Zugehörigkeit, Relativierung* und *Begründungen.* Eine weitere Variablenreduktion wurde durch die Eliminierung von zwei Kategorien (Abwertung und Darstellung von Zufriedenheit) erreicht, deren Auftretenshäufigkeit zu gering war und die sich keinen anderen Formen zuordnen ließen. In Tab. 2 sind die neun endgültigen Formen, geordnet nach Häufigkeiten, dargestellt.

Die am häufigsten verwendete Selbstdarstellungsform ist die *Darstellung von persönlicher Kompetenz* durch die Autoren selbst oder durch Dritte, mit der sowohl auf fachliches Expertentum als auch auf soziale Fertigkeiten hingewiesen wird. Sie schildern Leistungen aus dem beruflichen Bereich (Lehre, Forschung, praktische Tätigkeit). Werke, Verdienste, Titel, Erfindungen und Entdeckungen werden mitgeteilt. Ein typisches Beispiel ist die Feststellung des Ganzheitspsychologen Friedrich Sander: »Den aktualgenetischen

Forschungsansatz explizit begründet zu haben, darf ich für mich in Anspruch nehmen« (in Pongratz et al., 1972, S. 309). Zu den persönlichen Kompetenzen, die aufgeführt werden, gehören auch Fähigkeiten im zwischenmenschlichen Bereich, z.B. Verhandlungsgeschick oder Kompetenz im Bewältigen von Konfliktsituationen. Bei der Kompetenzdarstellung kommen ausgesprochene Selbstanpreisungen nicht vor; selbst moderates Hervorheben eigener Leistungen und Fähigkeiten ist eher selten (z.B.: »Schon mit 3 1/2 Jahren begann ich lesen und schreiben zu lernen, mit vier las ich Märchenbücher, ..., ab sechs täglich die Tageszeitung«).

Tab. 2: Formen der Selbstdarstellung. Als Häufigkeit ist die Gesamtzahl der jeweiligen Selbstdarstellungsform für die 37 Autoren aufgeführt.

Kurzbezeichnung	**Selbstdarstellungsformen**	**Häufigkeit**
Kompetenz	Darstellung persönlicher Kompetenz durch die Autoren selbst oder durch Dritte	675
Würdigung	Würdigung einer Person oder Gruppe	370
Reflektiertheit	Darstellung von Reflektiertheit	226
Sinngerichtetheit	Darstellung von Sinngerichtetheit	160
Zugehörigkeit	Darstellung der Zugehörigkeit zu einer bedeutenden Institution oder Hervorhebung von Familienmitgliedern	148
Relativierung	Relativierung der eigenen Bedeutsamkeit durch Understatement oder Darstellung von kleineren Unzulänglichkeiten	138
Schwächen	Darstellung von physischen oder psychischen Schwächen und belastenden Lebensumständen	122
Begründungen	Begründungen für Handlungen in schwierigen Situationen	119
Besonderheit	Darstellung der individuellen Besonderheit und des Nonkonformismus	81

Die Darstellung von persönlicher Kompetenz kann auch über Dritte erfolgen, die man zitiert. Häufig gehen Selbst- und mitgeteiltes Fremdurteil ineinander über. Ludwig Pongratz z.B. stellt zuerst seine Dissertationschrift »Die psychologische Struktur in der pseudoaugustinischen Schrift De spiritu et anima« vor, wobei er dem begriffsanalytischen Teil besonderen Wert zuspricht. Er fährt dann fort: »Der Münchener Philosoph Alois Dempf hat diesen Abschnitt besonders geschätzt« (in Wehner, 1992, S. 230).

Bei der *Würdigung anderer Personen* geht es um die Darstellung der Beziehung zu bedeutenden Personen oder Gruppen, mit denen man zu tun hat, denen man angehört oder vorsteht. So zeigt sich Friedrich Sander »... beglückt, in die unmittelbare Nähe des ›größten der großen alten Männer seiner Zeit‹ [Wilhelm Wundt]... kommen zu können« (in Pongratz et al., 1972, S. 312). Ernst Boesch berichtet über den »alles beherrschenden Lehrer jener Zeit« Jean Piaget: »Piaget las zwei Jahreszyklen ›Experimentelle Psychologie‹ ... und ich weiß noch gut, mit welcher Meisterschaft er die Parallelität von Kognition und Affektivität herausarbeitete – und mit welcher Begeisterung ich ihm folgte ...« (in Wehner, 1992, S. 68).

Das *Darstellen von Reflexionsfähigkeit* bezieht sich auf das Mitteilen von Überlegungen, Überprüfungen, kritischen Auseinandersetzungen etc. Im Mittelpunkt kann dabei die eigene Arbeit oder das Tun anderer Personen und Institutionen stehen. So denkt z.B. Hans Biäsch darüber nach, ob Diagnostik sich auf dem Weg zu einer exakten Wissenschaft befindet: »Meine ersten Reflexionen über unsere psychotechnischen Prüfungsweisen und unsere Untersuchungsergebnisse zeigten: Was wir hier tun, ist im Grunde praktisch nützliche und notwendige Arbeit, aber als Wissenschaft doch wohl etwas fragwürdig« (in Pongratz et al., 1979, S. 36).

Durch die *Darstellung der Sinngerichtetheit* vermitteln die Autoren ein höchst subjektives Bild ihrer Persönlichkeit. Sinn bezieht sich nämlich auf die vielen individuellen Möglichkeiten, »wie Dasein in einer je spezifischen Situation ›stimmig‹ oder ›bedeutungshaltig‹ wird« (Thomae, 1968, S. 586). Häufig sprechen unsere Autoren dann von Sinnerfüllung, wenn sie ein bestimmtes Ideal verfolgen, ihr Leben an einer Maxime ausrichten, sich vorbildlich, integer oder selbstlos verhalten. Ein typisches Beispiel für diese Kategorie lässt sich der Selbstdarstellung von Reinhard Tausch entnehmen: »… denn nachdem ich aus dem Krieg zurückgekehrt war, hatte ich mir vorgenommen, mich in meinem Leben möglichst nur sinnvollen Tätigkeiten zuzuwenden und mich nicht an andersartige Auffassungen anzupassen« (in Wehner, 1992, S. 276).

Darstellung der Zugehörigkeit zu einer bedeutenden Institution oder Hervorhebung von Familienmitgliedern: Die Autoren vermitteln ihre Zugehörigkeit zu einer anerkannten Schule oder Universität, beschreiben eventuell die Förderung durch diese Institution. In diese Kategorie werden auch Textstellen aufgenommen, in denen die Autoren Vorfahren, Eltern, Familienmitglieder hervorheben.

Relativierung der eigenen Bedeutsamkeit umfasst Understatement, also das Untertreiben eigener Kompetenzen und Leistungen, sowie die Darstellung von kleineren Fehlern und Unzulänglichkeiten. Ein charakteristisches Beispiel lässt sich der Selbstdarstellung von Merz entnehmen, der unter der Überschrift »Was bleibt?« augenzwinkernd resümiert: »Auch ein Aufsatz über Aggression im ›Handbuch der Psychologie‹ wurde häufig zitiert, obwohl er kaum einen eigenen Gedanken enthält« (in Wehner, 1992, S. 199).

Die *Darstellung von physischen oder psychischen Schwächen* berücksichtigt Krankheiten, psychische Beeinträchtigungen, Stress-Situationen von eher gravierender Natur. So berichtet z.B. Theodor Scharmann, dessen Wohnung in Wien trotz der Bombenangriffe gegen Ende des 2. Weltkriegs wie durch ein Wunder unversehrt geblieben war: »Trotzdem beschlich mich schon im Herbst 1945 Heimweh nach dem damals verfemten, dahinkümmernden Deutschland; man diagnostizierte eine Herzneurose« (in Pongratz et al., 1979, S. 305).

Die Kategorie *Begründungen* umfasst Textstellen, in denen die Autoren ihre Handlungen in schwierigen zurückliegenden Situationen erklären. Es kann dabei um Handlungen gehen, die von den Autoren als problematisch interpretiert werden, oder auch ganz im Gegenteil um Handlungen, die für eine besondere Selbstbehauptung und Standfestigkeit sprechen. Entscheidend für die Zuordnung zu dieser Kategorie ist, dass die Autoren einen besonderen Erklärungsbedarf für ihre Verhaltensweisen bzw. Überzeugungen sehen. Eine Episode aus der Selbstdarstellung von Hans Aebli, dem Schüler von Piaget, mag diese Kategorie verdeutlichen:

> Piaget hat mir die Kritik, welche ich an seinen Experimenten im neuen Buch geübt habe (*Über die geistige Entwicklung des Kindes,* Aebli, 1963), sehr übel genommen. Er sagte unwirsch: ›Ich werde ihnen antworten.‹ Das hat er aber niemals getan. Ich habe dem Patron nur noch zweimal ... die Hand geschüttelt. Die Brücken waren abgebrochen. Das hat mir Leid getan, aber: ›Amicus Piaget, sed maior amica veritas.‹ Die deutsche Ausgabe seines Werkes bei Klett habe ich gleichwohl besorgt (in Wehner, 1992, S. 18/19).

Bei der *Darstellung der individuellen Besonderheit und des Nonkonformismus* heben die Autoren ihre Originalität im persönlichen oder wissenschaftlichen Bereich hervor. Sie betonen die Andersartigkeit, ihr Außenseitertum, die Abweichung vom Normalen. Ferdinand Merz, der 1924 in Chicago geboren wurde und mit seinen Eltern, die vor dem ersten Weltkrieg in die USA ausgewandert waren, 1927 nach Deutschland zurückkehrte, beschreibt, dass er in einer Art Sonderstellung als »Amerikaner« aufwuchs: »Ich glaube, dass diese Kindheitserfahrungen dazu beigetragen haben, dass ich auch als Wissenschaftler immer wieder die Rolle der Opposition, des Außenseiters, suchte« (Wehner, 1992, S. 177).

4.2 Clusteranalyse der Selbstdarstellungsformen

Lassen sich die Texte der 37 Autoren auf der Basis der identifizierten Selbstdarstellungsformen klassifizieren? Anders gefragt: Ist es möglich, unterschiedlich ausgeprägte Selbstdarstellungsmuster bzw. -profile festzustellen, die es erlauben, die Autoren in disjunkte Klassen einzuteilen?

Um dieser Frage nachzugehen, wurde eine hierarchisch-agglomerative Clusteranalyse nach dem Ward-Algorithmus (vgl. z.B. Bortz, 1999) gerechnet. Als Klassifikationsvariablen wurden zunächst alle 9 Selbstdarstellungsformen einbezogen. Jeder einzelne Wert wurde als Erstes relativiert in Bezug auf die Gesamtzahl der 9 Selbstdarstellungsformen pro Autor. Es macht nämlich einen

Unterschied, ob eine einzelne Selbstdarstellungsform 20 Mal bei einer Gesamtzahl von 25 oder 50 Antworten auftritt. Durch diese Transformation wird der relative Anteil jeder einzelnen Selbstdarstellungsform an der individuellen Gesamtzahl berücksichtigt, so dass die Werte interindividuell vergleichbar werden. Anschließend wurden die relativierten Werte noch in z-Werte transformiert. Als Distanzmaß diente die quadrierte euklidische Distanz. Um eine Entscheidung über die Clusterzahl treffen zu können, wurde eine von Bacher (1994, S. 316ff.) beschriebene Vorgehensweise angewendet. Dabei werden verschiedene Maßzahlen berechnet, die es gestatten, die Anzahl der Cluster nach folgenden Entscheidungsregeln zu bestimmen: Es kann diejenige Clusterlösung gewählt werden, die zu einer deutlichen Reduktion der Fehlerquadratsumme gegenüber der vorherigen Lösung führt (proportionale Verbesserung um mehr als 14%) und den größten F-MAX-Wert aufweist. Aufgrund dieser beiden Regeln ließ sich die Wahl einer 2-Cluster-Lösung ableiten: Die 2-Cluster-Lösung verbessert die Fehlerquadratsumme bei Zusammenfassung der Autoren zu einem einzigen Cluster um 18 Prozent und weist mit 7.73 den höchsten F-MAX-Wert auf. Alle anderen Clusterlösungen führen nur noch zu geringen proportionalen Verbesserungen (< 0.14) und sind mit niedrigeren F-MAX-Werten verbunden (der nächsthöhere F-MAX-Wert beträgt 6.48). Zur Verbesserung der Klassifikation der 37 Autoren in die 2 Cluster wurde anschließend die k-means-Methode (vgl. Bortz, 1999) angewendet. Eine Inspektion der Clusterzentren zeigte, dass die beiden Selbstdarstellungsformen »Zugehörigkeit« und »Schwäche« in beiden Clustern sehr ähnliche Ausprägungen aufweisen und bei einer probeweise durchgeführten ANOVA im Gegensatz zu den anderen sieben Variablen zu keiner signifikanten Trennung der beiden Cluster führen. Signifikante Unterschiede zwischen den identifizierten Clustern auf der Basis der Klassifikationsvariablen müssen trivialerweise schon deshalb gegeben sein, da die verschiedenen clusteranalytischen Algorithmen darauf abzielen, Unterschiede zwischen den Clustern zu maximieren und innerhalb eines Clusters zu minimieren. Da die beiden Variablen »Zugehörigkeit« und »Schwäche« keinen Beitrag zur Maximierung der Unterschiede zwischen den beiden Clustern leisten, wurde eine weitere Clusteranalyse nach dem Ward-Algorithmus ohne diese beiden Selbstdarstellungsformen gerechnet. Nach Anwendung der beschriebenen Entscheidungsregeln konnte wieder eine 2-Cluster-Lösung gewählt werden. Die entsprechenden Maßzahlen sind noch deutlicher ausgeprägt als bei der vorherigen Lösung mit 9 Selbstdarstellungsformen (F-MAX = 13.55, proportionale Verbesserung = .28). Auch diese nach dem Ward-Algorithmus ermittelte 2-Cluster-Lösung mit sieben Selbstdarstellungsformen wurde mit der k-means-Methode verbessert. Die mittleren Ausprägungen (Clusterzentren) der endgültigen Klassifikationslösung sind in

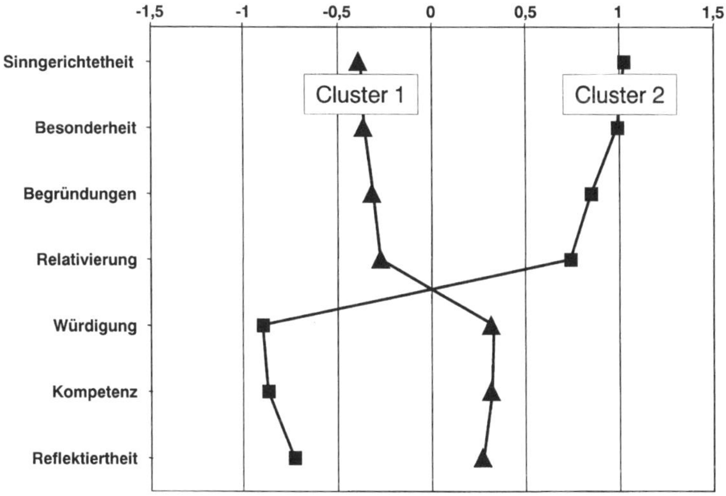

Abb. 2: Mittelwerte der zwei Cluster für die Formen der Selbstdarstellung (z-Werte)

Abb. 2 dargestellt. Eine vergleichbare 2-Cluster-Lösung ließ sich im Übrigen auch mit den nur relativierten Werten und der Tendenz nach auch mit den weder relativierten noch z-transformierten Ausgangsdaten erreichen.

4.3 Cluster 1

Das erste der beiden Cluster vereinigt 27 Autoren, bei denen die Selbstdarstellungsformen Sinngerichtetheit, Besonderheit, Begründungen und Relativierung im Vergleich zu den Mittelwerten der Gesamtstichprobe, die wegen der z-Transformation in jedem Fall null betragen, negativ, d.h. unterdurchschnittlich ausgeprägt sind. Für die Formen Würdigung, Kompetenz und Reflektierheit weisen die 27 Autoren dagegen positive, d.h. überdurchschnittliche Ausprägungen auf.

Mit Kompetenz und Reflektiertheit bezieht sich die Darstellung der Autoren des ersten Clusters vorrangig auf die eigene persönliche Leistung bzw. Leistungsfähigkeit. Mit der Würdigung anderer

Personen wird kein grundsätzlich anderes Thema angesprochen: Die Autoren weiten den persönlichen Leistungs- und Kompetenzbereich aus auf eine größere wissenschaftliche Gemeinschaft, als deren Teil sie sich sehen und an deren Erfolg sie teilhaben. In diesem Sinne könnte man von einer symbolischen Ausdehnung des eigenen Selbst auf die Gruppe sprechen, mit der man sich identifiziert. Zu beachten ist dabei, dass diese Aussagen natürlich auf Mittelwertsstatistiken beruhen. Nicht jeder Autor, der dem ersten Cluster angehört, weist positive Werte auf allen drei Variablen auf. Vielmehr kann der eine Autor Leistungsfähigkeit mehr über die Darstellung der persönlichen Kompetenz, der andere mehr über die Würdigung anderer Personen signalisieren.

4.4 Cluster 2

Das zweite Cluster beinhaltet 10 Autoren mit einem genau umgekehrten Selbstdarstellungsmuster: Die z-Werte für Sinngerichtetheit, Besonderheit, Begründungen und Relativierung sind im Vergleich zur Gesamtstichprobe überdurchschnittlich hoch ausgeprägt. Die mittleren Ausprägungen für Würdigung, Kompetenz und Reflektiertheit liegen bei den 10 Autoren im zweiten Cluster dagegen unter dem Durchschnitt der Gesamtstichprobe. Die überdurchschnittlichen Ausprägungen der vier genannten Variablen sind deutlich markanter als die positiven Ausprägungen der leistungsbezogenen Selbstdarstellungsformen im ersten Cluster. Dieses Ergebnis ist teilweise darauf zurückzuführen, dass der *range* der Ausprägungen für Kompetenz, Reflektiertheit und Würdigung bei der höheren Anzahl von 27 Autoren im ersten Cluster breiter ausfällt als bei den vier überdurchschnittlich ausgeprägten Selbstdarstellungsformen der lediglich 10 Autoren des zweiten Clusters. Bei der Mittelung der Variablen im ersten Cluster werden markant überdurchschnittliche individuelle Ausprägungen der leistungsbezogenen Selbstdarstellungsformen deshalb stärker nivelliert als bei den vier positiv ausgeprägten Variablen im zweiten Cluster.

Bei den 10 Autoren des zweiten Clusters tritt deutlich die Orientierung an Sinn- und Individualitätsvorstellungen hervor. Für sie zählt im Mittel weniger die Darstellung des eigenen Werks, der Leistung und damit der wissenschaftlichen Reputation. Es kommt ihnen mehr darauf an, »innere« subjektive Merkmale wie ihre persönliche Besonderheit, ihre Handlungsmotive, ihren Sinn- und Wertebezug zu vermitteln. Einerseits bringen die Autoren neben realen Selbstbildern wahrscheinlich auch angestrebte ideale Selbstbilder zum Ausdruck. Andererseits sind sie um eine Relativierung der eigenen Bedeutsamkeit bemüht und legen Wert darauf, auch problematische Verhaltensweisen darzustellen und zu begründen. Wie schon beim ersten Cluster gilt auch beim zweiten Cluster, dass die einzelnen Autoren das Selbstdarstellungsmuster nicht einheitlich umsetzen. Einer hebt z.B. mehr die Sinngerichtetheit, ein anderer mehr die Begründungen hervor.

5. Persönlichkeit und Entwicklung: Identitätsdarstellungen

Die Texte der Selbstdarstellungen erlauben keine Strukturierung nach Lebensabschnitten, die interindividuell streng vergleichbar wären. Die Darstellung der Persönlichkeitsentwicklung orientiert sich oft an individuellen Erlebnissen und Erfahrungen (vgl. Thomae, in diesem Band). Aussagen über die Veränderung von Formen der Selbstdarstellung im Lebenslauf – gestützt auf ein und dieselbe Phaseneinteilung – sind demnach nicht möglich.

Zudem fragt es sich, ob nicht gerade für die Erfassung der Persönlichkeitsentwicklung den Texten noch andere Selbstauskünfte entnommen werden können als einzelne, nicht aufeinander bezogene Formen der Selbstdarstellung. Nach unserem Eindruck wurden in der bisherigen Auswertung solche Aussagen nicht gewürdigt, in denen die Autoren persönliche Ereignisse und Erfahrungen in einen kohärenten Zusammenhang bringen, oft mit der deutlich erkennbaren Intention, die Entwicklung von zentralen Aspekten der eigenen Persönlichkeit den Lesern plausibel zu machen. Damit geht es letztlich um Aussagen, die die Identität betreffen (vgl. Gergen/Gergen, 1988; Keupp et al., 1999; McAdams, 1994). Unter *Identität* soll hier die subjektive Theorie eines Individuums verstanden werden, mit deren Hilfe bedeutsame Merkmale und Erfahrungen beschrieben, aufeinander bezogen und erklärt werden (vgl. Schlenker, 1985). Solche identitätsbezogenen Aussagen, die sich häufig schon in den ersten Sätzen der Selbstdarstellung finden, werden zwar durch die Kategorien unserer Selbstdarstellungsformen prinzipiell erfasst, ihrer hervorgehobenen inhaltlichen Bedeutsamkeit wird aber nicht Rechnung getragen. So geht z.B. die identitätsstiftende Zusammenarbeit mit einem einflussreichen Mentor, die ein Autor in einer Textstelle klar hervorhebt, in der Reihe der vielen Würdigungen anderer Personen durch den Autor unter. In Ergänzung zur inhaltsanalytischen Auswertung von einzelnen Formen der Selbstdarstellung sollen daher im nächsten Abschnitt Selbstaussagen berücksichtigt werden, mit denen die Autoren persönliche Ereignisse und Erfahrungen in einen kohärenten Zusammenhang bringen und damit ihre Identitätsentwicklung beschreiben. Drei Gruppen können unterschieden werden:

5.1 Persönliche Erfahrungen als Quellen der Identitätsentwicklung

Eine besondere Rolle spielen Aussagen über die Verknüpfung von persönlichen Erfahrungen und späteren psychologischen Interessen. Viele Autoren stellen ausführlich dar, wie Erlebnisse in Kindheit und Jugend auf ihre Studienwahl oder auf ihre spätere psychologische Tätigkeit Einfluss genommen und damit maßgeblich zur Identitätsentwicklung beigetragen haben. Erich Mittenecker z.B. leitet eine längere Darstellung solcher Wirkungszusammenhänge mit den Worten ein: »Mein Interesse an der Psychologie als empirischer Wissenschaft möchte ich zwei Quellen zuschreiben: Einerseits den familiären und sozialen Umständen meiner Kindheit, andererseits dem früh erwachten Interesse an den Leistungen von Naturwissenschaft und Technik« (in Wehner, 1992, S. 205).

Biografische Ereignisse und Erfahrungen werden von manchen Autoren sogar als bestimmend für die konkreten Inhalte ihrer späteren Theorien angesehen. Sie folgen damit Atwood und Tomkins (1976), die am Beispiel von G.W. Allport, C.G. Jung, C. Rogers und W. Reich aufzeigten, wie Persönlichkeitstheorien durch die Biografie des jeweiligen Theoretikers geprägt werden. Kardinalbeispiele für persönliche Erfahrungen als Quellen psychologischer Theorienbildung finden sich z.B. in der Selbstdarstellung von Charlotte Bühler: Als 16-jährige Gymnasiastin fragt sie sich, ob der menschliche Verstand überhaupt befähigt sei, metaphysische Probleme zu lösen. Dies veranlasst sie, sich mit psychologischen Untersuchungen über das Denken im Allgemeinen auseinander zu setzen, wobei sie die assoziationstheoretische Erklärung nicht zu überzeugen vermag. Um das Denken zu erforschen, beginnt sie, Experimente mit Familienmitgliedern durchzuführen, die sie auch über ihre Erlebnisse beim Problemlösen befragt. Ihre spätere Dissertation (»Über Denkprozesse«) baut auf diesen Untersuchungen auf. Ein weiteres Beispiel unter vielen anderen: In der Doppelrolle als Mutter kleiner Kinder (aus der Ehe mit ihrem Mann, dem Psychologieprofessor Karl Bühler) und junge Wissenschaftlerin lebt sie in dem Zwiespalt, wie viel Zeit sie den Kindern und wie viel sie ihrem Beruf widmen solle. Um herauszufinden, wie man unter solchen Bedingungen angemessen leben kann, beginnt sie Lebensläufe zu untersuchen. Die Beschäftigung mit dem menschlichen Lebenslauf wird schließlich zu ihrem zentralen Thema. Folglich lautet der letzte Satz in ihrer Selbstdarstellung: »... im Rahmen meiner eigenen Forschung betrachte ich mein Buch ›Der menschliche Lebenslauf als psychologisches Problem‹ als das für meine persönliche Fragestellung entscheidendste« (in Pongratz et al., 1972, S. 41).

Bühlers Selbstdarstellung – wie auch diejenigen der beiden anderen Frauen Rosa Katz und Anitra Karsten – ist reich an solchen Aussagen über die gegenseitige Befruchtung von persönlichen Erfahrungen und wissenschaftlichen Themen. Andere Autoren stellen nur gelegentlich solche Bezüge her, z.B. Wolfgang Metzger. Ihm raubte im Ersten Weltkrieg eine Handgranate das linke Augenlicht. Als er nach dem Knall blutverschmiert feststellte, dass er noch am Leben war, entdeckte er mit einigem Erstaunen, dass die Welt – mit einem Auge gesehen – nicht anders aussah als vorher. Als Wahrnehmungspsychologe betrachtete er dieses »Missgeschick«, wie er es nannte, als ein Experiment, mit dem sich nachweisen ließ, dass im Gegensatz zur herrschenden Lehrmeinung das Einzelauge fähig ist, räumlich zu sehen (in Pongratz et al., 1972, S. 205).

Nicht bei allen Autoren ergibt sich der identitätsstiftende Zusammenhang zwischen persönlichem Leben und Wissenschaft so zwanglos wie in den Beispielen von Charlotte Bühler oder Wolfgang Metzger. Hans Kunz z.B. berichtet über mehrere Kindheitserlebnisse, lässt aber nur eins davon als möglichen Hinweis auf ein frühes psychologisches Interesse gelten. Von diesem Beispiel ausgehend muss man sich fragen, inwieweit manche scheinbar so selbstverständlichen Verknüpfungen doch stark konstruktiven Charakter haben und primär ein Bedürfnis nach Kohärenz zum Ausdruck bringen (vgl. Tarman, 1988), das durchaus den Erwartungen des Lesers entspricht. Das Bedürfnis, eine Kohärenz zwischen biografischen Erfahrungen und psychologischen Interessen herzustellen, geht auch aus dem ersten Satz der Selbstdarstellung von Hans Kunz hervor: »Unter meinen in die ersten Lebensjahre zurückreichenden Erinnerungen suche ich vergeblich nach Spuren, die sich als Anzeichen eines frühen Erwachens der ›psychologischen Neugier‹ beanspruchen ließen« (in Pongratz et al., 1972, S. 126).

5.2 Identitätskonstruktion durch übergreifende Lebensprinzipien

Andere Autoren begnügen sich nicht damit, die enge biografische Verflechtung von persönlichen und wissenschaftlichen Themen plausibel zu machen. Besonders diejenigen, deren berufliche Lebensgeschichte auf den ersten Blick inkohärent erscheint, z.B. weil sie sich mit vielen heterogenen Forschungsthemen befasst haben, denken darüber nach, ob sie die Lektüre den Lesern nicht durch Strukturierungshilfen erleichtern sollten. Schon in den ersten Sätzen bieten sie daher Motive, Mottos oder Lebensprinzipien an, die die Abfolge von Lebenserfahrungen sinnvoll verknüpfen und die Identität des Autors zweifelsfrei erkennen lassen. Den Lesern wird eine Art Brille aufgesetzt, mit deren Hilfe sie Ordnung und Struktur in der scheinbar unübersichtlichen Vielfalt wahrnehmen können.

So konzediert Helmut von Bracken zu Beginn seiner Selbstdarstellung, dass der Eindruck einer großen Mannigfaltigkeit von wissenschaftlichen Projekten und Fragestellungen entstehen könnte, um dann hinzuzufügen: »Wenn man genauer hinsieht, lässt sich das Ganze doch auf zwei Grundintentionen zurückführen, die seit meinem Psychologiestudium unverändert geblieben sind« (in Pongratz et al., 1979, S. 49). Von seinen beiden Grundintentionen her, »Interesse an übergreifenden Zusammenhängen« und »Interesse an sozialen Problemen«, interpretiert von Bracken im Verlauf der weiteren Darstellung dann konsequent die Vielfalt seiner Forschungsbemühungen.

Über welche Spielräume an »retrospektiver Konstruktion« (Goffmann, 1990, S. 81; Willems, 1997) Autoren verfügen, wird deutlich in der Stellungnahme von Erwin Roth: »Natürlich gibt es Schemata und feststehende Daten. Aber darüber, wie sie zusammenhängen, könnten sehr unterschiedliche Darstellungen gegeben werden, von denen keine falsch, aber auch keine ganz richtig wäre. Ich könnte meine Biografie darstellen entweder als einen bewusst gesteuerten, an einem Lebensplan orientierten Ablauf oder als eine Häufung zufälliger Ereignisse, die sich quasi von selbst ergaben« (in Wehner, 1992, S. 247).

Schon vor der eigentlichen Niederschrift, so berichtet Richard Meili, sei ihm klar geworden, dass manches in seiner Entwicklung widersprüchlich erscheinen könne. Daher fühle er sich getrieben, solche Widersprüchlichkeiten zu vereinen, und schlägt das Motto vor: »Er hat immer gespielt, aber mit großem Ernst und Pflichtbewusstsein« (in Pongratz et. al, 1972, S. 159).

Radikaler fällt Theodor Scharmanns Versuch einer Kohärenzstiftung aus. Schon in den ersten beiden Sätzen seiner Selbstdarstellung führt er das Konstrukt des »Grenzgängertums« ein:

> An der Grenze zwischen der Schweiz und Deutschland, in Kreuzlingen 1907 als Sohn eines deutschen Vaters und einer Schweizer Mutter geboren, bin ich mein Leben lang ein Grenzgänger geblieben. Das gilt sowohl für mein äußeres Schicksal, als auch für meine wissenschaftlichen Bemühungen. Diese ›Grenzsituation‹ bot von Anfang an geistige Anregung und gegensätzliche Aspekte; sie war freilich auch ständiger Anlass zu kritischer Auseinandersetzung und existentiellen Krisen, damit zugleich eines Strebens nach Ausgleich und Harmonie (in Pongratz et al., 1979, S. 289).

Sein Grenzgängertum wird von Scharmann als persönliches Lebensprinzip angesehen, mit dem er nicht nur den häufigen Wechsel der Landesgrenzen, sondern auch seinen Wechsel zwischen historisch-sozialwissenschaftlichen und biologisch-psychologischen Disziplinen interpretiert. Wie der letzte Satz seiner Autobiografie belegt, strahlt sein Lebensprinzip sogar auf die nächste Generation aus und erfüllt damit das Kriterium der »generativen Integration« (McAdams, 1996, S. 126):

> Wenn ich auf mein Leben zurückblicke, so bedeutet es für mich eine Erfüllung, dass ich diese Interessensgegensätze und Spannungen aufgelöst an meine Kinder und damit die Zukunft weiterzugeben vermochte, indem meine Tochter meine geisteswissenschaftlich-ästhetischen Neigungen aufgenommen hat, während mein Sohn sozialen und ärztlichen Aufgaben zustrebt (in Pongratz et al., 1979, S. 321).

5.3 Indirekte Identitätsdarstellung: Fokussierung auf Lebenswerk und Psychologie als Fach

Einige Autoren verzichten völlig auf derartige Selbstauskünfte. Sie konzentrieren sich ganz auf die Darstellung des beruflichen Werdegangs, der Ausübung ihrer wissenschaftlichen Arbeit und der Interaktion mit anderen Wissenschaftlern. Bei einer Untergruppe dieser Autoren kommt der Selbstbezug dadurch zum Ausdruck, dass sie über ihr Lebenswerk, ihre Studien oder ihr Institut sehr ausführlich und mit viel persönlichem Engagement berichten. Als Leser kommt man kaum umhin, diesen extensiv dargestellten Inhalten identitätsstiftende Bedeutung beizumessen. Ein Beispiel ist Herrmann Wegener. Er stellt das Kieler Institut als sein Lebenswerk, als seinen Lebensmittelpunkt dar. Von 18 Druckseiten sind 16 dem Kieler Institut gewidmet. Unübersehbar zeigt sich bei ihm die Thematik der Genugtuung über das gelungene Management des Kieler Instituts, über die vielen Funktionen, die er im Institut eingenommen hat – auch auf Kosten der eigenen Forschungsarbeit.

In einer anderen Untergruppe lassen sich die Autoren durch eine eher unpersönliche Darstellungsform kennzeichnen. Kindheit und Jugendzeit sowie das familiäre Umfeld kommen nicht vor. Die Selbstdarstellung beginnt zumeist direkt mit dem Studium an der Universität. Die in persönlicher Hinsicht »spartanische« Darstellung ist häufig psychologiegeschichtlich und von den Forschungsinhalten her gesehen aber durchaus reichhaltig. Diesen Autoren scheint es gar nicht um eine »Selbstdarstellung«, sondern vielmehr um eine Darstellung des Fachs zu gehen. Ein Vertreter dieser Gruppe, Werner Fischel, »verrät« denn auch in seiner Schlussbemerkung, dass er gar nicht die Absicht gehabt habe, sich selbst zu »zeichnen« als vielmehr das Bild der Psychologie (in Pongratz et al., 1972, S. 101).

6. Zum Abschluss: individuelle Eigenarten

Es versteht sich von selbst, dass unsere Untersuchung, die sich auf die Analyse der Gesamtgruppe bzw. von Clustern oder Teilgruppen konzentriert, »auf halbem Wege zur Persönlichkeit« stehen bleibt (Allport, 1970, S. 16). Pointiert individuelle Besonderheiten konnten nur angedeutet werden. Dabei machen gerade sie den besonderen Reiz der Selbstdarstellungen aus, wie auch der Herausgeber des dritten Bandes konstatiert: Die Autoren hatten »… für die Abfassung ihrer Manuskripte dieselben allgemeinen Richtlinien erhalten. Die Weise jedoch, wie die einzelnen Autoren ihren Beitrag gestaltet haben, kennzeichnet ihre individuelle Eigenart. Nicht zuletzt dieser Umstand macht die Lektüre so lesenswert« (Wehner, 1992, Vorwort). So schreibt ein Autor über sich durchgängig in der dritten Person. Er ist der Einzige, der dies tut, vermutlich, um einem Objektivitätsideal zu genügen. Ein anderer nutzt die Chance, um die neueste Variante seiner Theorie mit vielen Details zu explizieren; sie scheint ihm wichtiger zu sein als die Darstellung seines persönlichen Werdens. Ein weiterer Autor – Ferdinand Merz – schreibt durchgängig aus einer Haltung heiterer Selbstironie und verstößt damit lustvoll gegen die Norm, über das Leben und die betriebene Wissenschaft mit gebührendem Ernst zu reflektieren:

> … meine Doktoranden sind inzwischen fast alle Professoren geworden. Vielleicht hätten sie ohne mich eine bessere Karriere gemacht. Ich freue mich sehr, wenn frühere Studenten darauf zu sprechen kommen, wie sie durch mich gefördert worden seien. In solchen Fällen habe ich auch nicht das Bedürfnis, zwischen Höflichkeit und Sachlichkeit zu unterscheiden. Ich freue mich selbst dann noch, wenn mir offensichtlich versehentlich Verdienste zugeschrieben werden (in Wehner, 1992. S. 199).

Literatur

Allport, G.W. (1970). *Gestalt und Wachstum in der Persönlichkeit.* Meisenheim: Hain.

Asendorpf, J.B. (2000). Idiographische und nomothetische Ansätze in der Psychologie. *Zeitschrift für Psychologie, 208,* 72–90.

Atwood, G.E/Tomkins, S.S. (1976). On the subjectivity of personality theory. *Journal of History of the Behavioral Sciences, 12,* 166–177.

Bacher, J. (1994). *Clusteranalyse.* München: Oldenbourg.

Bortz, J. (1999). *Statistik für Sozialwissenschaftler.* Berlin: Springer.

Bortz, J./Döring, N. (1995). *Forschungsmethoden und Evaluation.* Berlin: Springer.

Friedel, H. (2000). *Daseinstechniken und Selbstdarstellungsformen bei PsychologInnen. Eine idiographisch-nomothetische Analyse der »Psychologie in Selbstdarstellungen« (Band 1 bis 3).* Unveröffentlichte Diplomarbeit, Otto-Friedrich-Universität Bamberg.

Gergen, K.J./Gergen, M.M. (1988). Narrative and the Self as Relationship. In L. Berkowitz (Ed.). *Advances in Experimental Social Psychology* (pp. 17–56). San Diego, Ca.: Academic Press, Inc.

Goffman, E. (1990). *Stigma. Über Techniken der Bewältigung beschädigter Identität.* Frankfurt am Main: Suhrkamp.

Jüttemann, G. (1998). Genetische Persönlichkeitspsychologie und Komparative Kasuistik. In G. Jüttemann/H. Thomae (Hrsg.). *Biographische Methoden in den Humanwissenschaften* (S. 111–131). Weinheim: Beltz.

Laux, L. (1983). Psychologische Stresskonzeptionen. In H. Thomae (Hrsg.). *Theorie und Formen der Motivation.* Enzyklopädie der Psychologie (S. 453–535). Göttingen: Hogrefe.

Keupp, H., Ahbe, Th., Gmür, W., Höfer, R., Mitzscherlich, B., Kraus, W./Strauss, F. (1999). *Identitätskonstruktionen. Das Patchwork der Identitäten in der Spätmoderne.* Reinbek bei Hamburg: Rowohlt.

Laux, L./Renner, K.H. (2002). Self-monitoring und Authentizität. Die verkannten Selbstdarsteller. *Zeitschrift für Differentielle und Diagnostische Psychologie, 23.*

Laux, L./Schütz, A. (1996). *Wir, die wir gut sind.* München: dtv.

Laux, L./Weber, H. (1993). *Emotionsbewältigung und Selbstdarstellung.* Stuttgart: Kohlhammer.

Lazarus, R.S. (1999). *Stress and emotion. A new synthesis.* NY: Springer.

Leary, M.R. (1996). *Self-Presentation. Impression-management and interpersonal behaviour.* Madison, Wis.: Brown/Benchmark Publishers.

Lehr, U./Thomae, H. (1991). *Alltagspsychologie. Aufgaben, Methoden, Ergebnisse.* Darmstadt: Wissenschaftliche Buchgesellschaft.

Maier, H. (1997). *Psychologie in Selbstdarstellungen. Idiographisch-nomothetische Analyse autobiographischer Texte nach Hans Thomae.* Unveröffentlichte Diplomarbeit, Otto-Friedrich-Universität Bamberg.

Mayring, P. (1997). *Qualitative Inhaltsanalyse.* Weinheim: Beltz.

McAdams, D.P. (1994). Can personality change? Levels of stability and growth in personality across the life span. In T.F. Heatherton/J.L. Weinberger (Eds.). *Can personality change?* (pp. 299–313). Washington, DC: American Psychological Association.

McAdams, D.P. (1996). *Das bin ich. Wie persönliche Mythen unser Selbstbild formen.* Hamburg: Kabel.

Mummendey, H.D. (1995). Psychologie der Selbstdarstellung. Göttingen: Hogrefe.

Pongratz, L.J., Traxel, W./Wehner, E.G. (Hrsg.) (1972). Psychologie in Selbstdarstellungen. Bern: Verlag Hans Huber.

Pongratz, L.J., Traxel, W./Wehner, E.G. (Hrsg.) (1979). *Psychologie in Selbstdarstellungen. Band 2.* Bern: Verlag Hans Huber.

Selye, H. (1975). Confusion and controversy in the stress field. *Journal of Human Stress Research, 1,* 37–44.

Schlenker, B.R. (1985). Identity and self-identification. In B.R. Schlenker (Hrsg.). *The self and social life* (S. 65–99). New York: McGraw-Hill.

Tarman, V.I. (1988). Autobiography: The negotiation of a lifetime. *International Journal of Aging and Human Development, 27,* 171–191.

Tedeschi, J.T./Norman, N. (1985). Social power, self-presentation and the self. In B.R. Schlenker (Hrsg.). *The self and social life* (S. 293–322). New York: McGraw-Hill.

Thomae, H. (1968). *Das Individuum und seine Welt. Eine Persönlichkeitstheorie (1. Aufl.).* Göttingen: Hogrefe.

Thomae, H. (1996). *Das Individuum und seine Welt. Eine Persönlichkeitstheorie (3. Aufl.).* Göttingen: Hogrefe.

Thomae, H. (1998). Psychologische Biographik. Theoretische und methodische Grundlagen. In G. Jüttemann/H. Thomae (Hrsg.), *Biographische Methoden in den Humanwissenschaften* (S. 75–97). Weinheim: Beltz Psychologie Verlags Union.

Wehner, E.G. (Hrsg.) (1992). *Psychologie in Selbstdarstellungen.* Band 3. Bern: Verlag Hans Huber.

Willems, H. (1997). *Rahmen und Habitus. Zum theoretischen und methodischen Ansatz Erving Goffmans: Vergleiche, Anschlüsse und Anwendungen.* Frankfurt am Main: Suhrkamp.

Windelband, W. (1894). *Geschichte und Naturwissenschaft.* Straßburg: Heitz.

9 Probleme und Perspektiven der Erfassung von Persönlichkeitsvariablen: Zurück zu Lewin?

Ernst Plaum

1. Allgemeine Vorüberlegungen

Wer sich als Psychologin/Psychologe jemals intensiv mit gründlichen, umfassenden und methodenpluralistischen Einzelfalluntersuchungen auseinander gesetzt hat, dürfte die Faszination kennen, die vom feststellbaren Facettenreichtum, den spezifischen Besonderheiten der individuellen Persönlichkeiten, ausgeht. Man könnte meinen, dass Praktiker(innen), die dieser je einmaligen Fülle und Komplexität in ihrem Berufsalltag begegnen, geneigt sind, wenn nicht ausgesprochen idiographisch vorzugehen, so doch fachliche Ansätze zu favorisieren, die einer solchen Befundlage möglichst gut entsprechen. Wer jedoch die »Psychoszene« sorgsam beobachtet, muss eher das Gegenteil feststellen: Je einfacher, um nicht zu sagen schlichter und allgemeingültiger sich eine Theorie der menschlichen Person und ihrer Umweltbezüge darstellt, desto bereitwilliger scheint diese in der Praxis akzeptiert zu werden. Das ist verständlich, weil die Anwendung einer derartigen Konzeption keine großen Schwierigkeiten bereitet; inwieweit dies der komplexen Realität entspricht, ist jedoch eine andere Frage (Plaum/Lautenschläger, 1998). Die Wissenschaft vom Verhalten und Erleben kommt nun aber Praktikerinnen/Praktikern, die leicht anwendbare »Rezepte« für den Umgang mit ihren Klientinnen/Klienten erwarten, weitgehend entgegen, indem sie solche einfach strukturierten und handhabbaren Ansätze zur Verfügung stellt.

Dies gilt vor allem für Persönlichkeitsmodelle therapeutischer Schulen. Von der klassischen Psychoanalyse bis zur klienten- bzw. »personzentrierten« Konzeption nach Rogers und einer schlichten Verstärkertheorie findet man gute Beispiele hierzu; so simple, aber eingängige formelhafte Leitsätze wie bei der Rational-emotiven Therapie, der Transaktionsanalyse, oder gar esoterisch geprägte Vorstellungen bedürften dabei noch nicht einmal der Erwähnung. Die Verbreitung entsprechender Therapierichtungen spricht für sich. Es liegt nahe, differenziertere Überlegungen dahingehend anzustellen, weshalb solche einfachen Ansätze derart erfolgreich sind – wobei mit Erfolg hier die Akzeptanz in der Praxis gemeint ist –, obgleich sie der komplexen Alltagsrealität wohl kaum gerecht werden.

Dazu wären verschiedene Gründe anzuführen. Einmal ist es wohl die allgemein menschliche Tendenz, komplexe Sachverhalte zu vereinfachen, um der Übersichtlichkeit willen; dem entspricht in den Wissenschaften die Auffassung, wonach eine einfache Theorie einer komplizierteren vorzuziehen sei, soweit jene ebenso gut wie diese beobachtbare Fakten zu erklären vermag (Schischkoff, 1974, S. 654). Dass dabei aber nicht nur kognitive Voraussetzungen und Prozesse aufseiten der Wissenschaftler(innen) – und keineswegs nur bei ihnen – von Bedeutung sind, sondern z.B. auch gesellschaftlich relevante Modeströmungen, dürfte hinreichend bekannt sein (siehe Friedell, 1996; vgl. auch Plaum, 1997). Es ist hier nicht der Ort, solchen wissenschaftstheoretischen Fragen nachzugehen. Vielleicht genügt an dieser Stelle der Hinweis darauf, dass selbst manche abwegig anmutende Theorie kaum *so total* an der Realität vorbeigehen wird, dass ihr ein gewisser partieller Erklärungswert völlig abgeht bzw. begrenzte Vorhersagen auf einer solchen Basis möglich erscheinen (Plaum, 1992). Dies mag zu grob vereinfachenden Verallgemeinerungen führen, die an derartigen Konzeptionen festhalten lassen.

Gerade die Psychotherapieforschung ist hier anzuführen, hat sie doch gezeigt, dass im Hinblick auf globale Behandlungserfolge keine Schulrichtung den anderen grundsätzlich überlegen wäre. Die umfangreichen Arbeiten von Grawe und Mitarbeitern widersprechen dieser Feststellung nicht. Abgesehen von gut fundierter Kritik, die diesen Publikationen entgegengehalten wurde (hierzu etwa Vogel, 2001b), weisen sie aber deutlich in Richtung einer *individuenspezifischen* Indikation, welche die soeben erwähnte unbefriedigende Befundlage verbessern soll und den Auffassungen des Verfassers im Grundsätzlichen (wenn auch keineswegs in methodischer Hinsicht) entgegenkommt (hierzu Plaum, 1993). Dieser möchte hier nicht die komplizierten Fragen einer Erforschung von Therapiewirkungen weiterverfolgen (zum Grundsätzlichen siehe Plaum, 1999; Vogel, 2001a), da er sich auf sein ureigenes Gebiet, die Persönlichkeitspsychologie, speziell im Hinblick auf diagnostische Probleme, zu beschränken gedenkt. Im Folgenden wird anhand dieser Rahmenthematik zu konkretisieren sein, was bis hierher in recht allgemeiner Hinsicht behauptet worden ist.

2. Naive Vorstellungen bezüglich der »Messung« von »Persönlichkeit«

Betrachtet man die von Psychologinnen/Psychologen zu bewältigende Aufgabe, Einzelpersonen unter bestimmten Aspekten zu untersuchen, so taucht die Frage nach den hierbei einzusetzenden diagnostischen Instrumenten auf. Es wird heute meist vorausgesetzt, dass sich solche Fachkräfte, soweit sie methodisch geschult sind und somit als seriös gelten dürfen, psychometrischer Verfahren zu bedienen haben. Merkwürdigerweise verzichten auch solche Psychologinnen/Psychologen kaum jemals darauf, mit ihren Klientinnen/Klienten anamnestisch orientierte und problembezogene Gespräche zu führen, die so gut wie nie psychometrischen Exaktheitsforderungen entsprechen; dies sei am Rande vermerkt. Bei einem wesentlichen Teilbereich der Persönlichkeit, den Intelligenz- bzw. Leistungsaspekten, ist es verhältnismäßig unproblematisch, zu sinnvollen Operationalisierungen im Hinblick auf die Diagnostik zu kommen, da hier allgemein anerkannte, objektive Standards existieren (etwa die Lösungen von Rechenaufgaben oder die Wiedergabe zuvor dargebotener Stimuli betreffend).

Auf dem Gebiet dessen, was gemeinhin unter »Persönlichkeit« verstanden wird – nämlich nichtkognitive Gegebenheiten –, erweist sich die diagnostische Erfassbarkeit als bei weitem schwieriger; nicht nur Selbstbeurteilungen, sondern auch Einschätzungen einer Person durch andere stellen letztlich subjektive Statements dar, denen die intersubjektive Nachprüfbarkeit der Realität dessen, was sie »dingfest« machen sollen, weitgehend fehlt. »Persönlichkeitsdiagnostik« bedeutet aber für den psychometrisch orientierten Psychologen so gut wie ausschließlich die Anwendung entsprechender Fragebogentests (es sei denn, man wollte sich mit den letztlich fachfremden »Operationalisierungen« im Rahmen psychiatrischer Klassifikationssysteme zufrieden geben – siehe Plaum, 2000). Deren grundlegende Mängel sind längst bekannt (siehe Fahrenberg, Hampel/Selg, 1989): Da gibt es die viel diskutierten Verfälschungstendenzen allgemeiner und spezifischer Art (wenn etwa Antworten gezielt im Hinblick auf die Präsentation eines bestimmten Ideal-Selbstbildes manipuliert werden), unterschiedliche kognitive und lerngeschichtliche Voraussetzungen, um Itemformulierungen genau so wie die Testautoren zu verstehen und eine unvoreingenommene Introspektion zustande zu bringen; man muss noch nicht einmal Widerstände im tiefenpsychologischen Sinne annehmen, um eine individuell verstandene »Validität« von Fragebogendaten anzuzweifeln.

Die Problematik entsprechender Tests wird in der Praxis vielfach in Kauf genommen, weil der streng psychometrisch ausgerichtete Psychologe meint, eine wissenschaftlich ernst zu nehmende Alternative stehe nicht zur Verfügung. Es soll hier unterbleiben, auf Möglichkeiten und Grenzen anderer methodischer Ansätze (so genannte projektive Techniken oder »objektive« Tests im Sinne Cattells oder Eysencks) einzugehen, da dies für die folgenden Überlegungen entbehrlich wäre. Tatsächlich erfreuen sich Fragebogenmethoden, die Selbstbeurteilungen (seltener Fremdeinschätzungen) voraussetzen, größter Beliebtheit. Praktiker(innen) gehen allzu oft wie selbstverständlich davon aus, dass mit deren Hilfe tatsächlich bestimmte (Persönlichkeits-)Merkmale »gemessen« werden können. Es bedarf schon einiger Energien, als Hochschullehrer im Fach Psychodiagnostik Studierende davon abzubringen, etwa bei Begutachtungen zu schreiben, ein Proband *»sei«* stark introvertiert, anstatt korrekt festzustellen, er habe sich unter den gegebenen Bedingungen bei einem bestimmten diagnostischen Instrument introvertiert *»dargestellt«*. Zugunsten mancher Psychologiestudenten/-studentinnen darf aber hinzugefügt werden, dass etwa der niedrige Testwert einer Fragebogen-Aggressionsskala von ihnen durchaus hinterfragt wird, wenn es z.B. um einen verhaltensauffälligen Schüler geht; dennoch trifft man auf Diagnostiker(innen), die selbst in einem solchen Fall ungerührt behaupten, der Pb »sei« gewiss nicht aggressiv (der Verfasser möchte sich eines Urteils über ein solches Vorgehen enthalten – es würde zu unfreundlich ausfallen).

An dieser Stelle mag eingewandt werden, dass die Problematik von Fragebogentests in der Persönlichkeits*forschung* weniger gravierend sei. Humanwissenschaftliche Untersuchungen stützen sich im Allgemeinen auf (größere) Personenstichproben und nicht auf Einzelfälle. Dabei wird zumeist angenommen, dass unterschiedliche Fehlerarten im Hinblick auf einen Gruppentrend einander ausbalancieren. Doch schon bezüglich der bekanntesten Verfälschungstendenz, der Neigung, sozial erwünscht zu antworten, ist diese Annahme unzutreffend; die meisten Menschen tendieren eher zu der genannten Tendenz entsprechenden Äußerungen. Dies bedeutet allerdings keineswegs, dass es bestimmte Personengruppen, bei denen das Gegenteil der Fall sein kann, nicht gibt. Beispielsweise Klientinnen/Klienten, die eine Psychotherapie anstreben, dürften sich in einem diesbezüglichen Screening-Test zumindest unter manchen Gesichtspunkten eher sozial unerwünscht darstellen (etwa als leidend und hilflos).

Wir stoßen in diesem Zusammenhang auf das Problem der Moderatorvariablen. Nicht nur Unterschiede bezüglich der zentralen Tendenzen bei verschiedenen Subpopulationen sind von Bedeutung, sondern auch unterschiedliche Korrelationen lassen sich bei der getrennten Betrachtung von Teilstichproben feststellen. Dies ist ein recht grundsätzlicher Gesichtspunkt im Hinblick auf die faktorenanalytische Fundierung persönlichkeitspsychologischer Konstrukte, soweit sie auf Fragebogenmethoden beruhen, wie etwa bei den Fünf-Faktoren-Modellen oder den Variablen auf der höchsten Ebene des Eysenck'schen Systems. Da Korrelationen dazu dienen sollen, herauszufinden, was genau eine Fragebogenskala erfasst, ist es höchst misslich, wenn Zusammenhänge zwischen Variablen in verschiedenen Teilstichproben unterschiedlich ausfallen, denn dies bedeutet letztendlich, dass innerhalb der einen Subpopulation etwas anderes »gemessen« wird als bezüglich einer anderen. Im Zusammenhang mit dem Rasch-Modell ist diese Stichprobenabhängigkeit ausdrücklich thematisiert worden; sie konnte aber natürlich nicht aus der Welt geschafft werden (Guthke, Böttcher/Sprung, 1990). Wenn es jedoch Personen bzw. Teilpopulationen gibt, bei denen eine als definiert geltende Persönlichkeitsvariable eine Bedeutungsverschiebung erfährt oder vielleicht gar nicht in sinnvoller Weise herangezogen werden darf, dann kann man keineswegs von einer allgemein gültigen Persönlichkeitsstruktur ausgehen. Was aber bedeutet es, wenn daher im Grunde spezifische Theorien für Subgruppen erforderlich wären?

3. Empirische Befunde zur Problematik einer Erfassung der »Persönlichkeit« mittels Fragebogenverfahren

Ein ganz entscheidendes Problem besteht darin, dass es alles andere als einfach ist, die jeweils relevanten Moderatorvariablen aufzufinden. So offensichtliche Merkmale wie das Geschlecht lassen häufig recht unterschiedliche Zusammenhänge erkennen (hierzu beispielsweise Plaum/Lautenschläger, 1998; Schaipp, 2001; Schwenkmezger, 1994). Was aber soll man davon halten, wenn etwa bei einer Gruppe von 30 inhaftierten Männern die »Erregbarkeit« des »Fragebogens zur Erfassung von Aggressivitätsfaktoren« (FAF) mit der »reaktiven Aggression« des gleichen Instruments zu .65 (Rangkorrelation Tau nach Kendall) korrelierte, gegenüber dem Zusammenhang .33, der im Handbuch dieses Tests wiedergegeben wird, und die erstgenannte Variable des gleichen Verfahrens bei der Normstichprobe keine bedeutsame Beziehung zur »Aggressionshemmung« (des FAF) aufweist (r = –.04), während diese Skala in der Straftätergruppe einen signifikant negativen Koeffizienten (Tau = –.32) erkennen ließ (Thiel, 1999), übrigens ähnlich wie bezüglich verhaltensauffälliger Jugendlicher in Heimen (Plaum, Chau/Müller, 1999)? Heißt dies, dass »Erregbarkeit« bei Delinquenten weitgehend gleichbedeutend mit aggressivem, dazu noch eher ungehemmtem *Verhalten* ist, die »Erregbarkeit« »normaler« Stichproben sich jedoch als weniger verhaltensrelevant darstellt? Diese Variable wäre somit bei der letztgenannten Gruppe schärfer umrissen, im Falle verhaltensauffälliger Personen wohl diffuser zu nennen. Lässt sich dann aber noch bei beiden Populationen vom gleichen Persönlichkeitsmerkmal sprechen?

Man mag einwenden, es gehe hier um Extreme, sowohl Personen als auch Variablen betreffend. Zum ersten Punkt wäre zu sagen, dass die den gängigen Fragebogentests zu Grunde liegenden Annahmen zur Persönlichkeitsstruktur zumindest implizit insoweit allgemeinpsychologisch konzipiert sind, als zwar quantitative Differenzen zwischen (Extrem-)Gruppen erwartet werden, qualitative Unterschiede im Sinne von Gemeinsamkeiten zwischen verschiedenen Persönlichkeitsmerkmalen aber weniger Beachtung finden. Gewiss sind unterschiedliche Faktorenstrukturen, auch bei Leistungstests, im Hinblick auf diverse Stichproben bekannt, in der Praxis müssten derartige Befunde jedoch Unannehmlichkeiten mit sich bringen, da für jede Teilpopulation (und streng genommen jedes Individuum) die Frage aufzuwerfen wäre, inwieweit man hierbei überhaupt von Variablen mit über Subgruppen hinweg vergleichbaren Bedeutungen sprechen dürfte; deshalb werden solche Komplikationen denn auch kaum bedacht. Wenn Einzelfälle zur Diskussion stehen, ist ohnehin mit ganz individuellen Besonderheiten zu rechnen, die selbst durch extreme *Gruppen*bildungen nicht angemessen zu berücksichtigen sind.

Der zweite Punkt – die Variablen betreffend – hängt mit der Existenz unterschiedlicher Faktorenstrukturen zusammen. Bezüglich der »Persönlichkeitstests« ist die Frage untersucht worden, inwieweit bei den jeweiligen – auch faktorenanalytisch gewonnenen – Skalen nicht Überdifferenziertheit vorliegt (hierzu etwa Fahrenberg, Hampel/Selg, 1989; Schaipp, 2001; Schenk, Rausche/Steege, 1977). In der Tat konnte festgestellt werden, dass es gerade die »Superfaktoren« Extraversion und Neurotizismus sind, die über verschiedene Stichproben hinweg, im Gegensatz zu anderen Variablen, eine bemerkenswerte Invarianz aufweisen; dies gilt auch bezüglich verschiedener Instrumente mit gleichem oder zumindest ähnlichem Validitätsanspruch (siehe Amelang/Bartussek, 1997). Es gibt jedoch Ausnahmen: Philippen und Plaum (1996) fanden bei 12 alkohol- bzw. drogenabhängigen männlichen Patienten eine Korrelation um Null (genau: r = .09) zwischen den Extraversionswerten des FPI-R und denen des PIT; andere Skalen mit vergleichbarem Gültigkeitsanspruch ließen bezüglich dieser Tests dagegen recht enge Zusammenhänge erkennen. Eine Kritik, die sich auf die Verwendung von »veralteten« Tests beziehen würde, dürfte jedoch kaum inkompatible Bedeutungen des Merkmals Extraversion betreffen, die wohl als im Wesentlichen gleich bleibend anzusehen wären; Veränderungen hinsichtlich zentraler Tendenzen und somit Verschiebungen von Normierungen haben nicht zwangsläufig Auswirkungen auf Korrelationen (Amelang/Bartussek, 1997, S. 630). Die Erkenntnis, dass sich hinter gleichen Skalenbenennungen Unterschiedliches verbergen mag, ist zwar nicht neu (Fahrenberg, Selg/Hampel, 1978; zu dieser Problematik auch Amelang/Bartussek, 1997) – sie müsste aber eigentlich zu größeren Irritationen in der Praxis führen und dazu verhelfen, individuenbezogene Fehlurteile zu vermeiden.

Um der Frage der Robustheit von Faktoren des Eysenck'schen »Big-Three-Paradigmas« weiter nachzugehen, untersuchte Wihan (2000) zwei unterschiedliche Stichproben (Psychotherapiepatienten/-patientinnen und Studierende) mit verschiedenen einschlägigen Instrumenten, die vor allem Neurotizismus bzw. Ängstlichkeit (als eng mit der letztgenannten Variablen zusammenhängend), aber auch Extraversion erfassen sollten. Was Letztere betrifft, so zeigten sich tatsächlich die erwarteten Übereinstimmungen, und zwar hinsichtlich der einschlägigen Skala des »Biographischen Inventars zur Diagnose von Verhaltensstörungen« (BIV) und der FPI-R-Extraversion (Studierende, N = 35, r = .61; Patienten, N = 29, r = .78). Bezüglich Neurotizismus und Ängstlichkeit, mit mehreren, nämlich insgesamt 6 Skalen vertreten, konnten jedoch unterschiedliche Koeffizienten festgestellt werden: In der Gruppe der (überwiegend weiblichen) Patienten waren von 15 einschlägigen Korrelationen 5 nicht signifikant (niedrigster Wert -.16). Nimmt man bei dieser Subgruppe eine Aufteilung nach dem Alter vor (Mediansplitting), dann stößt man auf sehr bedeutsame Differenzen, am deutlichsten bei der Skala der Frankfurter Selbstkonzeptskala, die Neurotizismus erfassen soll, und der Trait-Skala des State-Trait-Angstinventars (.05 versus -.79). Bei den Studierenden bringt eine Aufteilung nach dem Geschlecht (wobei allerdings nur 9 Männer vertreten waren) ebenfalls stärkere Unterschiede (am deutlichsten: FPI-R-Neurotizismus korreliert mit »globaler Angstneigung« des Interaktions-Angstfragebogens zu .53 bei Frauen und .09 bei Männern). Während nach diesen Subgruppenbildungen bei den weiblichen Studierenden sämtliche Korrelationen signifikant bleiben, sind es bezüglich der älteren Patienten nurmehr 8; die jüngeren weisen 11 Signifikanzen unter 15 Korrelationen auf. 12 der insgesamt (d.h. alle Gruppen bzw. Subgruppen betreffenden) beobachtbaren *Differenzen* zwischen den Koeffizienten waren mindestens auf dem 5%-Niveau signifikant. Die Aufspaltung der Gruppen ergab nun auch hinsichtlich der beiden Extraversionsvariablen einen Unterschied mit einer 10%-Signifikanztendenz: Bei den weiblichen Studierenden war eine Korrelation von .51 gegenüber dem Zusammenhang (.78) in der Patientengruppe (überwiegend weiblich) feststellbar.

Bemerkenswert sind auch Korrelationen zwischen Variablen, die keine gleich lautenden oder inhaltlich sehr ähnliche Benennungen tragen; diese Zusammenhänge können enger sein als die zwischen Skalen mit gleichen Bezeichnungen. Wihan (2000) fand z.B. neben zahlreichen anderen hierzu passenden Koeffizienten innerhalb der Gruppe weiblicher Studierender eine – absolut betrachtet – höhere Korrelation zwischen der »Trait-Angst« und dem »Selbstkonzept der allgemeinen Leistungsfähigkeit« (r = -.71) als bezüglich der erstgenannten Variablen mit dem FPI-R-Neurotizismus. Bei den jüngeren Patientinnen hing die »Neurotizismus«-Skala des BIV am engsten mit der »Erregbarkeit« des FPI-R zusammen; die Trait-Angst korrelierte höher (-.90) mit der »Lebenszufriedenheit« (FPI-R) als mit sämtlichen anderen Angst- bzw. Neurotizismus-Werten. Die älteren Patientinnen/Patienten betreffend, ist es wiederum das »Selbstkonzept der allgemeinen Leistungsfähigkeit«, womit ein Angsttest, nämlich die MAS, am höchsten (-.76) korrelierte. Enger als die beiden Extraversionsskalen untereinander hängen die FPI-Extraversionswerte mit der »Angst vor Bewährungssituationen« des Interaktions-Angstfragebogens (IAF) bei den weiblichen Studierenden zusammen (-.57). Innerhalb der männlichen Studierenden überrascht der Zusammenhang (-.89) von FPI-Extraversion und globaler Angstneigung des IAF, der deutlich enger ist als der bezüglich der Extraversionsskalen miteinander. Diese korrelierten bei den älteren Patientinnen/Patienten zu .69; FPI-Extraversion und »Ichstärke« des BIV ergeben jedoch (absolut gesehen) einen ebenso hohen Koeffizienten (-.70), während die BIV-Extraversionswerte den engsten Zusammenhang mit der FPI-Skala »Körperliche Beschwerden« (.71!) erkennen lassen.

4. Mögliche Erklärungen für erwartungswidrige und -konforme Zusammenhänge

Dies waren einige Beispiele für Korrelationen, die auch hinsichtlich der Dimensionen Neurotizismus und Extraversion den vielfach berichteten Invarianzen über Personengruppen und Testverfahren nicht entsprechen. Weitere Einzelheiten können hierzu angeführt werden, Befunde zu Reliabilitätskoeffizienten eingeschlossen (siehe z.B. Schenk, Rausche/Steege, 1977, insbesondere S. 499; Wihan, 2000). Es wäre nun nach Erklärungen für solche Abweichungen von der Erwartung zu suchen; vor allem aber ist zu fragen, wie man sich angesichts dessen das Zustandekommen der zahlreichen *übereinstimmenden* Resultate zur Invarianz vorstellen könnte. – Eine ideale Strategie, um diesbezüglich ein wenig Klarheit zu bekommen, bestünde in der Erweiterung eines Untersuchungsplanes zur Multitrait-Multimethod-Anordnung durch den dritten Aspekt unterschiedlicher Personenstichproben. Da es bereits schwierig ist, lediglich die beiden Gesichtspunkte (Traits und Methoden) in befriedigender Weise gemeinsam zu untersuchen, würde ein entsprechendes Vorgehen einen ganz erheblichen Aufwand bedeuten. Dem Verfasser sind denn auch keine Untersuchungen bekannt, die eine solche Strategie realisiert hätten.

Die Eysenck'schen Dimensionen, aber auch die Fünf-Faktoren-Modelle sind vielfältiger, umfassender Kritik unterzogen worden; es erübrigt sich, an dieser Stelle hierauf erschöpfend einzugehen (zusammenfassend Amelang/Bartussek, 1997). Ein wesentlicher Ansatzpunkt, um im Hinblick auf kausale Überlegungen zu den Fragebogenresultaten weiterzukommen, ist die Entwicklung des (ursprünglichen) Fünf-Faktoren-Modells aus dem lexikalischen Ansatz: Es wurden Fremdbeurteilungen mittels bipolarer Ratingskalen vorgenommen, die alltagssprachliche Beschreibungskategorien menschlicher Eigenschaften darstellen. Die dabei gefundenen Faktoren umschreiben »sehr breite Aspekte der Persönlichkeit auf einem relativ hohen Abstraktionsniveau« (Amelang/Bartussek, 1997, S. 362); es handelt sich somit um sehr allgemeine, globale Charakterisierungen von Menschen, wie im Alltag üblich. Solche Merkmale dürften zwar einerseits von begrenzter Bedeutung, andererseits jedoch ubiquitär sein; sie stellen offenbar vereinfachende Kennzeichnungen unserer Mitmenschen dar und dienen der Verständigung. Diese Beschreibungskategorien können zumindest insofern oberflächlich genannt werden, als sie sich weitgehend auf manifestes Verhalten beziehen. Daher ist es wohl kaum überraschend, wenn bei solchen verbalen Umschreibungen Bündelungen inhaltlich ähnlicher Beurteilungsaspekte immer wieder als Faktoren in wissenschaftlichen Untersuchungsresultaten aufscheinen. Sie spiegeln sozusagen die alltägliche Sprachstruktur der gängigen Beschreibungsgesichtspunkte bezüglich der Charakterisierung menschlicher Individuen wider und könnten von daher, vielleicht etwas pointiert, auch als sprachwissenschaftliche Forschungsgegenstände betrachtet werden (hierzu auch Amelang/Bartussek, 1997).

Diese Erklärungen gelten zunächst für Fremdratings. Nun konnten aber auch hohe Übereinstimmungen zwischen diesen und Selbsteinschätzungen im Zusammenhang mit Fünf-Faktoren-Modellen gefunden werden, außerdem beeindruckende Invarianzen bezüglich der letztgenannten Beurteilungen. Es dürfte unmittelbar einleuchtend sein, dass wir uns bei der Charakterisierung unserer Mitmenschen globaler, eher oberflächlicher Kategorisierungen bedienen. Eine Antwort auf die Frage, ob dies auch für Selbstbeurteilungen gilt, mag hingegen weniger nahe liegend sein. Zunächst ist natürlich keineswegs auszuschließen, dass Übereinstimmungen bzw. Invarianzen einfach auf eine realitätsentsprechende Erfassung von Persönlichkeitsmerkmalen sowohl über Fremd- als auch Selbsteinschätzungen zurückzuführen sind; wenn die Dimensionen bei Eysenck oder die Fünf-Faktoren-Modelle nicht nur Konstruktionen darstellen, sondern auf mehr oder weniger objektiv feststellbaren stabilen Gegebenheiten beruhen, braucht man nicht erstaunt zu sein, wenn solche Forschungsresultate erzielt werden. Es mögen sich hier Fragen der Reliabilität und Validität ergeben, aber das grundsätzliche Problem, inwieweit *auch* durch die Selbstbeurteilung – ebenso wie bei Fremdbeurteilungen – nur weniger Wesentliches erfasst wird, bleibt bestehen. Schon McClelland (1972) hatte die Auffassung vertreten, dass Fragebogenverfahren lediglich oberflächliche »Meinungen« erfassen könnten. Ob die von ihm als Alternative betrachteten »projektiven« Techniken vorzuziehen wären, sei dahingestellt (siehe hierzu jedoch Plaum/Biedermann, 1999; Plaum, Chau/Müller, 1999; Schaipp/Plaum, 1995).

Vielleicht führt es aber zu einem besseren Verständnis der mittels Fragebogenmethoden im Hinblick auf Persönlichkeitsmerkmale erzielten diagnostischen Resultate, wenn man wirklich ernst nimmt, dass die Probanden/Probandinnen dabei sich *selbst* beschreiben.

Somit werden nicht nur oben bereits angesprochene Probleme relevant; bei den mithilfe dieser Verfahren gewonnenen Testergebnissen ist offensichtlich das *Selbst*bild der untersuchten Personen in irgendeiner Weise von Bedeutung, sei es weil dieses annähernd genau, unvollständig, verzerrt, oder gar ins Gegenteil verkehrt wiedergegeben wird (hierzu Mummendey 1995). Da die Probandinnen/Probanden einerseits sich selbst möglichst gut erkennen sollen, andererseits aber nur das mitteilen, was sie unter den aktuell gegebenen Bedingungen preisgeben möchten, weiß die Diagnostikerin/der Diagnostiker nie so genau, ob ein Fragebogenresultat nun eher reales Erleben bzw. Verhalten oder z.B. Gegebenheiten der »Irrealitätsebene« (Lewin), wie etwa ein Ideal-Selbstbild, widerspiegelt. Das Zustandekommen von solchen Befragungsergebnissen ist sicherlich situationsabhängig. Dennoch dürfte ein reales oder ideales Selbstbild in der Regel einigermaßen stabil sein, sodass eine gewisse Konstanz der Selbstdarstellung resultiert. Da diese sich auch im Verhalten, registrierbar durch andere Personen, zeigen kann, sind Übereinstimmungen von Fremd- und Selbsteinschätzung nicht unbedingt als Validitätshinweise bezüglich der einen und/oder anderen Beurteilung zu werten.

Dass das Selbstbild bei der Bearbeitung von Fragebogentests bedeutsam ist, hat eine Arbeit von Wihan (2000) gezeigt, die oben bereits mit einigen Beispielen herangezogen wurde. Da korrelierte das »Selbstkonzept der eigenen Leistungsfähigkeit« höher mit Angstskalen als diese untereinander; die erstgenannte Variable ließ auch (bei männlichen Studierenden) eine bedeutsame Korrelation mit Extraversionswerten (BIV) erkennen; andere Selbstkonzeptskalen wären hier jedoch ebenfalls anzuführen. Es ist aus dem Alltag geläufig, dass gerade die Vorstellung, etwas »leisten zu können« bzw. »geleistet zu haben«, häufig das Selbstbild stark prägt; wer etwas leistet, der »ist wer«. Bei Wihan (2000) zeigten sich bevorzugt signifikante Zusammenhänge der übrigen Tests (d.h. außer den Frankfurter Selbstkonzeptskalen) gerade mit dem »Selbstkonzept der eigenen Leistungsfähigkeit«; werden sämtliche Versuchspersonen zusammengenommen ($N = 64$), so kommt man diesbezüglich auf 24 signifikante Koeffizienten. Selbstkonzeptaspekte stehen offenbar mit Gruppenphänomenen in Beziehung: So fanden Plaum/Lautenschläger (1998) bemerkenswerte Zusammenhänge zwischen Selbstkonzeptskalen und dem (subjektiv erlebten) Klassenklima bei Schülerinnen/Schülern. Dabei zeigten sich bezüglich der »Klimavariablen« signifikante Differenzen zwischen drei Schulklassen, sodann aber auch geschlechter- und klassenspezifische Korrelationen; überraschend waren bedeutsame Zusammenhänge von Leistungstestvariablen und Schulleistungen nicht nur mit »Klima«-Variablen, sondern auch Selbstkonzeptaspekten. Man erkennt hier die zentrale Bedeutung der Selbstbildfacetten.

Diese erlauben nun einerseits Erklärungen für Invarianzen und Konstanzen bei Fragebogenresultaten, können jedoch andererseits auch zu einem Verständnis dem entgegenstehender Ergebnisse, etwa unterschiedliche Subgruppen betreffend, führen. Zweifellos gibt es solche, die ein bestimmtes Selbstbild pflegen, wobei dies keineswegs mit gesamtgesellschaftlich favorisierten Vorstellungen zur eigenen Person übereinstimmen muss. So kultivieren manche Cliquen Ideale, die außerhalb dieser Gruppen keineswegs als sozial erwünscht gelten. Zum Beispiel kann man bei Gewalttätern oft ein (Ideal-)Selbstbild des »knallharten, durchsetzungsstarken Mannes« erkennen, was dann im Einzelfall dazu führen mag, dass diese Personen, selbst bei einer individuellen Begutachtung, einige Schwierigkeiten haben, sich anders darzustellen, als es diesem Ideal entspricht (Thiel, 1999). Man darf somit bei Fragebogentests als Ursache für Korrelationen, die denen einer größeren bzw. anderen Gruppe nicht entsprechen, differierende Selbstbilder vermuten.

Vielleicht lassen sich von daher sogar von einem Gesamttrend abweichende bzw. erwartungswidrige Zusammenhänge zwischen Leistungsvariablen erklären. Solche Ausnahmen sind zwar selten zu beobachten, kommen aber durchaus vor (Belege sind bei Brickenkamp, 1997, zu finden). So konnte z.B. Schätz (2000) erheblich unterschiedliche Korrelationen zwischen Subtests eines Leistungsprüfverfahrens innerhalb zweier Schülergruppen des gleichen Jahrganges aus ländlich-kleinstädtischen Milieus in Niederbayern feststellen. Soweit es um Leistungstests geht, ist es nahe liegend, ebenfalls an Einflüsse des »Selbstkonzepts der eigenen Leistungsfähigkeit« zu denken. Auch Feßmann (1996) gibt einschlägige Befunde wieder. – Im Übrigen stellt das Manual der Frankfurter Selbstkonzeptskalen (Deusinger, 1986) geradezu eine Fundgrube für divergierende Korrelationen bei verschiedenen Stichproben dar und belegt so in beeindruckender Weise die Bedeutung von Selbstkonzeptfacetten. Prinzipiell ist davon auszugehen, dass bei Gruppen mit relativ homogenen Selbstbildern eher niedrigere Korrelationen erwartet werden können, im Vergleich mit Stichproben, die diesbezüglich heterogener sind.

Generell besteht die Neigung, solche Abweichungen von einem allgemeineren Trend, zumal wenn es sich um zahlenmäßig kleine Subgruppen handelt, als Zufallsergebnisse abzutun. Es ist hier nicht der Ort, um den Zufallsbegriff aus wissenschaftstheoretischer bzw. philosophischer Sicht zu problematisieren (hierzu etwa Hübner, 1985); er lässt sich weitgehend als Ausdruck einer Verlegenheit auffassen, wenn Ursachen für ein Phänomen unbekannt oder nicht feststellbar sind. Bei der Betrachtung von Einzelfällen erscheint der »Zufall« als quasikausale Kategorie ohnehin von recht zweifelhaftem Wert (Plaum, 1992). Resultate von Gruppenuntersuchungen sollten jedoch ebenso wenig vorschnell als »zufällig« betrachtet werden. Findet man unerwartete Ergebnisse auch bei wenigen Personen, so wäre es angemessen, zunächst nach plausiblen anderweitigen Gründen zu suchen; ein von allgemeineren Trends abweichendes (kollektives) Selbstbild käme zumindest im Hinblick auf psychometrische Persönlichkeitstests durchaus als Erklärungsmöglichkeit infrage.

Wenn jede Darstellung der eigenen Person, auch und gerade in Form von Fragebogenresultaten, keineswegs ausschließlich, aber doch wesentlich durch das Selbstbild geprägt ist, dann erbringen solche Testmethoden vielleicht kaum darüber hinausgehende Informationen. Zumindest werden die Resultate so stark durch Selbstkonzeptaspekte geprägt sein, dass es schwer fallen dürfte, hierbei eine davon unabhängige Realität zu erkennen. Nun kann man die Auffassung vertreten, für viele Fragestellungen sei es ausreichend, zu erfahren, was eine Probandin/ein Proband momentan von sich mitteilen möchte. Bei einem oberflächlichen diagnostischen Vorgehen mag dies in zahlreichen Fällen genügen. In der Eignungsdiagnostik ist jedoch die Anwendung von Fragebogentests weitgehend reduziert worden, weil es dabei eben nicht ausreicht, sich auf Selbstauskünfte zu verlassen. Ähnlich muss die diagnostische Situation bei individuellen Begutachtungen, etwa von Straftätern, gesehen werden.

Was nun die Theorienbildung in der Persönlichkeitspsychologie betrifft, so stellen sich Ansätze, die auf Fragebogenmethoden beruhen, ebenfalls als recht problematisch dar, aus Gründen, die denen gleichen, die im Hinblick auf Einzelfalluntersuchungen anzuführen sind. Im günstigsten Falle haben wir es bei solchen Konzeptionen mit der zwar systematischen, aber doch recht globalen Darstellung einer Alltagspsychologie zu tun, wobei Kategorien herausgearbeitet werden, anhand deren Menschen sich selbst und andere Personen beurteilen. Wie gezeigt wurde, kann man feststellen, dass die dabei gefundenen Grunddimensionen nicht nur recht allgemeiner Art sind, sondern ihnen auch ein nicht sehr fest umrissener Bedeutungsbereich zukommt; sie haben einen eher diffusen Charakter (vgl. auch Schaipp, 2001). Inwieweit dies für das Gebiet der kognitiven Funktionen (etwa im Sinne eines g-Faktors in der Intelligenzforschung) ebenfalls gilt, sei dahin gestellt (hierzu etwa empirische Resultate bei Feßmann, 1996).

5. Alternative theoretische Perspektiven

Soweit man sich nicht mit solchen simplen, oberflächlichen Theorien zufrieden geben mag – und zumindest Praktiker(innen) sollten dies als selbstverständlich erachten –, wäre zu fragen, welche differenzierten und sozusagen tiefer lotenden Ansätze der komplexen Realität (auch des Alltags!) eher gerecht werden könnten. Ganz allgemein ist hierzu zu sagen, dass umfassendere und insofern ganzheitlich zu nennende Konzeptionen der Wirklichkeit angemessener erscheinen als beispielsweise ein Fünf-Faktoren-Modell. Sieht man einmal von manchen globalen systemtheoretischen Ansätzen ab, so sind holistische Persönlichkeitstheorien heute kaum noch aktuell. Dies bedeutet jedoch nicht, dass ihnen gegenwärtig keine Bedeutung zukommt. Die Vorstellung von einem linearen Fortschreiten der Wissenschaften, wonach ältere Theorien ein für alle Mal durch derzeit moderne Ansätze überholt seien, entspricht nicht dem realen historischen Ablauf; spätere Konzeptionen können gegenüber früheren zurückfallen (Plaum, 1998). Dies betrifft z.B. holistische Systeme der Vergangenheit; wollte man ganzheitlich vorgehen, so müssten auch Theorien beachtet werden, die derzeit als veraltet gelten.

Nun existiert aber nicht nur ein einziger holistischer Ansatz in der Persönlichkeitspsychologie, sondern deren mehrere, und es ergibt sich die Frage, für welchen die Psychologin/der Psychologe sich denn nun entscheiden solle. Eine systematisch-eklektische Synthese ganzheitlicher Konzeptionen könnte die Lösung dieses Problems darstellen (Plaum, 1992, 2000). Dies zu bewerkstelligen wäre aber wohl eine gigantische Aufgabe, die man bislang noch kaum in Angriff genommen, geschweige denn zu Ende geführt hat (siehe hierzu Dieterich, 1988). Solange eine solche umfassende Metatheorie der Persönlichkeit nicht zur Verfügung steht, vermögen einzelne Ansätze immerhin holistische (Teil-)Perspektiven zu eröffnen, in Gegenüberstellung zu solch einfachen und oberflächlichen Konzeptionen, wie sie mit den Fünf-Faktoren-Modellen vorliegen. Nach Ansicht des Verfassers erscheinen hierfür die Lewin'schen Abhandlungen zur Persönlichkeit besonders geeignet. Es kann an dieser Stelle kein hinreichender Überblick zu diesen recht komplexen theoretischen Ansätzen gegeben werden. Daher sollen nur einzelne wesentliche Punkte Erwähnung finden, um zu belegen, dass Lewins Theorie sinnvolle holistische Perspektiven eröffnen kann (eine gute Übersicht hierzu bringen Hall, Lindzey, Loehlin/Manosevitz, 1985).

Dieser Wissenschaftler ging von einer sehr allgemeinen Grundkonzeption aus, nämlich der Person in ihrer jeweiligen Situation. Lange bevor man in der Differentiellen Psychologie schließlich eine interaktionistische Position als Synthese aus Personalismus und Situationismus »entdeckt« hatte, war diese an sich recht triviale und alltagsnahe Auffassung bei Lewin eine Selbstverständlichkeit. Die Person-Umwelt- bzw. Situation-Interaktion stellte sich für diesen Psychologen allerdings nicht als einsinnig gerichtete Wechselwirkung der unabhängig voneinander zu denkenden Personvariablen auf der einen Seite und Umweltvariablen auf der anderen dar, resultierendes Verhalten betreffend. Person-Umwelt-Relationen sind vielmehr bei Lewin letztlich die grundlegenden »Einheiten«, insofern als es unmöglich erscheint, Person- und Umweltkomponenten voneinander zu trennen und separat zu betrachten, etwa nach einem varianzanalytischen Modell.

Nehmen wir zur Veranschaulichung ein Beispielitem aus dem NEO-PI-R »zur Messung des Fünf-Faktoren-Modells« (laut Testkatalog): Da gibt es zum Faktor »Offenheit für Erfahrungen« die »Facette« »Offenheit für Ästhetik« mit dem Statement »Es langweilt mich, einem Ballett oder modernen Tanz zuzuschauen« (siehe Amelang/Bartussek, 1997, S. 369). Der zugehörige (übergeordnete) Faktor soll eine Persönlichkeitseigenschaft im Sinne eines Traits sein, Angesprochen werden hier aber ganz spezifische Situationen. Es ist durchaus geläufig, einem simplen interaktionistischen Verständnis folgend, durch eine Kumulation situationsspezifischer Items einen situationsübergreifenden Trait »messen« zu wollen. Nun mögen sich aber für manche Personen aufgrund von Umweltgegebenheiten nur wenige oder gar keine Gelegenheiten geboten haben, einem Ballett oder modernen Tanz zuzuschauen. Bezüglich anderer Situationen (und Personen) können die Umstände ähnlich sein. Ohne Zweifel ist es nun möglich zu sagen, mangels Gelegenheiten, beispielsweise eine Offenheit für Ästhetik zu entwickeln, bilde sich eben eine entsprechende Facette des zugehörigen Traits allenfalls unvollkommen aus und dieser erhalte somit keine sehr starke Ausprägung. In der Differenziellen Psychologie sind daher so genannte Metatraits angenommen worden, was bedeutet, dass bestimmte Traits entweder vorhanden oder auch nicht gegeben sein können (Amelang/Bartussek, 1997). Es ist allerdings zu fragen, wie man dies mittels welcher Methoden feststellen mag. Hierauf wird zurückzukommen sein. In diesem Zusammenhang sollte jedoch von Interesse sein, inwieweit sich ein allgemeiner zu verstehendes Persönlichkeitsmerkmal nicht (auch) über sehr spezifische, aber individuell besonders relevante, intensiv erlebte Gegebenheiten, die bei keinem Fragebogenitem angesprochen werden, operationalisieren lässt. So dürfte z.B. die Faszination beim Betrachten des Farben- und Bewegungsspiels von Zierfischen im Aquarium oder im Hinblick auf die Schönheit wechselnder Wolkenformen am Himmel durchaus als Indikator einer *Offenheit* für Ästhetik gelten, selbst wenn etwa Tanz oder Ballett keineswegs sonderlich begeisternd wirken würde. Wir stoßen hier auf die Unterscheidung von Extensität und Intensität. Diese Differenzierung mag zwar durch gestufte Antwortskalen teilweise Berücksichtigung finden; das hilft aber dann nicht sehr viel weiter, wenn bestimmte inhaltliche Bereiche erst gar nicht thematisiert werden.

Die Wechselwirkung von Person- und Umweltvariablen im Sinne Lewins scheint zunächst dem interaktionistischen Modell zu entsprechen. Tatsächlich trifft dies aber für dessen varianzanalytische Formulierung nicht zu, da dort eine Wechselwirkung hinsichtlich ihrer Auswirkung auf das *Verhalten* betrachtet wird. Lewin ging hingegen von Wechselwirkungen auch der (bezüglich des Verhaltens kausal zu verstehenden) Person- und Umweltgegebenheiten *untereinander* aus. In diesem Zusammenhang hat man von einem *dynamischen* Interaktionismus gesprochen (Plaum, 1989). Inzwischen sind auch Persönlichkeitspsychologen zu der Überzeugung gekommen, dass »im natürlichen Umfeld bestimmte Personen in einigen Situationen häufiger auftreten bzw. spezifische Personen-Situations-Kombinationen überrepräsentiert sind« und daher der »statistische« (d.h. varianzanalytische) Interaktionismus ungeeignet sei, um verhaltensrelevante Beziehungen zwischen Person- und Umweltvariablen adäquat anzugehen (Amelang/Bartussek, 1997, S. 640). Das gleiche Problem ergibt sich im Übrigen bei der Erbe-Umwelt-Forschung, da ererbte Merkmale als solche der Person zu betrachten sind: Auf ein wegen seiner genetischen Ausstattung niedlich aussehendes »pflegeleichtes« Baby dürfte die mitmenschliche Umwelt von Anfang an anders reagieren als auf ein weniger ansehnliches, das ständig unruhig ist. In Anbetracht solcher Zusammenhänge erscheinen Versuche, Erb- und Umwelteinflüsse voneinander trennen und gar noch Prozentanteile der jeweiligen Auswirkungen im Verhalten feststellen zu wollen, kaum sonderlich sinnvoll (vgl. hierzu Amelang/Bartussek, 1997).

6. Zurück zu Lewin?

Bei der Lewin'schen Einheit von Person und Situation (»Person in der Situation«) stellen sich derartige Fragen nicht. Es werden vielmehr innerhalb dieser Einheit Details und Beziehungen konkretisiert: Die Person weist natürliche und »Quasi«-Bedürfnisse (durch Vornahmen entstanden) auf, die zu innerpersonalen Spannungen führen und verhaltensrelevant sind: Bedürfnisbefriedigung ist zielorientiert, d.h. zumeist auf die Umwelt bezogen, genauer gesagt die »*psychologische*« Umwelt, d.h. den Ausschnitt derselben, dem Bedeutung für das Individuum zukommt. Dabei ergibt sich eine Spezifizierung aus dem bzw. den jeweils vorherrschenden, innerpersonal »lokalisierten« (»Quasi«-)Bedürfnis(sen), dem (denen) – via kognitive Repräsentation dieser Umweltgegebenheiten – (eine) bestimmte Region(en) der psychologischen Umwelt entspricht bzw. entsprechen. Diese ist, ebenso wie die Person, im Allgemeinen differenziert strukturiert bzw. in »Bereiche« gegliedert. Da unter anderem die Quasibedürfnisse ständig Veränderungen unterliegen, kommt es zu einem stetigen Wandel der innerpersonalen und umweltbezogenen Gegebenheiten: Es ändern sich die Anzahl der Regionen, deren Nähe zueinander sowie ihre Zugänglichkeit und Beeinflussbarkeit; es können Ziele aufgrund innerhalb der Person und/oder außerhalb derselben befindlicher »Barrieren« blockiert werden, die Umwegverhalten erforderlich machen; positive und/oder negative »Valenzen« von Umweltbereichen mögen zu Konflikten führen und anderes mehr.

Wichtig ist außerdem die Unterscheidung verschiedener Realitätsgrade: Vorstellungen werden im Vergleich zum Sprechen über etwas als weniger real angesehen und konkrete Handlungen waren für Lewin am realsten. Vereinfachend wurde eine Realitäts- von einer Irrealitätsebene unterschieden. Die Tatsache, dass man sich – etwa bei Phantasien – manches vorstellen kann, was nicht realisiert wird oder realisierbar ist, hat zur Annahme wesentlicher Unterschiede dieser beiden Ebenen hinsichtlich Struktur und Dynamik geführt. Wenn Lewin behauptet hat, dass sowohl Fragebogentests als auch »projektive« Verfahren auf der Irrealitätsebene ansetzen – weshalb sie keine sicheren Schlüsse auf reale Ereignisse und konkretes Verhalten erlauben –, so mag dies den Psychometriker befremden, dem Wahrheitsgehalt dieser Aussage wird man sich indessen kaum entziehen können. Sie entspricht empirischen Befunden, wonach Fragebogenitems, auch wenn sie situationsspezifisch formuliert sind, nicht unbedingt mit entsprechenden Verhaltensweisen übereinstimmen (Plaum, 1996). Soweit sich in den Resultaten von Persönlichkeitsfragebögen Selbstkonzeptaspekte widerspiegeln, erscheint dies gewiss einleuchtend, denn ein (Ideal-)Selbstbild ist zweifellos auf der Irrealitätsebene »angesiedelt«, die zugegebenermaßen keineswegs sozusagen völlig isoliert über der Realität schwebt. Wollte man jedoch die Situationsabhängigkeit jeglichen Verhaltens wirklich ernst nehmen, so müsste eigentlich klar werden, dass die Beantwortung auch situationsspezifisch formulierter Fragebogenitems nur mithilfe von Vorstellungen möglich ist. Um das oben erwähnte Beispiel zur »Facette« »Offenheit für Ästhetik« erneut heranzuziehen: Eine Probandin, die mit diesem Statement konfrontiert wird, sieht ja anlässlich der Beantwortung dieses Items keineswegs real einem Ballett oder einem modernen Tanz zu und kann folglich nicht unmittelbar erleben, ob sie dies langweilig findet oder nicht; sie ist in einer ganz anderen, nämlich der diagnostischen Situation. Die Forschungsmethoden Lewins und seiner Mitarbeiter(innen) zeichnen sich hingegen durch eine weitgehende Lebensnähe aus.

Eine weitere Besonderheit seiner Persönlichkeitstheorie ist die ausdrückliche Berücksichtigung der (psychologischen) Vergangenheit und Zukunft, d.h. der Zeitperspektive. Diese kann begrenzt oder ausgedehnt sein und es bestehen Beziehungen zur Irrealitäts-

und Realitätsebene. Zum Beispiel leben manche Menschen ganz im »Hier und Jetzt«, für andere ist Vergangenes noch sehr gegenwärtig und damit verhaltensrelevant, wieder andere Individuen richten ihre Handlungen weitgehend an Zielen aus, die erst in ferner Zukunft erreichbar erscheinen (Plaum, 1997). Die Betrachtung der Zeitperspektive lenkt die Aufmerksamkeit von Psychologinnen/Psychologen nicht nur auf kurz dauernde Handlungen, sondern auch länger ausgedehnte Verläufe, bis hin zur gesamten Lebensspanne und sogar epochalen Einflüssen, z.B. bezüglich bestimmter kultureller Konstellationen, etwa im Sinne einer »Geschichtlichkeit des Seelischen« (Jüttemann, 1986). Mit der Hervorhebung zeitlicher Gesichtspunkte ist der Entwicklungsaspekt gegeben. Auf das Individuum bezogen erscheint dabei das orthogenetische Prinzip als von grundlegender Bedeutung: Entwicklung bringt zunehmende Differenzierung des »Lebensraumes« mit sich (etwa durch die Vermehrung von Bereichen), die wiederum durch Hierarchien bildende Organisierungsprozesse zu neuer Integration führt. Es können aber ebenfalls Entdifferenzierungsprozesse auftreten, auch momentan, etwa bei panischen Angstzuständen. Die Persönlichkeit ist lebenslangen Veränderungen unterworfen.

Bei all dem erweist sich Lewins Persönlichkeitspsychologie als eine eminent dynamisch konzipierte Theorie. Ihre grafischen Veranschaulichungen, d.h. Darstellungen zum »Lebensraum« (hier verstanden als »*Person in der Situation*«), dürfen streng genommen gewissermaßen nur als »Momentaufnahmen« aufgefasst werden. Die Strukturmerkmale der Person wie der psychologischen Umwelt unterliegen laufend irgendwelchen Modifikationen; es finden nahezu ständig »Umstrukturierungen« statt. Bereiche können sich sozusagen auflösen, sie verändern ihre »Nähe« bzw. »Entfernung« voneinander, ihre Abgrenzungen gegeneinander, sowie ihre »Flüssigkeit«, d.h. die Leichtigkeit oder Erschwerung der Möglichkeit, sie zu »durchschreiten«. Die Irrealitätsebene kann stärker oder weniger deutlich von der Realität abgegrenzt sein; die Zeitperspektive mag schrumpfen oder sich ausdehnen.

Obwohl durchaus allgemeiner konzipiert, ist Lewins Ansatz ausdrücklich auf das konkrete Individuum »hier und jetzt« bezogen.

Dies alles bedeutet jedoch nicht, dass er keine situationsüberdauernden Strukturmerkmale der Person annimmt; sie gehen nicht in einem extremen Prozessdenken unter. Es ist für ihn aber eine Frage, ob bzw. wie sich solche zeigen. Die bereits erwähnte Annahme von »Metatraits« findet man somit bereits bei diesem Persönlichkeitstheoretiker. Allerdings waren für Lewin diagnostische Methoden ebenso wie über längere Zeiträume konstant bleibende Personvariablen nicht primär von Interesse. Gottschaldt hat diesbezüglich weitergearbeitet, indem er verschiedene lebensnahe Untersuchungsverfahren entwickelte und im Gegensatz zur Psychometrie die Forderung erhob, durch eine systematische *Variation* von Situationsbedingungen – und nicht etwa ihre Konstanthaltung – herauszufinden, inwieweit bei einem zu untersuchenden Individuum »Metatraits« (in der heutigen Terminologie) gegeben sind (Plaum, 1989). Ein solches Vorgehen erscheint sehr plausibel, konnte sich aber nicht durchsetzen. Es dürfte vor allem in der Praxis auf erhebliche Widerstände stoßen, weil dies ein äußerst aufwendiges Procedere erforderlich machen würde; die Vorgabe eines Persönlichkeitsinventars in Fragebogenform, oder auch mehrerer davon, ist entschieden einfacher und zeitökonomischer zu bewerkstelligen. Nach den bisherigen Ausführungen stellt dies jedoch keine besonders sinnvolle Alternative dar.

Es konnte hier nicht darum gehen, Lewins Theorie in voller Breite, vollständig und detailliert darzustellen (für eine gründliche Einführung siehe Hall, Lindzey, Loehlin und Manosevitz, 1985). – Die wenigen Andeutungen zu dieser Konzeption lassen aber bereits den Gegensatz zu Mehrfaktorenmodellen erkennen, die auf einer methodisch fragwürdigen Basis beruhen, nur sehr globale Persönlichkeitsmerkmale zum Inhalt haben und im Hinblick auf ihre nicht prozessorientierte, recht simple Struktur der komplexen Alltagsrealität gewiss nicht gerecht werden. »Zurück zu Lewin« wäre eine Forderung, die heutzutage sicherlich als anachronistisch betrachtet werden müsste. Eine allgemeine, eher grundsätzliche Orientierung an diesem Persönlichkeitspsychologen, im Hinblick auf die Rückgewinnung differenzierter Perspektiven, könnte jedoch sowohl für die Forschung als auch die Praxis von erheblichem Gewinn sein.

Literatur

Amelang, M./Bartussek, D. (1997). *Differentielle Psychologie und Persönlichkeitsforschung (4. Aufl.).* Stuttgart: Kohlhammer.

Brickenkamp, R. (1997). *Handbuch psychologischer und pädagogischer Tests (2. Aufl.).* Göttingen: Hogrefe.

Deusinger, I. (1986). *Die Frankfurter Selbstkonzeptskalen (FSKN). Handanweisung.* Göttingen: Hogrefe.

Dieterich, R. (1988). Ein konkreter Entwurf. Eklektische Persönlichkeitstheorie als Akt von Wissenschaftskonstruktion. In E. Plaum (Hrsg.). *Eklektizismus in der Psychologie. Aktuelle Diskussionsbeiträge* (S. 150–174.) Heidelberg: Asanger.

Fahrenberg, J., Hampel, R./Selg, H. (1989). *Das Freiburger Persönlichkeitsinventar FPI (5. Aufl.).* Göttingen: Hogrefe.

Fahrenberg, J., Selg, H./Hampel, R. (1978). *Das Freiburger Persönlichkeitsinventar FPI: Handanweisung (3. Aufl.).* Göttingen: Hogrefe.

Feßmann, H. (1996). *Testtheoretische Probleme bei der Messung differenzierter Gedächtnisleistungen. Der Zusammenhang von Gütekriterien und Sensitivität psychometrischer Gedächtnistests.* Unveröffentlichte Diplomarbeit. Philosophisch-Pädagogische Fakultät der Katholischen Universität Eichstätt, Fach Psychologie.

Friedell, E. (1996). *Kulturgeschichte der Neuzeit.* München: Beck.

Guthke, J., Böttcher, H.R./Sprung, L. (1990). *Psychodiagnostik. Bd. 1.* Berlin: Deutscher Verlag der Wissenschaften.

Hall, C. S., Lindzey, G., Loehlin, J. C./Manosevitz, M. (1985). *Introduction to theories of personality.* New York: Wiley.

Hübner, K. (1985). *Die Wahrheit des Mythos.* München: Beck.

Jüttemann, G. (1986). *Die Geschichtlichkeit des Seelischen.* Weinheim: Beltz, PVU.

McClelland, D. C. (1972). Opinions predict opinions: so what else is new? *Journal of Consulting and Clinical Psychology, 38,* 325–326.

Mummendey, M.D. (1995). Psychologie der Selbstdarstellung (2. Aufl.). Göttingen: Hogrefe.

Plaum, E. (1989). Psychodiagnostik in der Tradition der Lewin-Schule. *Gestalt Theory, 11,* 122–155.

Plaum, E. (1992). *Psychologische Einzelfallarbeit.* Stuttgart: Lucius/Lucius.

Plaum, E. (1993). Einzelfalldiagnostik in der Klinischen Psychologie. In F. Baumgärtel/F.-W. Wilker (Hrsg.). *Klinische Psychologie im Spiegel ihrer Praxis* (S. 13–27). Bonn: Deutscher Psychologen Verlag.

Plaum, E. (1996). *Einführung in die Psychodiagnostik.* Darmstadt: Wissenschaftliche Buchgesellschaft/Primus.

Plaum, E. (1997). Permanenz des Wandels oder Permanenz *und* Wandel? Geistesgeschichtliche Anmerkungen zur Problematik einer »Werdensphilosohie« aus psychologischer Sicht. *Gestalt Theory, 19 (3),* 149–164.

Plaum, E. (1998). Substanz – Struktur – Metaphysik. Veraltete Themen und moderne Psychologie. Gedanken zur Anpassung der Wissenschaft von der Seele an die Wandlungen der Philosophie. In J. Jahnke, J. Fahrenberg, R. Stegie/E. Bauer (Hrsg.). Psychologiegeschichte – Beziehungen zu Philosophie und Grenzgebieten. *Passauer Schriften zur Psychologiegeschichte Bd. 12,* hrsg. vom Institut für Geschichte der Psychologie der Universität Passau (S. 109–118). München: Profil.

Plaum, E. (1999). Weshalb fährt der IC 781 am 26. Geburtstag von Sabine M. um 13.49 Uhr mit einer Geschwindigkeit von 82,5 km/h durch den Bahnhof Eichstätt? Oder: Das Elend mit der Suche nach reinen Wirkfaktoren in einer hochkomplexen Realität. *Gestalt Theory, 21 (3),* 190–207.

Plaum, E. (2000). DSM-IV und ICD-10 als Grundlagen psychologisch-klinischer Diagnostik? Zur »Psychiatrischen Wende« eines eigenständigen Zweiges der Angewandten Psychologie. *Zeitschrift für Differentielle und Diagnostische Psychologie, 21 (2),* 152–165.

Plaum, E./Biedermann, Th. (1999). Die Erkennbarkeit destruktiver Verhaltensdispositionen als Voraussetzung von Interventionen zur Gewaltprävention. Ein Beitrag zur Diagnostik der Aggressivität. *Forensische Psychiatrie und Psychotherapie. Werkstattschriften, 6 (2),* 23–38.

Plaum, E., Chau, Th. H.-V./Müller, St. (1999). »Projektive« Techniken als Hilfsmittel zur Erfassung sozial unerwünschter Verhaltensdispositionen? *Zeitschrift für Politische Psychologie, 7, SH/99,* 175–194.

Plaum, E./Lautenschläger, S. (1998). Die Bedeutung differentiell-psychologischer Aspekte in Erziehung und Unterricht, dargestellt an Beispielen der Zusammenhänge von Selbstkonzeptkomponenten, individuell erlebtem Klassenklima und Leistungsvariablen. In G. Köppel (Hrsg.). *Lehrerbildung im Wandel* (S. 341–357). Augsburg: Dr. Bernd Wissner.

Schaipp, Ch. (2001). Validität und diagnostische Brauchbarkeit ausgewählter indirekter und direkter Befragungsmethoden zur Diagnostik von Aggressivität, Neurotizismus bzw. psychischer Stabilität. München: Herbert Utz.

Schaipp, Ch./Plaum, E. (1995). *»Projektive Techniken«: Unseriöse »Tests« oder wertvolle qualitative Methoden?* Bonn: Deutscher Psychologen Verlag.

Schätz, S. (2000). *Möglichkeiten zur Qualitätssicherung von pädagogisch-psychologischen Tests – beispielhaft dargestellt an der Revision des »Prüfsystems für Schul- und Bildungsberatung« (PSB 4–6) unter besonderer Berücksichtigung der Validität.* Unveröffentlichte schriftliche Hausarbeit im Rahmen der Ersten Staatsprüfung für das Lehramt an Grundschulen mit Erweiterung in Psychologie mit schulpsychologischem Schwerpunkt gemäß § 30 LPO I. Philosophisch-Pädagogische Fakultät der Katholischen Universität Eichstätt, Fach Psychologie.

Schenk, J., Rausche, A./Steege, F. W. (1977). Zur Struktur des Freiburger Persönlichkeits-Inventars (FPI). *Zeitschrift für experimentelle und angewandte Psychologie, XXIV (3),* 492–509.

Schischkoff, G. (1974). *Philosophisches Wörterbuch. Begründet v. H. Schmidt (19. Aufl.).* Stuttgart: Alfred Kröner.

Schwenkmezger, P. (1994). Persönlichkeit und Wohlbefinden. In A. Abele/ P. Becker (Hrsg.). *Wohlbefinden. Theorie, Empirie, Diagnostik (2. Aufl.)* (S. 119–137). Weinheim: Juventa.

Thiel, M. (1999). *Aggressivität und deren Zusammenhänge mit weiteren Persönlichkeitsmerkmalen sowie Verfälschungstendenzen bei Strafgefangenen.* Unveröffentlichte Diplomarbeit. Philosophisch-Pädagogische Fakultät der Katholischen Universität Eichstätt, Fach Psychologie.

Vogel, R. (Hrsg.) (2001a). *Die Psychotherapiestation.* Gießen: Psychosozial-Verlag.

Vogel. R. (2001b). Stationäre Psychotherapie. Einführung und Überblick. In R. Vogel (Hrsg.). *Die Psychotherapiestation* (S. 14–45). Gießen: Psychosozial-Verlag.

Wihan, Th. (2000). *Klinische Fragebogendiagnostik: Ein Methodenvergleich anhand von Stichproben aus Studenten und Psychotherapiepatienten.* Unveröffentlichte Diplomarbeit. Philosophisch-Pädagogische Fakultät der Katholischen Universität Eichstätt, Fach Psychologie

10 Autogenese als lebenslanger Prozess. Ansätze zu einer Entwicklungstheorie der individuellen Persönlichkeit

Gerd Jüttemann

> »*Was in den* Taten *eines Menschen lebt, ist nicht mehr nur er selbst – das absolut Schöpferische ist ihm versagt –, sondern ist zugleich die Welt, die ihn umspannt wie ein elastischer Ring.*« *(William Stern)*[1]

1. Einleitung

Zur Illustration der Anfänge jenes seelischen Geschehens, das im vorliegenden Zusammenhang mithilfe der Wortschöpfung *Autogenese* beschrieben und zugleich als Gegenstand entwicklungs- und persönlichkeitspsychologischer Forschung umrissen werden soll, möchte ich über ein eigenes Kindheitserlebnis berichten:

> In meiner Erinnerung sitze ich als kleiner Junge – ich mag vielleicht fünf oder sechs Jahre alt gewesen sein – auf dem Schoß meiner Mutter und weine. Ich hatte im Garten hinter dem Haus gespielt und muss mir, obwohl ich ansonsten ein fröhliches Kind und jedenfalls keineswegs grüblerisch veranlagt gewesen sein soll,

---

1 Vgl. Stern (1923, S. 122; Hervorh. i. Orig.)

aus irgendeinem Anlass jäh der Tatsache bewusst geworden sein, dass Menschen sterben müssen und somit auch ich eines Tages tot sein werde. Ob dieser Erkenntnis befiel mich tiefe Traurigkeit. Ich lief ins Haus und kroch zu meiner Mutter auf den Schoß. Sie fragte mich, was denn los sei, und ich habe ihr daraufhin unter Tränen von meinem plötzlichen Begreifen berichtet und sie wohl auch noch gefragt, ob das alles wirklich wahr sei. Ich soll, wie mir meine Mutter, die sich an die Szene ebenfalls erinnerte, später einmal bestätigte, ganz schrecklich und sehr ausdauernd geschluchzt haben. Heute noch sehe ich das Bild vor mir, wie ich meine Arme Trost suchend um den Hals meiner Mutter geschlungen habe.

Das geschilderte Erlebnis stellt eigentlich keine Besonderheit dar (vgl. Lonetto, 1980; Neumärker, 1980). Schließlich ist davon auszugehen, dass sich jeder Mensch – im Sinne einer Begriffsbildung – früher oder später einmal die Tatsache der Endlichkeit des Lebens vergegenwärtigt und dass dieses Innewerden einer durchaus traurigen Gewissheit mit einer emotionalen Erschütterung verbunden sein kann.

Im vorliegenden Zusammenhang halte ich die Szene, an die ich mich so gut erinnere, deshalb für bedeutsam, weil sie die »Geburt« meiner Selbstreflexion bzw. der Beginn meiner Zukunftsplanung und damit Ausdruck einer Entwicklung war, die an anderer Stelle (Jüttemann 1998, S. 120) im Rahmen einer vorläufigen Umschreibung[2] als *eigenverantwortliche Lebens- und Selbstgestaltung* gekennzeichnet und zu deren pointierter Bezeichnung der Terminus »Autogenese« vorgeschlagen wurde.

Das Ziel der nachfolgenden Ausführungen besteht vor allem darin, die Angemessenheit der vorgelegten heuristischen Definition

---

2 Im Wortlaut (Jüttemann 1998, S. 120): *Autogenese ist eigenverantwortliche Lebens- und Selbstgestaltung mit dem aus Sicht des Subjekts idealen, gesellschaftlich gesehen aber nur unter bestimmten Voraussetzungen anerkennenswert erscheinenden Ziel einer optimalen Ausschöpfung gegebener persönlicher Entfaltungsmöglichkeiten.*

zu überprüfen und zugleich die Unverzichtbarkeit des Autogenesebegriffs für die psychologische Forschung aufzuzeigen. Damit einhergehend wird die bisherige semantische Praxis, den eigentlich nur auf einen biologischen Reifungszusammenhang verweisenden Terminus *Ontogenese* zur Deklaration des gesamten Lebenslaufs zu benutzen, einer Kritik unterzogen. Schließlich bezieht sich der Begriff *Ontogenese* streng genommen auf die immer nur im Rahmen einer biologischen Denkweise herstellbare Figur des verallgemeinerten Individuums und damit auf die Entwicklung jenes *gattungsspezifisch Universellen,* das z.B. im Skelett des Menschen zum Ausdruck kommt.

In der Psychologie kommt es aber, will sie ihren wesentlichen Gegenstand nicht verfehlen, gerade darauf an, die inter- und intraindividuelle Variationsvielfalt des Erlebens und Verhaltens und darüber hinaus die Individualität selbst zu untersuchen, von der z.B. Allport (1949) – unter Berufung auf Goethe – sagt, sie sei »das hervorstechende Merkmal des Menschen« (a.a.O., S. 8). Schon von daher erscheint es unausweichlich, für den in diesem Zusammenhang zu analysierenden, in der Alltagswirklichkeit konkret vorfindbaren individualhistorischen Vorgang der Lebens- und Selbstgestaltung, der ansatzweise bereits von Lerner/Busch-Rossnagel (1981) identifiziert worden ist, eine eigenständige Bezeichnung einzuführen.

Die Idee, mithilfe des Wortes *Autogenese* zugleich einen zusätzlichen, originär *psychologischen* Zugang zu einem wesentlichen Gegenstand der Disziplin zu gewinnen, beruht nicht zuletzt auf der evidenten Tatsache, dass das Subjekt eine initiierende und kontrollierende Wirkung zentraler Art ausübt. Diese Erkenntnis wird durch die tägliche Erfahrung bestätigt, dass das eigenverantwortlich gelebte Leben weder in einem bloß technologisch-mechanistischen Sinne »funktioniert« noch einfach so »dahinläuft«, wie der Ausdruck »Lebenslauf« nahelegt, sondern im Rahmen jenes Gestaltungsspielraums, der für »Das Individuum und seine Welt« (Thomae, 1996) kennzeichnend ist, von jedem einzelnen Menschen – mehr oder weniger vorausschauend – geplant und zielstrebig »geführt« wird.

Keineswegs impliziert das Autogenesekonzept jedoch die Annahme, dass der Mensch seine Entwicklung völlig frei gestalten könne. Vielmehr ist die Feststellung wichtig, dass der Terminus von anthropologischen Voreingenommenheiten dieser oder anderer Art unbelastet bleiben muss, wenn er im Rahmen einer einzelwissenschaftlichen psychologischen Untersuchungsarbeit eine erkenntnisfördernde Funktion entfalten soll.

Im Hinblick auf diese forschungsleitende Zielsetzung erscheint es nützlich oder sogar unverzichtbar, im Verwendungszusammenhang des Begriffs *Autogenese* die inneren und äußeren Bedingungen der Ermöglichung oder Verhinderung selbstbestimmten Handelns zu analysieren. Nicht zuletzt gilt es, die vielen Widerstände zu erfassen, die den Lebenslauf einer Person nachhaltig beeinflussen können.

Fuchs-Heinritz (2000) konstatiert deshalb als eine grundlegende Erkenntnis der Biografieforschung:

> »Lebensgeschichten sind in gewissem Sinn Widerstandsgeschichten, Geschichten gegen den großen Sozialzusammenhang« (a.a.O., S. 79).

Neben den Widerständen »gegen den großen Sozialzusammenhang« spielen auch Widerstände eine Rolle, die in kleineren sozialen Zusammenhängen entstehen, so z.B. im Hinblick auf die Herkunftsfamilie, die Partnerschaft oder die berufliche Situation. Hier ist die Frage der Entwicklung von »Reaktionsformen« (Thomae, 1996, S. 106ff.), d.h. der Reaktionen auf belastende Gegebenheiten, in besonderer Weise berührt.

Die Einführung der Bezeichnung *Autogenese* erfolgt in der Konsequenz des von Thomae (1952) begründeten Ansatzes der *Psychologischen Biografik*. Der Ausdruck Autogenese ist insofern als eine wesentliche begriffliche Erweiterung anzusehen, als die zu untersuchenden Personen nunmehr als die Urheber(innen) jenes Geschehens in Betracht gezogen werden, über das sie autobiografisch lediglich rückblickend – als Erzählende – zu berichten haben.

Der Begriff *Autogenese* steht in diesem Zusammenhang somit

nicht nur für die Unmittelbarkeit des Handelns, sondern vor allem auch für die Auffassung der *Person als Prozess* (vgl. Heiß, 1947; Thomae, 1951). Demgegenüber sind *Struktur*vorstellungen der Persönlichkeit, wie sie z.B. im Fünf-Faktoren-Modell zum Ausdruck kommen und nach Gergen (1990) auf ein inzwischen obsolet gewordenes Menschenbild verweisen, einer konträren Position zuzuordnen.

2. Ontologische Implikationen der Autogenese und die Definition des Begriffs »Persönlichkeit«

Die einleitend geschilderte persönliche Erinnerung ist nicht zuletzt Ausdruck der Tatsache, dass das Wissen um die Sterblichkeit und die daraus entstehende zeitliche Kalkulation und inhaltliche Gestaltung des Lebens Charakteristika des Menschen darstellen.

Den zweifelhaften Vorzug, dass sich das Subjekt selbstreflexiv der Begrenztheit seines Daseins zu vergewissern vermag, hat Heidegger (1927) in seiner Fundamentalontologie einer näheren Betrachtung unterzogen. Dieser Ansatz ist auch für die Psychologen von Bedeutung, da er eine der Wurzeln für die »dynamische Interpretation« (Thomae 1951) der Persönlichkeit darstellt. Es ist jedoch nicht beabsichtigt, im vorliegenden Zusammenhang auf das Werk Heideggers oder allgemein auf das Gedankengut der Existenzphilosophie *anlehnend*[3] Bezug zu nehmen, auch wenn es Heidegger war,

3 Beispiele für Bezugnahmen, die als – mehr oder weniger eng – ›anlehnend‹ zu interpretieren sind, liegen überall dort vor, wo die ›Schöpfer‹ von Persönlichkeitsmodellen von Kernannahmen ausgehen, die aus einem bereits vorhandenen philosophisch-anthropologischen System abgeleitet worden sind und sich nach dieser Übertragung nicht mehr verändern. Diese *fixierten Menschenbilder* (Jüttemann 1992, 1995) tragen zwar das jeweilige Modell, blockieren aber zugleich jeglichen grundlegenden Erkenntnisfortschritt, so dass ihre *Systemimmanenz* höchst kritikwürdig erscheint.

der eine »radikale Neuinterpretation des Menschen« (Zimmermann 1977, S. 91) vorgenommen und dabei *vier* ontologische Kennzeichen hervorgehoben hat. Danach wird der Mensch

> »in Abhebung von der griechisch-christlichen Anthropologie nicht mehr als animal rationale, ens creatum oder Person, sondern in Orientierung an den ontischen Befunden eines Augustin, Luther und Kierkegaard ontologisch als Dasein (I) bestimmt, das als Sein zum Tode (III) Sorge um sich ist (II), deren Sinn in der Zeitlichkeit liegt (IV)« (a.a.O.).

Die Erkenntnisse Heideggers verdienen hohe Beachtung. Dennoch ist es für die Entwicklung theoretischer Konzepte innerhalb der Psychologie nicht hilfreich, philosophische Lehren unkritisch zu übernehmen und sich damit auf *fixierte Menschenbilder* zu stützen, die, wie die meisten der bereits zahlreich vorliegenden Persönlichkeitskonzepte bzw. die auf diesen Konstruktionen aufbauenden therapeutischen Schulen zeigen, eine prinzipiell problematische *Systemimmanenz* entstehen lassen (Jüttemann, 1992, S. 55 ff.; 1995, S. 93 ff.).

Auch im Falle der von Heidegger proklamierten ontologischen Auffassung und dem als wesentlich hervorgehobenen *In-der-Welt-sein* des Menschen ist diese ›Verfestigungsgefahr‹ gegeben, wie z.B. das von Binswanger (1942) auf der Grundlage der Heidegger'schen Philosophie entwickelte existenzpsychologische Persönlichkeitsmodell erkennen lässt. Ein psychologischer Ansatz, in dem ebenfalls dem Aspekt des In-der-Welt-seins in gewissem Sinne Rechnung getragen wird, ist die von Thomae begründete Persönlichkeitstheorie, in der »Das Individuum und seine Welt« (1996) in einem unlösbaren Zusammenhang gesehen werden. Thomae vermeidet jedoch eine ontologische Festschreibung seiner Annahmen und beachtet den Gesichtspunkt der Historizität des Seelischen (vgl. Lehr, 1995), so dass das Konzept von Systemimmanenz frei bleibt.

Die auf der Grundlage der Psychologischen Biografik – zunächst versuchsweise – erfolgte Einführung des Ausdrucks *Autogenese* in die Fachsprache der Psychologie ist nicht zuletzt mit der Erwartung verbunden, die konkrete Forschungspraxis in der Entwicklungs- und Persönlichkeitspsychologie weiter differenzieren und eines Tages sogar die Fundamentalontologie empirisch auf ihre Realitätsangemessenheit hin überprüfen zu können. Eine wichtige Voraussetzung hierfür ist ein wertfreies Verständnis dessen, was als Autogenese bezeichnet und als Sachverhalt psychologisch untersucht werden soll. Die vorläufige Definition (vgl. Anmerkung 2) scheint diese Bedeutung nicht voll zu erfüllen, da in ihr – nach übereinstimmender Auffassung befragter Kolleg(inn)en – normative Aspekte anklingen. Vor diesem Hintergrund ist der nachstehend genannte, verbesserte Definitionsvorschlag entstanden:

> *Autogenese ist die sowohl ihrem Verlauf als auch ihrem Ergebnis nach in einer großen Vielfalt von intra- und interindividuell differierenden und prinzipiell divergent bewertbaren Formen in Erscheinung tretende eigenverantwortliche Lebens- und Selbstgestaltung des Menschen.*

Es gilt, diese Vielfalt im Rahmen eines soziologienah anzulegenden und historische Wandlungsprozesse berücksichtigenden Programms psychologischer Forschung näher zu untersuchen.

Der Begriff *Autogenese* wurde ursprünglich (vgl. Jüttemann 1998, S. 119 ff.) vor allem mit dem Ziel geprägt, eine intensivere Untersuchung des Verhältnisses von Selbst- und Fremdbestimmung anzuregen. Diesem Thema ist, außerhalb des biografischen Ansatzes, im Zusammenhang mit dem Konstrukt »Kontrollüberzeugungen« (Rotter, 1954; Rotter/Hochreich, 1979; vgl. Krampen, 1982; 1987; 2000, S. 109 ff.) schon seit längerer Zeit eine starke Beachtung zuteil geworden. Ein wesentliches Resultat der in diesem Forschungsfeld sehr zahlreich durchgeführten Studien besteht darin, dass sich Menschen deutlich darin unterscheiden, ob sie zu einem bestimmten Testzeitpunkt für das in der zurückliegenden Zeit erzielte »Ergebnis« ihres jeweiligen individuellen Lebensvollzugs selbst die Verantwortung übernehmen oder eher nicht. Vor allem dann, wenn die Bilanz schlecht aussieht, neigen manche Personen dazu, ihre Lebenslaufentwicklung auf fremde Einflüsse oder auf ein übermächtiges Schicksal zurückzuführen.

Dieser Befund wirft viele Fragen auf, die letzten Endes nur aufgrund von biografisch orientierten Einzelfalluntersuchungen geklärt werden können. Grundsätzlich ist jedoch davon auszugehen, dass auch diejenigen Personen, die dazu tendieren, sich die Folgen ihres Verhaltens nicht selbst zuzuschreiben, nicht prinzipiell zufallsbestimmt oder blindwütig agieren, sondern kurzfristige, mittelfristige oder langfristige Vorstellungen entwickeln, an denen sie sich handelnd orientieren. Ausgehend von dieser Überlegung erscheint es möglich, auf der Basis des Autogenesekonzepts eine angemessene Definition des Persönlichkeitsbegriffs zu formulieren. Danach gilt:

Menschliche Persönlichkeit ist permanente Autogenese und deren individualhistorisches Produkt.

3. Ausgangsüberlegungen für ein Forschungsprogramm

Mit dem Hinweis auf den persönlichkeitsbildenden Vorgang der permanenten Autogenese wird in gewisser Weise ein grundlegender Drang des Menschen zu einem selbstbestimmten Verhalten postuliert. Weil damit prinzipiell keine normative Bewertung der daraus entstehenden Entwicklungsmöglichkeiten verknüpft ist, lässt sich Autogenese als ein Forschungsgegenstand erkennen, der unter einem entdeckungswissenschaftlich-psychologischen Gesichtswinkel untersucht werden kann und dessen vielfältiges Erscheinungsbild eine Initiierung zahlreicher interessant erscheinender Projekte ermöglicht. In dieser Perspektive sind die von Montada (1983) aufgezeigten methodologischen Konsequenzen zu beachten, mit denen die Analyse eines verantwortlichen Handelns verbunden ist:

»Die zentrale Frage lautet: Ist eine Verhaltensweise angemessen aus nomologischen Gesetzen zu erklären oder ist sie als verstehbare Wahl zwischen Alternativen zu betrachten. Dies sind die beiden grundsätzlich unterschiedlichen Analysemöglichkeiten in der Psychologie mit deutlich unterscheidbaren Implikationen« (a.a.O., S. 167).

Montada weist Wege auf, die eine Untersuchung der Handlungsfreiheit auf erfahrungswissenschaftlicher Grundlage sinnvoll erscheinen lassen:

»Die Frage, ob Handlungsfreiheit in einem bestimmten Fall vorgelegen hat oder nicht, bzw. in welchem Maße sie vorgelegen hat, ist erfahrungswissenschaftlich nur dann zu prüfen, wenn der Begriff Handlungsfreiheit in einer Weise konzeptualisiert und operational definiert ist, die empirische Beobachtungen möglich macht« (a.a.O., S. 173).

In diesem Zusammenhang hält Montada sogar philosophische Explikationen des Freiheitsbegriffs für empirisch verwertbar:

»Adornos Ansicht, dass Freiheit nur in der Negation konkret zu fassen sei, ist eine Denkrichtung für Operationalisierungen (Adorno, 1973)« (Montada, 1983, S. 174).

Wie Montadas Hinweis auf Adorno zeigt, kann es im Rahmen eines empirischen Forschungsansatzes sinnvoll sein, eine Untersuchung mit einer Gegenstandsklärung zu beginnen. Offenkundig ist es im Hinblick auf die Komplexität der im Lebenszusammenhang vorliegenden Verhältnisse auch nicht unbedingt weiterführend, die gegebene Vielfalt z.B. allein von den inhaltsleeren Begriffen der »Multidimensionalität und Multidirektionaliät« (vgl. Baltes, 1990, S. 5, der diese Termini »zu den Kernkonzepten einer Entwicklungspsychologie der Lebensspanne« zählt) aus erschließen zu wollen. Vielmehr gilt es, letzten Endes jene Thematik einer psychologischen Betrachtung zugänglich zu machen, mit der sich – allerdings in nichtempirischer Weise – bisher vor allem die Philosophen beschäftigt haben, und zwar insbesondere in den Bereichen Philosophische Anthropologie (Scheler, Plessner, Gehlen) und Existenzphilosophie (Kierkegaard, Heidegger, Jaspers, Sartre). Im Gegensatz zur Philosophie, die auf spekulative Weise »rivalisierende« Systeme errichtet, steht im Hinblick auf die Einzelwissenschaft Psychologie das Bemühen im Vordergrund, einen *empirischen* Zugang zum Gegenstand der Betrachtung freizulegen und die kontinuierliche Bearbeitung eines eigenständigen Programms zu ermöglichen.

Diese Zielsetzung steht in einem gewissen Widerspruch zum aktuellen biopsychologisch-neurowissenschaftlichen Trend (Lüer, 1997; kritisch hierzu: Laucken, 2001), korrespondiert jedoch mit einem ebenfalls zunehmenden Interesse an der Determinismus-Indeterminismus-Kontroverse und damit an Fragen, die das Problem der Willensfreiheit betreffen. Diese Entwicklung ist u. a. auch für das »Wiederauftauchen des Willens in der Psychologie« (Graumann, 1996, S. 71) maßgebend, das von Graumann als Audruck einer die Gegenwartspsychologie kennzeichnenden »Liberalisierung« (a.a.O.) interpretiert wird. Eine Erörterung über die »Freiheit des Entscheidens und Handelns« (v. Cranach/Foppa, 1996) und eine daran anschließende Grundsatzdebatte (v. Cranach/Ammann, 1999; vgl. Jüttemann, 1999) bestätigen den Trend.

Der Vorschlag, den Begriff *Autogenese* einzuführen, steht mit der Aktualität des Themas Willensfreiheit jedoch in keinem direkten Zusammenhang, und auf keinen Fall ist beabsichtigt, etwa dem Menschen ein besonders hohes Maß an Autonomie zusprechen zu wollen.

Sehr wohl wird jedoch die Meinung vertreten, dass die gegenwärtige Überbetonung einer radikal neurowissenschaftlichen Position insofern mit der Lebenswirklichkeit des Menschen als unvereinbar anzusehen ist, als diese Alltagsrealität nicht zuletzt in der Seinsweise der Autogenese zum Ausdruck kommt und daher auch als Argument für die von Laucken (2001) vorgeschlagene geisteswissenschaftliche Begründung der Kognitiven Psychologie Beachtung finden könnte.

Ausgangspunkt der vorliegenden Ausführungen ist die Vorstellung, Aspekte einer vor allem geisteswissenschaftlich orientierten Entwicklungstheorie aufzuzeigen und mithilfe des Autogenesekonzepts den empirischen Zugang zu jenem Gegenstand psychologischer Forschung zu erweitern, der seit Heiß (1947) bzw. Thomae (1951, S. 11ff.) unter dem Stichwort *Person als Prozess* diskutiert wird und der mit dem Begriff »subjektiver Lebensraum« (Thomae, 1996, S 28ff.) eng verknüpft ist.

Einen Neologismus zu bilden und in die psychologische Fachsprache aufzunehmen stellt sich nach Herrmann (1991) als eher unproblematisch dar und ist geradezu ein Gebot der wissenschaftlichen Psychologie (a.a.O., S. 40). Dabei wird von einer prinzipiellen Künstlichkeit und Beliebigkeit der Begriffe ausgegangen und die Annahme realer Grundlagen als »Essentialismus« kritisiert (vgl. Herrmann, 1973). Allerdings hat sich in diesem Zusammenhang die von Herrmann aufgestellte *Präzisierungstheorie,* derzufolge der Bedeutungsgehalt psychologischer Konstrukte im Laufe ihrer Forschungsgeschichte immer prägnanter hervortreten soll (Herrmann, 1991, S. 40), offensichtlich nicht bewährt (vgl. Jüttemann, 2001, S. 243). Jener alternative Weg einer Erweiterung der Fachsprache durch einen kalkulierten Rückgriff auf die Alltagskommunikation, den Thomae (2001) kürzlich im Zusammenhang mit dem Terminus »Illusion« aufgewiesen hat, kann im Hinblick auf den vorliegenden Sachverhalt jedoch nicht beschritten werden, weil ein passender Ausdruck umgangssprachlicher Art hier leider fehlt.

Autogenese findet bei einem Menschen streng genommen in jedem Augenblick statt, und die Frage »Was macht das Subjekt *mit* sich selbst und *aus* sich selbst?« (Jüttemann, 1998, S. 125) lässt sich ebenso gut auf einzelne Handlungen wie auf ganze Entwicklungsphasen beziehen, die z.B. ereignisreich und sogar dramatisch oder eher ruhig und u.U. extrem gleich bleibend verlaufen können. Dabei erfolgt die Anwendung des Autogenesebegriffs prinzipiell wertfrei, d.h. sowohl unabhängig davon, ob die jeweilige Entwicklung von der betreffenden Person als Aufstieg, Stillstand oder Abstieg erlebt wird, als auch losgelöst von allen moralischen Kategorien. Aus diesem Grunde ist das Autogenesekonzept mit dem Bildungs- oder Erziehungsbegriff nur z.T. vergleichbar, da pädagogische Programme gleichsam per definitionem immer auf »höhere Werte« zielen und außerdem in erster Linie Fremdeinflüsse repräsentieren, sofern darin nicht explizit von Selbstbildung oder Selbsterziehung die Rede ist.

Eine angemessene *Methodologie* zur Erfassung autogenetisch relevanter Zusammenhänge ist erst im Entstehen begriffen. Die Einführung einer eigenständigen Bezeichnung des zu erforschenden

Phänomens ist gleichsam der Ausgangspunkt dieser Bemühungen. Dabei geht es u.a. um die Ausarbeitung einer *historisch-empirischen* psychologischen Untersuchungsmethode (Jüttemann, 1992, 185 f.) und um eine geisteswissenschaftlich einzuordnende Entwicklungstheorie.

Gleichzeitig gilt es, die prinzipielle Fruchtbarkeit des Autogenesekonzepts durch den Nachweis seiner Wirklichkeitsrelevanz zumindest programmatisch zu verdeutlichen.

4. Autogenese und Sozialisation als Ausdruck individueller Historizität

Wird Sozialisation, wie in der Soziologie üblich, als

> »Begriff zur Beschreibung und Erklärung aller Vorgänge und Prozesse, in deren Verlauf der Mensch zum Mitglied einer Gesellschaft und Kultur wird« (Hartfiel 1976, S. 618),

definiert, dann steht der Gedanke der *Anpassung* des Individuums an die Gesellschaft, in die es hineingeboren worden ist, im Vordergrund. In vergleichbarer Weise formuliert Montada (1995):

> »Sozialisation erfolgt durch Anleitung und Anforderung, Information und Belehrung, durch Beobachtung und Nachahmung von Vorbildern, durch Strafen und Belohnungen usw. Die Familie, die Schule, der Beruf, die Gruppe der Freunde, die Medien sind an diesem Prozess beteiligt« (a.a.O., S. 57).

Entwicklung kann dabei auch unter dem Gesichtspunkt des Verlustes oder der *Negation* (Fulda, 1984) betrachtet werden. Eine positive Sichtweise, die zumindest aus psychologischer Sicht angemessen erscheint, ergibt sich dann, wenn Sozialisation als Vorbereitung auf das Erwachsenenalter und damit zugleich als ein Prozess der Herstellung einer relativen Autonomie verstanden wird, und zwar jener Autonomie, die für »Das vergesellschaftete Subjekt« (Geulen, 1989) charakteristisch ist.

Dieses Begriffsverständnis lässt deutlich werden, in welchem Maße Autogenese auch als Bestandteil der Sozialisation zu verstehen ist, denn die Entwicklung des Menschen vollzieht sich keineswegs im Sinne einer radikalen Autonomisierung und Individualisierung, wie bereits Allport (1970) – der Protagonist der Individualität – hervorhob, als er in direkter Anlehnung an Ausführungen von Kluckhohn, Murray und Schneider (1953, S. 53) zum Ausdruck brachte:

> »Jeder Mensch ist in gewisser Hinsicht
> a) gleich allen anderen Menschen (universale Normen),
> b) gleich einigen anderen Menschen (Gruppennormen),
> c) gleich keinem anderen Menschen (idiosynkratische Normen)« (Allport, 1970, S. 13).

Allport warnt jedoch davor, diese Aufzählung in irreführender Weise im Sinne einer weitgehenden kollektiven Determiniertheit oder nomothetisch erklärbaren Funktionalität des Menschen zu interpretieren und stellt klar:

> »Die Individualität ist nicht der Rest, der übrig bleibt, nachdem die nomothetischen Wissenschaften ihr Sprüchlein gesagt haben. Die Organisation des individuellen Lebens ist zuerst, zuletzt und alle Zeit eine primäre Tatsache des menschlichen Wesens« (a.a.O., S. 14).

Indem Kinder und Jugendliche z.T. schon vor dem Eintritt in die Schule und dann immer öfter mit der Frage nach ihren beruflichen Zielen konfrontiert werden, beginnen sie – auch wenn ihnen Fragen dieser Art längst lästig geworden sein mögen – schon früh, über ihr späteres Leben nachzudenken und sich damit auf die Zukunft auszurichten. Dabei gewinnen sie selbst oder ihre Umgebung nicht nur Anhaltspunkte für beruflich verwertbare Begabungen, sondern es beginnt auch bereits ein Prozess der Förderung erkennbarer Talente, und zwar nicht zuletzt auch im Sinne einer ›Herstellung‹ tragfähiger Motivationen. Trotz vielfältiger Einflüsse bleibt *der eigene Antrieb* ein entscheidendes konstitutives Moment. Diese Annahme wird lediglich dort fraglich, wo Kinder von ihren Eltern geradezu dressiert werden, Höchstleistungen zu vollbringen, oder wo Selbstständige auf eine mehr oder weniger subtile Weise eines ihrer Kinder in einen bestimmten Beruf hineindrängen, der die Weitergabe eines vorhandenen Familienunternehmens oder einer gut gehenden Praxis sicherstellen soll.

In allen diesen Fällen entsteht zwar im Laufe der Zeit eine »funktionelle Autonomie« (Allport, 1970, S. 230 ff.) und damit ein Bewusstsein von Selbstbestimmung, doch werden die solchermaßen Betroffenen diesen Vorgang in ihrer persönlichen Rückbetrachtung kaum als Autogenese einordnen.

In vielen alten Kulturen außerhalb der christlichen Sphäre ist den Kindern nicht nur der Berufsweg vorgezeichnet, sondern auch die freie Partnerwahl verwehrt. Auf uns wirken diese Ausdrucksformen radikaler Abhängigkeit von starren gesellschaftlichen Verhältnissen und von einem totalen Verfügungsrecht der Eltern über die Zukunft ihrer Kinder häufig sehr bedrückend. Ein extremer Fall von Fremdbestimmung ist die in einigen afrikanischen Ländern übliche Praxis der weiblichen Genitalverstümmelung, die uns geradezu brutal anmutet, obwohl sie in den »betroffenen« Gesellschaften ein sozial anerkanntes Beschneidungsritual darstellt.

Die Beispiele lassen erkennen, in welchem Maße Selbstbestimmung und Autogenese auch als Wesensmerkmale einer Kultur verstanden werden müssen. Gleichzeitig wird deutlich, dass diese Aspekte des Psychischen einem zeitlichen Wandel unterliegen und dass *Historische Psychologie* (Jüttemann, 1986; 1988/1995), die immer auch als Sozialisationsgeschichte aufgefasst werden kann, als ein wichtiger, aber dennoch bisher vernachlässigter Bereich der wissenschaftlichen Forschung anzusehen ist.

Wie sich ein Mensch in der traditionellen westlichen Gesellschaft zu entwickeln hatte, war weitgehend festgelegt. Dazu gehörte auch die nicht nur biologisch fundierte Einteilung des Lebens in Kindheit, Jugendzeit, Erwachsensein und Alter. Es war vor allem die Kirche, die den Gläubigen sagte, wie sie ihren Lebenslauf gestalten sollten, und die Menschen hielten sich weitgehend daran. In vielen Gesellschaften ist dieses Modell immer noch gültig.

In unserem Kulturkreis gewannen darüber hinaus in den zurückliegenden Jahrhunderten staatliche und wirtschaftliche Einflüsse immer mehr an Bedeutung. In der Industriegesellschaft erforderte die Vorbereitung der Menschen auf ihre Teilhabe am Produktionsprozess und am Konsumsystem die Beachtung strenger pädagogischer Zielsetzungen, die der Verwirklichung eines zeitgemäßen Menschentypus dienten. Gergen (1990) spricht in diesem Zusammenhang vom

> »Selbst als Träger von Eigenschaften wie Tiefgründigkeit, Engagement und Charakterstärke, Eigenschaften, die vorhersagbar, authentisch und berechenbar sind« (a.a.O., S. 192).

Gergen untersucht u.a. die bis heute uneingestandenerweise *normative* Rolle der Psychologie innerhalb der gesellschaftlichen Entwicklung und beschreibt das hier (naiv oder systematisch?) favorisierte Menschenbild, das am Funktionsmodell der Maschine ausgerichtet worden ist:

> »Es war diese Vorstellung vom Menschen als Maschine, die auch auf dem Gebiet der Psychologie weitgehend vorherrschend war [...]. Maschinen arbeiten, um fertige Produkte gemäß einem bestimmten Standard herzustellen. Entsprechend sollte – nach der mechanistischen Auffassung der modernistischen Psychologie – eine richtige Sozialisation den erwachsenen, voll entwickelten, ausgeglichenen und emotional wohl angepassten Menschen hervorbringen. Durch die richtige Sozialisation soll das Individuum einen stabilen Charakter, Persönlichkeitseigenschaften oder grundlegende Dispositionen erwerben, die für sein weiteres Leben bestimmend sind« (a.a.O., S. 193).

Der Hinweis auf die soziohistorische Determiniertheit des jeweils gültigen Menschenbilds einerseits und die prägende Kraft der wissenschaftlichen Forschung andererseits lassen die Angemessenheit der Forderung erkennen, dass die Psychologie – vor allem als Wissenschaft – *reflexiv* werden muss. Bleibt sie statt dessen »naiv«, dann kommt sie über die Rolle einer bloßen Erfüllungsgehilfin, die von den herrschenden Schichten der Gesellschaft instrumentalisiert wird oder sich sogar selbst instrumentalisiert, nicht hinaus. Diese Rolle muss überwunden und das heißt zunächst einmal: kritisch hinterfragt werden. Thomae (1977) hat schon sehr früh Wege aufgewiesen, wie eine derartige Hinterfragung unternommen werden kann.

Eine besondere Verpflichtung, ihre eigene soziohistorische Wirksamkeit zu erforschen, ergibt sich für die Psychologie in zunehmendem Maße auch daraus, dass allgemein verbindliche, gesellschaftlich vermittelte Leitbilder offensichtlich an Bedeutung verlieren und damit das, was im vorliegenden Zusammenhang Autogenese genannt wird, immer wichtiger zu werden beginnt.

Ist den Menschen weitgehend (oder sogar vollständig) vorgezeichnet, wie sie ihren Lebensweg zu gehen haben, dann sind persönliche Entscheidungen weniger bedeutsam und es überwiegt die Fremdbestimmung. Erst dann, wenn sich das Individuum gezwungen sieht, zwischen verschiedenen gegebenen Möglichkeiten zu wählen, wird Autogenese relevant, und es entsteht die Frage, ob das Selbstbestimmungspotenzial der Menschen ausreicht, um sich ohne Hilfestellung behaupten zu können. Schon diese Frage ist von einer weit reichenden psychologischen Bedeutung und die adäquate Beantwortung dürfte nur auf der Basis umfangreicher Forschungen möglich sein. Zu klären ist dabei u.a., welche *subjektiven Entwicklungstheorien der Persönlichkeit* die Menschen in ihrer konkreten Lebenssituation tatsächlich beachten. Werden sie durch persönlichkeitspsychologische Ansätze angeregt? Lassen sie sich von philosophisch fundierten Konzepten, so z.B. den Lehren der Existenzphilosophie, leiten? Bauen sie sich eine eigene »Lebensphilosophie« auf? Schöpfen sie Kraft aus ihren angestammten religiösen Überzeugungen? Suchen sie Zuflucht zu neu ›angebotenen‹ weltanschaulichen Bewegungen? Probieren sie einfach verschiedene praktisch gegebene Orientierungsmöglichkeiten aus?

Auf welcher Basis entstehen letzten Endes die Entscheidungen, die die Menschen handlungsfähig machen und die es ihnen ermöglichen, sich in ihrem Leben zurechtzufinden oder ihr Leben sogar zielstrebig zu »führen«?

Subjektive Entwicklungstheorien, die im Rahmen einer Autogenese leitbildliche Wirkungen entfalten, unterliegen zweifellos gesellschaftlichen Einflüssen und damit zugleich einem permanenten historischen Wandel. Das Erfordernis, die Tragfähigkeit individueller Selbstbestimmungspotenziale zu prüfen und vor allem zu untersuchen, welche subjektiven Entwicklungstheorien Menschen heutzutage generieren bzw. bevorzugen und welche praktischen Konsequenzen diese Konzepte zeitigen, kann kaum bezweifelt werden. Doch die Ausdehnung des so zu umreißenden Forschungsfelds ist offenbar ebenso groß wie das Ausmaß seiner bisherigen Vernachlässigung.

5. Autogenese als Revision ideologischer Fremdbestimmung

Der Prozess der Umwandlung des Menschen von einem instinktgesteuerten Naturwesen zum »Schöpfer und Geschöpf der Kultur« (Landmann, 1961) hat die Philosophie von jeher beschäftigt. Das Ergebnis der Umwandlung wurde vor allem mithilfe der Begriffe »Gewohnheit« (vgl. Funke ,1958; 1974/1984) und »zweite Natur« (Rath, 1984; 1994; 1996) beschrieben.

Danach ist *zweite Natur* das, was einer Person im Rahmen ihrer Sozialisation auf dem Wege einer eher subtil oder eher massiv erfolgenden Fremdbestimmung zu eigen gemacht wird bzw. was sie sich selbst aneignet, während *erste Natur* als Resultat eines reinen Reifungsvorgangs gedacht wird. Eine sehr überzeugende Darstellung der Beziehung zwischen erster und zweiter Natur stammt von Luckmann (1979, S. 36):

»Halten wir fest: Formbarkeit und Handlungsfreiheit des Menschen sind nicht unbegrenzt. Die geschichtlichen Wandlungsmöglichkeiten der Selbstwerdung bleiben in den naturgeschichtlichen Schranken der Leiblichkeit, der allgemein menschlichen Grundstrukturen des Bewußtseins und der Gesellschaftlichkeit. Historisch, also wandelbar, sind aber nicht nur ›Oberflächenerscheinungen‹, wie spezifische Denkinhalte, Sprachformen, Handlungszwänge und Technologien, sondern die Gesamtstrukturierung des Erfahrbaren und Denkbaren, die konkrete Kontur des Einzeldaseins, des Bewußtseins und Gewissens. Die Selbst- und Fremd-Formung der Person in ihrem Verhältnis zu einer gesellschaftlich konstruierten Wirklichkeit ist veränderlich. Sie wird sowohl von Natur als auch der historischen ›zweiten Natur‹ bestimmt« (a.a.O.).

Auch wenn niemand daran zweifelt, dass das Kulturwesen Mensch eine zweite Natur besitzt, so ist doch an der Art und Weise, wie dessen »Enkulturation« (Herskovits, 1947/1948; vgl. Rudolph, 1988) verläuft, immer wieder Kritik geübt worden.

Rousseau (1762) war vielleicht der Prominenteste derer, die sich in dieser Hinsicht engagiert und in letzter Konsequenz ein »Zurück zur Natur« gefordert haben, und der häufige Gebrauch des Begriffs »Zivilisationskrankeiten« zeigt bereits an, dass auch heute noch Unklarheit darüber besteht, inwieweit die zweite Natur des Menschen nicht auch als Ursache für das Auftreten vielfältiger Störungssymptome betrachtet werden muss.

Eine Änderung dieser Situation würde jedoch voraussetzen, dass wir uns stärker darüber bewusst werden, in wie hohem Maße wir von jenem *Selbsttäuschungssphänomen* betroffen sind, dessen Auftreten mit der Entstehung unserer zweiten Natur unmittelbar einhergeht und das an anderer Stelle unter der Bezeichnung »psychogenetischer Effekt« (Jüttemann, 1988a, S. 523f.) näher beschrieben worden ist.

Der Effekt besteht in der Unfähigkeit des Menschen, sich die sozialisatorische Produziertheit seiner zweiten Natur unmittelbar vergegenwärtigen zu können, und ist deshalb mit dem *blinden Fleck* vergleichbar, der unsere Gesichtswahrnehmung einschränkt. Zu einer Selbsttäuschung wird diese Unfähigkeit durch unsere zwar ›gefühlte‹ und daher unverbrüchliche und tiefe, aber dennoch falsche Überzeugung, dass zwischen der ersten und der zweiten Natur kein Unterschied bestehe. Wir glauben, es handele sich bei den Erlebensformen der zweiten Natur ebenfalls um erste Natur.

Ein Beispiel sind die religiösen Überzeugungen, die das Leben eines Menschen in umfassender Weise bestimmen können und die erst durch nachhaltige Fremdeinflüsse entstehen, da der Mensch nicht als Kirchenangehöriger zur Welt kommt. Auf dem Wege der Gewöhnung und Einübung wird ein religiöses Bedürfnis gleichsam angesiedelt, und wenn dies auf sensible Weise unter Anwendung ›bewährter‹ Erziehungspraktiken geschieht, sind dabei nicht einmal kindliche Widerstände zu überwinden. Deshalb ist ein Vergleich mit dem Phänomen der *funktionellen Autonomie,* von dem bereits die Rede war, nur dann angemessen, wenn ein Kind im Rahmen seiner Heranführung an die Religion Widerstände zeigt, die mit harten, Unlust erzeugenden Mitteln gebrochen werden.

Unabhängig davon, ob nun eine eher autoritäre oder eine absolut sanfte Form der Fremdbeeinflussung wirksam geworden ist, bleibt festzuhalten, dass religiöse Sozialisation mit Autogenese wenig zu tun hat. Es ist im Falle einer allzu intensiven Einübung religiöser Verhaltensweisen sogar möglich, von der pädagogischen Negativwirkung einer behinderten oder sogar verhinderten Autogenese zu sprechen. Erziehungsprogamme, die in dieser Hinsicht problematisch erscheinen, betreffen allerdings nicht nur den religiösen Bereich.

Vor allem in der Vergangenheit ist es nicht nur vielen großen und kleinen Religionsgemeinschaften, sondern auch politischen Bewegungen von weltanschaulichem Format, wie z.B. dem Faschismus oder dem Kommunismus, gelungen, über eine Steuerung der Kindererziehung eine permanente Reproduktion ihres jeweiligen Systems sicherzustellen. Da dieser manipulatorische Vorgang den Reifungsprozess (der ersten Natur) überlagert, wird er in der Philosophie häufig als *Negation* (vgl. Fulda, 1984) bezeichnet, auch wenn die unter pädagogischer Einwirkung zustande gekommene soziale

Determination des Individuums, d.h. seine zweite Natur, damit nicht unbedingt eine im politischen oder ethischen Sinne negative Bewertung erfahren muss. Doch es bleibt fraglich, ob der prinzipiell anerkennbare Zweck, eine streng organisierte Gesellschaft entstehen zu lassen oder aufrechtzuerhalten, auch das Mittel einer systematischen und u.U. penetranten Fremdbeeinflussung zu rechtfertigen imstande ist. Ein vergleichsweise besserer Weg zur Vergesellschaftung des Menschen erfordert deshalb eine auf dem Wege der Aufklärung oder Selbstaufklärung zustande zu bringende Anregung von Entwicklungsvorgängen, die dem tatsächlichen Wesen des einzelnen Menschen gerecht werden und damit in besonderer Weise den Prozess der Autogenese betreffen.

Emanzipatorische Vorgänge dieser Art haben sehr viel mit dem zu tun, was in Anlehnung an Hegel, Sartre oder die Philosophen der Frankfurter Schule auch als Negation der Negation oder Verdoppelung der Negation (vgl. Fulda, 1984) bezeichnet wird. Die in diesen Begriffen implizit vorgenommene Gegenüberstellung von gesellschaftlicher Ein- und Unterordnung einerseits und individueller Selbstentfaltung andererseits liegt auch dem von G.H. Mead (1968) entwickelten Ansatz des – später so genannten – Symbolischen Interaktionismus zugrunde. Hier ist die *nichtbewusste* Identität einer Person das Resultat einer Verinnerlichung von Verhaltensnormen und Ausdruck einer völligen sozialen Determination. *Bewusste* Identität setzt demgegenüber voraus, dass sich

> »das Individuum aus dem Zusammenhang eines ritualisierten Handlungsablaufs herauslösen und über die Ziele und Taktiken des eigenen Handelns nachdenken kann. Das Verhältnis zwischen *Determination und Freiheit der Identität* wird damit zum Grundproblem in der *Mead*schen Sozialphilosophie. Zur Lösung dieses Problems führt *Mead die Aufteilung der Identität in das ›me‹ und das ›I‹* ein« (Haeberlin/Niklaus, 1978, S. 24f.; Hervorh. i. Orig.).

Wird dieses »I« nicht als eine Person in der Person, sondern als Prozess aufgefasst, dann sind Ähnlichkeiten mit dem, was im vorliegenden Zusammenhang als Autogenese bezeichnet wird, unverkennbar.

Beispiele einer ideologischen Fixierung unter starkem Fremdeinfluss stehen in äußerster Distanz zur Autogenese und damit auch zu jenen Fällen der Begründung einer Anhängerschaft, in denen sich selbstständig denkende Erwachsene aus freien Stücken und u.U. sogar außerhalb einer Gewährung von Gratifikationen dazu entschließen, einer religiösen oder politischen Gemeinschaft beizutreten. In diesen Beispielen selbst gewählter Identität haben wir ebenso einen Prozess echter Autogenese vor uns wie dort, wo es einem Menschen gelingt, sich nicht nur zu vergegenwärtigen, dass er zum Produkt einer frühen emotionalen Konditionierung gemacht worden ist, sondern sogar Mittel und Wege findet, sich von einer derartigen »Enkorporation«[4] zu befreien.

6. Autogenese und Selbstmanagement

Der Begriff »Selbstmanagement« ist im Bereich der Klinischen Psychologie entwickelt worden (Kanfer, 1977; Kanfer, Reinecker und Schmelzer, 1996). Hoefert (1993) diskutiert eine Anwendung auf organisationspsychologische Fragestellungen. Allerdings besitzt der Terminus »Selbstmanagement« offenbar auch eine grundlagenwissenschaftliche Relevanz. Um diese sichtbar werden zu lassen, ist es notwendig zu veranschaulichen, dass unser tägliches Handeln *hierarchisch* organisiert ist.

Betrachten wir die einzelnen Verrichtungen näher, dann fällt auf,

4 Der Begriff »Enkorporation« (nicht »Inkorporation«) wurde zur Bezeichnung jener Vorgänge vorgeschlagen (Jüttemann, 1988a, S. 523 ff.), die darin bestehen, dass ein erlerntes Verhalten in Fleisch und Blut übergegangen und damit endgültig zur »zweiten Natur« geworden ist. Das so beschriebene Phänomen kennzeichnet in spezifischer Weise ein Geschehen, für das im Bereich der Soziologie der Terminus »Enkulturation« gebräuchlich ist.

dass die meisten Handlungen als Bestandteil von Praxisformen in Erscheinung treten. Frühstücken und Zähneputzen sind z.B. nicht bloß automatisierte Bewegungsweisen, sondern erlernte Praktiken, denen ein komplexes Handlungsmuster zugrunde liegt, das immer auch bestimmte Ablaufregeln einschließt. Diese vielfältigen Praktiken, die unser Leben bestimmen, sollen hier nicht im Einzelnen aufgezählt, sondern es soll lediglich festgestellt werden, dass sie in der Hierarchie des Selbstmanagements gegenüber den variablen, an aktuelle Einzelsituationen gebundenen Handlungen, die gleichsam die *erste* Ebene bilden, eine übergeordnete, *zweite* Ebene repräsentieren und die Vertikale in dieser Hierarchie einem nach oben hin zunehmenden Komplexitätsgrad entspricht.

Die nächsthöhere, *dritte* Ebene in dieser Hierarchie, die sich als die Ebene des Alltagsmanagements identifizieren lässt, kann in verschiedene Bereiche eingeteilt werden, so in die Sektoren Geldbeschaffung, Einkaufen, Kochen, Essen, Ordnunghalten, Gesundheit, Kindererziehung usw.

Erkennbar ist, dass auf diesen verschiedenen Lebensfeldern jeweils mehrere Praktiken eingeübt werden müssen und deren Koordination auf eine Tätigkeit verweist, die durch einen vergleichsweise *noch* höheren Organisationsanspruch gekennzeichnet ist. Angemessen erscheint es, hier bereits von einem Managementniveau der Lebensstrategie zu sprechen und z.B. zwischen Geldbeschaffungsmanagement, Einkaufsmanagement, Haushaltsmanagement, Gesundheitsmanagement, Erziehungsmanagement usw. zu unterscheiden.

Wird der Begriff »Selbstmanagement« nicht nur auf die Lebenswelt, sondern direkt auf die Organisation der Person bezogen, dann kann durchaus – auf einer *vierten* Ebene – auch von einem Bildungsmanagement, Karrieremanagement und sogar von einem Inszenierungs- oder Identitätsmanagement gesprochen werden.

Da sich Managementformen der angedeuteten Art sehr stark auf eine Anwendung *individueller Regeln* (Jüttemann, 1991) beziehen, wäre es prinzipiell möglich, bereichsspezifische Regelwerke zu identifizieren, die für das jeweilige Management tragende Bedeutung besitzen. Das Management der gesamten Lebenspraxis und der personalen Selbstdarstellung erfordert eine subjektive Entwicklungstheorie als tragfähige Konstruktion individueller Orientierungen. Hier ist der Begriff der »Lebenskonstruktion« (Bude, 1984; 1998) berührt.

Festzuhalten ist, dass die Hierachie des individuellen Managements verschiedene Komplexitätsstufen und Organisationsformen des *Handelns* repräsentiert und erst die *vierte* Stufe des Handelns als das eigentliche Persönlichkeitsmanagement bezeichnet werden kann.

7. Sprachanalytische Betrachtungen

Ansatzweise ist eine Analyse alltagspsychologischer Phänomene auch auf der Grundlage eines Vergleichs von umgangssprachlichen Aussagen möglich, wie u.a. Ryle (1969) demonstriert hat (vgl. Jüttemann, 1992, S. 160 ff.). In diesem Sinne lassen sich auch über die Bedeutung des Subjekts für das je individuelle Handeln und über die Reichweite des Selbstbezugs klärende Erkenntnisse gewinnen.

Das Subjekt sieht sich stets als Zentrum. In den Sätzen »Ich bin das Zentrum« oder »Ich bin mein eigenes Zentrum« klingt keinerlei Widersprüchlichkeit an. Der Satz »Ich habe ein Zentrum« meint etwas ganz anderes. Das, was das Subjekt »hat«, bleibt diesem eher äußerlich, ist reiner Besitz, systemzugehörig, aber eben nicht selbst Zentrum. Als Bestandteil meines Gehirns besitze ich z.B. ein neuronales Steuerungszentrum für das Kreislaufsystem und das Herz ist gleichsam das mechanische Zentrum dieses Systems. Aber ich selbst *bin* nicht dieses Gehirnzentrum und ich *bin* nicht (nur) mein eigenes Herz.

Manchmal scheint es so, als ob ein Sein problemlos in ein Haben überführt werden könne (und umgekehrt): so z.B., wenn die Redeweise »Ich bin Deutscher« und »Ich habe eine deutsche Identität« miteinander verglichen werden. Ist die Bedeutung dieser Sätze aber wirklich übereinstimmend?

Werden die Aussagen verstärkt und in der Form »Ich bin durch und durch Deutscher« bzw. »Ich habe eine durch und durch deutsche Identität« einander gegenübergestellt, dann wird spürbar, dass es sich um verschiedene Bedeutungen handelt.

Spricht das Subjekt von sich selbst als Zentrum, dann kann damit einerseits eine *Beobachtungsposition* und andererseits eine Funktion der Ursprünglichkeit, eine *Handlungsposition* gemeint sein.

Ein Jugendlicher, der von sich selbst sagt »Ich bin gewachsen« – oder sogar bewertend »Ich bin zu schnell gewachsen« –, identifiziert sich zwar mit dem Wachstumsprozess, aber er will keineswegs zum Ausdruck bringen, dass er das Wachsen als fremdartig empfindet, so z.B als ein Geschehen, das gleichsam »an ihm abgelaufen« sei und das deshalb Unlustgefühle erzeugt habe, sondern er will lediglich sagen, dass die beschriebene Entwicklung ein Gegenstand seiner Beobachtung war und dass dieses Erleben ihn selbst betrifft. Auf keinen Fall sieht er sich in einem verantwortlichen Sinne als Ursprung, als *Initiator* des Prozesses.

Ganz anders stellt sich die Situation dar, wenn jemand – z.B. nach einem Unfall, den er verursacht hat – eingesteht: »Ich bin zu schnell gefahren«, oder wenn er als einer von mehreren Autoinsassen auf die Frage »Wer ist gefahren?« unter Betonung des ersten Wortes antwortet: »*Ich* bin gefahren.«

In diesen Fällen ist es der Ursprung, die Verursacherrolle, die *Handlungsposition,* die hervorgehoben wird, und die *Beobachtungsposition* erhält eine nachrangige Bedeutung. Sagt jemand, der gerade das Stadium der geschlechtlichen Reife abgeschlossen hat, von sich selbst: »Ich habe meine Ontogenese erfolgreich durchlaufen«, oder (vielleicht etwas später): »Ich bin – in einem biologischen Sinne – erwachsen geworden«, dann entsprechen diese Aussagen eindeutig und ausschließlich der Beobachtungsperspektive. Demgegenüber macht die Mitteilung »Ich habe meine Autogenese erfolgreich durchlaufen« wenig Sinn, da der Begriff »Autogenese« *nicht* den Ablauf einer endogen vorprogrammierten Entwicklung beschreibt, sondern auf die Aspekte der Sinnorientierung und Eigenverantwortlichkeit des jeweiligen Handelns zielt.

Die vorgenommenen sprachanalytischen Betrachtungen lassen einerseits erkennen, wie eindeutig die biologische Ontogenese von der prinzipiell handlungstheoretisch fassbaren Autogenese unterschieden zu werden vermag. Andererseits ist aber auch spürbar geworden, wie schwierig es sein kann, die Wirksamkeit fremder Einflüsse, die zufällig oder schicksalhaft in Erscheinung treten, von der eigenverantwortlichen Beteiligung eines Menschen an einem handlungsrelevanten Geschehen abzugrenzen. Daraus wird zugleich verständlich, warum die Ergebnisse jener Verfahren, die eine Erfassung von Kontrollüberzeugungen gestatten, so unterschiedlich ausfallen (Krampen, 1982; 2000).

Da jedoch die Selbstbestimmtheit individuellen Handelns nach allgemeiner Auffassung in unserer Zeit einem Maximum entgegenstrebt, ist es prinzipiell verwunderlich, dass der messbare Anteil der *externalen* Kontrolle bei vielen Personen immer noch sehr groß ist und bei ihnen offenbar eher das Gefühl vorherrscht, von den Umständen, in denen sie »stecken«, schicksalhaft gelebt zu werden, als dass sie den Eindruck hätten, selbst zu leben, d.h. in eigenverantwortlicher Weise ihre Autogenese ›zu betreiben‹ und souverän zu handeln.

Allerdings trägt eine Psychologie, die den Menschen als Fünf-Faktoren-Modell beschreibt und damit das Subjekt aus ihrem Gegenstandsbereich längst ausgeklammert hat (Graumann und Métraux, 1977), zudem die Geschichtlichkeit des Seelischen außer Acht lässt (Jüttemann, 1986) und in zunehmendem Maße dazu tendiert, sogar den kognitionswissenschaftlichen Ansatz zu verwerfen (Birbaumer, 1996) und die neurowissenschaftliche Sicht des Menschen zu verabsolutieren (Lüer, 1997), sehr stark dazu bei, dass dieses Schicksalsdenken weiter zunimmt und eine allmähliche Rückentwicklung des Menschen zu einem reinen Instinktwesen ebenso wenig auszuschließen ist wie das völlige Verschwinden der Seele aus der Gegenstandsbetrachtung der Psychologie. Laucken (2001) hat kürzlich die biopsychologische Vereinseitigung der Psychologie einer kritischen Betrachtung unterzogen.

Generell ist anzunehmen, dass Psychologinnen und Psychologen, die im Sinne der Laucken'schen Ausführungen zu einer neurowissenschaftlich-materialistischen Denkweise neigen, den Begriff der Autogenese – prinzipiell – skeptisch beurteilen werden.

Bei denjenigen jedoch, die den Vorgang wissenschaftlicher Entzauberung, den der Soziologe Max Weber beklagt und dem er u.a. durch die Ausarbeitung des Konzepts *Lebensführung* (Schluchter, 1988) in gewisser Weise entgegenzuwirken versucht hat, nicht beschleunigen, sondern stoppen oder vielleicht sogar umkehren möchten, dürfte der Vorschlag, menschliche Persönlichkeit als permanente Autogenese und deren individualhistorisches Produkt zu verstehen, eher auf Zustimmung stoßen.

8. Autogenese als Ausdruck partieller Selbstbestimmtheit des Menschen

Eine oft gehörte und stets spontane Zustimmung findende Redensart, die sehr verschiedenen geistigen Urhebern (und besonders häufig Konfuzius) zugeschrieben und in zahlreichen Variationen zitiert wird, lautet etwa so: Für dein Gesicht mit 14 kannst du nichts, wohl aber für das, das du mit 40 hast.

Was besagt aber nun die in diesem Satz enthaltene Behauptung, dass der Mensch mit zunehmendem Lebensalter für etwas, das er eigentlich von Natur aus mitbekommen hat, immer stärker verantwortlich wird?

Gemeint ist offenbar, dass sich im Gesichtsausdruck einer Person zumindest teilweise auch die Art niederschlägt, in der sie ihr bisheriges Leben gelebt und wie sie sich dabei, gleichsam unter ihrem eigenen Einfluss, entwickelt hat. Aber kaum jemand wird diese Möglichkeit der Einflussnahme dahingehend interpretieren wollen, dass wir alle völlig oder auch nur weitgehend *selbstbestimmte* Wesen und für unser Handeln einschränkungslos rechenschaftspflichtig seien.

Generell zustimmungsfähig erscheint aber vielleicht die folgende Formulierung: Jeder Mensch wird zu dem, was er ist, auch aufgrund eines *eigenen Zutuns,* und zwar gleichgültig, ob dieses in konkreten Entscheidungen und Handlungen oder in eher reaktiv zu verstehenden Erlebensweisen zum Ausdruck kommt.

Warum der Geltungsbereich dieser Aussage auf den Begriff der Autogenese zielt, soll mithilfe eines Beispiels erläutert werden:

Ob ein Kind die höhere Schule besuchen soll oder nicht, wird vor allem von den Eltern entschieden. Die Schulleistungen und die Meinung der Lehrkräfte können zwar berücksichtigt werden, doch häufig noch wichtiger ist die Einstellung, die die Eltern grundsätzlich zum Thema Bildung besitzen.

Was aber bedeutet in diesem Zusammenhang der Wunsch des Kindes, der vielleicht sehr ausgeprägt ist, und zwar entweder im Sinne einer Befürwortung oder Ablehnung der Idee, dass es eine weiterführende Schule besuchen soll?

Der persönliche Wunsch des Kindes auf der einen und die Konstellation der sonstigen Voraussetzungen auf der anderen Seite können so diskrepant sein, dass daraus u.U. sogar heftige familiäre Auseinandersetzungen entstehen. Fällt die Entscheidung z.B. gegen einen – vom Kind selbst gewünschten – Besuch des Gymnasiums aus, dann wird es, wenn es sich später an diese Szene erinnert, sehr genau zwischen der eigenen Position und derjenigen der Eltern bzw. der Schule unterscheiden, d.h. danach auch die Verantwortung für das Zustandekommen der Entscheidung ›verteilen‹, wenngleich fraglich bleibt, ob diese Zuordnung überhaupt in einer objektiv oder gerecht zu nennenden Weise gelingen kann.

Das *eigene Zutun* in der ursprünglichen Entscheidungssituation betrifft hier in erster Linie den vom Kind geäußerten Wunsch bzw. die Vehemenz, mit der dieser (vielleicht) vertreten worden ist. Sind auch schwache Leistungen in der Grundschule für eine Verzichtentscheidung maßgeblich gewesen, dann stellt sich in zweiter Linie auch die Frage nach einem ›negativen‹ eigenen Zutun, das möglicherweise in einem Mangel an Fleiß erkennbar ist.

Nicht nur in voraussehbaren Entscheidungssituationen, sondern auch als Reaktion auf überraschende Erlebnisse einschneidender Art können Entschlüsse und Handlungskonsequenzen von u.U. weit reichender Bedeutung zustande kommen. In diesen Fällen ist es das Geschehen der *seelischen Verarbeitung,* in dem das eigene Zutun zum Ausdruck kommt.

Eine Freiheit, die die Menschen unserer Tage in einem nie gekannten Ausmaß besitzen, betrifft die grundsätzliche Entscheidung, ob sie den »Kampf des Lebens« entweder mit einem möglichst großen bzw. einem möglichst kleinen (oder aber einem eher mittleren) Kraftaufwand betreiben wollen.

Neigt jemand generell zu einem passiven Lebensstil, so kann das viele Ursachen haben. Fast immer aber besteht für ein gegebenes Individuum die grundlegende Möglichkeit, sich generell für ein minimiertes oder ein maximiertes Arbeitsprogramm zu entscheiden. Das Vorliegen einer so elementaren Wahlsituation ist vielen Menschen nicht bewusst. Es sind deshalb u.U. tief greifende Bewusstseinsveränderungen zu erzielen, sofern es gelingt, z.B. einem an »Arbeitsstörungen« leidenden Menschen die prinzipielle Chance, die er besitzt, aufgrund einer Leistungssteigerung seine gesamte Lebenssituation zum Positiven hin zu verändern, so wirksam vor Augen zu führen, dass er sein prinzipiell vorhandenes großes Selbstbestimmungspotenzial – allmählich – aus eigener Kraft zu erkennen, freizulegen und umzusetzen vermag.

9. Von der Ontogenese zur Autogenese

Der Mensch entwickelt nicht nur schon sehr früh eine Vorstellung von der Endlichkeit des Lebens, sondern auch eine subjektive Theorie über die zeitliche Struktur der Lebensspanne im Sinne unterscheidbarer Altersstufen. Die hierzu vorliegenden Studien, über die Filipp/Schmidt (1995, S. 446f.) berichten, widersprechen nicht jenen von Lehr (1976) mitgeteilten Befunden, die eine Einteilung des Lebenslaufs in Phasen generell als gegenstandsunangemessen erscheinen lassen.

Die von Lehr zitierten Untersuchungen zeigen außerdem, wie unzureichend es ist, die Entwicklung des Menschen ausschließlich auf den biologischen Begriff der Ontogenese zu beziehen, der seit Haeckel (1866) die individuelle Entstehungsgeschichte eines Lebewesens »von der befruchteten Eizelle bis zum Eintritt der Geschlechtsreife« (a.a.O., S. 55) bezeichnet und u.a. zur Formulierung eines allgemeinen Gesetzes geführt hat:

> »Die Ontogenesis ist die kurze und schnelle Rekapitulation der Phylogenesis« (a.a.O., S. 200).

Erkennbar ist, dass das Prinzip der Ontogenese im Hinblick auf den Menschen einer Ergänzung bedarf, die mit jener Freiheit zu tun hat, die Sartre (1943) darin erkennt, dass das Individuum dazu verurteilt ist, sich nicht nur selbst zu schaffen, sondern zugleich zu verantworten, was es ist und was es tut. Vor allem dies ist gemeint, wenn Persönlichkeit als Prozess aufgefasst und als ein Vorgang der Individualisierung beschrieben wird.

In diesem Zusammenhang hat C.G. Jung (1934) die Unverzichtbarkeit eines geisteswissenschaftlich fundierten Entwicklungsbegriffs erkannt und den Terminus »Individuation« geprägt, der jedoch für eine völlig unvoreingenommene Erforschung der Individualität und ihrer Entstehung nicht (mehr) geeignet ist, weil das Bild vom »Individuum auf der Suche nach sich selbst« (Fisseni, 1984, S. 55) als unveränderbarer Bestandteil des durch »Modellierung« (vgl. Jüttemann, 1992, S. 56ff.) entstandenen Jung'schen Persönlichkeitskonzepts anzusehen ist. Der gesamte von Jung entwickelte Ansatz stellt eine als abgeschlossen anzunehmende komplexe Theorie dar und ist infolgedessen so stark durch *Systemimmanenz* belastet, dass ein auf dem Wege der Forschung oder der vergleichenden Betrachtung mit anderen Persönlichkeitsansätzen zustande kommender wesentlicher Erkenntnisfortschritt nicht erwartetet werden kann. Da aber die Lehre Jungs nicht nur viele Anhänger hat und eine ganze Therapieschule trägt, sondern auch psychologiehistorisch so bedeutsam geworden ist, dass die meisten Fachvertreter und Fachvertreterinnen sie kennen, vermag der Begriff »Individuation« nicht ohne weiteres wieder in seiner ursprünglichen, aus der Philosophie hervorgegangenen Bedeutung (vgl. Hüllen, 1976) verwendet zu werden.

Auf ähnliche Probleme würden mögliche Neologismen stoßen, die sich noch direkter auf den Individualitätsbegriff beziehen (wie z.B. »Individualgenese«), weil sie – zumindest bei Fachvertreterinnen und Fachvertretern – die Assoziation »Individualpsychologie« auslösen und damit auf die von Adler (1912) begründete, d.h. auf eine ebenfalls durch Systemimmanenz gekennzeichnete Psychologieschule verweisen.

Die Verlagerung des Sprachgebrauchs von der Ontogenese zur Autogenese verläuft nicht nur in Richtung einer stärkeren Beachtung der *inter*individuellen Variationsbreite des Verhaltens, sondern zielt – vergleichsweise noch stärker – auf die *intra*individuelle Analyse der Person und damit auf eine biografisch orientierte Betrachtung des Menschen.

Thomae (1996) hat in diesem Zusammenhang »Geschehen, Ereignis, Ablauf, Handlung, Veränderung« (a.a.O., S. 9) als relevante Aspekte hervorgehoben. Die von ihm konzipierte erste »Genetische Persönlichkeitspsychologie« (a.a.O., S. 8) auf systematischer Grundlage ist an einem Programm orientiert, dessen tragende Zielsetzung sich wie folgt darstellt:

> »Nicht die möglichst rasche Petrifizierung bestimmter Geschehnisse zu Eigenschaften scheint uns der Weg zu sein, dem Individuum und seiner Welt gerecht zu werden, sondern das systematische *Studium der intraindividuellen Variabilität*. Von der Erfassung dieser intraindividuellen Variabilität erhoffen wir uns Aufschlüsse über einige wesentliche Prinzipien personaler Geschehensordnung » (a.a.O., S. 9f.; Hervorh. i. Orig.).

Im Gegensatz zum Begriff »Biografie«, der insbesondere auf die Beschreibung des bereits abgelaufenen Lebens zielt, lässt sich der Ausdruck Autogenese – als *prospektive* Autogenese – sehr leicht auf die *geplante* Lebens- und Selbstgestaltung beziehen. Möglicherweise macht es sogar Sinn, der *prospektiven* Autogenese eine *retrospektive* Autogenese gegenüberzustellen und das individuelle Gegenwartsgeschehen eine *aktuelle* Autogenese zu nennen.

Wichtiger noch als die zeitliche bzw. positionale Strukturierung des intendierten Vorgangs ist jedoch dessen inhaltliche Erfassung im Rahmen einer thematischen Strukturierung, die z.B. auf der Grundlage der von Thomae (1952, 1968) entwickelten Psychologischen Biografik aufgebaut werden kann. In den einschlägigen Längsschnittstudien, die in dem von Thomae begründeten Arbeitskreis entstanden sind, haben sich vor allem die Themenfelder Familie, Gesundheit, Beruf und Wohnsituation als hochbedeutsam erwiesen (vgl. u.a. Minnemann u. Schmitt, 1995, S. 96).

10. Autogenese als idiografisch-historisches Konzept des Handelns

Asendorpf (2000, S. 85ff.) diskutiert die Bedeutung der Ansätze *top-down* und *bottom-up* im Hinblick auf die Persönlichkeitspsychologie und geht dabei von einer Kritik an der Einseitigkeit der bisherigen Entwicklung aus:

> »Rückblickend kann am Ende des 20. Jahrhunderts festgestellt werden, dass die empirische Psychologie klar durch Top-down-Ansätze dominiert wurde, in denen von Eigenschaften von Stichproben auf Eigenschaften von Individuen geschlossen wird« (a.a.O., S. 85).

Asendorpf erörtert die Problematik »dieser Schlüsse von der Aggregatebene auf die individuelle Ebene« (a.a.O.) und kommt zu dem Ergebnis:

> »Alternativ ist an Bottom-up-Ansätze zu denken, in denen zunächst der Einzelfall ausführlich idiographisch beschrieben wird« (a.a.O.).

Das Wort »alternativ« gebraucht Asendorpf im Sinne seiner Empfehlung, die einander gegenübergestellten Ansätze in Zukunft *kom-*

plementär zu verfolgen, und gelangt von hier aus zu einer Favorisierung von Mehrebenenanalysen, die er als »Kompromiss« (a.a.O., S. 86) zwischen den beiden Vorgehensweisen versteht. In vergleichbarer Weise, obschon mit anderen methodologischen Konsequenzen, spricht Thomae (1996, S. 13) von der »Notwendigkeit einer Kooperation zwischen idiografischer und nomothetischer Orientierung«. Aus dieser Notwendigkeit heraus wurde auch die *Komparative Kasuistik* (Jüttemann, 1990, 1998) als ein phänomenzentrierter Vergleich einschlägiger Einzelfälle entwickelt.

Ein ganz anderer Weg, die idiographische und die nomothetische Sichtweise aufeinander zu beziehen, besteht darin, die in der Psychologie zu untersuchenden Phänomene grundsätzlich als eine Verknüpfung des Einzigartigen mit dem Allgemeinen aufzufassen, und zwar einfach deshalb, weil wir in unserem Handeln ständig derartige Verbindungen herstellen.

Der Philosoph Schwemmer (2000) hat die *Gestaltungsleistung* prägnant charakterisiert, die sich in diesem Handeln ausdrückt:

> »Die Gestaltungsleistung, die unserem Handeln seine identifizierbare Einheit gibt, ist als eine ›Gestaltung von Gestaltetem‹ zu verstehen: nicht als eine ›Erschaffung‹ aus dem Nichts, sondern als eine Umgestaltung in einer vielfach bereits gestalteten Welt. Die Gestaltung, um die es in unserem Handeln geht, ist – so lässt es sich in eine kurze Formel bringen – immer eine *Umgestaltung von bereits Gestaltetem*« (a.a.O., S. 146; Hervorh. i. Orig.).

Das von Schwemmer beschriebene *Gestaltungskonzept des Handelns* lässt sich unschwer auch auf komplexe Handlungszusammenhänge und damit – als ›Lebenshandeln‹ oder Autogenese – auf unser gesamtes, individualhistorisch betrachtbares Dasein anwenden, wie vor allem die einheitsstiftende Wirkung der innerhalb unserer Wahrnehmung stattfindenden Konzeptanwendungen erkennen lässt:

> »Als Handeln wird unser Verhalten in eine Gestalt gebracht, die es für unsere Wahrnehmung überhaupt erst als eine Einheit er-

scheinen lässt, auf die wir uns dann geistig beziehen können. Damit ist zwar noch kein Gestaltbegriff bestimmt. Aber in einer ersten Annäherung können wir festhalten, dass etwas für uns jedenfalls dann eine Gestalt besitzt, wenn es – sofern es um unser Verhalten geht – *als eine bestimmte Einheit identisch reproduzierbar* ist. Insofern diese identische Reproduzierbarkeit etwas ›für uns‹ ist, also etwas, das wir uns vorstellen und auf das wir uns geistig beziehen können, muss es als diese Einheit auch *identisch repräsentierbar* sein« (a.a.O.; S. 147; Hervorh. i. Orig.).

Historisch-psychologische Betrachtungen gestaltenden Handelns können sowohl auf der Ebene des individuellen Lebensvollzugs als auch auf der Ebene jener kollektiven Veränderungen stattfinden, die den sozialen Wandel einzelner Gruppen, ganzer Kulturen oder sogar der gesamten Menschheit betreffen. Diese beiden Ebenen sind jedoch nicht als voneinander losgelöst zu betrachten, sondern durch Wechselwirkungsprozesse eng miteinander verbunden, wie an einem konkreten Beispiel illustriert werden soll:

Soziale Rollen, wie etwa die Geschlechtsrolle, die Elternrolle oder die Berufsrolle, sind, zumindest in ihren Grundzügen, in der Regel klar definiert und die Träger(innen) dieser Rollen besitzen zugleich auch ein *allgemeines Verständnis* davon, wie die jeweilige Rolle darzustellen bzw. die damit verbundene Funktion auszuüben ist.

Dennoch bietet die Ausgestaltung der Rolle viele Freiräume. So lässt sich sagen, dass jeder Mensch – als Rollenträger(in) – auf dem Wege der von Schwemmer beschriebenen »Umgestaltung von bereits Gestaltetem« ein ganz *individuelles Verständnis* von seiner jeweiligen Rolle entwickelt, und zwar ein Verständnis, in das das allgemeine Wissen darüber gleichsam eingeschlossen ist. Auf der einen Seite ist somit dieses allgemeine Rollenbild, vor allem im sozialen Zusammenhang, wirksam, unterliegt aber auf der anderen Seite einer tendenziellen Veränderung, und zwar als allgemeiner Teil jenes als besonders handlungstragend anzunehmenden *individuellen Verständnisses*, von dem oben bereits die Rede war und das sich mit zunehmender Lebens- bzw. Berufserfahrung ständig weiterentwickelt.

Dieser individualhistorische Wandel ist von autogenetischer Dignität. Dagegen stellt sich die Veränderung in den allgemeinen Komponenten des Rollenverständnisses als ein genereller historischer Prozess dar, der nicht zuletzt in Diskursen über innerberufliche Entwicklungen seinen Ausdruck findet. Daraus wird u.a. verständlich, dass Schwemmer das von ihm – insbesondere auf der Grundlage der Philosophie von Cassirer (1982) – entwickelte *Gestaltungskonzept unseres Handelns* unmittelbar zu seinem »historischen Handlungsbegriff« in Beziehung setzen kann, den er in den Rahmen »einer kulturtheoretischen Interpretation« (Schwemmer, 1987, S. 53 ff. u. 268 ff.; 2000, S. 146) hineinstellt.

Das, was für die Entwicklung des Rollenverständnisses gilt, betrifft im Grunde alle handlungsrelevanten Phänomene. Hier steht immer ein allgemeines umrisshaftes Anfangswissen im Vordergrund, das erst in der Lebenspraxis seine konkrete Ausgestaltung erfährt und einen Verknüpfungszusammenhang von allgemeinem und individuellem Verständnis repräsentiert. Da sowohl das allgemeine wie auch das individuelle Verständnis einer permanenten Veränderung unterliegen, erscheint die Rede von einer zweifach in Erscheinung tretenden Geschichtlichkeit (individualhistorisch versus kollektivhistorisch) des gesamten Vorgangs gerechtfertigt.

Vor diesem Hintergrund lässt sich behaupten, dass der Terminus Autogenese vom üblichen Reduktionismus sozialwissenschaftlicher Begriffsbildung frei bleibt, weil er sowohl der Komplexität der Sachverhalte als auch der als *idiografisch-historisch* zu identifizierenden Intention der Analyse Rechnung trägt.

Ein zusätzlicher historischer Aspekt betrifft die Wechselbeziehung, die zwischen den einander gegenübergestellten Veränderungsbewegungen erkennbar ist. So besteht z.B. die Gefahr, dass sich bei einzelnen Menschen das individuelle Rollenverständnis vom allgemeinen Rollenverständnis, dessen kollektive Bedeutsamkeit in interindividuellen Studien leicht erforscht werden könnte, immer mehr entfernt und eine besondere Spannung erzeugt. Diese kann entweder zu einem Ergreifen konstruktiver Initiativen zwecks »Verbesserung« der Verhältnisse, d.h. zur Veränderung des allgemeinen Rollenverständnisses, Anlass geben oder aber zur Entstehung von Auflösungserscheinungen bzw. von pathologischen Variationsformen der jeweiligen Rollenwahrnehmung führen. In beiden Fällen würde es sich um realitätsverändernde Reaktionen und damit letzten Endes um Momente eines historischen Prozesses handeln. Es wird sich – vor allem im Hinblick auf forschungspolitische Gebote – auf die Dauer nicht vermeiden lassen, die Besonderheit dieser Vorgänge ebenfalls durch die Einführung eines eigenständigen Begriffs zu kennzeichnen. Erwägenswert erscheint der Terminus »Historiogenese«.

11. Prospektive Autogenese als Planung der Zukunft

Nicht jede Art von individueller Planung lässt sich auf den Prozess der Autogenese beziehen. Kleinere Unternehmungen, die z.B. lediglich der Unterhaltung dienen oder als Bestandteil der täglichen Lebensführung in Erscheinung treten, gehören sicher nicht dazu. Die Aufrechterhaltung des Bestehenden erfordert zwar ebenfalls eine ständige »Bewegung«, verweist aber so lange nicht auf einen individualhistorischen Prozess, solange die Konstellation der alltäglichen Handlungen, die den Status sichern, nicht grundsätzlich verändert wird. Hier gilt das, was Jaspers (1983) generell zur Kennzeichnung des Nichthistorischen formuliert hat:

> »Was in der Geschichte nur physische Grundlage ist und was nur identisch wiederkehrt, die regelmäßigen Kausalitäten, das ist das Ungeschichtliche an der Geschichte« (a.a.O., S. 289).

Daraus wird erkennbar, dass der Begriff »Autogenese« vor allem auf jene Prozesse beziehbar ist, die auf eine individual*geschichtliche* Dimension verweisen.

Der hier verwendete Begriff »Dimension« steht im Hinblick auf das Konzept der Autogenese für die Tatsache einer deutlich mehr als kurzfristig anzusetzenden zeitlichen Erstreckung. Diejenigen Vorgänge, die sich im Alltagszusammenhang ständig wiederholen (Einkaufen, Kochen, Essen, Aufräumen etc.) und daher ungeschichtlich sind, haben in der Regel auch keine langfristige Bedeutung.

Als Gegenstände autogenetischer Gestaltung kommen deshalb vor allem solche Inhalte in Betracht, die als individualhistorisch generalisierbare *Tendenzen* des Planens bzw Handelns oder – mit Bezug auf spezielle Bereiche – als dauerhafte individuelle *Zielsetzungen* (z.B. erziehungspolitischer, gesundheitspolitischer, berufspolitischer oder vermögenspolitischer Art) eine zeitlich eher weit reichende Bedeutung besitzen.

Die Beispiele zeigen, dass die Bedingung der Geschichtlichkeit nicht nur dort erfüllt ist, wo es um eine Rückbetrachtung auf seelisches Geschehen, also um biografische oder autobiografische Darstellungen, geht. Nahezu jeder Mensch ist im Rahmen seiner *prospektiven* Autogenese damit beschäftigt, seine Lebensgeschichte aktiv und vorausschauend zu gestalten oder zumindest mitzugestalten. Bereits in der Schulzeit erfolgt etwa die Zuwendung zu einem bestimmten Fach unter dem Gesichtspunkt des Interesses und zugleich mit dem Ziel, eine etwa erkennbare Begabung auszubauen. Hier tritt der Gedanke an zukünftige Verwertungen und damit ein Moment der Lebensplanung deutlich hervor. Auch Auslandsaufenthalte, die, so z.B. im Rahmen des Schüleraustausches, angestrebt werden, sind in diesem Zusammenhang von Bedeutung. Ja selbst bloße Urlaubsziele werden häufig unter dem Gesichtspunkt ihres möglichen »Bildungswerts« ausgewählt.

Die Tatsache, dass sich der Mensch – im Unterschied zum Tier – als ein geschichtsbewusstes Wesen darstellt, bedeutet nicht notwendigerweise, dass er das Bedürfnis entwickelt, die Gestaltung seines Lebens ständig im Voraus zu planen. Grundsätzlich ist sogar davon auszugehen, dass sich aufgrund eines interindividuellen Vergleichs eine große Variationsvielfalt typisierbarer Unterschiede zwischen eher langfristig, eher mittelfristig und eher kurzfristig planenden Personen ergeben werden. Davon war oben bereits die Rede.

Derartige Differenzen zeitlicher Orientierung hängen allerdings auch stets von den jeweiligen sozialen Verhältnissen ab. Dort, wo der Kampf ums nackte Überleben das alltägliche Dasein beherrscht, ist eigentliche »Lebensplanung« nicht möglich. Aber selbst in einer ausweglos erscheinenden Lebenslage brauchen Menschen einen positiven Bezug zu ihrer Zukunft, der sich vielleicht nur darin ausdrückt, dass sie von besseren Zeiten träumen und mehr oder weniger vage Vorstellungen von dem entwickeln, was sie tun werden, wenn es ihnen gelingt, der Notsituation, die sie gefangen hält, zu entrinnen.

Prospektive Autogenese umfasst somit nicht nur jene bereits fest umrissenen individuellen Planungen, die über die tägliche Lebensbewältigung hinausreichen, sondern auch deren Vorformen und Begleiterlebnisse, die u.a. als Wünsche, Hoffnungen, Erwartungen oder bereits als Überzeugungen (Thomae, 1996, S. 23ff. u. 40ff.) hervortreten. Lediglich dann, wenn die Zukunftsvorstellung einer Person auf die Möglichkeit reduziert ist, Nutznießerin eines *zufällig* zuteil werdenden Glücks zu werden und z.B. in der Lotterie zu gewinnen, kann von einer Autogenese kaum die Rede sein.

Eine systematische Erforschung der prospektiven Autogenese würde es wahrscheinlich erlauben, eine Vielzahl typisierbarer Variationsformen zu identifizieren. Erkenntnisse dieser Art dürften auch praktisch anwendbar und vor allem im Hinblick auf das Ziel bedeutsam sein, auf dem Wege einer präventiven, beraterisch zu gestaltenden Intervention Menschen vor u.U. weit reichenden Fehlentscheidungen zu bewahren.

12. Autogenese als Anpassung

Wäre die menschliche Anpassungsfähigkeit ein unveränderbares trait-spezifisches Merkmal, das sich bereits in den ersten Lebensjahren herausbildet, dann würden sich Anpassungsleistungen gut vorhersagen lassen und böten keinen Ausgangspunkt für eine Diskussion der Themen »Person als Prozess« oder »Autogenese und Anpassung«. Ein Trait-Ansatz dieser Art findet sich z. B. unter den sog. bindungstheoretischen Erklärungsmodellen (vgl. Spangler/Zimmermann, 1999, S. 174):

> »Das Modell eines frühen Determinismus ist der einfachste Ansatz, um Konsequenzen von Bindung auf spätere Anpassung zu erklären. Dieses Modell impliziert, dass sich aufgrund der Erfahrungen mit den Bezugspersonen im ersten Lebensjahr unterschiedliche Bindungsqualitäten entwickeln, die nach dem ersten Lebensjahr als unveränderbarer Trait zu betrachten sind (Lewis, 1990)«.

Spangler/Zimmermann (1999) kommen aufgrund einer Sichtung einschlägiger Befunde und eines systematischen Vergleichs mit anderen Modellen zu dem Schluss:

> »Das Modell eines naiven frühen Determinismus ist aus bindungstheoretischer Sicht nicht haltbar und empirisch in keiner Weise fundiert« (a.a.O., S. 186).

Allerdings liegen viele empirische Belege für die Auffassung vor, dass die Anpassungsfähigkeit einer Person natürlich auch mit ihrer Bindungsorganisation zusammenhängt. Abzulehnen ist lediglich die Annahme einer Existenz von Anpassungsstrukturen, die als angeboren gelten können oder die sich bereits in den ersten Lebensjahren so verfestigen, dass das spätere Anpassungsverhalten daraus vorhergesagt werden kann.

Auch Hypothesen über unveränderbare Resilienzstrukturen fanden keine Bestätigung. So ließ sich in der Kauai-Längsschnittstudie (Werner, 1993) nachweisen, dass in den einzelnen Lebensabschnitten unterschiedliche Resilienzfaktoren hervortreten. Cohler, Stott und Musick (1995) konnten aufzeigen, dass Menschen, die sich in einer bestimmten Problemsituation unempfindlich zeigen, später auftretende Belastungen vergleichbarer Art nur unzulänglich bewältigen können.

Die Beispiele lassen erkennen, wie wichtig es ist, von einer detaillierten Betrachtung individueller Verläufe auszugehen und vorschnelle Verallgemeinerungen zu vermeiden. Es ist nicht zuletzt diese Zielsetzung, die den Vorschlag begründet erscheinen lässt, das Augenmerk auf einen besonderen Untersuchungsgegenstand zu lenken, für den die Bezeichnung »aktuelle Autogenese« angemessen erscheint. Es geht dabei nicht um die – prinzipiell ungeschichtlichen – Wiederholungsvorgänge, die den Hauptteil der täglichen Lebensführung ausmachen, und auch nicht um kleinere Projekte, mit denen sich die an der Durchführung Beteiligten nicht näher identifizieren, sondern um »persönliche Projekte« (Beck, 1996) einer zumindest mittleren Größenordnung.

Darauf bezogene Umsetzungsprozesse beruhen auf Plänen, denen eine Person über die Sicherung ihres Lebens oder die Herstellung einer möglichst abwechslungsreichen Lebensweise hinaus eine längerfristige und letzten Endes bereits persönlichkeitsbildend zu nennende Bedeutung beimisst. Dabei wird von einem Persönlichkeitsbegriff ausgegangen, der nicht nur struktural oder funktional, sondern vor allem auch individualhistorisch definiert werden kann. Dieses Konzept trägt der Darstellung der »Persönlichkeit in interaktionistischer Sicht« (Laux, 2000) und zugleich der Notwendigkeit Rechnung, das Individuum auch unter dem Gesichtspunkt der *produktiven Selbstgestaltung* (Stern, 1923, S. 34 ff.) zu analysieren.

Nicht nur das »Lebenswerk« eines Menschen, sondern auch bereits einzelne hervorragende Leistungen oder ›Taten‹ lassen sich vom Bild einer Persönlichkeit nicht losgelöst betrachten. Allerdings gilt diese Untrennbarkeit der Aspekte auch im Hinblick auf das »negative« Auffälligwerden eines Individuums. Es ist in diesem Zusammenhang z.B. nicht sinnvoll, die Persönlichkeitsstruktur berühmt-berüchtigter Verbrecher unabhängig von ihrer Täterkarriere beurteilen zu wollen.

Von Schiller stammt der Satz: »Es wächst der Mensch mit seinen höheren Zwecken.«[5] Diese Aussage ist nicht zwingend auf mora-

5 Diese früher oft zitierte Aussage Schillers stammt aus dem anlässlich der Wiedereröffnung der Schaubühne 1798 in Weimar entstandenen »Prolog« zu »Wallensteins Lager« und erscheint dort unmittelbar *nach* der Zeile: »Im engen Kreis verengert sich der Sinn.«

lisch *höhere* Zwecke anzuwenden, sondern lässt sich auf Anforderungssituationen unterschiedlicher ethischer Bewertung beziehen. Wie Wachstumsprozesse dieser Art konkret verlaufen, ist eine interessant erscheinende grundlagenwissenschaftliche Forschungsfragestellung, die unmittelbar auf den Prozess der Autogenese verweist und prinzipiell wertfrei bearbeitet zu werden vermag.

Die Einführung des Begriffs »aktuelle Autogenese« könnte u.U. dazu beitragen, Untersuchungen anzuregen, für die sich eine praktische Bedeutsamkeit – ähnlich wie im Falle der prospektiven Autogenese – vor allem unter dem Aspekt einer Umsetzbarkeit erzielbarer Ergebnisse im Rahmen beraterischer Interventionen ergeben könnte. Hier ist vor allem an die Möglichkeit zu denken, die Vorgänge der Reaktion auf belastende Situationen bzw. der Ausbildung spezifischer *Reaktionsformen* (Thomae, 1996, S. 106 ff.) zu diagnostizieren und u.U. in den Prozess der aktuellen Autogenese erfolgreich einzugreifen, ohne die (relative) Autonomie des Subjekts infrage zu stellen.

13. Persönlichkeitsentfaltung und die »Wiederentdeckung des teleologischen Denkens«

Allport (1949) spricht – bezogen auf das Jahr 1937, in dem das Buch zuerst erschien – davon, dass gerade eine »moderne Revolution« (Allport, 1949, S. 563) stattfinde, und zwar mit der Konsequenz, »der Untersuchung der einzelnen konkreten Persönlichkeit entgegenzukommen« (a.a.O.). Er begründet die Notwendigkeit dieses Wandels unter Hinweis auf eine zentrale Forderung:

> »Diese Forderung ist ganz radikal. Sie wendet sich gegen die Praxis der allgemeinen Psychologie, der menschlichen Persönlichkeit das Blut abzuzapfen und das Fleisch abzuschälen, so dass einfach ein Skelett zurückbleibt, wie es für die spärlichen An-

sprüche und Methoden einer nomothetischen Wissenschaft ausreicht. Indem die allgemeine Psychologie die Person all ihrer lästigen Eigenheiten entkleidete, vernichtete sie das Wesen der Person. Der neuere Standpunkt kehrt die Perspektive um« (a.a.O.).

Wer diese Sätze liest, könnte versucht sein, sie gleichermaßen auf die Gegenwart, so z.B. auf die Vorherrschaft des Fünf-Faktoren-Modells zu beziehen. Ähnliches gilt für eine Aussage Allports über ein offenkundig seit Ende der ersten Hälfte des letzten Jahrhunderts aktuelles Ziel der Persönlichkeitspsychologie:

> »Irgendwo in den Spalten ihrer nomothetischen Gesetze hat die Psychologie die menschliche Person verloren, wie wir sie im täglichen Leben kennen. Sie zu retten und sie wieder als psychologische Gegebenheit in ihre Rechte einzusetzen ist der Zweck der Psychologie der Persönlichkeit« (a.a.O., S. 571).

Gerade die faktorenanalytisch geprägte Persönlichkeitspsychologie der Gegenwart ist nicht in der Lage, dem von Allport hervorgehobenen Zweck der Persönlichkeitspsychologie gerecht zu werden. Daraus kann gefolgert werden, dass die von Allport im gleichen Zusammenhang diagnostizierte »moderne Revolution« (s.o.) entweder nach dem Erscheinen seines Buches ins Stocken geraten oder vielleicht nur ein Phantom gewesen ist. Zukunftsoffener wäre die Schlussfolgerung, dass offenbar bisher nur der erste Teil der Revolution, d. h. ein allgemeiner Orientierungswechsel »von der Seele zur Person« (Pongratz, 1967, S. 43) stattgefunden und zunächst lediglich zu einer »Wiederbelebung der Vermögenspsychologie« (Thomae, 1987, S. 4f.) geführt habe, während der zweite Teil, die Erforschung des *lebenslangen Entwicklungsprozesses,* erst auf der Basis des biografischen Ansatzes (Thomae, 1952; 1968) erfolgreich eingeleitet worden sei und nunmehr konsequent fortgesetzt werden müsse.

Stern (1923) unterscheidet zwischen der Zweckbestimmtheit von Gegenständen (»Heterotelie«) einerseits und von Personen (»Autotelie«) andererseits und in Bezug auf die Letztere zwischen den Zielen »Selbsterhaltung« und »Selbstentfaltung« (a.a.O., S. 19), die wie folgt erläutert werden:

> »Das Ziel der Selbsterhaltung ist die conditio sine qua non des persönlichen Daseins überhaupt; es ist aber andererseits lediglich das persönliche Minimum. Die bloße reine Selbsterhaltung wäre die starre Ruhe und Unveränderlichkeit und darum eine Existenz, die sich von der Nichtexistenz nicht mehr unterschiede; sie bedarf daher der Ergänzung durch ein höheres Ziel, das erst die Bewegung und Lebendigkeit erzeugt.
> Dies ist die Selbstentfaltung. Dem ›Bleibe, was du warst‹ überbaut sich das ›Werde, was du bist‹. Nicht nur die Vergangenheit soll in die Gegenwart hinübergerettet, sondern auch die Zukunft soll in der Gegenwart vorbereitet werden; nicht nur Altes soll bewahrt, sondern auch Neues erzeugt werden« (a.a.O., S. 19f.).

Selbsterhaltung zerfällt nach Stern in die Zweckvorstellungen »Daseinserhaltung« und »Wesenserhaltung« (a.a.O., S. 22). Daseinserhaltung ist für Stern die feste und wachsame Entschlossenheit zum Überleben:

> »(...) das bloße Weiterbestehen als personales Ganzes ist ein Ziel, welches in keinem Augenblick aufhören darf, wirklich zu sein« (a.a.O.).

Unter »Wesenserhaltung« versteht Stern demgegenüber »die Erhaltung des *So*-Seins« (a.a.O.; Hervorh. i. Orig.) und damit etwas, was wir heute vielleicht eher als Aufrechterhaltung der Identität bezeichnen würden.

Im Hinblick auf den Vorgang der Selbstentfaltung beschreibt Stern einerseits »Wachsen« und »Anderswerden« als Prozesse einer »konservativen Selbstentfaltung«, in denen die Person »das Sein der Vorfahren« (a.a.O., S. 29) rekapituliert, und andererseits die »produktive Selbstentfaltung« als »höchste Stufe« (a.a.O., S. 34) einer Betätigung, auf der die Person einem »überhaupt noch nicht realisierten Ziel« (a.a.O., S. 35) entgegenstrebt. Methodologisch gesehen tendiert Stern demgemäß zu einer Vorgehensweise, die bei der »Teleologie der Person« (a.a.O. S. 18) ansetzt.

Von philosophischer Seite wird – 80 Jahre danach – den teleologischen Interpretationen des Lebensvollzugs wieder eine zunehmende Bedeutung beigemessen. Spaemann und Löw (1991) plädieren für eine »Wiederentdeckung des teleologischen Denkens« und verweisen zugleich darauf, dass dem Menschen nicht nur »ein gewisser Freiheitsspielraum« (a.a.O., S. 280) zur Verfügung steht, sondern dass er sich auch überall dort als frei agierend erlebt, wo natürliche Verhaltensweisen vorliegen:

> »Der Mensch ist das handelnde Wesen. Auch wo er seine natürlichen Ziele verfolgt, tut er es als freies, zwecksetzendes Wesen« (a.a.O., S. 264).

Die Frage »Wozu soll Teleologie brauchbar sein« (a.a.O., S. 282) beantworten die Autoren nicht zuletzt mit Blick auf die Interaktionen zwischen handelnden Subjekten:

> »Wir müssen Menschen als handelnde, wollende Wesen, als Ursprung von Aktivität und Spontanität, als Subjekte von Streben und Wollen betrachten, solange wir überhaupt mit ihnen zusammenleben wollen und solange wir nicht die Zweiteilung der Menschheit in je eine Kaste von Manipulateuren und beherrschten Objekten akzeptieren« (a.a.O., S. 279).

Intensiv setzen sich Spaemann und Löw mit den Argumenten für und gegen die teleologische Denkweise auseinander. Sie lehnen es aber ab, für die von ihnen behauptete besondere Bedeutsamkeit des teleologischen Ansatzes eine wissenschaftliche Beweislast anzuerkennen. Vielmehr bringen sie eine überzeugende Begründung dafür vor, dass allein die *experimentierende* Wissenschaft für ihr Tun beweispflichtig sei:

> »Die fundamentale Beweisregel besagt, dass derjenige begründen muss, der Selbstverständliches in Frage stellt. Nun ist aber unsere

primäre Welterfahrung zunächst teleologisch. Wir erfahren unseresgleichen als handelnde und nicht als kausaldeterminierte Wesen, wenn wir auch zum Zwecke wissenschaftlicher Untersuchungen die teleologische Perspektive des Handelns anderer Menschen ausklammern können. Dann haben eben *wir* als experimentierende Subjekte die Zwecke, derentwegen wir die Zwecke der anderen ignorieren. Der primär teleologischen Weltorientierung gegenüber ist die ausblendende Wissenschaft eine sekundäre Veranstaltung. Sie kann als Sozialwissenschaft, als Psychologie, Ethologie Handeln auch nichtteleologisch auffassen. Aber sie muss begründen, warum und mit welchem Recht sie diese Abstraktion vornimmt« (a.a.O., S. 283; Hervorh. i. Orig.).

Löw und Spaemann erinnern in diesem Zusammenhang zu Recht daran, dass die Wissenschaft selbst ein Unternehmen ist, das auf einer Zwecksetzung beruht:

»Die Wissenschaft gehört zu den vielfältigen teleologischen Phänomenen innerhalb dieser Wirklichkeit – aber als eines unter anderen. Sie kann nun nicht umgekehrt die Beweislast so verteilen wollen, dass die normalen Lebensbezüge sich als solche erst rechtfertigen müssen gegenüber der ihrer Natur nach hypothetischen Wissenschaft« (a.a.O., S. 283).

Auf der höchsten Reflexionsstufe teleologischen Denkens entfällt der Gesichtspunkt zwecksetzender Lebensbetrachtung, denn hier ist das Ziel

»nicht ein erst herzustellendes, sondern immer schon realisiertes und präsentes. Die äußerste Anforderung an den Menschen kann daher nur lauten: ›Werde, der du bist‹ (Pindar)« (a.a.O., S. 266).

14. Abschließende Bemerkungen

Es lag nicht in der Absicht des Verfassers, mithilfe von Wortneubildungen Gegenstände zu konstruieren, die in der Wirklichkeit kein Pendant besitzen. Ebenso wenig lag das Bestreben vor, in normativer Weise neue Orientierungen vorzuschlagen und etwa die ›permanente Autogenese als Leitbild der Gegenwart‹ zu proklamieren. Nachgewiesen werden sollte allein, dass es einen Vorgang zu geben scheint, der im Rahmen der entwicklungs- und persönlichkeitspsychologischen Forschung bisher noch nicht angemessen untersucht worden ist, und zwar nicht zuletzt deshalb, weil der Begriff »Ontogenese«, der gleichsam hilfsweise bisher zu dessen Bezeichnung verwendet wird, diesem Vorhaben wegen seiner einseitigen biologischen Ausrichtung entgegensteht.

Mit dem Versuch, dieses Hindernis zu überwinden und eine semantische Lücke in der psychologischen Nomenklatur aufzuzeigen, ist zugleich die Hoffnung verbunden, dass der Neologismus Autogenese vor dem Hintergrund der angestellten Überlegungen als unentbehrlich erkennbar werden und sich über die biografisch orientierte Forschung hinaus auch für die diagnostische und beraterische psychologische Praxis als verwertbar und nützlich erweisen möge. Selbst in psychotherapeutischer Hinsicht wäre eine besondere Relevanz des Autogenesekonzepts gegeben, wenn sich z.B. herausstellen würde, dass ätiopathogenetische Prozesse nicht zuletzt in Unzulänglichkeiten eigenverantwortlicher Lebens- und Selbstgestaltung wurzeln. In der modernen Verhaltenstherapie ist die »Ausbildung der Patienten zu Experten und (Selbst-)Therapeuten ihrer psychischen Störungen« (Fiedler 2001, S. 254) bereits ein zentrales Ziel. Es ist auch nicht auszuschließen, dass mehr oder weniger alle typisierbaren Erscheinungsformen normalen und abweichenden Verhaltens, für die alltags- oder fachsprachlich spezielle kategoriale Persönlichkeitskennzeichnungen bereits vorliegen, hinsichtlich ihrer Entstehung auf Ähnlichkeiten einer gelungenen oder misslungenen Autogenese zurückführbar sind. Eine Klärung dieser grundsätzlichen Frage könnte vor allem im Rahmen einer vielfältigen

Anwendung des komparativ-kasuistischen Untersuchungsansatzes[6] erfolgen.

Doch es geht nicht allein um die Erforschung differenzieller Phänomene (vgl. Jüttemann, 1995, S. 135 ff.), sondern außerdem um die auf empirischer Grundlage vorzunehmende sukzessive Ausarbeitung einer vollständigen Entwicklungstheorie der individuellen Persönlichkeit. Theoretische Aussagen über die Entwicklung der Persönlichkeit liegen bereits in großer Zahl vor. Vor allem im Bereich der Psychoanalyse sind zahlreiche Ansätze entstanden. Deren Nachteil besteht jedoch darin, dass sie mit anthropologischen Festlegungen einhergehen, die als fixierte Menschenbilder die weitere Erkenntnisgewinnung nicht fördern, sondern behindern. Erst wenn es möglich wird, den komplexen und vielfältig wandelbaren Prozess der Persönlichkeitsgenese in offener Weise zu untersuchen und in allgemein verbindlicher Form zu beschreiben, besteht Aussicht auf einen wirklichen Erkenntnisfortschritt. Diese Perspektive erscheint aber nur dann als verheißungsvoll, wenn es gelingt, die einschlägige, vor allem qualitativ-empirisch zu leistende Untersuchungstätigkeit zu intensivieren und das bisherige Programm der Biografieforschung (vgl. Jüttemann und Thomae 1999) auch thematisch zu erweitern. Die Begriffe »Biografie« bzw. »Autobiografie« und selbst der Ausdruck »Lebenslauf« verweisen – tendenziell einseitig – auf die Prozesse des Erinnerns, Erzählens und der Rekonstruktion *vergangener* Ereignisse und Entwicklungsphasen. Demgegenüber zielt der Terminus »Autogenese« vor allem auf Vorgänge der Gegenwartsgestaltung (als aktuelle Lebens- und Selbstgestaltung) und Zukunftsplanung. Eine darauf ausgerichtete Untersuchungsarbeit würde deshalb die im engeren Sinne biographisch orientierten Analysen in idealer Weise ergänzen.

6 Die Einführung des Autogenesekonzepts wurde im Rahmen eines Buchbeitrags (Jüttemann, 1998) vorgeschlagen, bei dem es – nicht zufällig – um das Thema »Genetische Persönlichkeitspsychologie und Komparative Kasuistik« ging. Es ist zu vermuten, dass sich das Konzept der Autogenese und die Untersuchungsstrategie der Komparativen Kasuistik (Jüttemann, 1990) eng aufeinander beziehen lassen.

Wünschenswert erscheint deshalb der Ausbau eines breiten, die Themenbereiche *Persönlichkeit* und *Entwicklung* gleichermaßen und die *zeitliche* Dimension vollständig umfassenden Forschungsfeldes, das die Bezeichnung *Autogenese- und Biographieforschung* tragen könnte.

Literatur

Adler, A. (1912): Über den nervösen Charakter. Grundzüge einer vergleichenden Individualpsychologie und Psychotherapie. Wiesbaden: Bergmann.

Adorno, T.W. (1973): *Gesammelte Schriften 6. Negative Dialektik. Jargon der Eigentlichkeit.* Frankfurt: Suhrkamp.

Allport, G.W. (1949): *Persönlichkeit. Struktur, Entwicklung und Erfassung der menschlichen Eigenart.* Stuttgart: Ernst Klett (Original: Personality, a psychological interpretation. New York: Henry Holt/Company, 1937).

Allport, G.W. (1970): *Gestalt und Wachstum in der Persönlichkeit.* Meisenheim a. G.: Anton Hain (Original: Pattern and Growth in Personality. New York: Holt, Rinehart and Winston, 1961).

Asendorpf, J.B. (2000): Idiographische und nomothetische Ansätze in der Psychologie. *Zeitschrift f. Psychologie, 208, 72–90.*

Baltes, P.B. (1990): Entwicklungspsychologie der Lebensspanne: Theoretische Leitsätze. *Psychologische Rundschau 41,* 1–24.

Beck, P. (1996): *Persönliche Projekte. Eine empirische Annäherung an komplexes Handeln.* Heidelberg: Asanger.

Binswanger, L. (1942): *Grundformen und Erkenntnis menschlichen Daseins.* Zürich: Niehans.

Birbaumer, N. (1996): Zur Tragikomödie der deutschen kognitiven Psychologie. *Ethik/Sozialwissenschaften, 7,* 299–300.

Bude, H. (1984): Rekonstruktion von Lebenskonstruktionen – eine Antwort auf die Frage, was die Biographieforschung bringt. In M. Kohli/G. Robert (Hrsg.). *Biographie und soziale Wirklichkeit. Neue Beiträge und Forschungsperspektiven.* Stuttgart: Metzler.

Bude, H. (1998): Lebenskonstruktionen als Gegenstand der Biographieforschung. In G. Jüttemann/H. Thomae (Hrsg.). *Biographische Methoden in den Humanwissenschaften.* Weinheim: Beltz Psychologie Verlags Union.

Cassirer, E. (1982): *Philosophie der symbolischen Formen (8. Auflage).* Darmstadt: Wissenschaftliche Buchgesellschaft.

Cohler, B.J., Stott, F.M./Musick, J.S. (1995): Adversity, vulnerability and resilience: Cultural and development perspectives. In D. Ciccchetti/D.J. Cohen (Eds.). *Developmental psychopathology.* New York: Wiley.

Cranach, von M./Ammann, A. (1999): Die Annahme der Willensfreiheit und ihre Konsequenzen für die Sozialwissenschaften. *Ethik und Sozialwissenschaften. Streitform für Erwägungskultur, 10 (2).* 257–267.

Cranach, M. von/Foppa, K. (Hrsg.) (1996): *Freiheit des Entscheidens und Handelns.* Heidelberg: Asanger.

Fiedler, P. (2001): Psychotherapie. In: R.K. Silbereisen/D. Frey (Hrsg.). Perspektiven der Psychologie. Einführung und Standortbestimmung. Weinheim: Beltz Taschenbuch.

Filipp, S.-H./Schmidt, K. (1995): Mittleres und höheres Erwachsenenalter. In R. Oerter/L Montada (Hrsg.). *Entwicklungspsychologie. Ein Lehrbuch (3. Auflage).* Weinheim: Beltz Psychologie Verlags Union.

Fisseni, H.-J. (1984): *Persönlichkeitspsychologie. Auf der Suche nach einer Wissenschaft.* Göttingen: Hogrefe.

Fuchs-Heinritz, W. (2000): *Biographische Forschung (2. Aufl.).* Darmstadt: Westdeutscher Verlag.

Fulda, F. (1984): Negation der Negation. In J. Ritter/K. Gründer (Hrsg). *Historisches Wörterbuch der Philosophie, Bd. 6.* Basel: Schwabe/Co.

Funke, G. (1958): Gewohnheit. In *Archiv für Begriffsgeschichte, Bd. 3. Bausteine zu einem historischen Wörterbuch der Philosophie (hrsg. von E. Rothacker).* Bonn: Bouvier.

Funke, G. (1974/1984): Gewohnheit und Zweite Natur bzw. Natur, zweite. In J. Ritter/K. Gründer (Hrsg.). *Historisches Wörterbuch der Philosophie, Bd. 3 bzw. Bd.6.* Basel: Schwabe/Co.

Gergen, K. J. (1990): Diskussionsforum. Die Konstruktion des Selbst im Zeitalter der Postmoderne. *Psychologische Rundschau 41,* 191–199.

Geulen, D. (1989): *Das vergesellschaftete Subjekt. Zur Grundlegung der Sozialisationstheorie.* Frankfurt a. M.: Suhrkamp (stw).

Graumann, C.F. (1996): Wollen und Können: Überlegungen zu deren Wechselwirkung. In M.v. Cranach/K. Foppa (Hrsg.). *Freiheit des Entscheidens und Handelns.* Heidelberg: Asanger.

Graumann, C.F./Métraux, A. (1977): Die phänomenologische Orientierung in der Psychologie. In K.A. Schneewind (Hrsg.). *Wissenschaftstheoretische Grundlagen der Psychologie.* München: Reinhardt (UTB).

Haeberlin, U./Niklaus, E. (1978): *Identitätskrisen.* Bern und Stuttgart: Haupt.

Hartfiel, G. (1976): Stichwort Sozialisation. In G. Hartfiel. *Wörterbuch der Soziologie.* Stuttgart: Alfred Kröner.

Haeckel, E. (1866): *Generelle Morphologie der Organismen.* Berlin: Reimer.

Heidegger, M. (1927): *Sein und Zeit. Erste Hälfte.* In: Jahrbuch für Philosophie und phänomenologische Forschung, Bd. 8, Halle.

Heiß, B. (1947): *Person als Prozess. Ber. 1.* Kongr. Berufsverb. Deutscher Psychologen, Bonn: Lücke.

Herskovits, M.J. (1947/1948): *Man and his works.* New York: Knopf.

Herrmann. T. (1973): *Persönlichkeitsmerkmale. Bestimmung und Verwendung in der psychologischen Wissenschaft.* Stuttgart: Kohlhammer.

Herrmann, T. (1991): *Lehrbuch der empirischen Persönlichkeitsforschung (6. Aufl.).* Göttingen: Hogrefe.

Hoefert. H.-W. (1993): Selbstmanagement: Übersehene Aspekte der Managementtätigkeit. *Socialmanagement 3(2),* 22–26.

Hüllen, J. (1976): Individuation und Individuationsprinzip. In J. Ritter/K. Gründer. *Historisches Wörterbuch der Philosophie, Bd. 4.* Basel: Schwabe/Co.

Jaspers, K. (1983): *Vom Ursprung und Ziel der Geschichte (8. Aufl.).* München: Piper.

Jüttemann, G. (Hrsg.) (1986): *Die Geschichtlichkeit des Seelischen. Der historische Zugang zum Gegenstand der Psychologie.* Weinheim: Beltz Psychologie Verlags Union.

Jüttemann, G. (Hrsg.) (1988): *Wegbereiter der Historischen Psychologie.* München: Psychologie Verlags Union (2. Aufl. unter dem Titel *Wegbereiter der Psychologie. Der geisteswissenschaftliche Zugang. Von Leibniz bis Foucault.* Weinheim: Beltz Psychologie Verlags Union 1995).

Jüttemann, G. (1988a): Historische Psychologie in gegenstandskritischer Absicht. In G. Jüttemann (Hrsg.). *Wegbereiter der Historischen Psychologie.* München: Psychologie Verlags Union.

Jüttemann, G. (Hrsg.) (1990): *Komparative Kasuistik.* Heidelberg: Asanger.

Jüttemann, G. (Hrsg.) (1991): *Individuelle und soziale Regeln des Handelns.* Beiträge zur Weiterentwicklung geisteswissenschaftlicher Ansätze in der Psychologie. Heidelberg: Asanger.

Jüttemann, G. (1992): *Psyche und Subjekt. Für eine Psychologie jenseits von Dogma und Mythos.* Reinbek: Rowohlt (Enzyklopädie).

Jüttemann, G. (1995): *Persönlichkeitspsychologie. Perspektiven einer wirklichkeitsgerechten Grundlagenwissenschaft.* Heidelberg: Asanger.

Jüttemann, G. (1998): Genetische Persönlichkeitspsychologie und Komparative Kasuistik. In G. Jüttemann/H. Thomae (Hrsg.). *Biographische Methoden in den Humanwissenschaften.* Weinheim: Beltz Psychologie Verlags Union (Neuausgabe 1999. Beltz Taschenbuch).

Jüttemann. G. (1999): Die Annahme der Willensfreiheit als Konsequenz einer Kategorienverwechslung. *Ethik und Sozialwissenschaften, 10 (2),* 298–301.

Jüttemann, G. (2001): Die Illusionen des Lebens und die Fachsprache der Psychologie. *Ethik und Sozialwissenschaften, 12 (2),* 242–252.

Jüttemann, G./Thomae, H. (Hrsg.) (1998): Biographische Methoden in den Humanwissenschaften. Weinheim: Beltz Psychologie Verlags Union (Neuausgabe 1999: Beltz Taschenbuch).

Jung. C. G. (1934): *Zur Empirie des Individuationsprozesses.* GW IX/1. Zürich.

Kanfer, F.H. (1977): Selbstmanagement-Methoden. In F.H. Kanfer/A.P. Goldstein (Hrsg.). *Möglichkeiten der Verhaltensänderung.* München: Urban/Schwarzenberg.

Kanfer, F.H., Reinecker, H./Schmelzer, D. (1996): *Selbstmanagement-Therapie (2. Aufl.).* Berlin: Springer.

Krampen, G. (1982): *Difffentialpsychologie der Kontrollüberzeugungen (»Locus of Control«).* Göttingen: Hogrefe.

Krampen, G. (1987): Entwicklungen von Kontrollüberzeugungen. Thesen zu Forschungsstand und Perspektiven. *Zeitschrift für Entwicklungspsychologie und Pädagogische Psychologie. XIX (3),* 195–227.

Krampen, G. (2000): *Handlungstheoretische Persönlichkeitspsychologie (2. Aufl.).* Göttingen: Hogrefe.

Kluckhohn, H.A.M., H.A. Murray/D.M. Schneider (1953): *Personality in nature, society, and culture.* New York: Knopf.

Landmann, M. (1961): *Der Mensch als Schöpfer und Geschöpf der Kultur. Geschichts- und Sozialanthropologie.* München, Basel: Ernst Reinhardt.

Laucken, U. (2001): Wissenschaftliche Denkformen, Sozialpraxen und der Kampf um Ressourcen – demonstriert am Beispiel der Psychologie. Berichte aus dem Institut zur Erforschung von Mensch-Umwelt-Beziehungen, Universität Oldenburg, Fachbereich 5. Erscheint in: B. Liebsch und J. Straub (Hrsg.), *Lebensformen im Widerstreit.*

Laux, L. (2000): Persönlichkeitspsychologie in interaktionistischer Sicht. *Zeitschrift für Psychologie 208,* 242–266.

Lehr, U.M. (1976): Zur Frage der Gliederung des menschlichen Lebenslaufs. *akt. geront. 6* , 337–345.

Lehr, U.M. (1995): Historische Aspekte in der Psychologie von Hans Thomae. In G. Jüttemann (Hrsg.). *Wegbereiter der Psychologie* (siehe Jüttemann, 1988). Weinheim: Beltz Psychologie Verlags Union.

Lerner, R.M./Busch-Rossnagel, N.A. (1981): Individuals as producers of their development. Conceptual an empirical bases. In: R.M. Lerner/

N.A. Busch-Rossnagel (Eds.). *Individuals as producers of their development.* New York: Academic Press.

Lewis, M. (1990): Models of developmental psychopathology. In M. Lewis/S.M. Miller (Eds.). *Handbook of developmental psychopathology. Perspektives in developmental psychology.* New York: Plenum Press.

Lonetto, R. (1980): *Children's conception of death.* New York: Springer.

Luckmann, Th. (1979): Persönliche Identität und Lebenslauf – Gesellschaftliche Voraussetzungen. In G. Klingenstein, H. Lutz/G. Stourzh (Hrsg.). *Biographie und Geschichtswissenschaft.* Wiener Beiträge zur Geschichte der Neuzeit. Bd. 6. München: R. Oldenbourg.

Lüer, G. (1997): Mehr über Menschen wissen wollen. *Forschung/Lehre 10,* 529–532.

Mead, G.H. (1968): *Geist, Identität und Gesellschaft aus der Sicht des Sozialbehaviorismus.* Frankfurt a.M.: Suhrkamp.

Minnemann, E./Schmitt, E. (1995). Kontinuität und Diskontinuität als Konzepte biographischer Alternsforschung. In A. Kruse und R. Schmitz-Scherzer (Hrsg.). *Psychologie der Lebensalter.* Darmstadt: Steinkopff.

Montada, L. (1983): Verantwortlichkeit und das Menschenbild in der Psychologie. In G. Jüttemann (Hrsg.). *Psychologie in der Veränderung.* Weinheim: Beltz Psychologie Verlags Union.

Montada, L. (1995): Fragen, Konzepte, Perspektiven. In R. Oerter/L. Montada (Hrsg.). *Entwicklungspsychologie. Ein Lehrbuch (3. Aufl.).* Weinheim: Beltz Psychologie Verlags Union.

Neumärker, K.J. (1980): Sterben und Tod im Kindesalter. *Zeitschrift für ärztliche Fortbildung, 74,* 1–6.

Pongratz, L.J. (1967): *Problemgeschichte der Psychologie.* Bern u. München: Francke.

Rath, N. (1984). Zweite Natur bzw. Natur, zweite. In J. Ritter/K. Gründer (Hrsg.). *Historisches Wörterbuch der Philosophie, Bd. 6.* Basel: Schwabe/Co.

Rath, N. (1994): *Jenseits der ersten Natur. Kulturtheorie nach Nietzsche und Freud.* Heidelberg: Asanger (Reihe *Historische Psychologie*).

Rath, N. (1996): *Zweite Natur. Konzepte einer Vermittlung von Natur und Kultur in Anthropologie und Ästhetik um 1800.* Münster: Waxmann.

Rotter, J.B (1954): *Social learning an clinical psychology.* New York: Prentice-Hall.

Rotter, J.B./Hochreich, D.J. (1979): *Persönlichkeit.* Berlin: Springer.

Rousseau, J.J. (1762): *Emile ou de l'éducation.Œuvres complètes.* Paris: Hachette (1870).

Rudolph, W. (1988): Kulturrelativismus. In G. Jüttemann (Hrsg.). *Wegbereiter der Historischen Psychologie.* München: PVU.

Ryle, G. (1969): *Der Begriff des Geistes.* Stuttgart: Reclam (Original: The Concept of Mind. Hutchinson, London, 1949).

Sartre, J.P. (1943): *L'Etre et le Néant. Essai d'ontologie phénoménologique.* Paris: Gallimard (dt.: Das Sein und das Nichts. Reinbek: Rowohlt, 1991).

Schluchter, W. (1988): *Religion und Lebensführung. 2 Bde. (Bd. 1: Studium zu Max Webers Kultur- und Werttheorie; Bd.2.: Studien zur Max Webers Religions- und Herrschaftssoziologie).* Frankfurt a.M.: Suhrkamp.

Schwemmer, O. (1987): *Handlung und Struktur. Zur Wissenschaftstheorie der Kulturwissenschaften.* Frankfurt a. M.: Suhrkamp Verlag.

Schwemmer, O. (2000): Handlung und Repräsentation. In S. Haltmayer, F.M. Wuketits/G. Budin (Hrsg.). *Homo pragmatico-theoreticus. Philosophie – Interdisziplinarität und Evolution – Information.* Frankfurt/M.: Peter Lang.

Spaemann, R./Löw, R. (1991): *Die Frage Wozu? (3. Aufl.).* München: Piper.

Spangler, G./Zimmermann, P (1999): Bindung und Anpassung im Lebenslauf: Erklärungsansätze und empirische Grundlagen für Entwicklungsprognosen. In R. Oerter, C.v. Hagen, G. Röper/G. Noam (Hrsg.). *Klinische Entwicklungspsychologie. Ein Lehrbuch.* Weinheim: Beltz Psychologie Verlags Union.

Stern, W. (1923): *Die menschliche Persönlichkeit. Person und Sache, 2. Band. (3. Aufl.).* Leipzig: J.A. Barth.

Thomae, H. (1951): *Persönlichkeit. Eine dynamische Interpretation.* Bonn: Bouvier.

Thomae, H. (1952): Die biographische Methode in den anthropologischen Wissenschaften. *Studium Generale 5,* 163–177.

Thomae, H. (1968): *Das Individuum und seine Welt. Eine Persönlichkeitstheorie.* Göttingen: Hogrefe (siehe Thomae, 1996).

Thomae, H. (1977): *Psychologie in der modernen Gesellschaft.* Hamburg: Hoffmann/Campe.

Thomae, H (1987): Zur Geschichte der Anwendung biographischer Methoden in der Psychologie. In G. Jüttemann/H. Thomae. *Biographie und Psychologie.* Berlin: Springer.

Thomae, H. (1996): *Das Individuum und seine Welt. Eine Persönlichkeitstheorie (3. Aufl., erste Auflage 1968 – siehe dort –).* Göttingen: Hogrefe.

Thomae, H. (2001): Illusionen: Erscheinungsformen und Wirkungsweisen. *Ethik und Sozialwissenschaften 12 (2),* 221–231.

Werner, E.E. (1993): Risk, resilience and recovery: Perspectives from the Kauai Longitudinal Study. *Development and Psychopathology, 5,* 503–515.
Zimmermann, F. (1977): *Einführung in die Existenzphilosophie.* Darmstadt: Wissenschaftliche Buchgesellschaft.

Die Autoren

Jens B. Asendorpf

Prof. Jens B. Asendorpf, Jahrgang 1950, studierte Mathematik, Informatik und Psychologie an den Universitäten Kiel, TU Berlin, Marburg und Gießen und promovierte nach einem einjährigen Aufenthalt an der Yale University, USA, in Gießen über das Thema der Affektverdrängung. Von 1982 bis 1994 war er Mitarbeiter am Max-Planck-Institut für psychologische Forschung, München, und wirkte dort vor allem in der Längsschnittstudie zur Persönlichkeit LOGIK mit. Ab 1994 ist er Inhaber des Lehrstuhls für Persönlichkeitspsychologie an der Humbold-Universität zu Berlin mit dem Forschungsschwerpunkt »Implizite Persönlichkeitsdiagnostik« und »Wechselwirkungen zwischen Persönlichkeit und sozialen Beziehungen«.

Joachim C. Brunstein

Joachim C. Brunstein ist Professor für Psychologie an der Universität Potsdam. Nach Diplom und Promotion im Fach Psychologie an der Universität Gießen war er wissenschaftlicher Mitarbeiter von Heinz Heckhausen in der Abteilung für Motivation und Entwicklung am Max-Planck-Institut für Psychologische Forschung in München. Danach war er Mitarbeiter von Erhard Olbrich am Lehrstuhl für Entwicklungspsychologie und Pädagogische Psychologie der Universität Erlangen-Nürnberg, an der er 1993 habilitiert wurde. Seit 1997 vertritt er das Fach Pädagogische Psychologie an der Universität Potsdam. Seine aktuellen Forschungsinteressen liegen in den Gebieten Leistungs- und Machtmotivation, selbstgesteuertes Lernen und Entwicklung durch Ziele. Neben den Monographien *Hilflosigkeit, Depression und Handlungskontrolle* sowie *Motivation nach Misserfolg* hat er zahlreiche Aufsätze über persönliche Lebensziele sowie ihre Beziehung zu unbewussten Handlungsmotiven und emotionalem Wohlbefinden verfasst (u.a. mit Günter Maier, Persönliche Ziele: Ein Überblick zum Stand der Forschung, *Psychologische Rundschau,* 1996).

Dieter Ferring

Priv.-Doz. Dr. Dieter Ferring, Dipl. Psych., PsychTh, Akademischer Rat im Fachbereich I – Psychologie der Universität Trier. Seine Forschungsschwerpunkte liegen in der Pädagogischen und Entwicklungspsychologie, der Gerontopsychologie, Gesundheitspsychologie und Medizinischen Psychologie. Weitere Schwerpunkte liegen in dem Bereich der statistischen Methodenlehre und der psychologischen Diagnostik. Publikationen zu Bewältigungsverhalten und Lebensqualität im Umfeld körperlicher Erkrankungen, Erfassungen von Lebensqualität und Lebenszufriedenheit, Geschwisterbeziehungen im Erwachsenenalter, wahrgenommene elterliche Ungleichbehandlung. E-Mail: ferringd@uni-trier.de; Webpage: http:/www.psychologie.uni-trier.de/dferring/index.html.

Sigrun-Heide Filipp

Prof. Dr. Sigrun-Heide Filipp, Dipl.Psych., Professorin der Psychologie an der Universität Trier, Vorsitzende des Wissenschaftlichen Beirats für Familienfragen beim Bundesministerium für Familie, Senioren, Frauen und Jugend. Forschungsschwerpunkte liegen in der Angewandten Entwicklungspsychologie, der Gerontopsychologie und Pädagogischen Psychologie. Buchpublikationen zu Selbstkonzeptforschung, Kritische Lebensereignisse, Bilder des Alters. Zahlreiche Forschungsprojekte zu: Bewältigung schwerer Erkrankungen, Beziehungen und Konflikte zwischen den Generationen im Erwachsenenalter, Geschwisterbeziehungen im Erwachsenenalter.

E-Mail: filipp@uni-trier.de; Webpage: http:/www.psychologie.uni-trier.de/personen/shfilipp/index.html.

Heiko Friedel

Heiko Friedel, geb. 1974. Dipl.Psych., Studium der Psychologie an der Otto-Friedrich-Universität Bamberg; Diplom in Psychologie 2001; gegenwärtige Tätigkeit: wissenschaftlicher Mitarbeiter an der Universität Bamberg im Rahmen des DFG-Projekts: Theatralität und Persönlichkeit – Der histrionische Selbstdarstellungsstil; Klinischer Psychologe an der Deegenbergklinik, Bad Kissingen; Anschrift: Universität Bamberg, Lehrstuhl für Persönlichkeitspsychologie, Marktplatz 3, 96045 Bamberg.
E-mail: heiko.friedel@ppp.uni-bamberg.de

Ernst A. Hany

Prof. Dr. Ernst A. Hany ist Professor für Pädagogisch-psychologische Diagnostik und Differentielle Psychologie an der Universität Erfurt. Diplom- und Promotionsstudium der Psychologie hat er an der Ludwig-Maximilians-Universität München absolviert. Zwischen 1987 und 1993 war er Wissenschaftlicher Mitarbeiter am Institut für Pädagogische Psychologie und Empirische Pädagogik der Universität und befasste sich vor allem mit Intelligenzdiagnostik und kognitiver Entwicklung im Schulalter. 1994 wechselte er an das Max-Planck-Institut für psychologische Forschung in München, wo er an der Abteilung Entwicklungspsychologie bei Prof. Franz E. Weinert sein Habilitationsprojekt zur verhaltensgenetischen Basis kognitiver Veränderungen im Alter durchführte. Nach Abschluss der Habilitation 1998 erhielt er den Ruf nach Erfurt. Im Rahmen von Forschungsaufträgen befasst er sich dort mit der Identifikation und Förderung besonders begabter Schüler, während er als Gastwissenschaftler am Münchner Max-Planck-Institut seine verhaltensgenetischen Studien mit einem Längsschnitt im höheren Lebensalter fortsetzt.

Gerd Jüttemann

Studium der Psychologie, Philosophie und Geschichtswissenschaften in Köln, Bonn, Innsbruck und Kiel. Abschlüsse (Diplom und Promotion) in Psychologie. Langjährige Praxis als Berater, Diagnostiker und Leitender Psychologe im Bereich der Bundesanstalt für Arbeit, zuletzt in Kiel. Von dort 1974 Berufung an die TU Berlin als Hochschullehrer für die Fächer Persönlichkeitspsychologie, Psychologische Diagnostik und Klinische Psychologie.

Arbeitsschwerpunkte: Qualitative Methoden, Biographieforschung, Historische Psychologie, vor allem im sozialisationsgeschichtlichen Zusammenhang, Wissenschaftskritik (Eintreten für eine Renaissance der geisteswissenschaftlichen Psychologie und für eine Wiederannäherung der Psychologie an die Philosophie).

Mitherausgeber der Zeitschriften *Journal für Psychologie* und *Psychologie und Geschichte* sowie der Buchreihe »Psychologie und Beruf«.

Lothar Laux

Lothar Laux, geb. 1944. Prof. Dr., Studium der Psychologie an der Universität Bonn; Diplom in Psychologie 1971 an der Universität Bonn; von 1971–1981 wiss. Assistent an der Universität Mainz, Psychologisches Institut: Abteilung Allgemeine Experimentelle Psychologie; Promotion 1974 an der Universität Mainz; Habilitation 1978 an der Universität Mainz; seit 1982 Inhaber des Lehrstuhls für Persönlichkeitspsychologie an der Universität Bamberg. Arbeitsschwerpunkte: Persönlichkeitspsychologie, Selbstdarstellung, Stress- und Emotionsbewältigung. Anschrift: Universität Bamberg, Lehrstuhl für Persönlichkeitspsychologie, Markusplatz 3, 96045 Bamberg, E-mail: lothar.laux@ppp.uni-bamberg.de.

Andreas Kruse

Andreas Kruse, Prof. Dr., Studium der Psychologie, Pädagogik; Gründungsprofessor für Psychologie (Entwicklungspsychologie und Pädagogische Psychologie) an der Universität Greifswald von 1993–1997; seit Oktober 1997 Inhaber des Lehrstuhls für Gerontologie der Universität Heidelberg.

Mitglied der Sachverständigenkommission der Bundesregierung zum Ersten und Zweiten Altenbericht, Vorsitzender der Sachverständigenkommission der Bundesregierung zum Dritten Altenbericht.

Wissenschaftler-Preis der Deutschen Gesellschaft für Gerontopsychiatrie und -psychotherapie für die Arbeiten zur psychosomatischen Forschung (zusammen mit der Klinik für Psychosomatik der Universität Münster), 2001.

Günter W. Maier

Günter W. Maier, Dipl.-Psych., Dr. phil., ist wissenschaftlicher Assistent am Lehrstuhl für Organisations- und Wirtschaftspsychologie der Universität München. Nach dem Studium der Psychologie, Pädagogik und Soziologie in Gießen und München war er zunächst als wissenschaftlicher Mitarbeiter im Forschungsprojekt »Selektion und Sozialisation des Führungsnachwuchses« an der Universität München beschäftigt. Seit 1998 ist er dort am Lehrstuhl für Organisations- und Wirtschaftspsychologie als wissenschaftlicher Assistent tätig. Seine Arbeitsschwerpunkte liegen in der organisationalen Sozialisationsforschung, der Eignungsdiagnostik sowie den Methoden der Arbeits- und Organisationspsychologie.

Heidi Maier

Heidi Maier, geb. 1967. Dipl. Psych., Studium der Psychologie an der Otto-Friedrich-Universität Bamberg; Diplom in Psychologie 1998; gegenwärtige Tätigkeit: Klinische Psychologin an der Bezirksklinik für Alkohol-, Medikamenten- und Drogenabhängige Hochstadt. Anschrift: Universität Bamberg, Lehrstuhl für Persönlichkeitspsychologie, Markusplatz 3, 96045 Bamberg.
E-mail: heidimaier1@compuserve.com.

Martin Pinquart

Martin Pinquart ist Privatdozent am Lehrstuhl für Entwicklungspsychologie der Friedrich-Schiller-Universität Jena. Nach dem Studium der Psychologie in Jena und Berlin arbeitete er schwerpunktmäßig auf dem Gebiet der Entwicklungspsychologie der Lebensspanne, insbesondere der Persönlichkeitsentwicklung im Jugendalter und höheren Erwachsenenalter, der sozialen Entwicklung (z.B. Autonomie und Verbundenheit im Jugendalter) und Prozessen der Lebensplanung als Form der aktiven Gestaltung der eigenen Entwicklung. In den letzten Jahren bildete die Mitarbeit an Längs- und Querschnittsstudien zum Vergleich der psychischen Entwicklung von Jugendlichen und jungen Erwachsenen nach der Vereinigung Deutschlands und kulturvergleichende Studien einen weiteren Forschungsschwerpunkt.

Ernst Plaum

Plaum, Ernst, Dipl.-Psych. Dr. rer. nat., Univ.-Prof., Klinischer Psychologe BDP, Katholische Universität Eichstätt, Jahrgang 1940. Frühere Praxistätigkeit in zwei Beratungsstellen und an der Psychiatrischen Universitätsklinik Göttingen. Veröffentlichungen: Psychologische Einzelfallarbeit (1992); Einführung in die Psychodiagnostik (1996). Arbeitsgebiete: Grundprobleme der Psychologie, insbesondere der Psychodiagnostik, diagnostische Methoden, Geschichte der Psychologie.

Karl-Heinz Renner

Karl-Heinz Renner, geb. 1965. Dr. phil, Dipl.-Psych., Studium der Psychologie, Soziologie und Philosophie an der Otto-Friedrich-Universität Bamberg; Diplom in Psychologie 1994, Promotion zum Dr. phil 2000 an der Universität Bamberg. Von 1994–1999 wissenschaftlicher Mitarbeiter, seit 1999 wissenschaftlicher Assistent am Lehrstuhl für Persönlichkeitspsychologie in Bamberg. Arbeitsschwerpunkte: Selbstdarstellung und Persönlichkeit, soziale Angst, Redeangst, Self-Modeling, Postmoderne. Anschrift: Otto-Friedrich-Universität Bamberg, Lehrstuhl für Persönlichkeitspsychologie, Markusplatz 3, 96045 Bamberg.
E-mail: karl-heinz.renner@ppp.uni-bamberg.de

Eric Schmitt

Eric Schmitt, Priv.-Doz. Dr. phil., geb. 13.06.1964. Studium der Psychologie, Dissertation 1993 an der Ernst-Moritz Arndt Universität Greifswald, Habilitation 2000 an der Ruprecht-Karls-Universität Heidelberg. 1989–1995 Wissenschaftlicher Mitarbeiter am Psychologischen Institut der Ruprecht-Karls-Universität Heidelberg, am

Institut für Gerontologie der Ruprecht-Karls-Universität Heidelberg sowie am Institut für Psychologie der Ernst-Moritz Arndt Universität Greifswald. 1995–1997 Wissenschaftlicher Assistent am Institut für Psychologie der Ernst-Moritz Arndt Universität Greifswald, 1997–2000 Wissenschaftlicher Assistent am Institut für Gerontologie der Ruprecht-Karls-Universität Heidelberg, seit 2000 Akademischer Rat am Institut für Gerontologie der Ruprecht-Karls-Universität Heidelberg.

Rainer K. Silbereisen

Rainer K. Silbereisen ist seit 1994 Inhaber des Lehrstuhls für Entwicklungspsychologie der Friedrich-Schiller-Universität Jena sowie Honorarprofessor für Human Development and Family Studies an der Pennsylvania State University, USA, wo er zuvor als Professor arbeitete. Davor war er Professor an der Justus-Liebig-Universität Gießen sowie an der Technischen Universität Berlin.

Sein Interessengebiet ist die Entwicklung über die Lebensspanne, insbesondere die Persönlichkeitsentwicklung im Jugend- und frühen Erwachsenenalter. In diesem Zusammenhang führt er seit vielen Jahren Studien zu Themen wie Problemverhalten Jugendlicher, Jugendentwicklung unter Bedingungen des gesellschaftlichen Transformationsprozesses, Akkulturation von Immigranten sowie zu biopsychologischen Fragen der Jugendentwicklung durch. Die häufig kulturvergleichenden Studien werden von deutschen und internationalen Institutionen der Forschungsförderung unterstützt.

Hans Thomae

Prof. Dr. Dr. hc. mult. Hans Thomae, geb. 1915, Studium der Psychologie und Philosophie 1935–1937 Berlin, 1937–1940 Universität Bonn.

Habilitation 1942 Universität Leipzig.
Assistent und Privatdozent Universität Bonn 1950–1953;
o. Prof. und Direktor des Seminars für Psychologie Universität Erlangen, 1954–1960
o-Prof. Univ. Bonn 1960–1983 (Emeritierung)
Mitbegründer und erster Präsident der International Society for the Study of Behavioral Development (ISSBD) 1969–1975,
Präsident der Deutschen Gesellschaft für Gerontologie,
Präsident International Association of Gerontology 1981–1983,
Verleihung der Würde eines Ehrendoktors der Philosophie bzw. Psychologie:
1970 Universität Löwen/Belgien
1990 Universität Leipzig
1996 Universität Moskau
1997 Universität Kreta/Griechenland
Hans Thomae starb am 16. November 2001 in Bonn.

Franz Emanuel Weinert

Prof. Dr. Dres. h.c. Franz Emanuel Weinert war vor seiner Emeritierung Direktor des Max-Planck-Instituts für psychologische Forschung in München. Nach Ablegung der 1. und 2. Prüfung für das Lehramt an Volksschulen von 1950–59 Tätigkeit als Grund- und Hauptschullehrer, 1955 Diplom in Psychologie, 1957 Promotion zum Dr. phil. an der Universität Erlangen, 1966 Habilitation für das Fach Psychologie an der Universität Bonn, 1967 Professor für Psychologie an der Pädagogischen Hochschule Bamberg, 1968 Professor für Psychologie und Direktor des Psychologischen Instituts der Universität Heidelberg, 1981 Ernennung zum wissenschaftlichen Mitglied und Direktor am Max-Planck-Institut für psychologische Forschung in München, seit 1981 Honorarprofessor an den Universitäten Heidelberg und München; Mitglied zahlreicher Akademien, u.a. der Bayerischen Akademie der Wissenschaften und der Academia Europaea. Vizepräsident der Deutschen Forschungs-

gemeinschaft (1980–1986); Präsident der Deutschen Gesellschaft für Psychologie (1984–1986); Vizepräsident der Max-Planck-Gesellschaft (1990–1999). Ehrendoktorwürde der Universität Würzburg (1998). Hauptarbeitsgebiete: Entwicklungspsychologie des Kindes-, Jugend und Erwachsenenalters; Theorien des menschlichen Lernens; Pädagogische Psychologie.
Franz Emanuel Weinert verstarb am 7. März 2001 in München.

Personenregister

Sachregister